W0064672

INHALT

BODOM

Abgeschlachtet am See

Der Bodominjärvi ist ein See nahe der Stadt Espoo, in der Nähe von Helsinki. „Bodom" heißt ein Stadtteil von Espoo und der Fall, der heute fast nur mit diesem Begriff bezeichnet wird, gehört zu den mysteriösesten der Welt.

Wir schreiben das Jahr 1960.

WARME SOMMERLUFT, ein verträumter See, Vögel zwitschern, es riecht nach Tannen und Moos. Inmitten der Idylle ein Zelt, zwei junge Männer, zwei Mädchen, bei einem romantischen Campingausflug. Am Morgen des 5. Junis sind drei von ihnen tot – sie wurden regelrecht abgeschlachtet.
So beginnt einer der berühmtesten Mordfälle in der finnischen Geschichte …

Romantisches Abenteuer zu viert

Sonnabend, 4. Juni 1960. Pfingsten.

Vier Teenager machen sich mit ihren Motorrädern auf den Weg. Anja Tuulikki Mäki und ihr Freund Seppo Antero Boisman sowie Maila Irmeli Björklund, genannt „Maili" und Nils Wilhelm Gustafsson. Die blonde Maili hat zu Hause einen Verlobten – Pauli Pirinen, der in der finnischen Armee dient, und doch lässt sie sich überreden, mitzufahren. Vielleicht will sie den Zwängen des Verlobtseins mit so jungen Jahren entfliehen…

Oittaa ist ein Sandstrand am Südufer des idyllischen Sees *Bodominjärvi,* hier treffen sich die Sportfans, doch es ist noch zu früh im Jahr für sie, der Platz ist verwaist.

Die beiden Mädchen sind fünfzehn, die jungen Männer drei Jahre älter. Am Oittaa-Ufer auf der Spitze der Halbinsel schlagen sie ihr Zelt – ein damals übliches Steilwandzelt auf, kaufen an einem nahegelegenen Kiosk ein, baden, essen, trinken etwas, genießen den Abend. Die Jungs angeln, wollen die Fische später zubereiten. Im Gegensatz zu den Mädchen nehmen sie auch reichlich Alkohol zu sich – spätere Blutalkoholtests beweisen dies. Angeblich wird Nils gegenüber Maila zudringlich, sie wehrt sich. Andere Urlauber am See berichten später von einem lauthalsen Streit der jungen Leute. Irgendwann kehrt am *Bodominjärvi* Ruhe ein.

Sonntag, 5. Juni 1960, sechs Uhr morgens.

Der Tag ist noch jung. Zwei Jungs strolchen am See herum, wollen Vögel beobachten. Zwei in der Nähe abgestellte Motorräder erwecken ihr Interesse und sie wagen sich heran, um diese zu inspizieren. Dabei fällt ihnen ein blonder Mann auf, der von einem eingestürzten Zelt weggeht. Sie kümmern sich nicht weiter darum.

Gegen 11 Uhr trifft Risto Sirén am Ufer ein. Der Zimmermann liebt es, am See zu joggen und auch ihm fällt das zusammengebrochene Zelt auf. Risto Sirén jedoch ignoriert den seltsamen Anblick nicht, sondern schaut nach. Was er findet ist grauenvoll: Außerhalb des Zeltes liegen zwei leblose Gestalten: ein Mädchen und ein junger Mann, zwei weitere befinden sich unter der Zeltplane.

Risto Sirén alarmiert die Polizei.

Ein Tatort wird kontaminiert

Nichts ist mehr romantisch am See nahe Bodom. Die Ermittler finden die tote Maila Irmeli Björklund auf dem zusammengefallenen Zelt liegend, sie ist von der Hüfte abwärts nackt. „Maili" hat schlimme Verletzungen – sie wurde mit einem stumpfen Gegenstand geschlagen, ihr Körper und ihr Kopf weisen insgesamt fünfzehn Stichwunden auf, darunter auch einige, die ihr noch nach dem Tod zugefügt wurden, ihr Gesicht ist völlig entstellt. Ein absoluter Overkill. Der Täter muss komplett außer sich gewesen sein.

Anjas und Seppos Leichen werden im Zelt gefunden. Einstiche und Schnitte im Stoff beweisen, dass der Mörder sie von außen angegriffen haben muss,

die Halteseile wurden durchgeschnitten, sodass das Zelt auf die Schlafenden fiel. An einigen Stellen ist die Leinwand regelrecht zerfetzt. Auch ihre Körper weisen Einwirkungen stumpfer Gewalt auf, anscheinend hat ihr Mörder zuerst von außen auf sie eingeschlagen – mit einem Stein? – und danach gezielt zugestochen.

Nils Wilhelm Gustafsson, der vierte im Bunde, wird außerhalb des Zeltes gefunden. Er ist am Leben und bei Bewusstsein, kann sich aber an nichts erinnern. Die Ärzte stellen bei ihm Blutergüsse im Gesicht, einen gebrochenen Kiefer und eine Gehirnerschütterung fest.

Schnell scharen sich Neugierige um den Schauplatz des grausigen Verbrechens. Die Polizei hat Mühe, sie vom Tatort fernzuhalten, hält es jedoch auch nicht für nötig, das Gebiet abzusperren oder alles genau zu dokumentieren. Lediglich ein paar Fotos vom Zelt werden vor Ort gemacht.

Verschiedene persönliche Gegenstände der Opfer fehlen, darunter ihre Brieftaschen und mehrere Kleidungsstücke, und schon bald durchkämmen insgesamt über 100 Leute auf der Suche nach Spuren den Wald rund um den See und die Ermittler haben nichts dagegen. Auch Soldaten werden zur Unterstützung angefordert. Ob dabei Beweise zerstört werden, kann später niemand sagen. Möglich ist es.

Die Polizei begeht noch weitere grobe Schnitzer. Sie gibt den Familien der Opfer die Kleidungsstücke zurück, statt diese zu asservieren. Zwei am Tatort gefundene Messer sind später nicht mehr auffindbar. Die Personen, die das Zelt und die Toten zuerst entdeckt haben, werden nicht befragt.

Erst später entdeckt man versteckt im Gebüsch, etwa 500 Meter vom Tatort entfernt, Nils Gustafssons Schuhe – sie sind blutbespritzt; und ein paar Kleidungsstücke. Anderes, wie die Lederjacke von Seppo Boisman, die Brieftaschen und die Zündschlüssel der Motorräder bleiben für immer verschwunden.

Nils Gustafsson, der einzige Überlebende, wird mehrfach befragt. Zuerst schildert er den Täter als „schwarz gekleideten Mann mit leuchtend roten Augen", der über ihm gestanden habe. Weil er sich an nichts anderes erinnern kann, versucht man es nun mit Hypnose. Und tatsächlich – jetzt kann Gustafsson den Täter sehr genau beschreiben: weder sehr jung noch sehr alt, etwa zwischen zwanzig und dreißig Jahren, schlank, mindestens 1,75 Meter groß, blonde lange Haare, rundes Gesicht mit hellblonden Augenbrauen und blauen Augen, regelmäßig geformte Nase, vorstehende Lippen, rote Wangen und sehr viele Falten. Das alles hat Gustafsson in der Nacht, in absoluter Dunkelheit – Lampen gibt es am See nicht – während des brutalen Überfalls beobachtet.

Mehrere Phantombilder werden erstellt. Auf allen sieht man einen Mann mit zurückgekämmtem Haar und leichter Stirnglatze, er hat wulstige Lippen und große, hervortretende Augen. Auf einem der Bilder trägt er ein kariertes Hemd.

Später, bei der Beerdigung der drei Opfer entsteht ein Foto, auf dem ein Mann zu sehen ist, der dem Phantombild verblüffend ähnelt. Alle Personen auf dem Bild können identifiziert werden.

Alle bis auf einen.

Der Mann auf dem Phantombild wird nie gefunden.

Ganz Finnland sucht einen Mörder

Der brutale Dreifachmord vom Lake Bodom schockiert die Nation. Was hat sich in den frühen Morgenstunden des 5. Junis 1960 am See abgespielt?

Entscheidend ist immer das Motiv. Warum wurden die beiden Mädchen und der junge Mann abgeschlachtet? Raub kommt wohl kaum infrage. Auch wenn die Brieftaschen nicht auffindbar sind, hatten die vier nur wenig Geld bei sich und die anderen verschwundenen Gegenstände sind nicht sonderlich wertvoll. Warum wurden die Zündschlüssel mitgenommen, die Motorräder jedoch stehen gelassen? Hätte nicht eins von ihnen dem Mörder eine schnelle Flucht erlaubt?

Und weshalb hat der Täter Nils Gustafssons Schuhe mitgenommen und versteckt? Wegen der daran anhaftenden Blutspuren? 1960 wusste man noch nichts von DNA und ihrer Beweiskraft. Warum aber hat er sie dann nicht weiter weg entsorgt, sondern lediglich 500 Meter vom Tatort entfernt in ein Gebüsch geworfen? Dass das Gebiet durchsucht werden würde, musste jedem klar sein.

Oder war etwa sexuelle Begierde das Motiv? Zwei junge hübsche Mädchen, die den Täter reizten … Maila Irmeli Björklund war beim Auffinden von der Taille abwärts nackt. Kaum anzunehmen, dass sie sich so zum Schlafen zu den anderen ins Zelt gelegt hat.

Womöglich ist gar ein Serientäter am Werk? Denn knapp ein Jahr vor den Lake-Bodom-Morden hat sich in Finnland ein ganz ähnlicher Fall ereignet: der Doppelmord auf dem Tulilahden Campingplatz.

Ist es ein Serientäter?

Knapp ein Jahr vorher hat sich ein ganz ähnlicher Fall ereignet.

Tulilahden

Tulilahden liegt in der Gemeinde Heinävesi im finnischen Gebiet Südsavo. Zwei junge Frauen, die 22-jährige Büroangestellte Riitta Pakkanen und die ein Jahr jüngere Krankenschwester Eine Nyyssönen verbringen ihren Urlaub mit dem Fahrrad. Mit einem Zelt reisen sie durch die Gegend und schlagen ihr Quartier auf, wo es ihnen gefällt.

Am 18. Juli 1959 verlassen sie Nordkarelien in Richtung Süden. Eine Nyyssönen schreibt am 25. Juli eine Karte nach Hause, in der sie mitteilt, dass sie noch in Varkaus seien und am 30. Juli zurückkommen würden.

Am 3. August muss Riitta wieder zur Arbeit gehen, doch sie taucht nicht auf. Nun beginnt die Suche nach den beiden Frauen. Zuerst recherchiert man in Varkaus. Ergebnislos.

Erst Mitte August, nachdem sich herausgestellt hat, dass die zwei zuletzt am Abend des 27. Julis 1959 auf dem Tulilahden-Campingplatz in Heinävesi gesehen wurden, beginnt man, das Gebiet zu durchkämmen. Mehr als 300 Polizisten und Soldaten sind im Einsatz.

Sie finden die Leichen von Riitta und Eine – halbnackt, vergraben im Torf, abgedeckt mit abgeschnittenen Zweigen.

Riitta Pakkanen hat schwerste Kopfverletzungen, die von einem stumpfen Gegenstand stammen, Eine Nyyssönen wurde brutal mit dem Messer attackiert. Vergewaltigung kann nicht nachgewiesen werden. Die Habseligkeiten der jungen Frauen werden im Umkreis entdeckt, der Mörder hat das Zelt, die Schlafsäcke und die Kleidung an verschiedenen Stellen versteckt. Ihre Fahrräder fehlen, sie werden später im See gefunden.

Weitere Ermittlungen ergeben, dass die Morde in der Nacht zum 28. Juli 1959 geschehen sein müssen, denn es gibt Zeugen, die die Anreise der beiden jungen Frauen am 27. Juli 1959 bestätigen können. Zwei ortsansässige Jungen sind an jenem Abend beraubt worden und haben den Zeltplatz gegen 22 Uhr verlassen. Danach waren nur noch Riitta und Eine dort.

Ein Verdächtiger wird ermittelt: der 36-jährige Erik Runar Holmström aus Munsala.

Zeugen wollen ihn auf dem Campingplatz gesehen haben. Am 6. November wird er verhaftet.

Bei den ersten Befragungen gibt Holmström zu, in Heinävesi gewesen zu sein und die Frauen auf dem Campingplatz beobachtet zu haben, widerruft dies jedoch bald darauf. Laut Polizeiberichten gesteht Holmström Details, die nur der Täter wissen kann. In seinem Besitz findet man auch eine gestohlene Waffe und er weist ein beachtliches Vorstrafenregister auf.

Doch es gibt auch Anzeichen dafür, dass der Verdächtige die Morde nicht begangen hat: Erik Runar Holmström ist nur 1,65 Meter groß und schmächtig. Kaum anzunehmen, dass er zwei Leichen allein durch unwegsames Gelände geschleppt und im Moor vergraben hat. Sehr wahrscheinlich kannte der Täter den Ort auch gut – Holmström jedoch stammte nicht aus der Gegend sondern aus dem schwedischsprachigen Ostbottnien.

Am 8. Juni 1960, drei Tage nach den Bodom-Morden beginnt der Prozess gegen Runar Holmström. Bald darauf nimmt sich Holmström das Leben, nachdem er mehrfach seine Unschuld beteuert hat. Seine Beteiligung an den Tulilahden-Morden kann nie nachgewiesen werden.

Wer hat die Bodom-Morde begangen?

Obwohl es in den fast 60 Jahren, seit die Morde stattgefunden haben, eine Reihe von Verdächtigen gegeben hat, sind nur fünf von ihnen ernsthaft in Erwägung gezogen worden.

Pauli Kustaa Luoma

Der junge Mann macht sich verdächtig, da zwei Zeugen ihn am See gesehen haben wollen. Luoma hat etliche Vorstrafen wegen Raubes und Diebstahl. Des Öfteren radelt er am Lake Bodom herum, beobachtet Camper und fällt durch merkwürdiges Benehmen auf.

Pauli Luoma kann die Taten jedoch nicht begangen haben, er hat ein Alibi. Zur Tatzeit hielt er sich in der Stadt Otaniemi, viele Kilometer entfernt, auf.

Pentti Soininen

Auch dieser Verdächtige kann ein beachtliches Vorstrafenregister aufweisen: Eigentumsdelikte, Überfälle, Raubüberfälle, Gewaltverbrechen. Soininen ist alkohol- und drogensüchtig, benimmt sich psychopathisch.

1969, da ist er gerade mal 24 Jahre alt, wird er verhaftet, wandert ins Kuopio-Gefängnis. Niemand kann die Gründe dafür nennen, aber im Knast gesteht Pentti Soininen plötzlich die Lake-Bodom-Morde. Er habe versucht, die vier zu entführen, doch dann seien ihm die Dinge entglitten.

Im Knast gesteht Soininen die Morde

Will sich Soininen nur wichtig machen? Zwar war der Verdächtige mehrfach am Lake Bodom, er kennt das Gebiet gut und hat auch gewalttätige Überfälle verübt, aber dass ein Fünfzehnjähriger zwei Achtzehnjährige überwältigt haben soll, erscheint den Ermittlern doch fraglich.

Weiteres kann man ihn nicht fragen. An einem Morgen des Jahres 1969, als Pentti Soininen gerade in das Gefängnis von Toijala gebracht werden soll, wo man ihn verhören will, wird er tot in seiner Zelle aufgefunden. Die Todesursache lautet Selbstmord.

Karl Valdemar Gyllström – der „Kioskmann"

Gyllström ist der Besitzer des nahe dem Lake Bodom gelegenen Kioskes. Er hasst die Camper – obwohl sie zu seinem Umsatz beitragen. Manchmal wirft der Mann sogar Steine auf vorbeilaufende Kinder.

Bei einem Gespräch mit einem Nachbarn – Gyllström ist betrunken – gesteht er, die Morde begangen zu haben. Bei der Befragung durch die Polizei kann er jedoch ein Alibi für die Tatnacht aufweisen – seine Frau gibt an, er sei die ganze Zeit daheim gewesen.

Nachdem die Polizei Informationen erhält, dass Karl Gyllström wenige Tage nach den Morden seinen Brunnen zugeschüttet hat, vermutet man, dass hier Beweise versteckt worden sind, doch die polizeiliche Durchsuchung ergibt nichts Belastendes.

1969 ertränkt sich Gyllström sich im Lake Bodom. Auf dem Sterbebett gesteht seine Frau, die Polizei belogen zu haben. Ihr Mann sei in der Tatnacht nicht zu Hause gewesen.

Hans Assmann – der Nazi

1923 in Deutschland geboren, wurde Assmann mit 18 Jahren Mitglied der Waffen-SS. An der Ostfront – so erzählt es Assmann später dem ehemaligen Polizisten Matti Paloaro, wurde er von den Sowjets gefangen genommen und ins Gefängnis gesteckt. Dort habe man ihn zum KGB-Spion ausgebildet.

Nach dem Krieg geht er nach Finnland und erhält die finnische Staatsbürgerschaft, zieht in ein Haus nur drei Kilometer vom Lake Bodom entfernt.

Am Morgen des 5. Juni 1960 erscheint Hans Assmann in einem Krankenhaus in Helsinki. Seine Kleidung ist blutverschmiert, die Fingernägel sind sehr schmutzig und er gibt einen falschen Namen an. Mehrfach täuscht er Bewusstlosigkeit vor. Als er die Beschreibung des Verdächtigen in den Nachrichten sieht, schneidet er seine Haare ab. Und er ist außerordentlich an dem Fall interessiert, verfolgt die Nachrichten, die Untersuchungen und die Ergebnisse genauestens.

Zeugen meinen, dass seine Kleidung der des Verdächtigen, den man vom Tatort weglaufen sah, geähnelt haben soll.

Die Polizei lässt den Verdacht wieder fallen. Assmann hat ein Alibi. Gemeinsam mit einem befreundeten Paar habe Assmann die Nacht in deren Haus verbracht. Hans Assmann mit seiner Frau in einem Zimmer, die anderen beiden nebenan bei geöffneter Tür. Um neun Uhr am nächsten Morgen habe man Assmann geweckt.

Die Kleidung des Verdächtigen, die er bei seiner Ankunft im Krankenhaus trug, wird nicht untersucht, genauso wenig, wie man das Krankenhauspersonal befragt.

Auch für andere ungelöste Mordfälle in Finnland kommt Assmann infrage. Zum Zeitpunkt der Tulilahden-Morde (s. S. 8) ist er in der Nähe, Augenzeugen sehen ihn mit einem anderen Mann in der Nähe von Heinävesi und seine Frau berichtet später, Assmann sei auch auf dem Campingplatz Tulilahden gewesen.

Auch im Fall der im Mai 1953 ermordeten Auli Kyllikki Saari gehört Hans Assmann zu den drei Hauptverdächtigen. Die Siebzehnjährige war am Abend mit dem Fahrrad auf dem Rückweg von einem Kirchentreffen, als sie auf ihren Mörder traf.

Ihre sterblichen Überreste fand man erst im Oktober 1953 in einem Sumpf. Im Mai 1953 hält sich Assmann in der Gegend auf, er besitzt auch einen hellbraunen Opel, den gleichen Typ Auto, der von Zeugen in der Nähe des Tatortes beobachtet wurde.

Matti Paloaro, der Polizist, der Assmann kurz vor dessen Tod befragt, gibt an, der Verdächtige habe ihm den Mord gestanden, allerdings sei es ein Unfall gewesen.

Hans Assmann wird nie gründlich befragt, obwohl er für mehrere Morde in Finnland infrage kommt. Verschwörungstheoretiker glauben, dass er durch seine Tätigkeit beim KGB geschützt wurde.

Bis zu einer überraschenden Wende im Jahr 2004 halten viele Hans Assmann für den Hauptverdächtigen – zu viele Indizien sprechen für seine Täterschaft. Doch dann kommt alles ganz anders ...

Überraschender Verdächtiger: der einzige Überlebende Nils Wilhelm Gustafsson

Am 2. April 2004 verhaftet das Bezirksgericht von Espoo einen Mann, der für die Morde an Anja Tuulikki Mäki, Seppo Antero Boisman und Maila Irmeli Björklund verantwortlich sein soll, den Mann, der in der Tatnacht am Lake-Bodom war, den Mann, der das Massaker ohne Erinnerungen überlebt haben will: Nils Wilhelm Gustafsson.

Welche neuen Beweise gibt es plötzlich – mehr als vierzig Jahre nach den abscheulichen Morden?

Es ist die Erbsubstanz ... DNA bleibt über Jahrzehnte erhalten. DNA ist ein unwiderlegbarer Beweis, sie lässt sich einem Menschen exakt zuordnen, sie kann auch aus kleinsten Spuren gewonnen werden.

Und so bringt die Erbsubstanz Nils Gustafsson in Bedrängnis.

Obwohl viele Spurenträger wie die Kleidung der Opfer nicht asserviert wurden, hat die Kriminalpolizei doch ein wichtiges Beweisstück über all die Jahre aufbewahrt: Nils Gustafssons Schuhe, die man nach den Morden einige Hundert Meter vom Tatort entfernt in einem Versteck gefunden hat. Unzählige Blutspritzer zieren das Leder. Doch erst jetzt – 2004 – kann man das Blut genauer untersuchen. Die finnischen Ermittler schicken die Schuhe nach England. Dort hat man sich auf die Analyse sehr alter Proben spezialisiert.

Man findet Blut aller drei Opfer an ihnen. Dass sich ein Täter die Schuhe eines der Opfer anzieht und in ihnen die Morde begeht, um sie dann unweit von Tatort zu verstecken, ist äußerst unglaubwürdig.

Müsste ein Täter nicht auch seine DNA im Innern des Schuhwerks hinterlassen – wenigstens ein paar Hautzellen? Fremde DNA wird jedoch nicht gefunden.

Nils Wilhelm Gustafsson wird des Mordes angeklagt. Der Staatsanwaltschaft zufolge ist die Beweislage eindeutig, sie fordert eine lebenslange Haftstrafe. Laut Anklage hat sich der Fall wie folgt abgespielt:

Nils und Seppo trinken am Abend des 4. Junis 1960 reichlich Alkohol. Seppo ist sich seiner Freundin Anja sicher. Gewiss hat Nils sich vorgestellt, die hübsche „Maili" für sich gewinnen zu können, doch wahrscheinlich wollte sie nicht. Schließlich hat sie daheim einen Verlobten. Vielleicht wird er zudringlich, sie wehrt ihn ab, geht irgendwann mit Seppo und Anja schlafen.

Nils Gustafsson – gekränkt, zurückgewiesen, betrunken, gerät in Rage, steigert sich in einen mörderischen Affekt, holt sich einen Stein und ein Messer, trennt die Zeltschnüre durch und sticht dann wie rasend auf die Darunterliegenden ein.

Maila Irmeli Björklund, das Mädchen, das ihm die Kränkung zugefügt hat, versucht zu fliehen, kommt aber nicht weit. Sie malträtiert er besonders heftig, zieht ihr Hose und Unterhose aus, schlägt sie und sticht auf sie ein.
Dann versucht Gustafsson, seine Täterschaft zu vertuschen. Er beseitigt Beweismittel, nimmt die Brieftaschen und einige andere Gegenstände an sich, vielleicht, um einen Raubmord vorzutäuschen, versteckt seine blutbespritzten Schuhe. Seine eigenen Verletzungen kann er sich selbst zugefügt haben – warum auch sollte ein unbekannter Täter einen Zeugen für drei Morde lebend zurücklassen?

Auch ein Kampf mit einem der Opfer kommt infrage, Seppo könnte sich gewehrt und dabei Nils verletzt haben.

War das Blut der drei Opfer auch an Nils Gustafssons Kleidung? Diese Frage kann niemand mehr beantworten: Die Polizei hat kurz nach den Morden alle Kleidungsstücke an die Angehörigen zurückgegeben.

Eine Zeugin taucht auf, die in der Zeit der Morde auch am Lake Bodom gezeltet hat. Sie behauptet, dass Gustafsson sich sehr aggressiv verhalten und sich mit seinem Kumpel Seppo gestritten habe.

Beziehungstaten können in einen Overkill münden.

Maila hatte deutlich mehr Stichwunden als die beiden anderen. Ihr Gesicht war regelrecht entstellt. Massive Verletzungen im Gesicht sind ein Anzeichen dafür, dass sich Täter und Opfer kannten.

Die Indizien sind so zahlreich ...

Ankläger Tom Ifström hält sein Schlussplädoyer. „Es war ein Puzzle und nun liegen alle Teilchen an ihrem richtigen Platz. Gustafsson hat so getan, als ob er eines der Opfer war, obwohl er der Mörder ist. Die Indizien sind so zahlreich, dass es keinen Zweifel mehr gibt", sagt er.

Die Beweise reichen den Richtern aus. Nils Wilhelm Gustafsson wird zu lebenslanger Haft verurteilt.

Lebenslang für Gustafsson

Obwohl er nach seiner Verhaftung angeblich einem Polizisten sagt, er „habe die Morde begangen" und hinzufügt: „Was getan ist, ist getan, ich werde 15 Jahre bekommen", sitzt er nur ein knappes Jahr im Gefängnis. Dann erreichen die Verteidiger eine Berufung. Sie agieren gut und gründlich, behaupten, Gustafsson könne sich die Verletzungen niemals selbst zugefügt haben und dass ihm ein Motiv für die Taten fehle. Sein Gedächtnisverlust sei auf die Verletzungen zurückzuführen.

Und das Blut aller Opfer an seinen Schuhen? Vielleicht ist der Verletzte am Tatort herumgeirrt und dabei in das Blut seiner Freunde getreten. Warum aber hat er die Schuhe dann versteckt?

In dubio pro reo

Am 7. Oktober 2005 wird Nils Gustafsson freigesprochen.

Er erhält Schadensersatz für die Zeit im Gefängnis und für die „seelischen Qualen die er erlitt", als man ihn beschuldigte. Die Richter stellen fest, dass 45 Jahre nach den Taten vieles im Dunklen liegt und nicht mehr zweifelsfrei bewiesen werden kann. Zeugen erinnern sich nicht mehr, Spuren wurden vernichtet, Beweismittel fehlen. All dies darf nicht zu Lasten eines Angeklagten gehen. Es gilt der althergebrachte Rechtsgrundsatz: Im Zweifel für den Angeklagten.

Ein Reporter fragt Nils Gustafsson, wie er denn wissen könne, dass er die Taten nicht begangen hat, wenn ihm doch die komplette Erinnerung daran fehle. Gustafsson antwortet lapidar: „Ich bin unschuldig, das ist es."

Freispruch für Gustafsson

Der Fall gilt bis heute als ungelöst.

And the waters of Bodom / turn a deep red shade of blood, / as the Children Of Bodom / take their last breath.

Und das Wasser von Bodom verfärbt sich dunkelrot von Blut, als die Kinder von Bodom ihren letzten Atemzug nehmen.

»Silent Night, Bodom Night«
Die finnische Heavy-Metal-Band „Children of Bodom"

BODOM

Aliens?
Yetis?
Die Regierung?

Djatlow Pass
Neun Leichen am „Berg der Toten"

Erster Februar 1959, nachts.

Es ist kalt, bitterkalt. Im Ural sterben neun Studenten.

Ihre schicksalhafte Tour starten die Freunde am 28. Januar 1959 zu zehnt. Der Berg, an dessen östlicher Flanke sich das Unglück ereignet, wird „Berg der Toten" genannt.

NUR EINER VON IHNEN WIRD ZURÜCKKEHREN.
Die anderen werden später tot aufgefunden. Sie sind teilweise nackt, tragen Socken, nur einen Schuh oder sind sogar barfuß. Keiner ist vollständig bekleidet. Ihre Schädel wurden eingeschlagen. Manche von ihnen tragen nicht ihre eigenen, sondern die Sachen ihrer Freunde. Einem fehlt die Zunge. Zwei von ihnen haben keine Augäpfel mehr. Ihr Zelt wurde von innen aufgeschlitzt. Dennoch gibt es keine Hinweise auf einen Kampf oder einen Überfall.

Januar 1959: Expedition in den Schnee

Voller Vorfreude posieren zehn Menschen gemeinsam mit Freunden und Unterstützern für ein Foto. Der Expeditionsleiter Igor Djatlow *(amerikanische Schreibweise: Igor Dyatlov*)* erklärt, dass sich die Teilnehmer frühestens in zehn Tagen wieder bei den Bekannten melden werden und setzt hinzu, dass es auch später werden könne, da sich die Gruppe erst dann wieder in einem bewohnten Gebiet befinde. Sobald die Expedition wieder zurück in Wischai *(Vizhay*)* – einer Siedlung in der russischen Region Perm – ist, wollen die jungen Leute ein Telegramm an ihren Sportverein senden. Handys, Internet oder Satellitenübertragung gibt es schließlich zu jener Zeit noch nicht. Dieses Telegramm soll spätestens am 12. Februar eintreffen. Familien und Freunde wüssten dann Bescheid, dass alles in Ordnung ist.

Dann beginnt die Reise. Von Swerdlowsk – seit 1991 Jekaterinenburg – wollen die acht Männer und zwei Frauen in den nächsten Tagen mit Skiern zum Ural aufbrechen, um das das Gebirge zu erkunden und dabei bis zum Gipfel des Berges *Otorten* vordringen.

Die meisten von ihnen sind Studenten oder Absolventen des *Polytechnischen Instituts des Urals* in Swerdlowsk – heute die *Staatliche Technische Universität des Uralgebietes.* Angeführt wird die Gruppe vom 23-jährigen Igor Alexejewitsch Djatlow. Außerdem gehören dazu:

1. **Sinaida Alexejewna Kolmogorowa** *(Zinaida Kolmogorova*)* 22, genannt „Sina",

2. **Ljudmila Alexandrowna Dubinina** *(Lyudmila Dubinina*)* 20, genannt „Ljuda",

3. **Alexander Sergejewitsch Kolewatow** *(Alexander Kolevatov*)* 24,

4. **Rustem Wladimirowitsch Slobodin**, 23,

5. **Juri Alexejewitsch Kriwonischtschenko** *(Georgiy Krivonischenko*)* 23,

6. **Juri Nikolajewitsch Doroschenko** *(Yuri Doroshenko*)* 21,

7. **Nikolai Wladimirowitsch Thibeaux-Brignolle** *(Nicolas Thibeaux-Brignolle*)* 23,

8. **Semjon Alexejewitsch Solotarew** *(Alexander Zolotaryov*)* 38, und

9. **Juri Jefimowitsch Judin** *(Yuri Yudin*)* 22.

Außer einem wird keiner von ihnen die Reise überleben

In der Gegend nordöstlich des Urals, in die die Exkursion führen soll, wohnen die Mansen – früher „Wogulen" genannt, ein Nomadenvolk, das hauptsächlich von der Rentierzucht lebt und sich selbst „Mansi" nennt. Der Stamm der Mansen pflegt komplexe Rituale, die dem klassischen Schamanismus zugeordnet werden und hat eine eigene Sprache.

Das Areal rund um den 1.200 Meter hohen Berg *Otorten* gilt bei ihnen als tabu. „Otorten" heißt in ihrer Sprache in etwa so viel wie „Bleib fern von dort!" Selbst wenn begehrte Jagdbeute in dieses Gebiet flieht, verfolgen die Mansen das Tier nicht dorthin. Die Überlieferung besagt, dass einst neun Mitglieder des Stammes der Mansen am *Otorten* einen grausamen Tod starben, als sie sich vor einer Flut auf den Berg retten wollten.

Die Route, die die Expeditionsteilnehmer rund um Igor Djatlow ausgesucht haben, gehört im Winter aufgrund des Wetters und des hohen Schnees zur Kate-

* Im Folgenden werden alle Namen, Bezeichnungen und Orte in der deutschen Übersetzung geschrieben, nicht in der amerikanischen.

gorie III – das ist der höchste Schwierigkeitsgrad. Grund zur Sorge gibt es jedoch nicht. Die Teilnehmer sind schließlich keine blutigen Anfänger, sondern haben alle Erfahrung mit Gebirgsexpeditionen und anstrengenden, Tage dauernden Skitouren. Zudem kennen sie sich in den abgelegenen Gebieten des Urals gut aus. Dennoch wird außer einem keiner von ihnen die Heimat jemals wiedersehen.

Am 23. Januar 1959 geht es los. Zehn junge Leute fahren mit dem Zug von Swerdlowsk nach Serow. Ljudmila Dubinina schreibt in ihr Tagebuch: *„(...) Dann mussten wir uns von allen verabschieden. (...) Ich frage mich, was uns auf dieser Reise erwartet. Was werden wir erleben? Die Jungs schworen feierlich, auf der ganzen Reise nicht zu rauchen. Ob sie das wirklich schaffen? Dann schliefen nach und nach alle ein und hinter dem Fenster breitete sich die Ural-Taiga in alle Richtungen aus.“*

Am Morgen des 24. Januars kommt die Gruppe in Serow an, erledigt einige Angelegenheiten und trifft sich mit Schülern, denen die Expeditionsteilnehmer ihre Ausrüstung wie Fackeln und Zelte zeigen. Sinaida Kolmogorova schreibt, dass die Kinder sie gar nicht gehen lassen wollten und sogar in Tränen ausgebrochen seien.

Noch am gleichen Tag fahren sie nach Iwdel *(Ivdel*)*, wo sie gegen Mitternacht landen. Bis zum Morgen bleiben die jungen Leute auf dem Bahnhof. Nun geht es mit dem Bus weiter nach Wischai *(Vizhay*)*. Von dort aus schickt Igor Djatlow am 26. Januar eine Postkarte nach Hause, in der er seinem Vater von der Ankunft in Wischai berichtet.

Am frühen Nachmittag besteigt die Gruppe die offene Ladefläche eines LKWs. Bei einer Temperatur von unter minus zehn Grad frieren die zehn tüchtig. Dreieinhalb Stunden später kommen sie in der „Siedlung 41“ an, einem kleinen Dorf mitten im Wald, in dem es nicht einmal Radio oder Zeitungen gibt. Am Abend werden Filme angeschaut, dann schlafen sie; entweder zu zweit in einem Bett oder auf dem Boden. Geheizt ist der Raum nicht – hat Juri Judin sich nach der Fahrt auf dem LKW hier den Rest geholt?

Sina schreibt in ihr Tagebuch, dass heute der *„letzte Tag der Zivilisation“* sei, der letzte Tag, in dem sie und Ljudmila – Ljuda – in Betten geschlafen haben.

Das eigentliche Abenteuer beginnt

Am 27. Januar verlassen die Expeditionsteilnehmer die Siedlung. Einer der Anwohner – „Onkel Slawa“ – transportiert ihr Gepäck mit seinem Pferdeschlitten, sie folgen ihm auf Skiern. Entlang des Flusses *Loswa (Lozva*)* geht es langsam in Richtung *Uschma*-Fluss und von dort aus zu der verlassenen geologischen Station „Second North“, die aus 24 verfallenen Häusern besteht, von denen nur eines noch für die Übernachtung geeignet ist, weil die Hütte Fenster und Türen hat.

Unterwegs verschlechtert sich Juri Judins Zustand. Er hat Schmerzen, sein Ischiasnerv hat sich entzündet.

Erst am Abend, als es schon stockfinster ist, treffen die jungen Leute und Onkel Slawa in der Station ein. Nachdem die Gruppe ein Feuer aus alten Brettern entzündet und gegessen hat, bleibt man bis drei Uhr wach, singt Lieder, trinkt.

Am nächsten Morgen sind *„nur minus acht Grad“*,

das Wetter ist angenehm und Juri Judin begibt sich auf die Suche nach besonderen Mineralien, die er mit an die Uni nehmen kann, findet jedoch nur Pyrit und Quarz. Weil es ihm noch immer schlecht geht, beschließt er, gemeinsam mit Onkel Slawa die Gruppe zu verlassen und nach Swerdlowsk zurückzukehren.

Juri weiß es noch nicht, aber dieser Entschluss wird ihm das Leben retten. Viele Jahre später sagt er: „Wenn ich Gott nur eine einzige Frage stellen könnte, wäre das diese: Was ist wirklich mit meinen Freunden in dieser Nacht passiert?"

Die erste Nacht im Zelt

**29. Januar 1959
Noch drei Tage
zu leben.**

Jetzt sind sie nur noch zu neunt. Und haben noch drei Tage zu leben. Juri Doroschenko hat Geburtstag. Er wird 21 Jahre alt.

Weiter geht die Reise auf Skiern, immer am Fluss *Loswa* entlang. Igor Djatlow und seine Freunde folgen einer Mansi-Route und bald entdecken sie am Wegesrand „magische Zeichen". Das Volk der Mansen schnitzt Symbole in die Rinde von Bäumen. Da die Exkursionsteilnehmer die mansische Sprache nicht beherrschen, haben sie keine Ahnung, was diese bedeuten.

Im Gruppentagebuch steht: *„Es gibt einen Slogan für unsere Reise: ‚In einem Land der mysteriösen Zeichen'. Wenn wir die Bedeutung kennen würden, wäre es zweifellos möglich, den richtigen Weg zu beschreiten, voller Zuversicht, dass er uns an den richtigen Ort führen würde."*

Am späten Nachmittag wird am Fluss *Auspija (Auspiya*)* das Zelt aufgebaut, und mit Laken abgeteilt. Ein kleiner Ofen spendet Wärme.

In dieser Nacht fallen die Temperaturen auf minus 26 Grad und es beginnt zu schneien, doch den Exkursionsteilnehmern scheint das nichts auszumachen. Nach dem Abendessen sitzen die sieben Männer und zwei Frauen am Lagerfeuer, singen und diskutieren.

Morgens geht es weiter. Sina schreibt, dass der Mansi-Pfad hier endet. Die Reise wird beschwerlicher. Der *Auspija* ist nicht vollständig zugefroren und deshalb müssen die jungen Leute am Ufer durch den hohen Schnee fahren. Starker Westwind bläst Schnee von Zedern und Kiefern. Zum Mittag gibt es getrocknetes Fleisch, Knoblauch und Cracker dazu Kaffee mit Zucker.

Gegen 17:00 Uhr sucht man nach einem Platz, um das Zelt aufzuschlagen. Heute feiert Alexander „Sascha" Kolewatow Geburtstag. Zwar wurde er am 16. November geboren, doch aus nicht überlieferten Gründen hat er den Tag auf den 30. Januar gelegt. Er bekommt eine Mandarine geschenkt.

**31. Januar 1959
Noch ein Tag.**

Wieder geht es einen Mansi-Pfad entlang. Die neun jungen Leute entdecken sogar einen Rastplatz. Kälte und schlechte Sicht erschweren das Vorankommen, mehr als anderthalb Kilometer pro Stunde sind nicht drin. Vom *Auspija*-Tal aus geht es nun kontinuierlich bergauf nach Süden in Richtung Pass, Tannen weichen verkrüppelten Birken, schließlich folgt die Baumgrenze. Heftiger Wind weht den Schnee umher und schon gegen 16:00 Uhr sind die Wanderer so erschöpft, dass sie Station machen müssen. Es fehlt an Brennholz. Anhand der Fotos schließt man später darauf, dass einige der Männer sich aufmachen, den Weg zum Pass zu erkunden.

Igor Djatlow hat vor, die gesamte Gruppe auf den Berg *Cholat Sjachl (Kholat Syakhl*)* wandern zu lassen, wo sie die Nacht verbringen können, um am ersten Februar den Gipfel zu überqueren und zum Tal des Flusses *Loswa* hinunterzusteigen. Dort würden sie ein Lager errichten und dann sollte es zum *Otorten* gehen.

Doch die Pläne werden geändert. All das Material zum *Cholat Sjachl* hinauf und auf der anderen Seite wieder hinunter zu schleppen, ist zu beschwerlich

Deshalb wollen sie an den *Auspija* Fluss zurückkehren, dort übernachten, das Lager bauen und von da aus direkt zum *Otorten* aufsteigen.

Gesagt, getan.

Cholat Sjachl – Berg des Todes

Am ersten Februar geht es erst spät los – man wartet auf besseres Wetter. Zuerst wird das Lager für den Rückweg angelegt: In einem geschützten Tal mit Bäumen errichten die neun einen Speicher, in dem Lebensmittel, Holz und Ausrüstungsgegenstände gelagert werden.

Dann soll die Besteigung des *Otorten* beginnen. Aus den Tagebuchaufzeichnungen geht hervor, dass die jungen Leute versuchen, den Pass zu überqueren, um dann ein Camp für die kommende Nacht aufzuschlagen. Weil sich aber die Wetterbedingungen verschlechtern und ein Schneesturm aufzieht, der ihnen die Sicht nimmt, kommen sie von ihrer angestrebten Route ab und landen zehn Kilometer weiter westlich am *Cholat Sjachl* – auf mansisch „Berg des Todes". Als die Mitglieder der Gruppe ihren Fehler bemerken, entschließen sie sich, am Hang des Berges ein Lager aufzuschlagen.

Und so bauen die Expeditionsteilnehmer ihr Camp am 1. Februar 1959 gegen 17:00 Uhr am „Berg des Todes" auf.

Warum nutzen sie nicht die weiter hangabwärts liegende Waldlichtung? Eine Übernachtung auf abfallendem Grund birgt stets Risiken, zudem befinden sich die jungen Leute dicht bei der Baumgrenze, die etwas Schutz vor der eisigen Kälte der sowjetischen Tundra geboten hätte. Wollten sie die Übernachtung am Hang üben? Niemand wird es je erfahren – die Nacht am Berg des Todes soll die letzte der Skiwanderer werden.

Gegen 18:00 Uhr sind sie fertig und essen zu Abend.

Irgendwann zwischen 21:30 Uhr und 23:30 Uhr passiert dann etwas Schreckliches …

1. Februar 1959

Wo bleibt das Telegramm?

Vor der Expedition hatten die Teilnehmer versprochen, ein Telegramm an ihren Sportverein zu senden, sobald sie wieder in Wischai sind. Geplant war dies spätestens zum 12. Februar.

Obwohl bis zu diesem Tag keine Nachricht von den Skiwanderern eintrifft, passiert erst einmal gar nichts. Verspätungen bei solchen Expeditionen sind nicht selten.

Zudem hat Igor Djatlow Juri Judin gesagt, dass es auch etwas später werden könne. Eine andere Gruppe, die ebenfalls in dem Gebiet unterwegs gewesen ist, berichtet von schweren Schneestürmen und so nimmt man an, dass die Expedition an einer sicheren Stelle das Ende der schlechten Witterung abwartet.

Lew Semjonowitsch Gordo, der Leiter des Sportklubs, dem die Expeditionsteilnehmer angehören, greift sogar zu einer Notlüge, um die Angehörigen zu beruhigen und behauptet, ein Telegramm von Igor Djatlow bekommen zu haben. Doch die jungen Leute kommen auch am 13. und 14. Februar nicht zurück. Allmählich werden ihre Angehörigen unruhig. Als auch zwei Tage darauf noch immer nichts geschieht, wenden sie sich an den örtlichen Führer der Kommunistischen Partei und fordern eine Rettungsaktion. Negative Schlagzeilen kann die Partei nicht gebrauchen und so geschieht endlich etwas.

Am 20. Februar machen sich mehrere Suchtrupps zu Fuß auf den Weg. Viele Mitstudenten der Verschollenen melden sich freiwillig, etliche von ihnen waren selbst schon auf Exkursion in der Gegend um den *Otorten*. Mansi-Jäger schließen sich an. Sie kennen ihr Land am besten.

Auch das Militär beteiligt sich an der Suchaktion, Flugzeuge starten vom Flughafen Iwdel, um die Gruppe aus der Luft zu suchen. Sogar in Moskau wird man aktiv und schickt mehrere Spezialisten.

Am 24. Februar erreichen einige Studenten den *Otorten*, finden aber keine Spuren der Verschwundenen und kommen zu dem Schluss, dass die Gruppe es nicht bis hierher geschafft hat.

Es dauert noch zwei weitere Tage, bis die vermeintlichen Retter das Camp finden. Unwirtliche Bedingungen erschweren das Vorankommen, genau wie ihre Freunde vor ihnen müssen sich die Teilnehmer des Suchtrupps durch Schnee und Eis kämpfen und herausfinden, welchen Weg die Gruppe um Igor Djatlow genommen hat.

... Ein leeres Zelt, von innen aufgeschnitten ...

Am 26. Februar finden die Suchteams das Camp am *Cholat Sjachl*. Das Zelt scheint auf den ersten Blick intakt zu sein ... Boris Slobtzow, ein Mitstudent von Igor Djatlow erkennt es sofort. Vor drei Jahren hat er mitgeholfen, die Leinwand aus zwei kleineren Zelten zusammenzunähen.

Bei näherer Untersuchung stellt sich heraus, dass es von innen aufgeschnitten wurde. Niemand ist darin.

Die jungen Leute haben alle ihre Habseligkeiten und – vollkommen unerklärlich – auch ihre Schuhe zurückgelassen, sind barfuß oder in Socken davongerannt. Fußabdrücke von mehreren Menschen führen hangabwärts in Richtung des nahen Waldes, wo sie einige Hundert Meter weiter vom Schnee überdeckt werden.

Doch wohin wollten die Insassen und wo sind sie?

In der Nähe des Zeltes stecken ein paar Skier im Schnee. Eine Lawine kann hier nicht heruntergekommen sein, sie hätte die Skier umgeworfen. Im Schnee vor dem Zelt findet man Igor Djatlows Jacke, in den Taschen ein Taschenmesser und die Brieftasche. Wieso hat er sich bei der Kälte draußen ausgezogen und die Jacke einfach so liegenlassen? Auf dem eingestürzten und mit Schnee bedeckten Zeltdach liegt Igors Taschenlampe – sie wird eingeschaltet und funktioniert noch. Doch warum befindet sich der Schnee nur unter der Lampe, jedoch nicht darauf?

Auch die noch im Zelt vorhandenen Gegenstände lassen nichts Gutes ahnen: links türmen sich sieben Paar Stiefel in einem wilden Haufen, zwei weitere Paar Schu-

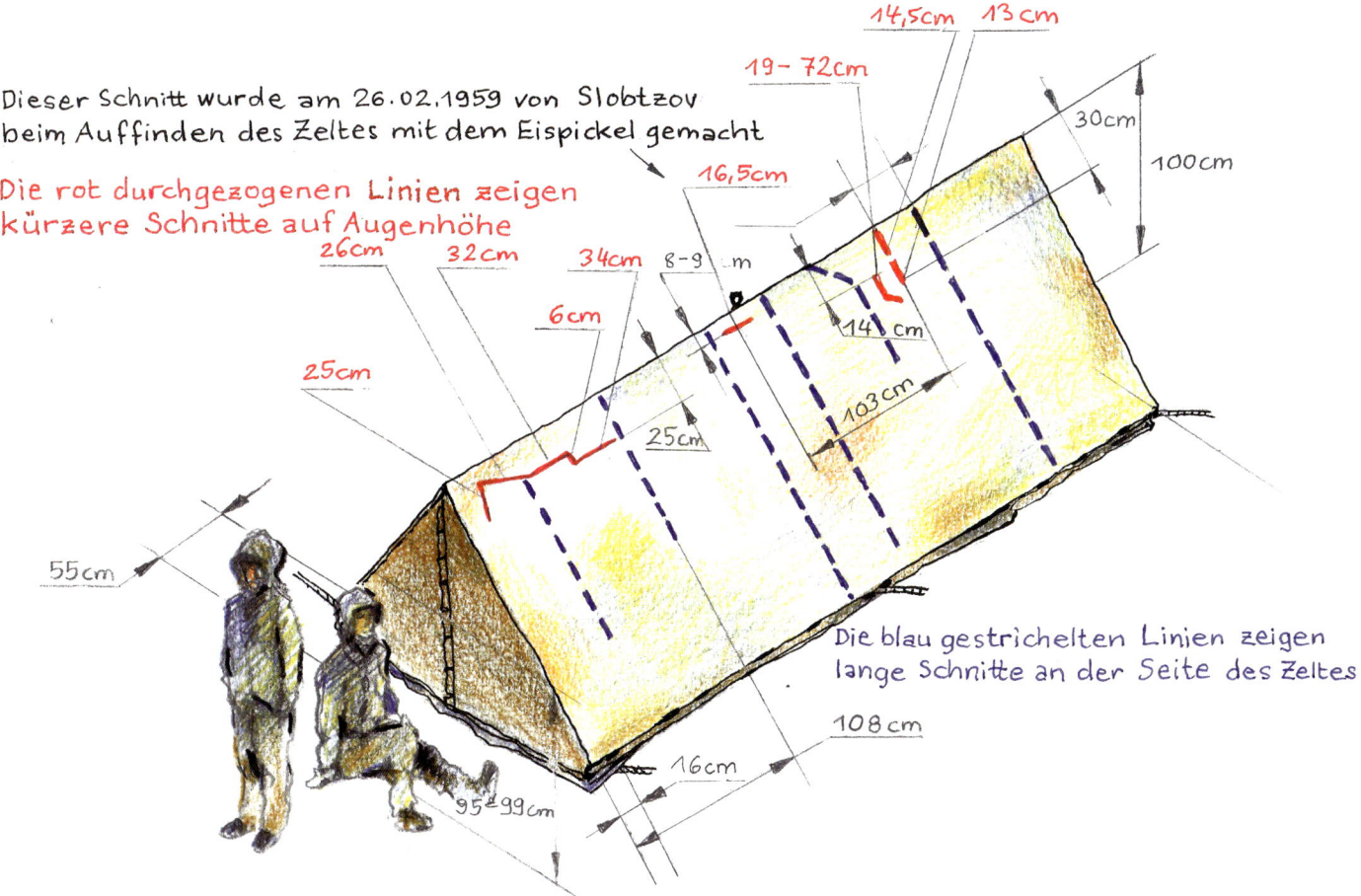

Dieser Schnitt wurde am 26.02.1959 von Slobtzov beim Auffinden des Zeltes mit dem Eispickel gemacht

Die rot durchgezogenen Linien zeigen kürzere Schnitte auf Augenhöhe

14,5cm   13cm

19-72cm

16,5cm

30cm

100cm

26cm   32cm

34cm   8-9 m

6cm

14 cm

25cm

25cm

103cm

55cm

Die blau gestrichelten Linien zeigen lange Schnitte an der Seite des Zeltes

108cm

16cm

95 ÷ 99cm

he liegen rechts vom Eingang. Alle Rucksäcke sind noch vorhanden, dazu Nahrungsmittel, Hosen, Pelzmäntel, Werkzeug. Am Abend des 1. Februars hat die Gruppe sich einen Spaß gemacht, und ein satirisches Flugblatt entworfen – es wird neben dem Zelteingang gefunden – die Stimmung muss also gut gewesen sein.

Die Mitglieder des Suchtrupps nehmen die Kameras und das Gruppentagebuch mit, begeben sich zum Lager, das sie am Fuße des Berges errichtet haben und informieren die anderen von ihrer Entdeckung. Ein Hubschrauber der Armee bringt weitere Helfer und zwei große Militärzelte, während die meisten weiter nach den verschwundenen Exkursionsteilnehmern suchen. Dabei finden Sie über 700 Rubel und die Zugfahrkarten der Gruppe, woraus sie schließen, dass es keinen Raubüberfall gegeben haben kann. Sind die Freunde noch am Leben?
   Zum Abendessen stoßen sie auf das Überleben der Freunde an. Iwan Paschin, der örtliche Förster, ist skeptisch. Das bringt ihm fast Prügel ein. Doch am nächsten Tag wird sich herausstellen, dass er mit seinem Pessimismus recht gehabt hat.

... versuchten verzweifelt, den Baum zu erklimmen ...

Sobald es hell wird, durchkammen die Suchtrupps die gesamte Gegend. Der Student Michail Sharawin entdeckt anderthalb Kilometer vom Zelt entfernt etwas Dunkles in der Nähe einer großen Zeder, das sich als Reste eines Feuers entpuppt und im Näherkommen sieht er, dass es hier nicht nur eine Feuerstelle gegeben hat ... Michail Sharawin alarmiert die anderen.

1. Februar 1959
Zwei Körper werden gefunden

Dicht neben der Zeder liegen Juri Kriwonischtschenko und Juri Doroschenko parallel nebeneinander, die Körper sind zum Teil von Schnee bedeckt. Ihre Fußspuren reichen nicht bis zum Fundort sondern hören nach einem Drittel der Strecke einfach auf. Ein weiteres Rätsel: in der Nähe der beiden liegt ein Dutzend kleiner Tannenzweige von etwa 5 cm Durchmesser, die mit einem Messer von der Zeder abgeschnitten wurden. Ein dazu passendes Messer wird nicht gefunden.

Nachdem man vorsichtig den Schnee von den Köpern entfernt hat, wird Seltsames offenbar: Beide Männer sind unvollständig bekleidet und haben keine Schuhe an. Juri Kriwonischtschenko trägt ein Unterhemd, darüber ein langärmliges kariertes Hemd, eine kurze Unterhose, eine lange Unterhose und nur *eine* braune Socke an seinem linken Fuß, die zudem noch zerrissen ist. Die andere Socke wird neben der Feuerstelle gefunden – halb verbrannt. Seine Hände weisen Verletzungen und Abschürfungen an den Außenseiten auf, zwischen den Fingern befindet sich Blut, auch die Haut am Schienbein ist abgeschürft. Weitere Verletzungen werden später bei der Obduktion (s. S. 26) festgestellt.

Juri Doroschenko hat ein ärmelloses Unterhemd an, darüber ein kurzärmliges, komplett zugeknöpftes Karohemd, dazu eine blaue Baumwollunterhose.

An den Füßen trägt er unterschiedliche Socken, die linke ist versengt. Genau wie Juri Kriwonischtschenko sind auch seine Hände verletzt, an den Schienbeinen hat er Prellungen.

Auch die Hautfarbe ist mysteriös: Mehrere Beobachter vor Ort beschreiben die Gesichter und Hände der beiden Leichen als „braun-lila".

Noch rätselhafter wird es, als die Leute vom Suchtrupp die Umgebung und die große Zeder betrachten. Im Umkreis von mehreren Metern um den Baum finden sich ungefähr zwanzig Stümpfe abgeschnittener Bäumchen. Außer den kleinen Tannenzweigen werden jedoch keine weiteren Äste gefunden. Sind sie verbrannt? Aber die Exkursionsteilnehmer waren erfahren und wussten, dass sich frisch geschnittenes junges Holz nicht als Brennholz eignet. Rund um die Zeder gab es genügend trockene Zweige, die besser gebrannt hätten.

Doch erst beim Betrachten der Zeder geht den Leuten vor Ort auf, dass hier etwas ganz und gar nicht stimmen kann. Alle Äste, die sich in Reichweite von Armen und Händen befinden, sind abgebrochen. Die teils armdicken Zweige liegen auf dem Boden verstreut. Jemand muss panisch versucht haben, die Zeder zu erklettern. Forensiker finden später an der Rinde zahlreiche Reste von Haut- und Muskelgewebe, welche bis in fünf Meter Höhe reichen. Wer da hinaufgeklettert ist, muss in verzweifelter Eile gewesen sein und hat sich dabei die komplette Haut abgewetzt.

Zwei weitere Tote

Nun wird das Areal zwischen der Zeder und dem Zelt Zentimeter für Zentimeter abgesucht, und es dauert nicht lange, bis die nächsten Leichen entdeckt werden. Es sind Sina Kolmogorowa und Igor Djatlow. Igor liegt etwa 300 Meter von der Zeder entfernt, über dem Schnee sind nur seine Hände zu sehen, er hat sie vor der Brust zu Fäusten geballt. Sinas Leiche findet sich reichlich 300

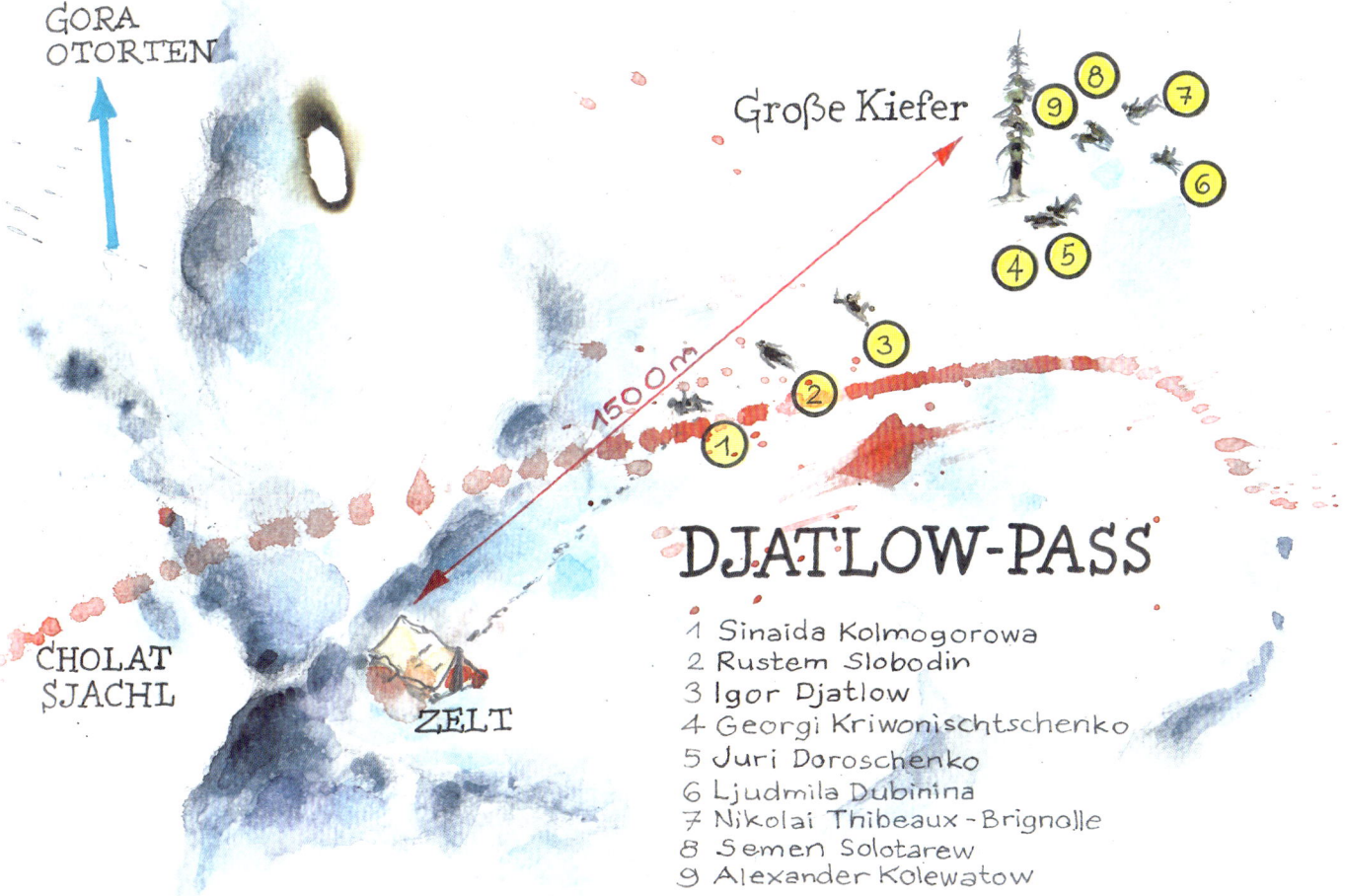

GORA
OTORTEN

Große Kiefer

1500 m

CHOLAT
SJACHL

ZELT

DJATLOW-PASS

1 Sinaida Kolmogorowa
2 Rustem Slobodin
3 Igor Djatlow
4 Georgi Kriwonischtschenko
5 Juri Doroschenko
6 Ljudmila Dubinina
7 Nikolai Thibeaux-Brignolle
8 Semen Solotarew
9 Alexander Kolewatow

Meter weiter in Richtung Zelt. Die beiden haben etwas mehr an, als ihre vorher gefundenen Kollegen, vollständig bekleidet sind aber auch sie nicht.

Igor trägt ein blaues ärmelloses Unterhemd, ein langärmliges rotes Unterhemd, einen blauen Pullover und darüber eine Fellweste, die aufgeknöpft ist. Über der langen Unterhose hat er eine Skihose an. Am linken Fuß findet sich eine Baumwollsocke, am rechten eine Wollsocke. Schuhe fehlen. Seine Armbanduhr ist um 5:31 Uhr stehengeblieben.

Sina trägt ebenfalls keine Schuhe. Ihre Leiche liegt mit dem Gesicht nach unten im Schnee. Über dem Unterhemd finden sich ein weiteres, langärmeliges Unterhemd, ein Pullover, darüber ein kariertes Hemd. Dann folgt noch ein Pullover: sie hat ihn mit der Innenseite nach außen angezogen. Das ist jedoch nicht unbedingt etwas Ungewöhnliches, da diese Methode angewendet wird, um feuchte Kleidung bei Frost am Körper zu trocknen. Sina hat drei Hosen übereinander gezogen, eine baumwollene Unterhose, eine weitere Hose und eine Skihose, die drei kleine Löcher am rechten Hosenbein aufweist. Auch sie hat keine Schuhe an, dafür an jedem Fuß drei paar Socken übereinander.

Genau wie bei den anderen beiden Leichen ist Igors und Sinas Haut an den Händen und im Gesicht stark verfärbt – sie wird als violett-rot beschrieben.

Obduktion mit mysteriösen Befunden

Die Leichen von Juri Kriwonischtschenko, Juri Doroschenko, Igor Djatlow und Sina Kolmogorowa werden nach Iwdel gebracht, wo am 4. März 1959 die Autopsie durchgeführt wird. Der Rechtsmediziner Boris Alexejewitsch Wosroschdennchi (*Vozrozhdenny**) obduziert sie gemeinsam mit dem Arzt Iwan Iwanowitsch Laptew.

Obwohl sich beide Ärzte am Ende auf „Tod durch Erfrieren" einigen, werfen die Ergebnisse der Obduktion mit ihren vielen Ungereimtheiten doch zahlreiche Fragen auf.

Juri Kriwonischenko

Kopf/Gesicht:
- Prellungen auf der Stirn
- Bluterguss am linken Schläfenbein
- Schädigung des Schläfenmuskels und Einblutungen
- Nasenspitze fehlt – da es jedoch keine Blutspuren gibt, nimmt man an, dass sie von Tieren abgebissen wurde
- erfrorene Ohren

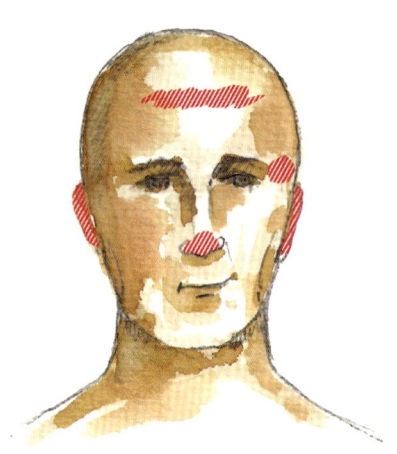 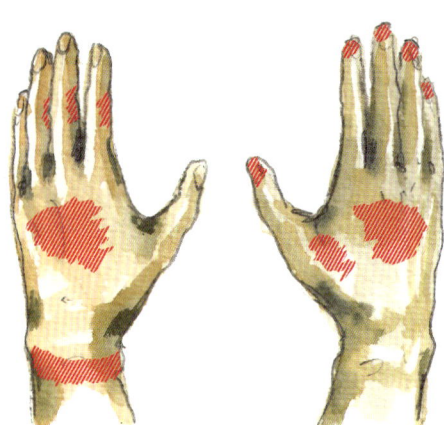

Arme/Hände:
- Rückseite der rechten Hand geschwollen, Finger insgesamt bräunlich-lila verfärbt, Fingerspitzen dunkelbraun, Hautabschürfungen, Handfläche blau-rot, dazu eine dunkelbraune Hautwunde mit gezackten Rändern an der Basis des Daumens
- Teil der Haut der rechten Hand findet sich im Mund des Verstorbenen
- Ablösung der Haut auf dem Rücken der linken Hand, dunkelrote Abschürfungen am linken Handgelenk, der Rücken der linken Hand ist geschwollen
- in der Mittelphalanx der Finger mehrere Hautwunden mit verkohlter Oberfläche
- Prellungen an beiden Händen

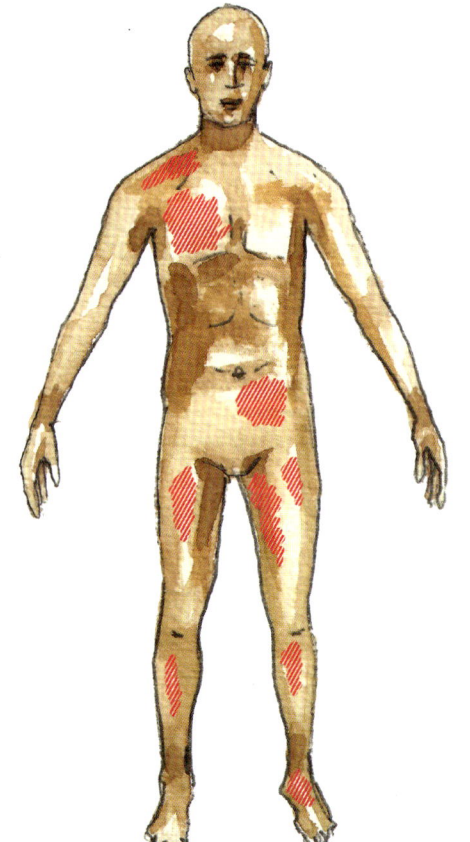 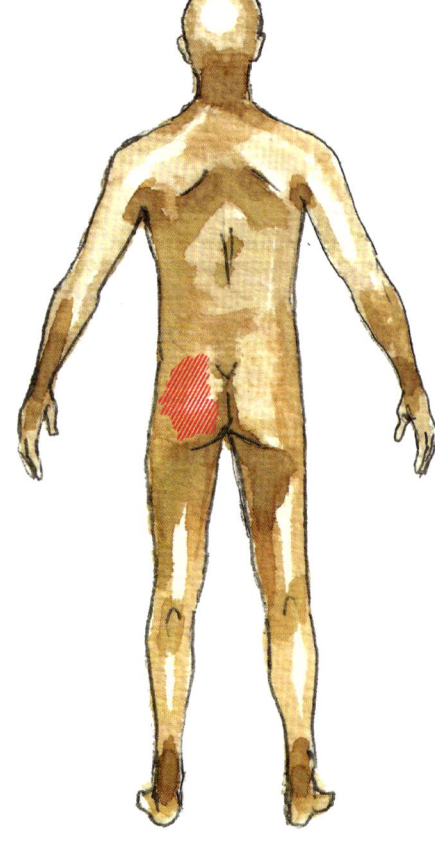

Körper:
- Hautabschürfungen und Prellungen auf der rechten Brustseite
- Hautabrieb am rechten Schlüsselbein
- Prellungen an der linken Gesäßhälfte
- Hautwunden an der Innenseite der linken Hüfte

Beine/Füße:
- Hautabschürfungen auf der Innenseite des linken Oberschenkels
- Prellungen an den Oberschenkeln mit leichten Kratzern
- dunkelbraun verfärbte Abschürfungen an der Vorderseite des rechten Unterschenkels
- Schwellungen am linken Bein und Fuß

- zweite linke Zehe verkohlt
- Abschürfungen an der Rückseite des linken Fußes

Wie kommt die Haut der rechten Hand in den Mund des Toten? Zwei Theorien kommen dafür infrage: Entweder versuchte Juri Kriwonischenko krampfhaft, einen Schrei zu ersticken, oder er biss sich selbst, um die vor Kälte tauben Hände wieder zum Leben zu erwecken. Und wieso ist seine Zehe verkohlt?

Juri Doroschenko

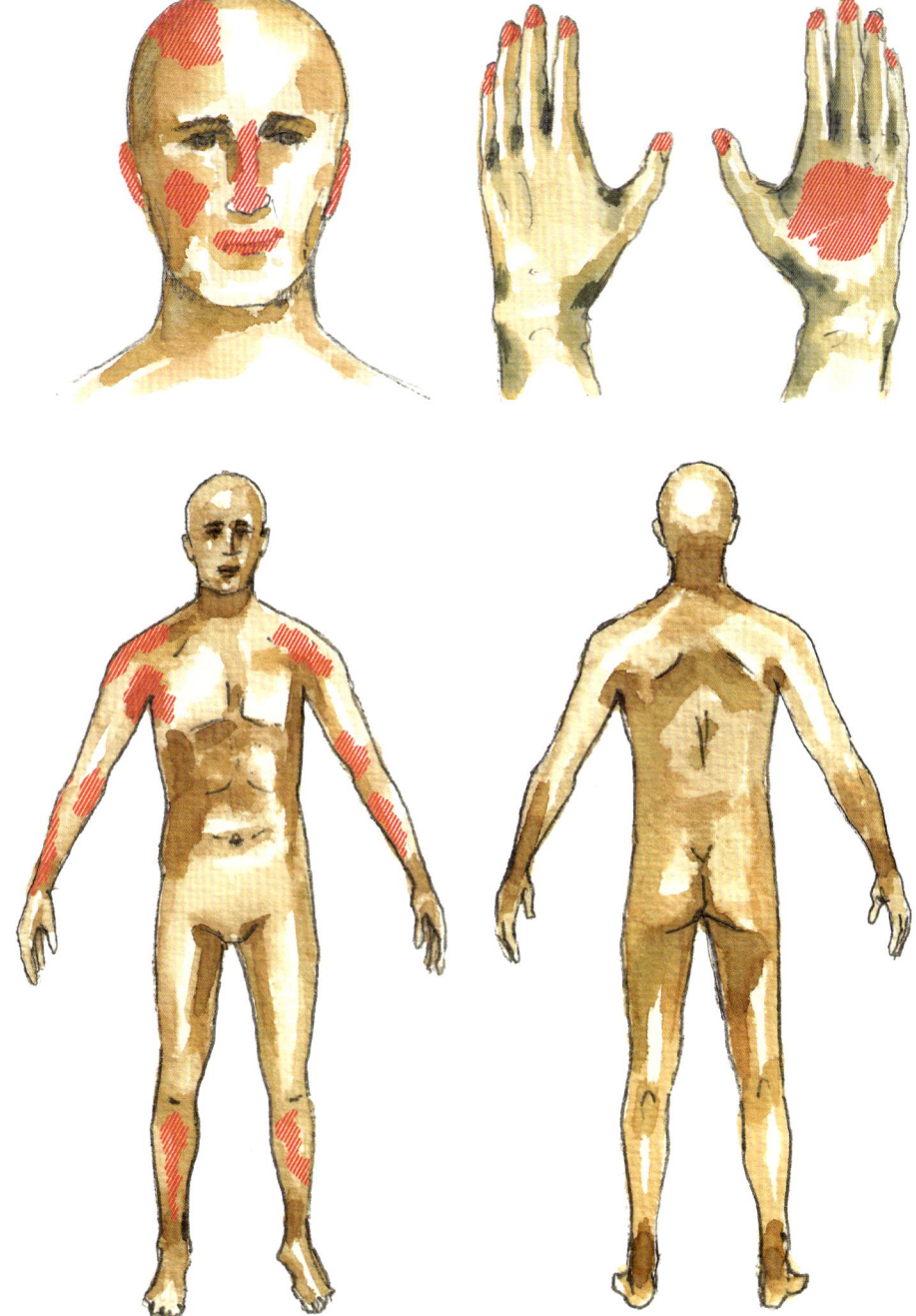

Kopf/Gesicht:
- Haare auf der rechten Kopfseite verbrannt, im Rest der Haare finden sich Moos und Tannennadeln
- Ohren, Nase und Lippen sind mit Blut bedeckt
- Oberlippe geschwollen, dunkelrote Unterblutungen
- Ohrmuscheln bläulich-rot, im rechten Ohr dichte braun-rote Flecken
- rechte Wange mit grauem Schaum bedeckt
- graue Flüssigkeit tritt aus dem offenen Mund

Arme/Hände:
- Prellung und Blutergüsse auf der Rückseite der rechten Hand
- beide Hände und Fingerspitzen stark dunkelviolett, alle Finger und Zehen sind erfroren
- bräunlich-rote Abschürfungen auf den Innenflächen des linken Ellenbogens
- Hautwunde mit getrocknetem Blut auf der Innenseite des linken Unterarms
- Prellung an der rechten Achsel, rechte Schulter mit Abschürfungen
- braun-rote Abschürfungen an der Innenseite der linken Schulter
- braun-rote Prellungen im oberen Drittel des rechten Unterarms,
- Schwellungen und Schürfwunden an der Rückseite des rechten Unterarms

Beine/Füße:
- blassrote Prellungen an beiden Schienbeinen

Juri Doroschenkos Verletzungen waren nicht lebensbedrohlich. Woran ist er dann aber gestorben? Stürzte er starr vor Kälte von der Zeder? Aus welchem Grund aber ist er überhaupt bis in fünf Meter Höhe hinaufgeklettert und hat dort

Aus welchem Grund ist er bis in fünf Meter Höhe hinaufgeklettert?

oben – nur ungenügend bekleidet – so lange ausgeharrt? Was befand sich in der Nähe oder unter dem Baum, dass die beiden Juris nicht herunterkommen wollten?

Schaumige Flüssigkeit tritt immer dann aus dem Mund aus, wenn starker Druck auf die Brusthöhle mit der Lunge ausgeübt wird. Bei Verhören der russischen Geheimpolizei NKWD – **N**arodnyj **k**ommissariat **w**nutrennich **d**el, später das KGB (s. S. 44) – wurden oft Verhörmethoden angewendet, bei denen man massiv auf die Rippen einwirkte. Aber auch der Sturz vom Baum könnte derartige Symptome verursacht haben. Die Obduzenten gehen nicht näher auf diese Befunde ein – nach ihrer Meinung starb auch Juri Doroschenko an Unterkühlung.

Igor Djatlow

Kopf/Gesicht:
- Abschürfungen an der Stirn, an den oberen Augenlidern, über der linken Augenbraue, an beiden Wangen
- auf den Lippen getrocknetes Blut
- fehlender Schneidezahn im Unterkiefer

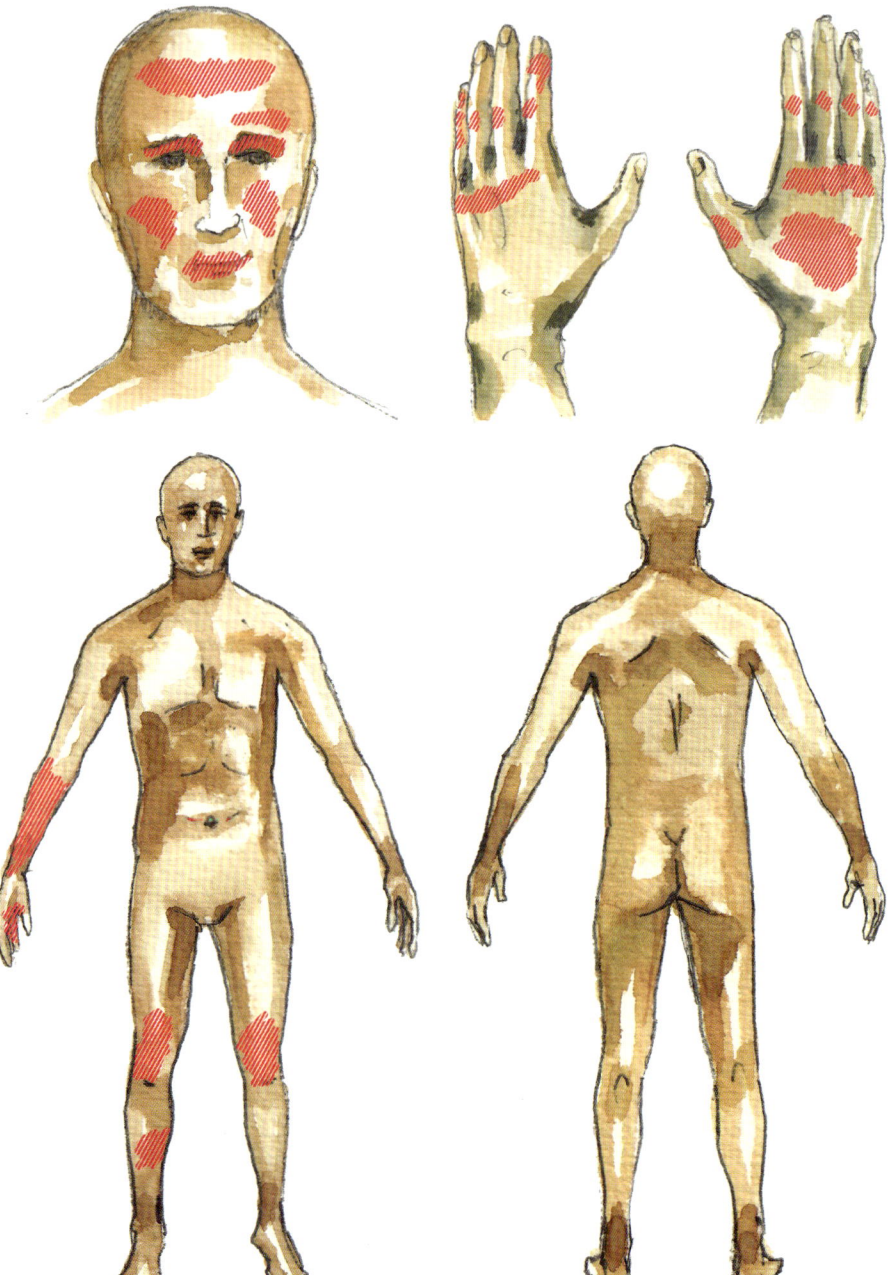

Arme/Hände:
- Knöchel beider Hände mit bräunlich roten Abschürfungen und Blutungen in das darunter liegende Gewebe
- lila-graue Verfärbung der rechten Handrückseite
- viele kleine dunkelrote Kratzer im unteren Drittel des rechten Unterarms und in der rechten Handfläche
- Fingergrundgelenke an der rechten Hand mit braun-roten Prellungen (*Diese Verletzung tritt oft auf, wenn jemand heftig mit der Faust zuschlägt, d. Verf.*)
- bräunlich-rote Prellungen an der linken Hand, Wunden am Zeigefinger und kleinen Finger

Körper:
- keine inneren Verletzungen

Beine/Füße:
- Verletzungen an den Knien
- Einschnitt im unteren Drittel des rechten Schienbeins

Woher kommen die auffälligen Verletzungen an den Knöcheln? Hat sich Igor mit jemandem geprügelt? Aber mit wem? Mit seinen Kumpels sicher nicht. Von den Gruppenmitgliedern ist bekannt, dass sie sich bestens verstanden. Auch bei Igor Djatlow steht „Unterkühlung" als Todesursache im Bericht, genau wie bei Sinaida Kolmogorowa.

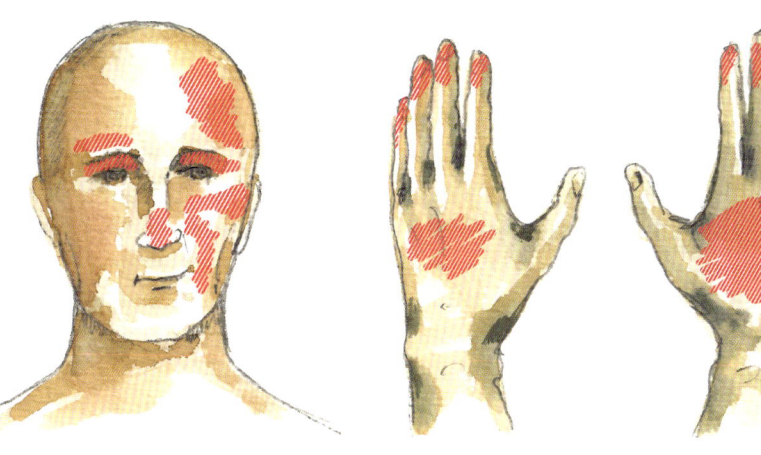

Kopf/Gesicht:
- hellgraue Fläche über der rechten Augenbraue, dunkelrote Abschürfungen an den oberen Augenlidern
- braunrote Abschürfungen auf der Nasenspitze
- zahlreiche Abschürfungen am linken Wangenknochen
- verletzte Haut in der rechten Gesichtshälfte

Arme/Hände:
- braunrote Abschürfungen an beiden Handrücken
- fehlende Haut auf der Rückseite der rechten Hand, Wunde mit gezackten Rändern am rechten Handrücken und an der Basis des dritten Fingers
- Erfrierungen der Finger

Körper:
- eine 30 Zentimeter lange Prellung in der rechten Lendengegend – wie sie von Schlagstöcken verursacht wird

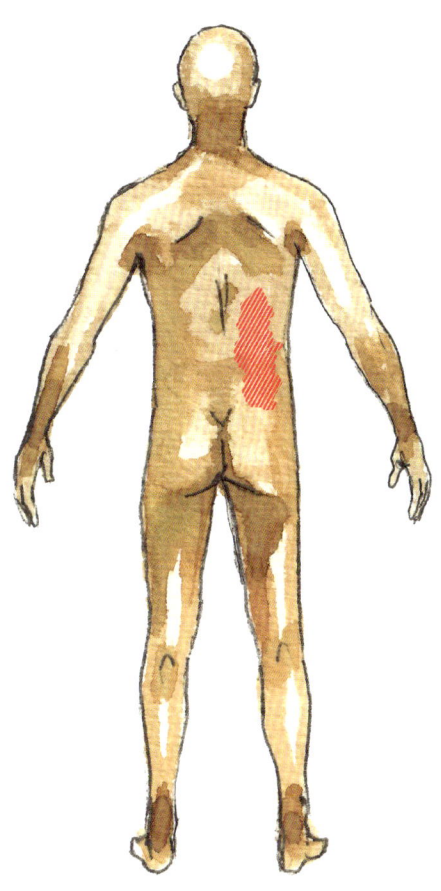

Seltsam ist auch, dass einige der Leichen die Totenflecken – Livor mortis – auf der *Vorderseite* des Körpers haben. Totenflecken entstehen einige Zeit nach Eintritt des Todes. Wenn das Herz aufhört zu schlagen, wird das Blut nicht mehr durch die Adern gepumpt und sackt durch die Schwerkraft an die Körperstellen, die unten liegen. Dort bilden sich dann rotviolette Flecken. Diese bleiben auch an den jeweiligen Stellen bestehen, wenn die Leiche später bewegt wird. Da Igor und die beiden Juris aber auf dem Rücken lagen, als man sie fand, müssten sich die Totenflecken an der Rückseite befinden, und nicht vorn.

Hat jemand die Toten später umgedreht? Wer? Und warum? Haben die vier anderen sich einige Kleidungsstücke der Toten genommen? An Sinas Leichnam wurde Blut gefunden, welches nicht von den Opfern stammte. Leider gibt es im Obduktionsbericht keine Hinweise, ob es sich um menschliches oder tierisches Blut handelt.

Und woher kommen die ungewöhnlichen Hautverfärbungen? Typisch für einen Erfrierungstod sind sie jedenfalls nicht.

Gebrochenes Stirnbein – Der nächste Tote wird gefunden

Einen Tag nach der Obduktion wird am 5. März der nächste tote Expeditionsteilnehmer gefunden: Rustem Slobodin. Seine Leiche liegt knapp 500 Meter von der Zeder entfernt und ist mit einem halben Meter Schnee bedeckt. Rustem liegt mit dem Gesicht nach unten. Unter seinem Körper befindet sich ein „Leichenbett", so nennt man eine Schicht geschmolzenen Schnees, die sich bildet, wenn der Körper noch warm war, als er zum Liegen kam. Daraus folgt, dass Rustem Slobodin wahrscheinlich noch am Leben war, als er hinfiel. Der Bruch des Stirnbeinknochens, der bei seiner Obduktion entdeckt wird, lässt darauf schließen, dass ihn jemand heftig auf den Kopf geschlagen hat.

Wenn neun junge gesunde Menschen bei starkem Frost mitten in der Nacht ihr Zelt von innen aufschneiden und dann ohne Kleidung ...

Rustem hat ein langes Unterhemd, ein Hemd, einen Pullover, zwei Paar Hosen und vier Paar Socken an. Am rechten Fuß trägt er einen Filzstiefel. In einer Hemdtasche befinden sich 310 Rubel und sein Pass, in anderen Taschen seiner Bekleidung ein Taschenmesser, ein Bleistift, ein Kamm, eine Schachtel Streichhölzer und eine Socke. Seine Uhr ist um 8:45 Uhr stehengeblieben.

Drei Tage später wird Rustem Slobodin obduziert – diesmal führt Boris Wosroschdennchi die Autopsie allein durch.

Rustem Wladimirowitsch Slobodin

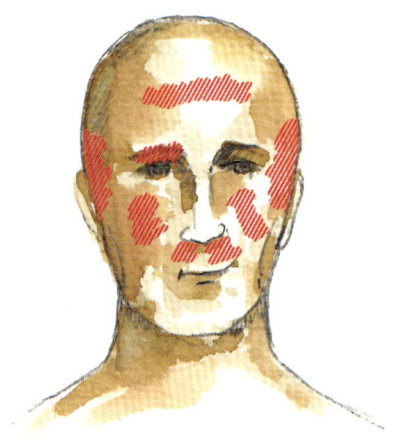

Kopf/Gesicht:
· Schädeltrauma mit Bruch des Stirnbeins
· Blutergüsse in den Schläfenmuskeln
· bräunliche rote Abschürfungen an der Stirn
· bräunlich rote Prellung am Oberlid des rechten Auges mit Blutung in das darunter liegende Gewebe
· Blutaustritt aus der Nase
· Schwellungen und viele kleine Abschürfungen auf beiden Seiten des Gesichts
· geschwollene Lippen

Arme/Hände:
· Prellungen an den Fingergrundgelenken beider Hände, gequetschte Fingerknöchel wie bei Igor Djatlow
· Prellungen am linken Arm und in der linken Handfläche
· abgerissene Haut am rechten Unterarm

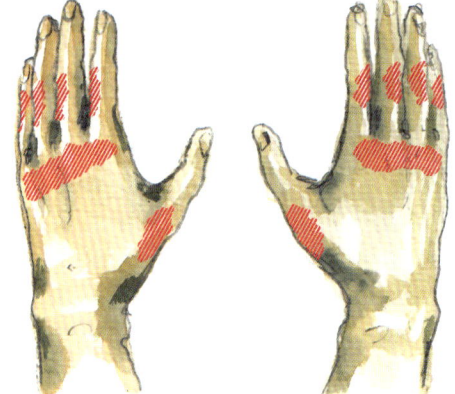

Beine/Füße:
· Prellungen am linken Schienbein

Der Rechtsmediziner Boris Wosroschdennchi schreibt in seinem Bericht, dass Rustem Slobodins Schädeltrauma nicht auf Ungeschicklichkeit wie einen Sturz zurückgeführt werden kann sondern durch massive stumpfe Gewalt verursacht wurde. Jemand hat dem jungen Mann mit einem harten Gegenstand heftig auf den Kopf geschlagen. Dabei muss Rustem nicht sofort bewusstlos geworden sein. Ein Schock könnte zu Koordinationsstörungen geführt haben. Wenn er orientierungslos umherirrte, könnte er mehrfach gestürzt sein, und sich so die anderen Wunden zugefügt haben. Irgendwann gelang es ihm nicht mehr, aufzustehen; er blieb mit dem Gesicht nach unten im Schnee liegen und starb.

Dennoch wird offiziell verkündet, auch Rustem Slobodin sei an Unterkühlung gestorben und habe sich alle Verletzungen bei einem Sturz zugezogen.

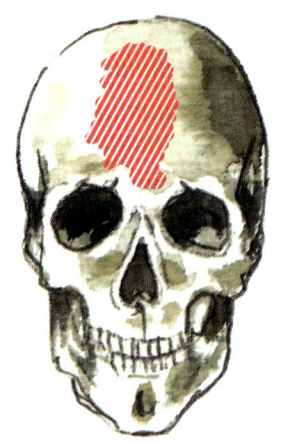

Vier fehlen noch

Trotz umfangreicher Suchmaßnahmen werden Ljudmila Dubinina, Alexander Kolewatow, Nikolai Thibeaux-Brignolle und Semjon Solotarew nicht gefunden.

Mitte April wird der Student Wladimir Askinadsi vom Parteikomitee des „Uraler Polytechnischen Instituts" UPI in Swerdlowsk beauftragt, mit weiteren Studenten eine erneute Suche nach den vier Verschollenen zu organisieren. Obwohl er vorschlägt, auf die Schneeschmelze zu warten, befehlen die Parteifunktionäre ihm, schnellstmöglich aufzubrechen. Weil gerade Prüfungszeit ist, will sich zuerst niemand beteiligen, doch letztendlich gelingt es Askinadsi, fünf Freiwillige zu gewinnen.

4. Mai 1959
Eine Art Pfad

Vor Ort treffen sie am 4. Mai auf einen Mansen, der mit seinem Hund auf der Jagd ist. Stepan Kurikow hat einige kleine Tannenzweige, die eine Art Pfad bilden, bemerkt. Sie führen von der Zeder, neben der schon Juri Kriwonischtschenko und Juri Doroschenko gefunden wurden, in Richtung einer Schlucht und enden in einer Schneewehe. In der Nähe liegen eine schwarze Trainingshose mit abgeschnittenem rechten Hosenbein, zwei Hälften eines hellbraunen Wollpullovers und dessen abgeschnittene Ärmel. Dort, wo der Weg aus Zweigen endet, beginnen die Studenten und einige Mansen zu graben. Der feuchte Schnee ist meterhoch und schwer. In Blöcken bauen die Männer den Schnee ab. Sie müssen bis in dreieinhalb Meter Tiefe graben, bis etwas zum Vorschein kommt: eine Art Höhle, darin abgeschnittene Zweige, die mit Kleidungsstücken bedeckt sind, um eine Sitzfläche zu bilden, dazu einige Habseligkeiten der Verschwundenen.

Doch die Hoffnung, die vier zu finden, zerschlägt sich schnell – die Höhle ist bis auf die genannten Gegenstände leer. Wo sind sie?

Am 5. Mai geht die Suche weiter. Auch Soldaten sind inzwischen an der Fundstelle eingetroffen. Um Menschen unter Lawinen zu finden, werden Geräte benutzt, die meterlangen Stäben gleichen und einen Haken am unteren Ende haben. Damit wird im Schnee gestochert, dann dreht man den Haken und zieht ihn wieder heraus. Nach etlichen Ladungen Moos hängt plötzlich ein Stück Fleisch an Wladimir Askinadsis Haken, zwanzig Meter von der Höhle entfernt. Sofort beginnen die Männer an der Stelle zu graben, und werden fündig.

5. Mai 1959
Ein Stück Fleisch weist den Weg

Ljudmila Dubinina kniet in einem Bach, den Kopf auf einem Felsvorsprung, ihr Mund ist offen, die Zunge fehlt. Es wird weitergegraben. Einen halben Meter neben Ljudas Leiche taucht der Kopf eines Mannes auf, aber um den dazugehörigen Körper freizulegen, muss zuerst die tote Ljudmila beiseite geschafft werden. Soldaten schaufeln nun die Leichen der vermissten Männer unter dem meterhohen Schnee frei. Sie liegen mit den Köpfen nach Norden im Bach, zwei umarmen sich. Die Verwesung hat schon eingesetzt. Ein Funker schickt ein Telegramm nach Swerdlowsk und schon einen Tag später fliegen zahlreiche Leute ein: Ermittler, Parteifunktionäre und Angehörige des Militärs. Als leitender Untersuchungsbeamter fungiert Lew Iwanow. Doch der scheint sich nicht so recht für die Ermittlungen zu interessieren. Er schießt keine eigenen Fotos, betrachtet die Leichen nicht näher und steht die meiste Zeit mit den Händen in den Taschen herum. Noch am gleichen Abend reist er wieder ab.

Ein Toter – er wird später als Semjon Solotarew identifiziert – hat ein Notizbuch und einen Bleistift in der Hand. Wladimir Askinadsi sagt später aus, dass einer der Armeeangehörigen, Oberst Georgi Ortjukow (*Georgiy Ortyukov**) sofort zu der Leiche gesprungen sei, um dem Toten das Notizbuch zu entreißen. Ein Foto vom Fundort der Leichen zeigt Ortjukow mit dem Buch in der Hand. Angeblich fluchte er, dass nichts darin stand. Das Notizbuch wurde nie asserviert und ist bis heute verschwunden.

Georgi Ortjukow und einige Soldaten bergen die Leichen aus dem Wasser, und ziehen sie mit speziellen Schlitten über den Schnee zum Hubschrauberlandeplatz, wo sie sie in undurchlässige Planen einwickeln.

Doch die Merkwürdigkeiten gehen weiter ... Die Hubschrauberpiloten weigern sich, die Leichen abzutransportieren. Angeblich weil die Transportbehälter – verwendet werden hier Zinksärge – dafür fehlen. Sogar, als Oberst Ortjukow ihnen mit einer Pistole droht, wollen sie die Toten nicht ausfliegen. Einige Teilnehmer der Suchaktion sagten später aus, die Piloten hätten gewusst, dass die Toten stark radioaktiv verstrahlt waren.

Waren die Toten radioaktiv verstrahlt?

Erst am nächsten Tag, als spezielle Taschen gebracht werden, können die vier Leichen nach Iwdel gebracht werden. Am 9. Mai findet die Obduktion statt.

Obwohl schon die Todesumstände der ersten fünf Expeditionsteilnehmer rätselhaft waren, wird es jetzt gänzlich mysteriös und zugleich erschreckend.

Grauenvolle Obduktionsbefunde

**9. Mai 1959
Die Obduktion
findet statt.**

Am 9. Mai werden die vier Expeditionsteilnehmer obduziert. Dabei entdeckt Dr. Wosroschdennchi schreckliche Verletzungen, die nicht von Stürzen oder natürlichen Einflüssen herrühren. Dieses Mal arbeitet er nicht allein. Außer dem Rechtsmediziner sind noch der Chef der Staatsanwaltschaft aus Swerdlowsk, ein „forensischer Experte" und ein „Berater der Justiz" anwesend. Angeblich hält sich der Staatsanwalt drei Tage vor Ort auf – ein äußerst ungewöhnliches Vorgehen.

Zuerst kommt Ljudmila Dubinina an die Reihe.

Ljudmila Dubinina

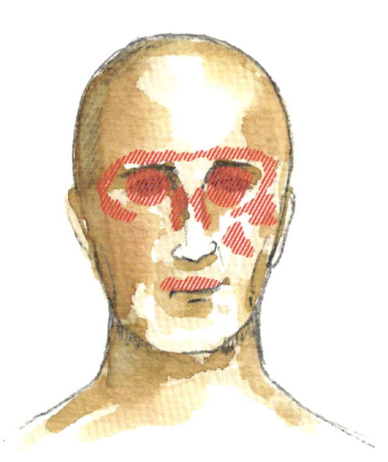

Beim Auffinden trägt Ljudmila ein Unterhemd, ein langärmeliges Hemd und zwei Pullover, von denen einer Juri Kriwonischenko gehört hat. Dazu hat sie zwei Paar Hosen an, an den Füßen zwei Paar Socken. Einen weiteren Pullover hat sie zerschnitten, und eine Hälfte um ihren linken Fuß gewickelt. Die andere Hälfte fehlt. Später wird Kriwonischenkos brauner Pullover als radioaktiv getestet.

Kopf/Gesicht:
· Augäpfel fehlen
· Haut am linken Schläfenbein beschädigt
· um die Augen, Augenbrauen und Nasenrücken herum fehlen Weichteile
· linker Wangenknochen teilweise freigelegt
· Nasenknorpel gebrochen und eingedrückt
· Oberlippe fehlt, Zähne und Oberkiefer liegen frei
· Zunge sowie Muskeln des Mundbodens fehlen

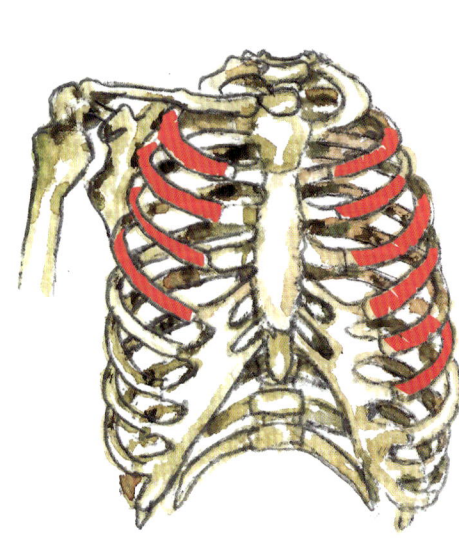

Körper:
· Rippenbrüche auf der rechten Seite an Rippe Nummer 2, 3, 4 und 5
· Rippenbrüche auf der linken Seite an Rippe Nummer 2, 3, 4, 5, 6 und 7
· massive Blutung in der rechten Herzvorkammer
· etwa 100 Gramm geronnenes Blut im Magen
· etwa 1,5 Liter Blut in der Pleurahöhle – so nennt man den Spalt zwischen Lungenfell und Brustfell, in dem sich normalerweise nur etwa 20 Milliliter Flüssigkeit befinden
· graue Flüssigkeit in ihren Atemwegen, die nicht näher bestimmt wurde

Beine/Füße:
· Prellung in der Mitte des linken Oberschenkels
· „Waschhaut" im Bereich der Zehen und Finger

Als Todesursache gibt der Rechtsmediziner die Blutung in den rechten Vorhof des Herzens, multiple Rippenfrakturen und innere Blutungen an, die durch äußere Gewalteinwirkung entstanden sind. Dennoch ist der Autopsiebericht verschwommen und zum Teil unklar. Kein Medizinstudent wäre mit der lapidaren

Aussage „die Zunge fehlt" durchgekommen. Exakte Details zur Verletzung gehören in jeden Obduktionsbericht. Finden sich gerade Kanten wie von einem Schnitt? Oder zeigen sich Spuren von Raubtierzähnen? Wie kam das Raubtier aber an die Zunge heran? Sollte sich Ljudmila Dubinina die Zunge selbst abgebissen haben, können sich die Bissspuren nicht ganz hinten am Zungengrund befinden. Und wo ist dann ihre Zunge?

Im Magen der Toten wurde geronnenes Blut gefunden. Das ist ein eindeutiges Zeichen, dass Ljudmila Blut hinuntergeschluckt hat, die Verletzung im Mund also zu Lebzeiten entstand. Der Rechtsmediziner äußert sich dazu nicht. Die vorherigen fünf Autopsien im März waren viel detaillierter. Jetzt scheint Dr. Wosroschdennchi schludriger vorgegangen zu sein – ungewöhnlich für einen sonst so pflichtbewussten Arzt.

Wo ist ihre Zunge?

Semjon Solotarew

Als man sie fand, lagen Semjon Solotarew und Alexander Kolewatow dicht nebeneinander in einer Art „Löffelchenstellung", sie umarmten sich, als wollten sie sich gegenseitig wärmen.

Semjon trägt einen zum Teil aufgeknöpften Pelzmantel und über einer Strickmütze eine Fellmütze, die Ljudmila Dubinina gehörte, dazu einen wollenen Schal. Unter dem Mantel hat er eine braune Flanelljacke, einen schwarzen Pullover, ein langärmliges Hemd, Unterwäsche, zwei Hosen und eine Skihose, ein Paar Socken und Fellschuhe an – nichts, um sich damit stundenlang draußen aufzuhalten, aber für die Höhle oder einen kurzen Aufenthalt davor reichte es. In den Hosentaschen werden Münzen, ein Kompass und eine aufgerollte Zeitung gefunden, in der Brusttasche ein Kamm und ein Wollknäuel. Nach dem Entfernen der Kleidung beginnt die äußere Besichtigung, dann wird auch Semjon Solotarew obduziert. Folgende Befunde notiert der Arzt:

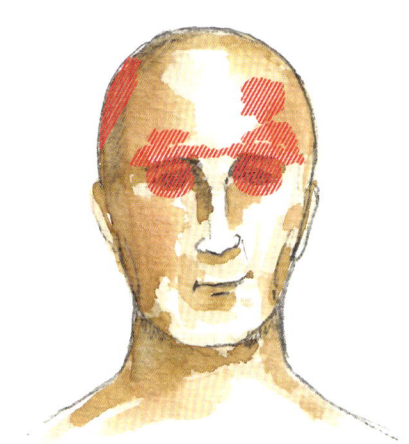

Kopf/Gesicht:
· Augäpfel fehlen, Augenbrauen fehlen
· fehlendes Weichteilgewebe um die linke Augenbraue, Schädelknochen liegt frei
· offene Wunde auf der rechten Schädelseite, Knochen liegt frei

Arme/Hände:
· „Waschhaut" im Bereich der Zehen und Finger
Körper:
· Rippenbrüche auf der rechten Seite an Rippe Nummer 2, 3, 4 und 5
· etwa ein Liter Blut in der Pleurahöhle
· schaumig blutige Flüssigkeit in der Lunge

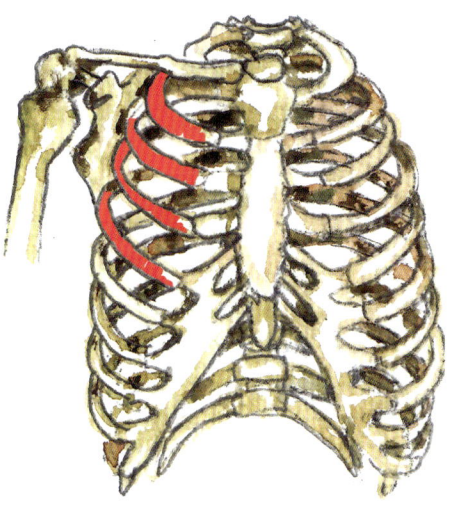

Genau wie bei Ljudmila Dubinina schreibt der Rechtsmediziner auch hier „äußere Gewalteinwirkung" als Todesursache in den Bericht.

Insgesamt haben Ljudmila und Semjon sehr ähnliche Befunde: vielfache Rippenbrüche, Blutungen in den Herzmuskel und die Pleurahöhle, das alles jedoch ohne äußere Beeinträchtigungen des Brustkorbes. Die Kraft, die für solche inneren Verletzungen nötig ist, muss extrem hoch sein. Bemerkenswert ist, dass die Leichen außer im Gesicht keine äußerlichen Wunden am Körper aufweisen.

Was kann solche Verletzungen verursachen? Druckwellen? Wo sind dann aber die Augen und Ljudas Zunge?

Wahrscheinlich haben beide noch ein paar Minuten überlebt, sie waren trainiert und körperlich fit. Semjon hatte ein Notizbuch und einen Bleistift in der Hand. Wollte er vor seinem Tod noch etwas aufschreiben? Außerdem hatte er eine Kamera umhängen, als man ihn fand. Niemand legt sich mit Stift, Notiz-

Die Kraft, die für solche inneren Verletzungen nötig ist, muss extrem hoch sein.

buch und Fotoapparat zum Schlafen nieder. Viel wahrscheinlicher ist es, dass er nach draußen ging, weil die vier etwas gehört oder bemerkt hatten, und das Ereignis dokumentieren wollte.

Leider ist der Film in Semjons Kamera durch das Schmelzwasser beschädigt. Es können keine Fotos entwickelt werden. Nicht erklären lässt sich auch die Tatsache, dass der Fotoapparat, der auf Semjons Brust hing, vollkommen intakt war. Hat die gewaltige Kraft *vorher* auf ihn eingewirkt? Wie konnte er sich danach aber den Fotoapparat noch umhängen?

Kamera, noch vorhandene Armbanduhren und Geldbeträge in den Taschen widerlegen auch die Theorie von einem Raubüberfall.

Alexander Kolewatow

Genau wie Semjon, neben dem er liegt, ist auch Alexander nicht so gekleidet, als wolle er sich draußen aufhalten. Er trägt keine Mütze und keine Schuhe, die Skijacke ist nicht zugeknöpft, weist jedoch am linken Ärmel Risse und ein etwa 25 Zentimeter großes Brandloch auf. Unter der Jacke hat er zwei Pullover, ein langärmliges Hemd und ein Unterhemd an. In den Hemdtaschen werden Schlüssel, eine Sicherheitsnadel, ein unbeschriebenes Blatt Papier und Tabletten (Codein mit Soda) gefunden.

Über den Unterhosen trägt Alexander Kolewatow zwei weitere Stoffhosen und eine Skihose, an den Füßen zwei Paar Socken. Am linken Fußgelenk wird eine Bandage entdeckt, die er jedoch schon länger getragen haben musste, da die Erste-Hilfe-Ausrüstung im Zelt verblieben war.

Später stellte sich heraus, dass der Bund seines Pullovers und die unteren Abschnitte der Hose radioaktiv verseucht waren.

Auch bei Alexander Kolewatow findet der Rechtsmediziner auffällige Befunde im Kopfbereich, die er ebensowenig erklären kann, wie die von Ljuda und Semjon. Und auch hier bleibt der Obduktionsbericht seltsam vage.

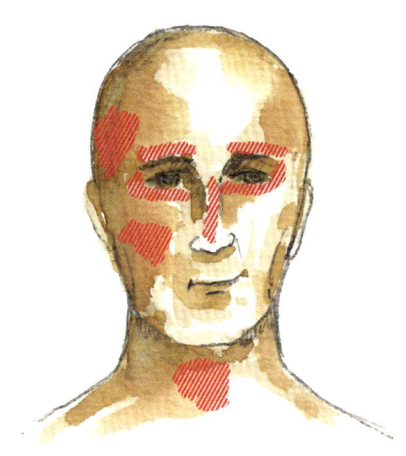

Kopf/Gesicht:
· fehlende Augenbrauen
· im Bereich der Augenhöhlen und Brauen fehlen Haut und Muskeln
· freiliegende Schädelknochen im Bereich des rechten Schläfenbeins
· fehlende Haut und Muskelgewebe im Bereich der rechten Wange
· gebrochene Nase, Nasenknorpel ungewöhnlich beweglich
· drei Zentimeter lange offene Wunde hinter dem Ohr
· Deformationen am Hals – Schildknorpel des Kehlkopfs deformiert

Arme/Hände:
· sich ablösende Haut an den Fingern

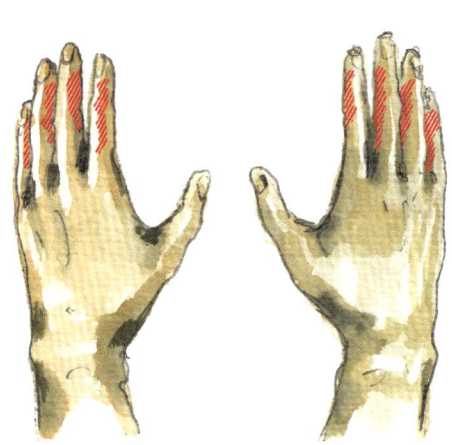

Körper:
· 500 Milliliter blutige Flüssigkeit in der Pleurahöhle
· gesamte Haut graugrün mit einem Hauch von Purpur

Beine/Füße:
· diffuse Blutung im darunter liegenden Gewebe des linken Knies
· sich ablösende Haut an den Füßen
· Verletzungen der Weichteile des rechten Oberschenkels

Es gibt keinen Zweifel, die Todesursache lautet: „äußere Gewalteinwirkung".

Dass sich bei einer Leiche, die in feuchter Umgebung liegt, die Haut abzulösen beginnt, ist nichts Ungewöhnliches. Ungewöhnlich ist etwas anderes. Die Kopfverletzungen sind typisch für stumpfe Gewalt gegen den Schädel, wie zum Beispiel gezielte Schläge auf den Hals und hinter das Ohr, wie sie Spezialeinheiten anwenden. Wurde Alexander Kolewatow geschlagen? Und wenn ja – von wem?

Was hatte das Codein in seiner Tasche zu suchen? Codein kann zwar als Hustenmittel eingenommen werden, wirkt jedoch gleichermaßen euphorisierend und wird als Rauschmittel missbraucht.

Nikolai Thibeaux-Brignolle

Nikolai liegt einen halben Meter entfernt neben Alexander Kolewatow und Semjon Solotarew. Genau wie Semjon trägt Nikolai Schuhe – ein Anzeichen dafür, dass er mit diesem draußen war, als das „Ereignis" stattfand? Auch die Bekleidung lässt darauf schließen: eine wollene Strickmütze unter einer Fellmütze, wollene Handschuhe, Hemd, wollener Pullover und Jacke aus Schaffell, über der Unterhose zwei Stoffhosen und eine Skihose, an den Füßen handgestrickte Wollsocken und „Walenki" so heißen die russischen Filzstiefel, die sich perfekt für die Kälte eignen. Nikolai hat gleich zwei Armbanduhren, eine sogenannte Sportuhr, sie steht auf 8:14 Uhr, die andere der Marke „Victory" auf 8:39 Uhr. In den Jackentaschen werden ein paar Münzen gefunden.

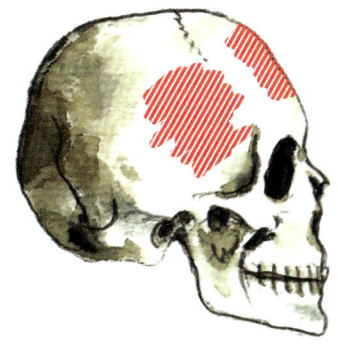

Kopf/Gesicht:
· mehrere Brüche im Bereich des rechten Schläfenbeins mit Blutergüssen in der Muskulatur
· teilweiser Abriss des rechten Schläfenmuskels
· Teile des rechten Keilbeins und des Stirnbeins sind in den Schädel verschoben
· Prellung an der linken Oberlippe

Arme/Hände:
· Prellung im Bereich der rechten Schulter, Einblutungen ins Gewebe
· „Waschhaut" im Bereich der Finger
· Blutung am Unterarm

Beine/Füße:
· „Waschhaut" im Bereich der Zehen

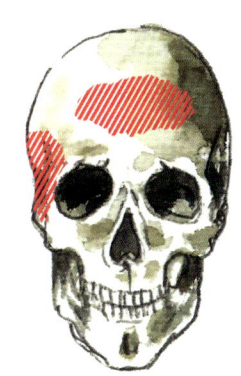

Finden sich bei Verletzungen Einblutungen ins Gewebe, so müssen diese zu Lebzeiten entstanden sein. Nikolai wurde also die Schädelverletzung zugefügt, als er noch lebte und nicht erst nach dem Tod.

Zusammenfassend schließt Dr. Wosroschdennchi einen Sturz aus. Ein solch massiver Bruch des Schädels kann nicht durch natürliche Ursachen entstanden sein. Eine gewaltige Kraft muss von außen auf Nikolais Kopf eingewirkt haben. Wäre er aus größerer Höhe gestürzt, müssten sich Verletzungen an Armen und Händen finden. Die Schlussfolgerung, dass es sich dann nur um einen Schlag oder Ähnliches gehandelt haben kann, zieht Dr. Wosroschdennchi nicht.

Tierfraß hingegen schließt er bei allen vier Leichen aus. Aasfresser nehmen sich zuerst leicht abzubeißende Teile wie Ohren oder Finger vor. Diese sind jedoch bei allen Toten noch vorhanden.

> Eine gewaltige Kraft muss von außen auf Nikolais Kopf eingewirkt haben.

Was ist am Berg des Todes geschehen?

Um zu verstehen, was wirklich passiert sein könnte, ist es interessant, die wichtigsten Ergebnisse aller Obduktionen noch einmal in der Gesamtheit zu betrachten.

Es scheint nach der Flucht aus dem Zelt zwei getrennte Gruppen gegeben zu haben. Die erste mit fünf Exkursionsteilnehmern: Juri Kriwonischenko und Juri Doroschenko sowie Igor, Sina und Rustem, die zweite mit Nikolai, Alexander, Semjon und Ljuda.

Die beiden Juris hatten keine lebensgefährlichen Verletzungen, sie starben laut Obduktionsbericht an Unterkühlung. Sind sie vor Kälte starr vom Baum gestürzt und erfroren? Warum aber kletterten sie Hals über Kopf bis in fünf Meter Höhe? Und wo waren ihre Freunde in dieser Zeit?

Es hat den Anschein, als wären die anderen drei später zur Zeder zurückgekehrt und hätten sich einige Kleidungsstücke von den Toten genommen, um sich selbst vor dem Erfrieren zu schützen.

Auch bei Igor Djatlow und Sinaida Kolmogorowa hat der Rechtsmediziner „Unterkühlung" in den Bericht geschrieben. Igor aber scheint sich vorher noch geprügelt zu haben. Die Knöchelverletzungen an seiner rechten Hand sind typisch dafür. Igors Verletzungen waren jedoch ebensowenig lebensgefährlich wie die von Sina. Haben sich die beiden einfach zum Sterben hingelegt? Kaum anzunehmen.

Hinzu kommen die Totenflecken auf der Vorderseite. Jemand hat die Leichen etliche Stunden nach dem Tod umgedreht. Ihre Freunde? Dazu die orange bis violette Hautfarbe – Tote zeigen normalerweise je nach Verwesungszustand eine blasse bis grünliche Haut. Augenzeugen berichten auch von ergrauten Haaren.

Rustem Slobodin scheint sich auch geprügelt zu haben, denn seine Finger weisen das gleiche Verletzungsmuster wie bei Igor auf. Im Gegensatz zu Igor hat Rustem aber auch selbst etwas abbekommen, ein mächtiger Schlag auf den Kopf hat ihn außer Gefecht gesetzt.

\ Schädelfrakturen \ massive Brustkorbverletzungen \ Prellungen \ Rippenbrüche \ fehlende Augäpfel \ abgerissene Teile der Mundhöhle \ fehlende Augenbrauen \ entfernte Zunge

Welche Einwirkung verursacht so etwas?

Nikolai, Alexander, Semjon und Ljuda scheinen länger gelebt zu haben. Sie waren deutlich wärmer angezogen und trugen zum Teil die Kleidung der anderen. Außerdem hatten sie Zeit, sich eine Höhle zu bauen. Warum sind sie aber nicht zum Zelt zurückgekehrt, wo zusätzliche Kleidung, Schuhe, Medikamente und Nahrung lagerten, sondern haben stattdessen die Höhle bei der Schlucht gebaut? Fürchteten sie sich vor etwas?

Ihre Leichen wiesen alle schwere Verletzungen auf, wie sie zum Beispiel bei einem gewaltigen Aufprall entstehen: Schädelfrakturen, massive Brustkorbverletzungen, Prellungen, seltsamerweise jedoch fast alle im Körperinnern.

Dazu kommen die Anomalien. Ljudas Rippenbrüche waren „symmetrisch". Die fehlenden Augäpfel bei ihr und Semjon, abgerissene Teile der Mundhöhle und des Gesichtsschädels, fehlende Augenbrauen oder die zu Lebzeiten entfernte Zunge lassen sich jedoch nicht durch stumpfe Gewalt erklären.

Welche Einwirkung verursacht so etwas?

Fragen über Fragen …

? Warum hat sich Juri Kriwonischtschenko Hautstücke vom Handrücken abgebissen und wieso fehlt seine Nasenspitze? Woher kommt die Verbrennung an seinem linken Bein? Gegen wen haben sich Igor und Rustem mit Fäusten gewehrt?

? Was verursachte die ungewöhnliche Gesichtsfärbung bei den ersten fünf Leichen?

? Woher kam die graue Flüssigkeit in den Atemwegen von Juri Doroschenko und Ljudmila Dubinina und warum wurde sie nicht näher bestimmt?

Im offiziellen Bericht ist von radioaktiv kontaminierter Kleidung bei Semjon, Ljuda und Juri Kriwonischtschenko die Rede. In der Gegend rund um den *Otorten* gibt es keine natürliche Radioaktivität.

Mithilfe dieser Fragen lassen sich die Theorien, was am *Djatlow-Pass* passiert sein könnte überprüfen.

Geheimarchiv und gesperrtes Gebiet

Trotz der zahlreichen unerklärlichen Verletzungen der neun Opfer schließen die Ermittler eine Fremdeinwirkung aus und beenden ihre Nachforschungen kurze Zeit später.

Hypothermie – also Tod durch Erfrieren – ist die einzige Todesursache, die bei vier der Studenten als sicher gilt. Das Urteil für die anderen Gruppenmitglieder lautet, dass sie an einer „elementaren Kraft, die sie nicht überwinden konnten", starben. Schon im Mai 1959 wird die Untersuchung offiziell wegen „Abwesenheit einer schuldigen Partei" eingestellt.

Die Akten werden nicht veröffentlicht, sondern als „streng geheim" unter Verschluss genommen. Erst in den 90er Jahren tauchen Kopien auf, allerdings fehlen einige Seiten. Darüber hinaus wird der Zugang zu dem Gebiet rund um den *Otorten* für drei Jahre gesperrt, auch Flugzeuge dürfen das Areal nicht überqueren.

In Swerdlowsk verbreitet sich sehr schnell das Gerücht, dass am Pass eine Rakete explodiert sei. Oberst Georgi Ortjukow, der die Suche im Februar geleitet hat, behauptet das Gleiche.

Sogar ein Telegramm wird an die Leitung des Suchtrupps gesendet, in dem steht, dass die Ursache des Unglücks „irgendein außergewöhnliches Naturphänomen, wie der Flug einer meteorologischen Rakete" gewesen sein könnte.

Doch kann man den Behörden trauen? Warum werden die Mitglieder des Suchtrupps nach ihrer Rückkehr getrennt voneinander verhört? Ist die „Raketenversion" ein Ablenkungsmanöver? Ein Raketenabsturz rechtfertigt schließlich Geheimhaltung und Sperrung des Gebietes und liefert der Bevölkerung eine plausible Erklärung.

Offiziell gab es in der gesamten Sowjetunion keine Raketenstarts am 1. und 2. Februar 1959.

Das Mysterium um die neun Toten vom *Cholat Sjachl* ist bis heute nicht offiziell geklärt. Seit über einem halben Jahrhundert rätseln Wissenschaftler, Forscher, Laien und Verschwörungstheoretiker, was am Berg der Toten wirklich vor sich gegangen ist.

Mit Unterstützung der Technischen Universität in Jekaterinburg wurde eine Stiftung zur Erinnerung an die Toten gegründet. Hier sammelt man sorgfältig alle Bilder, Tagebuchaufzeichnungen, Briefe, offizielle Berichte und Augenzeugenaussagen. Insgesamt 64 Versionen des Tathergangs – von einer Lawine bis zum Yeti – sind dort archiviert. Keine jedoch erklärt vollständig, was an dem Pass, der später nach Igor Djatlow benannt wurde, passiert ist.

Aber urteilen Sie selbst ...

Aliens und UFOs

Liebhaber von UFO-Theorien sind sich sicher, dass die Studenten ermordet wurden. Allerdings nicht von anderen Menschen sondern von Außerirdischen.

Paul Stonehill, der Autor des Buchs „Ufo-Files of Russia" ist von dieser Annahme überzeugt. Bestätigen doch Berichte der Mansen und auch von anderen Exkursionsteilnehmern, die diese Gegend besucht haben, dass hier etwas nicht mit rechten Dingen zugehen kann.

Immer wieder wird von seltsamen Lichterscheinungen erzählt, orangefarbene Lichtbälle fliegen angeblich über den Himmel. Studenten, die zur gleichen Zeit wie die Djatlow-Gruppe etwa 50 Kilometer vom *Otorten* entfernt campen, berichten von einem „leuchtenden runden Körper", der die Größe des Vollmondes hatte und blau-weißes Licht, begleitet von Blitzen, aussandte. Ähnliche „Lichtkugeln" werden zwischen Februar und März 1959 von verschiedenen Augenzeugen, dem meteorologischen Dienst und dem Militär beobachtet.

Im nördlichen Ural werden schon seit langer Zeit ungewöhnliche Beobachtungen am Himmel gemacht. Ist die Gegend etwa ein Alien-Hotspot? Die Anzahl angeblicher „UFO-Sichtungen" im unmittelbaren Umfeld des *Otorten* ist tatsächlich erstaunlich.

Als der Kontakt zu den Studenten abbrach, wurde über der Stadt Nischni Tagil, die im Bezirk Swerdlowsk liegt, eine „Feuerkugel" beobachtet, die lautlos in Richtung Nordural flog. In der Nacht vom ersten auf den zweiten Februar wurde eine „Lichtkugel" über dem *Otorten* gesichtet, am 17. Februar wurden ein „Stern mit Schweif" und eine „Lichtkugel" beschrieben und am 31. März ebenfalls eine „Lichtkugel".

Sogar Piloten begegnen im nördlichen Ural immer wieder Phänomenen, die sie als „Lichtbälle" beschreiben und die sich schnell über den Himmel bewegen.

Warum aber sollten Aliens gerade eine Gruppe harmloser Studenten mitten in der Einöde angreifen?

Auch auf den Fotos der Expeditionsteilnehmer sind Lichterscheinungen in Form von Kugeln, Schlieren und Spektren am Himmel zu sehen. Semjon Solotarew hatte einen Film mit 36 Bildern in seiner Kamera, von denen später neun nicht aufzufinden sind. Auf den restlichen Aufnahmen, die in einem Zeitraum von zwei Minuten gemacht wurden, sieht man Lichterscheinungen am Nachthimmel, das letzte noch vorhandene Foto zeigt etwas, das wie eine Explosionswolke am Boden aussieht.

Könnten die Lichterscheinungen aber auch eine natürliche Ursache haben? Am Abend des ersten Februars sahen einige Geologen 70 Kilometer vom Unglücksort entfernt „glühende und pulsierende Lichter" in Richtung des *Cholat Sjachl* fliegen. Lew Iwanow, der Chefermittler sagte in einem Interview in den 90er Jahren, dass die Kiefern im Wald an der Spitze verbrannt gewesen seien. Man habe ihn gezwungen, jegliche Hinweise auf unbekannte Flugobjekte oder andere seltsame Phänomene aus den Akten zu entfernen.

> Die Anzahl angeblicher „UFO-Sichtungen" im unmittelbaren Umfeld des Otorten ist tatsächlich erstaunlich.

Der „russische Yeti"

Angeblich leben auch im Ural Yetis. Berichte über „Schneemenschen" kennt man eigentlich aus dem Himalaja. Yetis gehen auf zwei Beinen, sollen größer als Menschen und über und über behaart sein. Und natürlich gibt es auch in Russland selbsternannte Yeti-Experten. Igor Burtsew ist einer von ihnen. Er behauptet, „Berge von Beweisen" zu haben, die auf das Vorhandensein des Schneemenschen hindeuten. Seit dem Unglück am *Djatlow-Pass* will Burtsew Hunderte von Augenzeugenberichten gesammelt haben. Und als wäre das alles noch nicht genug, produziert der „Abenteurer" und „Explorer" Mike Libecki 2014 eine Dokumentation für den *Discovery Channel:* „Russian Yeti – The Killer Lives". In dem Film wird der Tod der Studenten durch einen Yeti verursacht, der durch heruntergefallene Raketenteile verärgert worden sein soll.

Doch es gibt auch glaubhaftere Erklärungsversuche ...

„Shrooms" – Pilze

Fliegenpilze sind für Menschen giftig. Sie wachsen bevorzugt unter Kiefern, Zedern oder Pinien. Der Pilz wird seit Jahrhunderten von den Völkern Sibiriens als Rauschmittel und spirituelles Mittel für religiöse Erfahrungen verwendet. In getrockneter Form sinkt der Giftgehalt und „richtig" angewendet, wirken die „agaric flys" halluzinogen. Rentiere lieben Fliegenpilze und fressen sie, wann immer sie können, ohne Schäden davonzutragen. Nomadenvölker der Tundragebiete trinken dann den Urin der Rentiere, der noch immer berauschende Substanzen enthält.

Fliegenpilze sind jedoch ebenso für die Unvorhersehbarkeit ihrer Wirkungen bekannt. Je nach eingenommener Menge und Körpergewicht können Übelkeit, Schläfrigkeit, sinkender Blutdruck, Schwitzen oder Speichelfluss die Folge sein. Auf das Bewusstsein wirken die Inhaltsstoffe, indem sie Halluzinationen, Stimmungsschwankungen, Euphorie oder Entspannung, Verlust des Gleichgewichtssinns bis hin zur Bewegungslosigkeit verursachen. Bei schweren Vergiftungen verursacht der Pilz eine Art Delirium mit Verwirrung, Halluzinationen oder Krampfanfällen bis hin zum Koma.

Haben sich berauschte Mansen aufgemacht, um die Expeditionsteilnehmer zu überfallen? Sind sie in ihrem Drogenwahn auf den Brustkörben herumgesprungen und haben danach alles mit Schnee bedeckt, um ihre Tat zu vertuschen? Oder haben die Expeditionsteilnehmer selbst Pilze zu sich genommen und sich dann gegenseitig malträtiert? Warum aber hat dann nicht einer von ihnen überlebt?

Die Autorin Swetlana Oss hat ein Buch über diese Theorie geschrieben: „Don't Go There: The Mystery of Dyatlov Pass".

Überfall der Mansen

Kurzzeitig nimmt man an, dass Angehörige der Mansen die Expeditionsteilnehmer angegriffen haben, da diese in ihr Land eingedrungen waren. Zwei der Gruppenmitglieder haben etwas oder jemanden mit den Fäusten attackiert – Angreifer?

Die Mansi kennen die Gegend und können ihre Anwesenheit verbergen. Sie sind ein stolzes Volk, das diese Berge als ihr Jagdrevier betrachtet. Im nördlichen Ural gibt es heilige Orte, mysteriöse Felsen, heidnische Gebetsstätten. All das ist der sowjetischen Regierung suspekt. Die Versuchung, den Tod der Expeditionsteilnehmer den Mansen in die Schuhe zu schieben ist groß. Mehrere junge Mansi-Jäger werden im März 1959 verhaftet und verhört.

Doch die Theorie vom Mansi-Überfall ist unwahrscheinlich. Erstens wurden in der Gegend seit Jahrzehnten keine Verbrechen begangen.

Das Zelt wurde *von innen* aufgeschlitzt und fluchtartig verlassen. Wertgegenstände wie Bargeld, Armbanduhren oder Kameras sind noch vorhanden.

Zudem schließt der Rechtsmediziner einen solchen Angriff aus. Die Gewalteinwirkung, die einige aus der Gruppe getötet hat, kann unmöglich von Menschen ausgeübt werden. Und: äußerlich sind an den Körpern kaum Spuren von Gewalt erkennbar.

Selbst wenn die Mansen den Überfall begangen haben – warum hätten sie alle Beweise ihrer Tat und die Opfer zurücklassen sollen?

Naturphänomen Gewitter

Auch im Winter können heftige Gewitter, begleitet von atmosphärischen Störungen, energiereichen Entladungen und Blitzen auftreten. Ein Kugelblitz – eines der letzten Rätsel der atmosphärischen Physik, wird als kugelförmiges, scharf umrandetes Objekt beschrieben, das rotgelb leuchtet, sich durch die Luft bewegt und mit einer Explosion endet. Kugelblitze treten fast immer in Gewitternähe auf. Könnten die „Lichtbälle" der Ufologen in Wirklichkeit Kugelblitze gewesen sein?

Selbst wenn ein Blitz nicht direkt, sondern nur in der Nähe einschlägt, verteilt sich die Spannung über die Erdoberfläche kreisförmig vom Einschlagpunkt aus. Je nachdem, wie leitfähig der Boden ist, können das bis zu 30 Meter sein.

Ein Mensch, der in diesem Bereich entlangläuft, überbrückt mit seinen Beinen einen Teil der Spannung, was zur sogenannten Schrittspannung führt – lebensgefährlicher Strom fließt dann durch den Körper. Unkontrollierbare

Muskelzuckungen können dazu führen, dass der Betroffene hinfällt, Abhänge hinunterstürzt, ein paar Meter durch die Luft katapultiert wird, oder dass sogar Gelenke aus ihren Pfannen gehebelt werden.

Ein plötzlich auftretendes Unwetter könnte dazu geführt haben, dass die Studenten in Panik aus ihrem Zelt flüchteten und davonrannten, um sich vor den Blitzen in Sicherheit zu bringen. Am Waldrand warteten sie ab, bis das Unwetter vorüber war. Als ein Blitz in die große Zeder einschlug, wurden die beiden Juris getroffen und fielen zu Boden.

Direkter Blitzeinschlag – mit bis 30.000 Grad – führt zu Verbrennungen an den Ein- und Austrittsstellen. Einige der Toten wiesen tatsächlich Verbrennungen auf – Zeichen für einen Blitzschlag?

Im Körper selbst fließt der Strom durch Nervenfasern und Blutgefäße, welche dadurch ebenfalls verbrennen oder verschmoren. Körperfunktionen basieren auf elektrischen Nervenimpulsen, welche durch den Stromfluss gestört oder lahmgelegt werden; Atemlähmung, Herzstillstand oder Störungen der Gehirnfunktionen sind die Folge.

Oft werden bei direktem oder indirektem Blitzeinschlag Spätfolgen, besonders bei Gehirnfunktionen beobachtet. Das können Gedächtnisstörungen oder der Verlust des Geschmacks-, Geruchs- oder Tastsinns sein. Sogar Persönlichkeitsveränderungen werden berichtet: Die Betroffenen zeigen aggressives oder kindliches Verhalten.

Könnten die „Lichtbälle" der Ufologen in Wirklichkeit **Kugelblitze** gewesen sein?

Nikolai, Alexander, Semjon und Ljuda liegen in einer Schlucht. Hat der Blitz sie dort hineingeschleudert? Dem widerspricht ihre Position und dass sie nach der Flucht aus dem Zelt noch eine Höhle gebaut haben. Auch ihre inneren Verletzungen sind nicht durch Blitzeinschläge zu erklären.

Und: Wären die zwei Juris bei Gewitter gerade auf einen Baum geklettert? Zwar könnten einige der Wunden durch den Fall in die Schlucht erklärt werden – wie sich aber Rustem Slobodin, der sich auf dem Rückweg ins Camp befand, seinen Schädelbruch zugezogen hat, wird so nicht erklärt. Und woher kommt die radioaktive Strahlung an einigen Kleidungsstücken?

Naturphänomen **Lawinen und „Kälteidiotie"**

In der gebirgigen Gegend rund um den *Otorten* gibt es im Winter viel Schnee. Lawinen sind nicht selten. Ein plötzlicher Lawinenabgang könnte dazu geführt haben, dass das Zelt verschüttet wurde und sich die Gruppenmitglieder schnell daraus befreien mussten, um nicht zu ersticken. Deshalb schnitten sie die Leinwand von innen auf. Falls das Team länger unter dem Schnee begraben war, könnte das eine Unterkühlung hervorgerufen haben.

Die sogenannte Hypothermie läuft – je nach Außentemperatur mehr oder weniger schnell – in mehreren Phasen ab. Zuerst zeigt sich die „Aktive Phase", auch „Abwehrstadium" genannt. Dabei beträgt Körperkerntemperatur 34 bis 36 Grad Celsius und der Betroffene fröstelt, zittert, atmet schneller, sein Puls und Blutdruck steigen.

Danach folgt bei einer Körperkerntemperatur von 30 bis 34 Grad die „Erschöpfungsphase" mit Schläfrigkeit, Verwirrung und Teilnahmslosigkeit, die Atmung verflacht, der Puls verlangsamt sich, der Blutdruck sinkt, die Haut verfärbt sich blaugrau und die Muskeln beginnen zu erstarren.

Als Letztes schließt sich das „Lähmungsstadium" an. Die Körperkerntemperatur ist unter 30 Grad gesunken, Bewusstlosigkeit tritt ein, die Atmung verflacht bis zum Atemstillstand, schließlich versagt der Kreislauf, der Betroffene stirbt.

Bei Unterkühlung tritt manchmal ein Phänomen auf, das von den Ärzten „paradoxes Entkleiden", „Hyperthermie-Demenz" oder lapidar „Kälteidiotie" genannt wird. Sinkt die Körpertemperatur unter 32 Grad, zeigen die Erfrierenden ein merkwürdiges Verhalten: sie entwickeln starke Hitzegefühle und einen Rauschzustand und entkleiden sich. Die „Kälteidiotie" kann nicht eindeutig erklärt werden. Wahrscheinlich führen zwei Ursachen zum „paradoxen Entkleiden". Durch den Kälteschock werden euphorisierende Substanzen im Gehirn freigesetzt. Hinzu kommt eine Fehlreaktion der Wärmeregulierung im Körper. Bei großer Kälte ziehen sich die Blutgefäße in Armen und Beinen zusammen, um den Körperkern und den Kopf vor Unterkühlung zu schützen. Deswegen treten Erfrierungen auch zunächst an den Händen, Füßen oder der Nase auf.

Kurz vor dem Tod weiten sich die Gefäße wieder, das Blut schießt zurück in die Extremitäten. Aufgrund des nun auftretenden extremen Hitzegefühls entledigen sich die Betroffenen ihrer Kleidung, um sich abzukühlen. Ein Erfrierender ist in diesem Stadium bereits nicht mehr in der Lage, sich selbst zu helfen und stirbt.

In der Region rund um den *Djatlow-Pass* herrschten im Februar 1959 Temperaturen bis minus 25 Grad. Sina hatte erfrorene Finger. Einige der Expeditionsteilnehmer waren nicht vollständig bekleidet. All das spricht für die „Hypothermie-Hypothese".

Wären dann aber nicht alle Mitglieder gleichzeitig betroffen gewesen?

Lawinenabgänge sind zwar in der gebirgigen Region durchaus üblich. In den Tagebüchern der Expeditionsteilnehmer stand jedoch nichts von großen Schneemengen, wie sie für Lawinen nötig sind. Selbst wenn eine kleine Lawine abgegangen wäre und der Schnee dann Tage später durch Sturm weggeweht worden wäre – die Gruppenmitglieder waren erfahren und dies war nicht ihre erste Expedition im Winter im Ural. Keiner von ihnen hätte das Zelt in einer Gegend mit Lawinengefahr aufgeschlagen.

Am Fundort der Leichen gab es keine Anzeichen für eine Lawine wie Trümmer, abgerissene Äste oder umgestürzte Bäume. Die ersten fünf Leichen waren nur mit einer sehr flachen Schneeschicht bedeckt, Teile der Körper ragten heraus, ein Paar Ski steckte noch aufrecht im Schnee vor dem Zelt.

Seit dem Unglück am *Djatlow-Pass* gab es über 100 Expeditionen in die Region. Keine von ihnen berichtete jemals von Lawinen. Eine Analyse des Geländes zeigt, dass eine mögliche Lawine das Zelt horizontal und nicht seitlich getroffen hätte.

Und nicht zuletzt: Die Lawinen-Theorie erklärt auch nicht die verfärbte Haut, die schweren Verletzungen und die radioaktive Kontamination.

> Die Erfrierenden zeigen manchmal ein merkwürdiges Verhalten: sie entwickeln starke Hitzegefühle und einen **Rauschzustand** und entkleiden sich.

Naturphänomen Gravitationswellen: Schwerkraft-Fluktuation

Gravitation auch Massenanziehung oder Gravitationskraft, äußert sich in der gegenseitigen Anziehung von Massen. Die Physik beschreibt die Gravitation als eine durch den leeren Raum wirkende Fernwirkungskraft. Leider passt sie nicht in das säuberlich geordnete Standardmodell der Teilchenphysik ... bisher wurde kein passendes Trägerteilchen entdeckt.

Auf der Erde resultiert aus der Gravitation die Schwerkraft, die überall – jedoch nicht in gleicher Stärke – wirkt.

Jetzt wird es kompliziert: Laut der Relativitätstheorie gibt es Gravitationswellen – Wellen in der Raumzeit, die beim Durchlaufen den Raum stauchen oder strecken können. Ein solches Gebiet befindet sich laut russischen Wissenschaftlern auch im Nordural.

Ein Erklärungsversuch besagt, dass sich die Schwerkraft zum Zeitpunkt, als die Expeditionsteilnehmer am *Cholat Sjachl* waren, abrupt verringert habe und dass sich ein Korridor mit geringer Erdanziehungskraft gebildet habe. Dadurch seien die Körper hochgehoben worden. Nach wenigen Minuten war das Ereignis vorbei und sie fielen auf den gefrorenen Boden, wodurch die Verletzungen entstanden seien. So spannend diese Theorie auch klingen mag – fast keine der vorgefundenen Tatsachen lässt sich damit erklären.

Naturphänomen
Infraschall

Das menschliche Ohr kann Schallschwingungen im Bereich zwischen 16 und 20.000 Hertz wahrnehmen. Was über 20.000 Hertz liegt, heißt „Ultraschall". Einige Tiere wie Fledermäuse aber auch Hunde können solche Frequenzen noch hören, Menschen jedoch nicht. Ultraschall wird heutzutage vielfältig angewendet, zum Beispiel für diagnostische Zwecke in der Medizin. Schallwellen, die weniger als 16 Schwingungen je Sekunde aufweisen, nennt man „Infraschall". Auch sie sind für den Menschen nicht wahrnehmbar. Praktische Anwendungen für Infraschall sind im Gegensatz zu Ultraschall so gut wie unbekannt. Versuche in der Zeit des ersten Weltkrieges, feindliche Geschütze mittels Infraschall zu orten, funktionierten über mehrere Kilometer hinweg, gerieten dann jedoch in Vergessenheit. Angeblich experimentierten amerikanische Wissenschaftler in den dreißiger Jahren ebenfalls mit niederfrequenten Wellen, jedoch ziemlich erfolglos.

Erst Anfang der 1960er Jahre werden aus Frankreich interessante Ergebnisse berichtet. Der Forscher – ausgerechnet ein Russe: Wladimir Gavreau, der ursprünglich Gawronski hieß. Gerüchte machen die Runde ... In Professor Gavreaus Laboren habe man eine schreckliche Waffe entwickelt, mit der sich jegliches Leben im Umkreis von zehn Kilometern auslöschen lasse. Zuerst glaubt man den Berichten nicht so recht. Doch Gavreau veröffentlicht im renommierten *Science Journal* einen Artikel, in dem er mit seinem Namen für die Richtigkeit bürgt und seine Versuche schildert.

Wladimir Gavreau und seine Kollegen haben seit Mitte der 1950er Jahre eine Reihe von Vorrichtungen gebaut, die Infraschallwellen aussenden: lautlose „Pfeifen", „Schallkanonen" und einen akustischen Laser, dessen Strahl sie fokussieren und auf beliebige Ziele ausrichten können.

Die Auswirkungen sind spektakulär. Eine der Schallkanonen, die im gerade noch hörbaren Bereich von 37 Hertz ein sehr tiefes Brummen aussendet, versetzt das ganze Gebäude in Schwingungen, an manchen Stellen entstehen sogar Risse in den Wänden.

Schlimmer noch wirkt der Akustik-Laser. Sein gebündelter Infraschall-Strahl beeinflusst die Organe von Lebewesen, speziell ihre „Resonanzfrequenz". Jeder Körper in der Natur besitzt eine Eigenschwingung. Erzeugt man genau die passende Frequenz dieser Schwingung, so verstärkt sie sich, schaukelt sich quasi auf. Bekannte Effekte sind das Zerspringen eines Weinglases bei hochfrequenten Wellen oder der Zusammenbruch einer Brücke, über die im Gleichschritt marschiert wird.

Wladimir Gavreau beschreibt als Folgen von Infraschall bei Menschen Übelkeit, Schrecken oder Panik; amerikanische Forscher nennen Schwindel, getrübtes Sehvermögen und Kraftlosigkeit. Auch Angst, extreme Trauer, Nervosität oder Abscheu können sich zeigen. Das Schlimmste aber ist: Der Betroffene kann die Ursache nicht erkennen, denn die Schallwellen sind für ihn unhörbar. Zusätzlich zu den Schallwellen treten oft auch tieffrequente Vibrationen auf. Bei längerer Einwirkzeit und hohem Ausschlag können Blutungen an inneren Organen auftreten.

Versuche an Menschen zur Erkundung weiterer Symptome verbieten sich von selbst, aber das scheint einige nicht abzuschrecken.

Am 31. Mai 2003 führt eine Gruppe britischer Wissenschaftler unter der Leitung von Richard Wiseman ein Massenexperiment mit dem Titel „Infrasonic" durch. Den 700 Probanden wird mitgeteilt, dass sie bei dem experimentellen Konzert in der Londoner Konzerthalle *Purcell Room* mehrere Musikstücke hören würden. Je zwei von vier dabei werden mit einem 17-Hertz-Ton unterlegt, der über eine Bassbox, einen „Subwoofer", mit etwa 90 Dezibel abgespielt wird. Die laute Musik überlagert das fast unhörbare tiefe Brummen, sodass die Teilnehmer nicht wissen, wann der Infraschall auf sie einwirkt. Im Ergebnis be-

Mögliche Folgen von Infraschall bei Menschen: Übelkeit, Schrecken, Panik, Schwindel, getrübtes Sehvermögen, Kraftlosigkeit, Angst, extreme Trauer, Nervosität, Abscheu

richtet eine Anzahl von Probanden über Unbehagen, Beklemmung, extreme Traurigkeit, Reizbarkeit, Übelkeit oder Furcht und Druck auf den Brustraum.

Könnte Infraschall auf die Expeditionsteilnehmer eingewirkt haben? Und: Gibt es überhaupt natürliche Ursachen, die solche Wellen erzeugen können?

So ungewöhnlich es klingt, Infraschall entsteht in der Natur auf verschiedenste Weise. Wind kann eine Ursache sein, besonders in Böen oder wenn er verwirbelt wird. Stürme im unebenen Gelände können an Hängen zu einer sogenannten *Kármánschen Wirbelstraße* führen. Dabei bilden sich an umströmten Körpern Wirbel, die stromabwärts transportiert werden, sodass ein regelmäßiges Muster mit versetzten Reihen von Wirbeln entsteht, die sich entgegengesetzt zueinander drehen.

Auch Fallwinde im Gebirge, wie der Föhn in den Alpen, sind Infraschallquellen mit Schwingungen von 0,01 bis 0,1 Hertz. Bei Gewittern kann der Donner von Infraschallwellen begleitet sein, Erdbeben, Vulkanausbrüche oder Meteoriten erzeugen ebenfalls niederfrequente Wellen die sich in der Luft über Hunderte von Kilometern ausbreiten können.

Verwirrung, Panik, innere Blutungen könnten bei der Gruppe um Igor Djatlow durch natürlichen Infraschall hervorgerufen worden sein. Wer aber hat Rustem den Schädel eingeschlagen? Und mit wem haben Igor und Rustem gekämpft? Wie konnten Augen und Zunge verschwinden?

Geheime militärische Tests

Infraschall kann auch als Waffe eingesetzt werden – die Versuche von Wladimir Gavreau beweisen dies. Eine der populärsten Theorien für die Vorgänge am *Djatlow-Pass* ist die von geheimen Waffentests der Armee in dem menschenleeren Gebiet. Dies könnte die ungewöhnlichen Lichterscheinungen, die radioaktive Kontamination der Leichen, das seltsame Aussehen, die ungewöhnlichen Verletzungen und die Geheimhaltung der Akten über Jahrzehnte erklären.

Chefermittler Lew Iwanow berichtet später, dass man von ihm verlangt habe, die Untersuchung zu beenden, weil er sich auf die Leuchtobjekte am Himmel konzentrieren wollte, die von zahlreichen Seiten gesehen worden waren. Sind die Expeditionsteilnehmer etwa aus Versehen auf ein militärisches Übungsgelände gestoßen und Zeugen geheimer Waffentests geworden, von denen niemand wissen durfte? Die Sichtung von Ufos im Ural begann Anfang 1959 … Später wurden in der Gegend um den *Otorten* Metallteile unbekannter Herkunft gefunden – Trümmer einer abgestürzten Rakete? Teile einer Waffe?

Merkwürdig ist auch, dass Juri Kriwonischtschenko und Rustem Slobodin bei Tscheljabinsk im „Chemiekombinat Majak" gearbeitet haben sollen, das eigentlich eine Anlage zur Herstellung spaltbaren Materials für Kernwaffen war. Hatten sie interne Informationen über neue Waffen oder das Testgelände im Ural?

Dennoch … kann eine neu entwickelte Geheimwaffe solch unterschiedliche Verletzungen hervorrufen, wie sie bei den Expeditionsteilnehmern auftraten?

„Kontrollierte Umwelt" – ein „Inszenierter Fundort"

Woher kommen die vielen Ungereimtheiten? Die schlampigen Obduktionsberichte? Fakten, die sich nicht miteinander vereinbaren lassen, Theorien, die immer nur Teile erklären, widersprüchliche Aussagen von Zeugen und Rettungsteams?

Vielleicht liegt es daran, dass der Tatort „inszeniert" wurde. Kamen vor den eigentlichen Suchtrupps „Bühnenarbeiter", die den Fundort für die Retter vorbereiteten und Spuren verwischten?

Einige Teilnehmer der Suchtrupps sagen später aus, dass kein erfahrener Wanderer das Zelt an der Stelle, wo man es später fand, aufgebaut hätte – an einem Abhang – ungeschützt vor Sturm und Kälte. Auch wollen die Rettungsmannschaften mehr als die später dokumentierten Schuhabdrücke im Schnee entdeckt haben. Mangels Alternativen werden diese den neun Toten zugeordnet.

Warum aber ist es überhaupt nötig den Fundort zu inszenieren? Was soll verborgen bleiben?

Immer wieder tauchen Gerüchte über ein geheimes Übungsgelände irgendwo in der Nähe des Unglücksortes auf. Mansen berichten von Zusammentreffen mit Militärpatrouillen, Löchern in Berghängen, die mit Beton versiegelt sind oder dem Geräusch von Zügen, die unter der Erde hervorkommen.

Russland experimentiert Ende der 1950er Jahre insgeheim mit Flugabwehrgeräten wie Flak-Geschützen, die amerikanische Spionageflugzeuge mittels Raketen ausschalten sollen. Die Tests finden immer in menschenleeren Gebieten statt, in denen die Gefahr der zufälligen Entdeckung sehr gering ist.

Igor Djatlow und seine acht Begleiter haben sich auf ihrem Weg zum *Otorten* nachweislich verirrt. Dabei könnten sie, ohne es zu wollen, plötzlich Zeugen einer militärischen Aktion geworden sein. Möglich ist auch, dass sie zuerst durch Raketeneinschläge in Panik gerieten, ihr Zelt fluchtartig verließen und kurz darauf von Spezialeinheiten liquidiert wurden. Danach wurde der Tatort verändert, um den Rettern die Wahrheit zu verheimlichen.

Hatte das KGB seine Hände im Spiel?

Das KGB – eine Abkürzung für **K**omitet **G**ossudarstwennoi **B**esopasnosti – zu deutsch „Komitee für Staatssicherheit" war bis 1991 der sowjetische Geheimdienst.

Drei Mitglieder der Djatlow-Gruppe sollen Kontakte zum KGB gehabt haben.

Juri Kriwonischtschenko und Rustem Slobodin arbeiteten im Südural in Majak. Im September 1957 – zwei Jahre vor dem Unglück – ereignete sich in dem als Chemiefabrik getarnten Atomtestgelände ein gigantischer Unfall, bei dem mehr Radioaktivität als in Tschernobyl freigesetzt wurde. Juris Kleidung wurde damals radioaktiv verstrahlt.

Eine merkwürdige Rolle spielt auch Semjon Solotarew. Er ist nicht nur fast 15 Jahre älter als die anderen aus der Truppe, sondern tritt der Expedition auch erst in letzter Minute bei. Bevor er als Lehrer in einem abgelegenen Touristenzentrum zu arbeiten beginnt, ist er beim Innenministerium der Sowjetunion NKWD angestellt, das 1946 mit der 1943 gegründeten Spionageabwehrorganisation SMERSch zum Ministerium für Staatssicherheit zusammengefasst wird. 1954 geht daraus das KGB hervor.

Semjon Solotarew, der sich selbst lieber „Sascha" nennen ließ, wird am 2. Februar 1921 im Nordkaukasus geboren.

Im Oktober 1941 wird er eingezogen und kämpft bis zum Ende des Zweiten Weltkrieges aktiv in der Armee, ohne eine einzige Verletzung davonzutragen. 1944 wird er Kandidat der Kommunistischen Partei *KPdSU* und zum Komsomol-Funktionär des Bataillons gewählt. Viermal erhält er militärische Auszeichnungen. Nach dem Krieg tritt Semjon in die Moskauer Militäringenieurschule ein, wechselt dann an die Leningrader Militäringenieurschule. Von dort aus geht er nach Minsk, an das „Institut für Leibeserziehung", das er 1951 erfolgreich abschließt.

Ab Mitte der 50er Jahre arbeitet Semjon Solotarew im Tourismuszentrum Artuibasch *(Artybash*)* im Altai als Touristenführer, dann zieht er nach Swerdlowsk, wo er als Tourismuslehrer auf einem Campingplatz tätig ist. Semjon ist Single – recht ungewöhnlich für die damalige Zeit, und er ist tätowiert. Diese Tattoos sind äußerst interessant. Es gibt einen fünfzackigen Stern, nicht genauer identifizierte Formen, den Namen **„Гена"** (Gena), und sein Geburtsjahr 1921. Dazu kommt eine rätselhafte Buchstabenfolge **„ДАЕРММУАЗУАЯ"** – DAERMMUASUAYJA – von der niemand weiß, was sie bedeutet.

Weiterhin finden sich die Zeichen „Г + С + П = Д". So etwas ist bei Soldaten gebräuchlich, die lange zusammen gedient haben. Dabei stehen die ersten drei Buchstaben für die Namen der Soldaten. „С" – das russische „S" bedeutet „Семен", also Semjon, die anderen beiden Namen sind nicht bekannt. „= Д" bedeutet „дружба", also Freundschaft.

Wieso war Semjon Solotarew nicht von Anfang an für die Exkursion eingeteilt? Die anderen Teilnehmer kannten sich alle, studierten zusammen. Ljuda schreibt am Tag vor der Abreise in ihr Tagebuch: „Zuerst wollte ihn keiner dabeihaben, weil er völlig fremd ist, aber dann haben wir uns überwunden und nun kommt er mit. Wir konnten uns nicht einfach weigern, ihn mitzunehmen."

Hat man Solotarew als Aufpasser mitgeschickt?

Eigenartig auch: Sieben der toten Studenten werden auf dem Michailowskoje-Friedhof (Mikhailovskoye*) in Swerdlowsk begraben. Semjon Solotarew und Juri Kriwonischtschenko hingegen werden in nebeneinander liegenden Gräbern auf dem Iwanowskoje-Friedhof (Ivanovskoye*) bestattet. Dabei ist dieser Friedhof 1959 schon geschlossen. Juri Kriwonischtschenkos Beerdigung findet im März 1959 statt, er wird als Einziger in einem verschlossenen Sarg begraben. Weder der Ort noch der geschlossene Sarg basieren auf dem Wunsch seiner Eltern, für ein Begräbnis auf dem Iwanowskoje-Friedhof ist sogar eine Sondergenehmigung erforderlich. Niemand weiß, wer diese erteilt hat.

Semjon, dessen Leiche man zusammen mit der von Nikolai, Alexander und Ljuda erst drei Monate später findet, wird genauso mit Sondergenehmigung im geschlossen Sarg bestattet – weit ab von seiner Heimat im Kaukasus. Das KGB sorgt immer für ein würdevolles Begräbnis seiner Mitarbeiter ...

Auch Alexander Kolewatows Biografie weist verdächtige Punkte auf, so arbeitet er vor seiner Zeit in Swerdlowsk zum Beispiel als Laborassistent in Moskau – an einem streng geheimen wissenschaftlichen Institut, an dem die Atomenergie erforscht wird.

Manche Verschwörungstheorien besagen, dass sich die drei mit CIA-Agenten treffen wollten, um ihnen radioaktive Proben zu übergeben und damit die Identität der Agenten aufzudecken, ohne dass die anderen Expeditionsteilnehmer es mitbekamen. Etwas ging schief und die CIA-Agenten liquidierten die neun Russen.

Hat nun das KGB etwas mit den Vorfällen am *Djatlow-Pass* zu tun? Waren Semjon, Alexander und Juri Kriwonischtschenko auf geheimer Mission unterwegs? Möglich wäre es, bewiesen ist nichts.

Die Spekulationen hören nicht auf ...

1967 veröffentlichte der Autor Juri Jarowoi (Yuri Yarovoi*) den Roman „Der höchste Schwierigkeitsgrad", der von dem Unglück erzählt, allerdings mit einer systemtreuen Version und einem deutlich optimistischeren Ende. Kollegen von Jarowoi behaupten, es habe zwei weitere Versionen gegeben, die beide der Zensur zum Opfer gefallen seien. Seit dem Tod des Autors 1980 sind all seine Aufzeichnungen einschließlich der Fotos, Tagebücher und Manuskripte verschwunden.

Filme werden produziert, Bücher geschrieben, Blogs eröffnet ...

Wirklich aufklären kann niemand den mysteriösen Tod der neun jungen Leute um Igor Djatlow.

Der Gebirgspass, an dem das Unglück stattfand, wird später in „Djatlow-Pass" benannt.

Lew Iwanow, der Chefermittler, ist inzwischen verstorben.

Juri Judin lebt noch viele Jahre und stirbt erst 2003.

Wer liegt im Grab von Semjon Solotarew?

2016

Semjons Verwandte wollen sich einfach nicht mit der Tatsache abfinden, dass er tatsächlich in dem Grab auf dem Iwanowskoje Friedhof liegt. Keiner von ihnen erinnert sich an die seltsamen Tätowierungen, die auf seiner Leiche gefunden wurden, und keiner von ihnen hat den Toten damals gesehen oder identifiziert.

So nehmen sie einen Vorwand zum Anlass, um endlich Gewissheit zu erlangen. Sie möchten den Grabstein, der eher ein Obelisk aus Stäben ist, erneuern und fragen bei den Behörden in Jekaterinenburg nach. Ihnen wird mitgeteilt, dass ein Semjon Solotarew nicht in den Begräbnislisten aufgeführt ist, also nie in dieser Stadt begraben wurde und demzufolge auch unbekannt ist, wo seine sterblichen Überreste abgeblieben sind. Daraufhin informieren die Verwandten die Presse und fordern eine Exhumierung.

> ## Es ist schwierig, eine Genehmigung für die Ausgrabung eines eigentlich **nicht existenten Leichnams** zu erhalten.

Es ist schwierig, eine Genehmigung für die Ausgrabung eines eigentlich nicht existenten Leichnams zu erhalten. Ein Jahr vergeht. Im April 2018 ist es dann soweit ...

Unter Anwesenheit eines Moskauer Rechtsmediziners wird das Grab geöffnet. Reporter der Zeitung *Komsomolskaja Prawda* dokumentieren alles mit Fotos, um später von dem Ereignis zu berichten.

Vom Sarg ist nichts mehr übrig, auch die Kleidung des Verstorbenen ist längst zerfallen, nur zwei Knöpfe und zwei Schuhsohlen sind noch da.

Dafür finden sich aber gut erhaltene Knochen und auch der Schädel. Der Rechtsmediziner sieht sofort, dass es sich um ein männliches Skelett handelt, der Tote etwa 35-40 Jahre alt war und geraucht hat, was seine Zähne beweisen. Bis jetzt passt alles auf Semjon.

Nun werden die Überreste im rechtsmedizinischen Labor gründlich untersucht. Und wieder finden sich Merkwürdigkeiten.

Am Wadenbein gibt es einen auffälligen Bruch, der durch eine Schusswunde verursacht worden sein könnte. Noch mysteriöser: Auf dem rechten Weisheitszahn befindet sich eine kleine falsche Kappe aus Metall. Ein Behältnis für Gift?

Ein forensischer Experte vergleicht die Rippen mit den Verletzungen, die bei Semjons Obduktion festgestellt wurden – sie stimmen nicht überein.

Es bleibt die DNA.

Die Reporter von der *Komsomolskaja Prawda* erhalten einen Unterarmknochen aus dem Grab, um daraus Erbsubstanz zu gewinnen. Verwandte von Semjon Solotarew werden für den Abgleich gebraucht, um ihre Erbsubstanz mit der des Skeletts auf Übereinstimmungen zu prüfen. Zur Verfügung stehen sein Neffe Pawel Leschchenko und die Nichte Tatjana Skulbeda, beides Kinder von Semjons Schwester.

Im Mai 2018 werden in einem Labor aus dem Knochen acht Proben vorbereitet und getestet. Nicht alle eignen sich, das biologische Material ist schon zu weit zerstört. Aber aus zwei Knochenproben kann Erbsubstanz aus dem Zellkern isoliert werden, allerdings in schlechter Qualität.

Die Ergebnisse überraschen ...

Alexej Garkowenko, der Genetiker, der die Erbsubstanz gewonnen und verglichen hat, verkündet im Fernsehen: „Eine enge Beziehung zwischen der Person im Grab und Verwandten von Semjon Solotarew ist ausgeschlossen."

> ## » Eine enge Beziehung zwischen der Person im Grab und Verwandten von Semjon Solotarew ist ausgeschlossen. «

Wenn auf dem Iwanowskoje Friedhof nicht Semjon begraben ist, wer dann? Und wo und wann ist Semjon Solotarew vom Schauplatz der Tragödie am *Cholat*

Sjachl verschwunden? Wer hat die „falsche Leiche", die als Semjon identifiziert wurde, dort platziert?

Man beschließt, eine zweite Analyse durchzuführen zu lassen. Diesmal jedoch nicht in einem Privatlabor, sondern hochoffiziell im Forensischen Untersuchungszentrum des Gesundheitsministeriums der Russischen Föderation. Der Leiter der Forschungsabteilung, Professor Pawel Iwanow höchstselbst, kommentiert die Ergebnisse: „Die DNA der Person, die unter dem Namen Semjon Solotarew begraben wurde, stimmt mit der DNA seiner Nichte Tatjana Skulbeda, der Tochter von Semjons Schwester überein."

Das Ganze hat nur einen Haken. Untersucht wurde lediglich die „mitochondriale DNA". Das ist nicht die komplette Erbsubstanz aus den Chromosomen im Zellkern, sondern ein geringer Teil, der über die Mitochondrien im Zellplasma der mütterlichen Eizelle weitergegeben wird. Eine Übereinstimmung von mitochondrialer DNA lässt lediglich Rückschlüsse auf weibliche Verwandte zu.

Im Grab liegt also ein Mann, der mit Semjons Mutter, Schwester und Nichte verwandt ist. Das kann eigentlich nur Semjon selbst sein, oder?

Es stellt sich jedoch heraus, dass Semjon Solotarew einen Bruder hatte – Nikolai. Im Krieg soll dieser mit den Deutschen zusammengearbeitet haben und ist anschließend spurlos verschwunden. Die Knochen könnten auch von Nikolai stammen, Brüder haben eine identische mitochondriale DNA.

Wieso aber schloss der erste Gentest eine Verwandtschaft aus?

Das Rätsel bleibt.

DJATLOW-
PASS

Eine Leiche im Anzug am Strand ...

Somerton Man – Ein kryptologisches Jahrhundert-Rätsel

Drei Fälle gibt es ...

... Drei Fälle, in denen ein Toter eine kodierte Nachricht bei sich trug, die nie entschlüsselt werden konnte.

Einer davon ist der Fall des sogenannten Somerton-Mannes aus Australien.

Der Polizei gelang es nie, den „Somerton-Man" zu identifizieren. Erstaunlicherweise hat auch nie jemand den Toten vermisst. Die Todesursache ist bis heute ein Rätsel.

**Ein Mann schläft am Strand –
Somerton Beach in Adelaide:
30. November 1948**

EIN JUNGES PAAR spaziert zwischen 19:30 und 20:00 Uhr am Somerton-Strand in Adelaide entlang, um sich den Sonnenuntergang anzusehen. Schon von weitem bemerken sie eine Person in der Nähe einer Treppe, welche von der Promenade zum Strand hinabführt. Es sieht aus, als schlafe der Mann: Er liegt entspannt im Sand, hat den Kopf an eine Mauer gelehnt.

Im Näherkommen entscheiden sich die beiden, ihn nicht zu stören, und setzen ihren Spaziergang fort.

Eine halbe Stunde später, auf dem Rückweg, sitzt der Unbekannte noch immer dort, Mucken umschwirren sein Gesicht. Die zwei sind sich einig, dass der Mann betrunken sein muss. Dass er trotz der Wärme – tagsüber sind es bis zu 30 Grad – einen Anzug trägt, scheint sie nicht zu irritieren.

Auch ein zweiter Spaziergänger – John Loyd – sieht den bewegungslosen Mann gegen neunzehn Uhr, hat den Eindruck, dieser rauche eine Zigarette. Auch er kümmert sich nicht weiter um ihn.

**Mücken
umschwirren
sein Gesicht**

Am nächsten Morgen gegen halb sieben ist Loyd erneut am *Somerton-Beach* unterwegs. Der Unbekannte im Anzug sitzt noch immer an der gleichen Stelle und nun geht es Loyd auf, dass da etwas nicht stimmen kann.

Rätselhafter Unbekannter im feinen Zwirn

Die herbeigerufene Polizei stellt fest, dass der elegant gekleidete Mann mit den polierten Schuhen tot ist. Man schätzt ihn auf 40 bis 45 Jahre. Er sitzt in der Morgensonne, unter seinem rechten Kragen steckt eine halbgerauchte Zigarette. Weder Ausweispapiere noch sonstige persönliche Gegenstände werden gefunden. Vielleicht kann die weitere Untersuchung der Leiche Aufschluss über die Identität des Unbekannten bringen.

Zuerst wird der Tote in der Leichenhalle äußerlich inspiziert. Seine Kleidung ist hochwertig: Boxer-Shorts und Unterhemd, weißes Hemd und Krawatte, brauner Pullover, darüber ein graubrauner Zweireiher; eine braune Hose, braune Socken und Schuhe. Völlig unpassend für die Temperaturverhältnisse in diesem Teil Australiens.

Seltsam: Aus allen Kleidungsstücken wurden die Etiketten herausgetrennt. Zudem ist eine Tasche des Zweireihers mit orangefarbenem Garn zugenäht. Nichts von den Gegenständen, die der unbekannte Tote bei sich trägt, lässt auf seine Herkunft schließen. Es sind eine Schachtel Zigaretten, Streichhölzer, eine halbvolle Packung Kaugummi der Marke *Juicy Fruit*, zwei Kämme, ein Busfahrschein nach dem nahegelegenen Glenelg und ein ungenutztes Bahnticket der zweiten Klasse von Adelaide nach Henley Beach.

Nun wird der Körper untersucht. Der „Somerton-Mann" ist ein europäischer Typ, 1,80 Meter groß, etwa 42 bis 45 Jahre alt, er wiegt 88 Kilogramm. Seine Fußsohlenlänge beträgt 27 Zentimeter, das entspricht Schuhgröße 8 – in Deutschland ist dies die 42.

Kleidung und gepflegte Erscheinung lassen darauf schließen, dass der Mann wohlhabend war. Er ist gründlich rasiert, das leicht wellige, rotblonde Haar ist an den Schläfen und über den Ohren leicht angegraut, und vor höchstens zwei bis vier Wochen frisch geschnitten worden. Finger- und Zehennägel sind sauber und gepflegt, Hände und Füße weich und ohne verstärkte Hornhaut. Gelb verfärbte Finger allerdings weisen auf einen starken Raucher hin.

Tätowierungen werden nicht gefunden, nur drei kleine Narben unbekannter Herkunft an der Innenseite des linken Handgelenks.

Insgesamt stellt der Obduktionsbericht eine gute körperliche Verfassung fest, der Tote hat breite Schultern und schmale Hüften, wobei der Rumpf zu lang für die Gesamtproportionen ist. Auch die Hände sind länger als es bei dieser Körpergröße üblich ist.

Auffälligkeiten entdeckt man an Ohren, Füßen und Gebiss. Die Zehen sind keilförmig zusammengedrückt, Anzeichen für häufiges Tragen zu enger, spitzer Schuhe. Reitstiefel? Oder hatte der Somerton-Mann eine Vorliebe für Damenschuhe? Womöglich war er gar Balletttänzer? Auch seine Wadenmuskeln sind

Seltsam:
Aus allen Kleidungsstücken wurden die Etiketten herausgetrennt.

außerordentlich trainiert. Dies tritt bei Sportlern oder Frauen, die sehr viel auf hohen Absätzen laufen, auf.

An den Ohren findet sich ebenfalls eine Eigentümlichkeit. Bei mindestens 98 Prozent der europiden Rasse ist das *cavum*, die sogenannte Muschelhöhle, die in den Gehörgang führt, größer als die darüberliegende Einbuchtung, die *cymba*. Beim Somerton-Mann ist es umgedreht. Auch die Ohrläppchen hängen nicht halbmondförmig herunter, sondern sind angewachsen. Die Form des Ohres wird vererbt und könnte für die Identifizierung herangezogen werden.

Obwohl das Gebiss gepflegt und nicht übermäßig abgenutzt ist, gibt es auch hier Besonderheiten: einige Zähne fehlen, darunter Backenzähne. Zwei seitliche Schneidezähne sind nicht vorhanden – hier liegt eine angeborene *Anodontie* vor, entweder sind die Zahnkeime nicht durchgebrochen oder waren im Milchgebiss gar nicht angelegt.

Anzeichen für äußere Verletzungen werden nicht festgestellt und so folgt nun nach der äußeren Besichtigung die innere.

Die Milz des unbekannten Toten ist deutlich vergrößert. Solch ein Befund kann die vielfältigsten Ursachen haben, Infektionen, rheumatische Erkrankungen, Stoffwechselstörungen oder auch Blutkrebs. Da die Leber einen Blutstau aufweist, könnte dies zur Vergrößerung der Milz beigetragen haben. Ein solcher Blutstau kann durch eine Reihe von Krankheiten verursacht werden, z.B. durch Leberzirrhose oder Entzündungen der Bauchspeicheldrüse und Leber.

Ungewöhnlich erscheinen auch die verkleinerten Pupillen des Somerton-Mannes – Anzeichen für Drogenmissbrauch oder Giftstoffe? Normalerweise *erweitern* sich die Pupillen nach Eintritt des Todes.

Da der Tote keine äußeren Verletzungen aufweist, vermutet der obduzierende Arzt, Dr. John Dwyer, eine Vergiftung als Todesursache. Es gelingt jedoch nicht, Giftstoffe im Körper der Leiche nachzuweisen.

Im Magen des Toten findet man Reste einer „Meat Pie". Meat Pies sind ein beliebtes Fast-Food-Gericht der australischen Küche; die Pastete besteht aus einer Teighülle mit einer Füllung aus Rindfleisch und Bratensaft. Die Teigtasche enthält jedoch keine Spuren von Giften – sie kann also nicht die Todesursache gewesen sein.

Drogenmissbrauch oder Giftstoffe?

Und so spricht sich Dr. John Dwyer schließlich für einen natürlichen Tod durch Herzversagen aus.

Nach der Obduktion wird der Todeszeitpunkt auf den 1. Dezember 2:00 Uhr nachts datiert, sieben Stunden, nachdem die Zeugen den Mann am Strand gesehen haben.

Fingerabdrücke werden abgenommen und an verschiedene internationale Behörden zum Abgleich gegeben. Auch die Beschreibung des Aussehens und Fotografien der Leiche werden in der gesamten englischsprachigen Welt mit den Vermisstenkarteien abgeglichen, können aber nirgends zugeordnet werden. Niemand scheint den Toten als vermisst gemeldet zu haben, keiner scheint ihn zu kennen.

Am 10. Dezember wird die Leiche des Somerton-Mannes, wie zu dieser Zeit üblich, mit Formalin konserviert. Der Tote wird schließlich am 14. Juni 1949 in Adelaide auf dem *West-Terrace-Friedhof* begraben.

Kleidung aus den USA

Eine Tasche oder einen Koffer hat der Somerton-Mann nicht dabei und so bleibt den Ermittlern nichts anderes übrig, als die Kleidung des Toten genau unter die Lupe zu nehmen. Vielleicht gibt es hier Anhaltspunkte zur Identität.

Bei der Untersuchung erkennen Experten insbesondere aufgrund der Verarbeitung der Nähte, dass die Sachen in den USA gefertigt worden sein müssen. Da diese Kleidungsstücke nicht in Australien verkauft wurden, muss der Mann sie in den USA erworben haben. Die Aufschläge des Zweireihers und das Taschenfutter sind aus orangebraunem Baumwollsatin, damals eine sehr neue Stoffart. Insgesamt entspricht die hochwertige Kleidung den Modetrends der Wintersaison 1948 in Amerika, wo die Farben grau und braun vorherrschten.

Die in einer der Taschen gefundene Packung Zigaretten der Marke *Army Club* gibt ein weiteres Rätsel auf. Sie enthält außer den *Army Club*-Zigaretten sieben andere der teureren Marke *Kensitas.* Wer hat sie ausgetauscht?

Und wer hat alle Etiketten aus den Kleidungsstücken entfernt und eine Jackentasche mit orangefarbenem Faden zugenäht – der Eigentümer selbst? Jemand anderes?

Die regionalen Zeitungen nehmen sich des mysteriösen Todesfalles bereits am 2. und 3. Dezember an. Sie vermuten, der Tote könne ein gewisser E. C. Johnson sein, doch der ist quicklebendig und taucht noch am 3. Dezember auf einer Polizeistation auf.

Um die gleiche Zeit werden auch die Angestellten des *Strathmore* Hotels, das gegenüber dem Bahnhof von Adelaide liegt, befragt. Es stellt sich heraus, dass ein „seltsamer Mann" in Zimmer 21 gewohnt, und am 30. November 1948 ausgecheckt hat. Reinigungskräfte finden in seinem Zimmer eine schwarze Medizintasche und eine Spritze, und entsorgen die Gegenstände.

Anfang Januar 1949 glaubt man, der unbekannte Tote sei der 63-jährige Holzfäller Robert Walsh. Eine Zeugin, Elizabeth Thompson, gibt an, den Mann erkannt zu haben. Später nimmt sie ihre Aussage zurück. Auch passen einige Merkmale nicht auf Robert Walsh. Der unbekannte Tote ist deutlich jünger und sein Körper weist keine Anzeichen körperlicher Arbeit, wie sie ein Holzfäller verrichtet, auf.

Ein herrenloser brauner Koffer taucht auf

Ende Januar 1949 wird in einem Schließfach am Bahnhof von Adelaide ein brauner Koffer entdeckt, der niemandem zu gehören scheint und am 30. November 1948 um 11.00 Uhr hier deponiert wurde. Nach der Öffnung findet man darin eine Anzahl von Kleidungsstücken ohne Etikett. Auch Reste eines ungewöhnlich orangefarbenen Fadens von der gleichen Art, mit dem die Jackentasche des Toten zugenäht worden war, sind darin. Außerdem enthält der Koffer:

Tatsächlich wird eine Person mit diesem Namen vermisst: ein Matrose namens Tom Keane, der in der Region lebt. Die Angehörigen können die unbekannte Leiche jedoch nicht als Tom Keane identifizieren. Da alle anderen Gegenstände auf den Somerton-Mann verweisen, wird der Koffer ihm zugeordnet: Der Tote trug braune Schuhe. Im Koffer befand sich braune Schuhcreme. Der Mantel war amerikanischer Herkunft, genau wie die Kleidungsstücke, die der Tote getragen hat. Sämtliche Etiketten fehlten auch in der Kleidung im Koffer. Der orangefarbene Leinenfaden entsprach dem, mit dem die Tasche des Jacketts zugenäht worden war.

- einen Bademantel mit Kordel,
- zwei Unterhemden und zwei Paar Unterhosen,
- einen Pyjama,
- ein Hemd,
- eine Hose,
- einen sportlichen Mantel,
- einen Schal,
- ein Handtuch,
- sechs Taschentücher,
- Rasierpinsel, Rasierriemen und Rasiermesser,
- Zahnbürste und Zahnpasta,
- eine Glas- und eine Seifenschale sowie eine Haarnadel,
- braune Schuhcreme,
- eine Bürste,
- zwei Kleiderbügel,
- ein Messer in einer Scheide,
- eine Schere in einem Etui,
- drei Sicherheitsnadeln,
- einen braunen Knopf,
- einen kleinen Schraubenzieher,
- ein Feuerzeug,
- einen Teelöffel,
- mehrere Stifte, darunter drei Bleistifte der Stärke „H",
- acht große Briefumschläge und einen kleinen Umschlag,
- zwei Luftpostaufkleber und
- einen Wäschebeutel mit dem Namen „T. Keane".

„Tamam-Shud" – Es ist zu Ende

Im April 1949 werden die Besitztümer des noch immer nicht identifizierten Toten erneut untersucht. Zu aller Überraschung entdeckt man dabei in der Hose des Mannes eine kleine geheime, von innen eingenähte Tasche, in der sich ein winziges zusammengerolltes Stück Papier befindet.

John Cleland, der untersuchende Ermittler, entrollt den Zettel und findet darauf zwei gedruckte Worte: „Tamam Shud". Mehr nicht.

Schnell entdeckt man, dass dies die letzten Worte aus dem Buch *Rubaiyat* von Omar Khayyam sind. Aus dem Persischen übersetzt heißt „Tamam Shud" soviel wie „beendet", „das Ende" oder frei übersetzt „Es ist zu Ende".

Eine landesweite Suche nach dem Gedichtband *Rubaiyat* beginnt und kurz darauf meldet sich ein Arzt aus Somerton bei den lokalen Polizeibehörden, der eben jenes Buch am Abend des 30. Novembers in seinem Auto gefunden hat – jemand muss es durch das offene Fenster hineingeworfen haben.

Das letzte der Gedichte im Buch ist zerrissen – es fehlt exakt das Papierstück mit der letzten Zeile, auf der die Worte „Tamam Shud" stehen. Dies muss das Buch sein, aus dem das zusammengerollte Stückchen Papier aus der geheimen Tasche des Toten stammt.

Aus dem Persischen übersetzt heißt „Tamam Shud" soviel wie „beendet", „das Ende" oder frei übersetzt „Es ist zu Ende".

„Tamam-Shud" – aus Rubaiyat

Hakim Abdul Fatah Ghiasuddin Omar Khayyam genannt Omar Khayyam oder Omar Chayyām, war ein bedeutender Mathematiker, Astronom, Rechtsgelehrter, Philosoph und Dichter. Er lebte von 1048 bis 1123 in Nischapur, einer Stadt der persischen Provinz Chorasan, westlich von Maschhad, im heutigen Iran. Der Universalgelehrte arbeitete als Berater des Wesirs Nizam al Mulk und gilt als „Voltaire des Orients".

Omar Khayyam schrieb zahlreiche Bücher, einige davon sind bis heute erhalten, darunter vier über Mathematik, eins über Algebra, eins über Geometrie, drei über Physik und drei über Metaphysik.

Das *Rubaiyat* ist eine Sammlung von Gedichten, welche ausschließlich aus Vierzeilern, sogenannten Rubai, bestehen. Bei den Rubai-Gedichten enden jeweils die erste, zweite und vierte Zeile im selben Reimklang, während die dritte reimlos ist.

Erst die großartige Übersetzung des *Rubaiyats* durch den englischen Gelehrten Edward Fitzgerald in der Mitte des 19. Jahrhunderts machte Omar Khayyam auch im Westen bekannt und so wurden seine Werke in der englischsprachigen Welt berühmt. Heute gehören sie zu den populärsten und geachtetsten Werken persischer Dichtung.

Eben jenes Buch *Rubaiyat* trug der unbekannte Tote anscheinend bei sich, er muss die letzten beiden Worte „Tamam Shud" herausgerissen und in der Geheimtasche seiner Hose versteckt haben. Hat er auch das Buch in das Auto des Arztes aus Somerton geworfen?

Welche Bedeutung hat dieses rätselhafte Buch für den Fall? Leider ist eben jenes besondere Exemplar im Laufe der Zeit verloren gegangen, nur ein Foto der Titelseite und eines von der letzten Seite existieren noch.

Rubaiyat – und eine Telefonnummer

In dem *Rubaiyat*-Buch, aus dem die Zeile „Tamam Shud" herausgerissen worden ist, findet sich eine handgeschriebene Telefonnummer: X3239. Es dauert nicht lange, und die Ermittler finden heraus, zu wem diese Nummer gehört. Es ist eine 27-jährige Frau namens Jessica Ellen Thomson, geborene Harkness, die in Somerton in der 90 A Glenelg Street lebt, nur etwa 400 Meter vom Fundort der Leiche entfernt. Jessica Thomson – manchmal auch „Jestyn" genannt – hat einen zweijährigen Sohn namens Robin, dessen Vater unbekannt ist. Die Frau leugnet, den toten Mann vom Strand zu kennen und gibt an, nichts über den Fall zu wissen.

Das Buch *Rubaiyat* hingegen ist Jessica Thomson bekannt. Sie sagt aus, früher selbst einen solchen Gedichtband besessen zu haben. Während des Zweiten Weltkriegs, als sie als Krankenschwester in Sydney gearbeitet hat, habe sie ihr Exemplar einem Patienten, einem Offizier der australischen Armee, geschenkt. Sein Name sei Alfred Boxall. Alfred Boxall kann nicht aufgefunden werden und so nimmt die Polizei an, dass er der unbekannte Tote ist.

Etwas später taucht der Gesuchte jedoch auf. Er besitzt auch den Gedichtband *Rubaiyat* noch, den Jessica Thomson ihm geschenkt hat. Sie hat es für ihn mit „Jestyn" signiert.

Die Frau leugnet, den toten Mann vom Strand zu kennen

1950 wird Jessica Thomson alias „Jestyn" erneut befragt. Dieses Mal zeigt man ihr ein Foto des Somerton-Mannes. Den Protokollen nach ist sie sichtlich erschüttert. Und doch leugnet sie weiter, den Mann gekannt zu haben.

Rubaiyat – und ein geheimnisvoller Code

Viel interessanter erscheint jedoch das, was man auf der Innenseite des hinteren Buchdeckels findet: einige mit Bleistift geschriebene Buchstabenfolgen.

Möglicherweise handelte es sich dabei um eine verschlüsselte Nachricht. Einige Buchstaben sind nicht eindeutig zu identifizieren, die zweite Zeile ist durchgestrichen. Das „Tamam-Shud-Kryptogramm" zählt zu den bedeutendsten ungelösten Codes der Welt. Bis heute konnten die Buchstabenreihen nicht entschlüsselt werden.

MRGOABABD
~~MLIAOI~~
MTBIMPANETP
MLIABOAIAQC
ITTMTSAMSTGAB

W (oder M) RGOABABD
~~MLIAOI~~
W (oder M) TBIMPANETP
MLIABO AIAQC
I (oder V) TTMTSAMSTGAB

Was bedeuten diese Buchstaben? Hatte der unbekannte Tote gewollt, dass man die Nachricht findet? Enthielt sie einen Abschiedsbrief? Sollte sie vielleicht womöglich einen Hinweis auf den etwaigen Mörder geben? Handelte es sich um eine Gedächtnisstütze, wie sie die Freimaurer häufig verwendeten? Oder war es nur eine unwichtige Notiz, eine Kritzelei, die ein Unbeteiligter nicht verstehen konnte?

Die wahrscheinlichste Erklärung für das Tamam-Shud-Kryptogramm ist, dass es die Anfangsbuchstaben englischer Wörter enthält. Dafür sprechen die Buchstabenhäufigkeiten.

Fachleute halten eine verlässliche Dechiffrierung ohne weitere Hinweise jedoch für unmöglich, da die Anzahl der vorhandenen Buchstaben zu gering ist, um ein Muster zu erkennen.

Bis heute nahmen zahlreiche Dechiffrier-Experten und Hobby-Kryptologen die Zeilen unter die Lupe, doch bislang konnte niemand eine glaubwürdige Lösung präsentieren. Noch immer befassen sich Projekte (s. S. 62) mit dem Tamam-Shud-Kryptogramm.

Das Stückchen Papier mit den Wörtern „Tamam Shud" aus dem Buch existiert noch. Aufgrund der Papierfarbe und -textur konnte bewiesen werden, dass es tatsächlich aus dem *Rubaiyat* Buch stammt, das im Auto des Arztes in Somerton gefunden wurde.

Spion, Flüchtling, Einzelgänger, verzweifelter Vater, Transvestit?

Eine Menge mehr oder weniger wahrscheinlicher Theorien zur Herkunft und zur Identität des Somerton-Mannes entstanden im Lauf der Zeit. Hier sind einige von ihnen ...

Flüchtling

Der unbekannte Tote wurde 1948 gefunden, dreieinhalb Jahre nach dem Ende des Zweiten Weltkrieges. Zahlreiche Nazi-Größen setzten sich nach Kriegsende ins Ausland ab, um ihrer Bestrafung zu entgehen. War der Somerton-Mann einer von ihnen? Um seine Identität zu verschleiern, könnte er Ausweispapiere vernichtet, Etiketten aus der Kleidung getrennt und alle Gegenstände, die auf seine Herkunft hindeuten, beseitigt haben. In Europa ist der Fall des Somerton-Mannes auch heute noch relativ unbekannt. Vielleicht hat ihn deshalb damals niemand identifiziert.

Einzelgänger

Niemand hat den Somerton-Mann jemals erkannt, identifiziert oder vermisst. Könnte er komplett ohne soziale Kontakte, ohne engere Beziehungen gelebt haben? Ist so etwas überhaupt möglich? Jeder Mensch hat Eltern, niemand kann ganz ohne Kontakt mit anderen Menschen existieren. Völlig auszuschließen ist die Einzelgänger-Hypothese zwar nicht, sie erscheint jedoch eher unwahrscheinlich.

Transvestit

War der Somerton-Mann jemand, der sich als Frau verkleidete und als Frau lebte? Hat ihn deshalb niemand wiedererkannt?

Der unbekannte Tote hatte diese besondere Verformung der Zehen, die sich bildet, wenn jemand über längere Zeiträume enge Schuhe trägt. Eine ausgeprägte Wadenmuskulatur wie beim Somerton-Mann entsteht durch längeres und häufiges Tragen hochhackiger Schuhe. Zudem hatte der Mann sehr gepflegte Hände und Füße, war sauber rasiert und auch sein Körper wies kaum Behaarung auf – rasierte er auch Beine und Brust? Warum tauchte er dann aber in Australien in Männerkleidung auf?

Wahrscheinlicher sind die folgenden zwei Hypothesen ...

Geheimdienstagent

Einige Fakten deuten darauf hin, dass der Somerton-Mann ein Spion, vielleicht aus dem Ostblock, gewesen sein könnte.

Gegen Ende des Zweiten Weltkriegs wurde von den USA und Großbritannien die Operation „Venona" gestartet. Sie zielte auf die verschlüsselte sowjetische Kommunikation ab. Im Zuge von *Venona* wurde ein Spionagering in Australien entdeckt, der von der sowjetischen Botschaft organisiert worden war. Geheime Informationen der australischen Regierung waren so in die Sowjetunion gelangt und in den darauffolgenden Jahren, als der Kalte Krieg tobte, unternahm der britische Sicherheitsdienst zahlreiche Reisen nach Australien, um die Sicherheitslage zu prüfen und der australischen Regierung davon zu berichten.

War der Somerton Man also womöglich ein Mitglied des britischen Sicherheitsdienstes?

Die Theorie vom Agenten besagt, dass der Code im Buch *Rubaiyat* eine versteckte Botschaft gewesen sei, die der Unbekannte jemandem übermitteln wollte. Kurz zuvor habe man ihn enttarnt und mit den ausgetauschten Zigaretten vergiftet. Mit einem Gift, das schwer nachweisbar ist; einem Gift, wie es Geheimdienste besitzen.

Agenten treffen Vorsichtsmaßnahmen, um nicht erkannt zu werden. Sie tragen keine Papiere bei sich, entfernen Etiketten aus ihren Kleidungsstücken, verzichten auf persönliche Beziehungen. Ihr Körper ist gut trainiert. Botschaften werden in geheimen Taschen oder Fächern versteckt.

....

Einiges für sich hat auch die These vom verschmähten Liebhaber. In dieser Hypothese ist der Somerton-Mann ein ehemaliger Liebhaber der Krankenschwester Jessica „Jestyn" Ellen Thomson. Jessica Thomson hat zu dem Zeitpunkt, als der Somerton-Mann tot aufgefunden wird einen zweijährigen Sohn – Robin. Ihrem späteren Verlobten erzählt sie, Robins Vater sei abgetaucht.

Und so wäre denkbar, dass der Somerton-Mann im November 1948 bei ihr auftaucht, um sein Kind zu besuchen, und sie ihm mitteilt, dass er seinen Sohn nie wieder sehen dürfe. Daraufhin nimmt er sich am Strand, nur 400 Meter von ihrer Wohnung entfernt, das Leben.

Tatsächlich ergeben sich viele Jahre später Hinweise darauf, dass diese Theorie stimmen könnte ...

Jessica Thomsons Tochter Kate erklärt 2013, einige Jahre nach dem Tod ihrer Mutter, dass diese ihr gebeichtet habe, mehr über den Somerton-Mann zu wissen. Beim Vergleich der Gesichter von Jessicas Sohn Robin mit dem Unbekannten finden sich tatsächlich Ähnlichkeiten: Robin weist die gleichen Eigentümlichkeiten am Ohr auf, wie der Somerton-Mann, zudem sind zwei seiner Schneidezähne nie durchgebrochen.

Robin Thomson, der vermeintliche Sohn, hat eine Tochter – Rachel Egan. Rachel erklärt sich bereit, DNA zur Verfügung zu stellen, welche in eine Datenbank zur Ahnenforschung eingespeist wird. Es stellt sich heraus, dass ihre Vorfahren aus den Vereinigten Staaten stammen, genauer gesagt, von der Atlantikküste.

All das untermauert die Theorie vom verschmähten Liebhaber. Was sollte dann aber die kryptische Botschaft bedeuten? Warum verbarg der Somerton-Mann seine Identität, warum hat ihn nie jemand identifiziert? War er womöglich ein Waisenkind oder hat seine Familie im Krieg verloren? In seinem Koffer wurden Luftpostaufkleber gefunden. Das lässt darauf schließen, dass er Kontakte nach Übersee gehabt hat.

Eigentlich ließe sich eine Verwandtschaft zwischen Rachel Egan und dem Somerton-Mann ganz leicht feststellen. Wenn er tatsächlich ihr Großvater war, müsste seine DNA zu 25 Prozent mit ihrer übereinstimmen. Dazu bräuchte man bloß seinen Körper zu exhumieren. Bisher wurde die Anfrage von Professor Derek Abbott (s. S. 61) zweimal von australischen Behörden verweigert. Da man den Toten mit Formalin konserviert hat, könnte die komplette DNA auch zerstört sein.

Hinzu kommt, dass in dem Grab nicht nur die Leiche des Somerton-Mannes liegt, sondern sich noch zwei weitere, ältere, Leichen befinden. Auf dem besagten Friedhof werden Gräber „wiederverwendet", wenn die Grabstellen nicht mehr bezahlt werden.

....

Vielleicht war der Somerton-Mann auch beides: Spion und verzweifelter Vater. Jessica Thomsons Tochter Kate verrät, dass ihre Mutter russisch sprechen konnte und eventuell in Spionageaktivitäten verwickelt gewesen sei. Wollte sie sich nur wichtig machen?

Verschmähter Liebhaber, verzweifelter Vater

Ein kryptologisches JahrhundertRätsel

Drei Fälle gibt es …

… drei Fälle, in denen ein Toter eine kodierte Nachricht bei sich trug, die nie entschlüsselt werden konnte. Einer von ihnen ist der Somerton-Mann mit dem „Taman-Shud-Kryptogramm". Die beiden anderen sind Ricky McCormick und Paul Emanuel Rubin.

Paul Emanuel Rubin

Der 18-jährige Paul Rubin studiert Chemie. Am 20. Januar 1953 findet man ihn tot in einem Graben auf dem Flughafen von Philadelphia. Noch eine halbe Stunde vorher hat ein Zeuge ihn lebend gesehen. Auf seinen Bauch hat er sich einen Zettel geklebt, auf dem eine verschlüsselte Nachricht steht.

Neben dem Toten wird ein leeres Reagenzglas gefunden. Bei der Obduktion stellt sich heraus, dass Paul Emanuel Rubin mit Zyankali, vereinfacht „Cyanid", vergiftet wurde. Im Reagenzglas finden sich jedoch keine Spuren des Giftes.

Leider ist keine vollständige Abschrift des Kryptogramms von Rubins Bauch überliefert. Auf einem Foto sieht man nicht den gesamten Text. Dennoch sind zwei Worte klar zu lesen: „Dulles" und „Conant". Es könnten der Politiker John Foster Dulles und der Chemiker „James Bryant Conant" gemeint sein, bewiesen ist dies jedoch nicht. Der Rest des Kryptogramms ist bis heute nicht entschlüsselt. Auch weiß man nicht, ob der Tod von Paul Rubin Selbstmord oder Mord war.

Ricky McCormick

Am 30. Juni 1999 entdeckt ein Farmer auf einem Maisfeld in der Nähe von St. Louis in Missouri die Leiche eines Mannes. Es ist der 41-jährige Ricky McCormick. Der Todeszeitpunkt wird später auf den 27. Juni 1999 datiert. Angeblich ist die Leiche zum Fundzeitpunkt bereits so stark verwest, dass keine genaue

Todesursache mehr bestimmt werden kann. Dennoch geht die Polizei von Mord aus. Ricky McCormick – ein vorbestrafter Sexualstraftäter – soll in Rauschgiftgeschäfte verwickelt gewesen sein. In den Taschen des Toten findet die Polizei zwei Zettel mit verschlüsselten Notizen.

Das FBI schaltet daraufhin die Kryptologie-Abteilung ein. Doch diese kann die Chiffren nicht lösen. Und bis heute gelang dies auch niemand anderem.

Lösungsversuche

Bis heute befassen sich zahlreiche Kryptologen mit dem Somerton-Mann und seinem „Tamam-Shud-Kryptogramm".

Ab dem Jahr 2009 startet die Universität von Adelaide ein Projekt, in dem der Code gründlich untersucht wird und alle kryptologischen Möglichkeiten abgeklopft werden. Unter der Leitung von Professor Derek Abbott und Doktor Matthew Berryman befassen sich die Studenten Andrew Turnbull und Denley Bihari mit dem Tamam-Shud-Kryptogramm. Das Projekt untersucht verschiedene Möglichkeiten, um die Bedeutung der Buchstaben zu identifizieren und testet verschiedene Chiffren.

Andrew Turnbull und Denley Bihari vergleichen die Buchstabenhäufigkeiten mit denen verschiedener Sprachen und kommen zu dem Schluss, dass das Kryptogramm aus den Anfangsbuchstaben englischer Wörter besteht. Hat der Somerton-Mann die ersten Buchstaben von Wörtern eines Satzes aufgeschrieben?

Kryptographie

In der Kryptographie gibt es zwei wichtige Verfahren zum Verschlüsseln von Nachrichten: Transposition und Substitution. Bei der **Transposition** werden die im Text vorhandenen Buchstaben neu geordnet, wodurch ein Anagramm des Originaltexts erzeugt wird.

Bei der **Substitution** werden die Buchstaben des Originaltextes durch andere ersetzt, hier kann ein Schlüsselwort zum Einsatz kommen.

An der Universität von Adelaide hat man sich zum Entschlüsseln des Tamam-Shud-Kryptogramms für drei Chiffriermethoden entschieden; weil diese allgemein üblich und auch schon 1948 gebräuchlich waren. Es sind: der Vigenère-Cipher-Code, die Playfair-Verschlüsselung und das One-Time-Pad-Verschlüsselungssystem.

Vigenère-Cipher-Code

Die Vigenère-Verschlüsselung geht auf den französischen Diplomaten *Blaise de Vigenère* zurück. Dabei werden mehrere Alphabete und ein Schlüsselwort verwendet.

Playfair-Verschlüsselung

Im Jahr 1854 erfand der britische Physiker *Charles Wheatstone* eine Verschlüsselung, die später von seinem Freund *Lyon Playfair* dem britischen Militär als sicheres Verschlüsselungsverfahren empfohlen wurde. Es wurde erstmals im Krimkrieg eingesetzt und war bis zum Ersten Weltkrieg in Gebrauch.

Bei der Playfair-Verschlüsselung wird jedes Buchstabenpaar des Klartextes durch ein anderes Buchstabenpaar ersetzt.

One-Time-Pad-Verschlüsselungssystem

Das One-Time-Pad-Verschlüsselungssystem wurde 1918 von dem amerikanischen Kryptologen *Gilbert Vernam* entwickelt.

Bei dieser Technik handelt es sich um eine Einmalverschlüsselung, das bedeutet, dass jeder Code nur zur Verschlüsselung einer einzigen Nachricht verwendet wird.

Dabei muss der Code mindestens genauso viele Zeichen besitzen, wie die zu verschlüsselnde Nachricht. Außerdem müssen die Zeichen des Schlüssels zufällig gewählt werden. Ohne den Schlüssel kann man den Geheimtext nicht entschlüsseln.

Versuch der Tamam-Shud-Entschlüsselung

Frühere Versuche, den Code zu entziffern, scheiterten. Moderne Techniken und Datenbanken fehlten. Zudem wurde nicht berücksichtigt, dass einige der Symbole mehrdeutig sind. Zum Beispiel ist es fast unmöglich zu sagen, ob das erste Zeichen in der ersten und in der dritten Zeile ein „M" oder ein „W" – oder vielleicht sogar etwas ganz anderes ist. Das Gleiche gilt für das erste Zeichen der fünften Zeile. Ist es ein „I", ein „V" oder etwas anderes? Die zweite Zeile ist durchgestrichen. Gehört sie zum Code? Hat die Streichung etwas zu bedeuten? Und was ist mit dem „X" über dem Buchstaben „O" in der vierten Zeile?

Die Forscher der Universität von Adelaide stellen zuerst sechs mögliche Hypothesen zur Natur des Codes auf:

1. Der Code ist gar keiner, sondern bedeutungsloses Gekritzel.
2. Die Buchstaben sind gar nicht codiert.
3. Der Code ist ein Transpositionscode (s. S. 61).
4. Der Code besteht aus den Anfangsbuchstaben einer Liste von Wörtern, die Reihenfolge ist dabei nicht wichtig.
5. Der Code besteht aus den Anfangsbuchstaben von Wörtern in einem Satz oder einer Phrase, die Reihenfolge ist dabei wichtig.
6. Die ursprünglichen Buchstaben der Nachricht wurden systematisch durch andere ersetzt, es handelt sich also um einen Substitutionscode (s. S. 61).

Der Tamam-Shud-Code ist nicht eindeutig: durchgestrichene Textzeilen, mehrdeutige Buchstaben, Linien und Kreuze. Die Forscher der Universität von Adelaide legen sich auf folgende Zeilen fest:

Erste Zeile:	**MRGOABABD**
Zweite Zeile:	**MTBIMPANETP**
Dritte Zeile:	**MLIABOAIAQC**
Vierte Zeile:	**ITTMTSAMSTGAB**
durchgestrichen:	**MLIAOI**

Nun werden die einzelnen Hypothesen der Reihe nach geprüft.

Der Code ist gar keiner, sondern bedeutungsloses Gekritzel

Warum würde jemand eine „Botschaft" hinterlassen, die gar keine ist? Eine Reihe zufälliger, bedeutungsloser Buchstaben? Entweder war die Nachricht absichtlich so verfasst worden, um jemanden zu verwirren – das könnte die Geheimdienst-Vergangenheit des Toten untermauern. Oder der Somerton-Mann war beim Schreiben betrunken oder anderweitig berauscht.

Die australischen Studenten Andrew Turnbull und Denley Bihari lassen zahlreiche nüchterne – also „nicht berauschte" – Testpersonen eine Reihe von 50 englischen Buchstaben notieren, die die Personen selbst zufällig wählen sollen und zählen die Häufigkeiten der Buchstaben dann aus.

„R", „S" und „A", finden sich in diesem Test häufiger als alle anderen Buchstaben. Im Tamam-Shud-Code kommen das „R" nur einmal und das „S" zweimal vor – also selten. Das deutet darauf hin, dass der Code keine sinnlose Anhäufung von Buchstaben ist.

Als Gegenprobe dürfen Testpersonen nun freiwillig Alkohol trinken und dann wieder 50 zufällige englische Buchstaben notieren.

Jetzt häuft sich der Buchstabe „Z". Im Tamam-Shud-Code kommt gar kein „Z" vor – ein Indiz dafür, dass der Somerton-Mann nicht berauscht gewesen ist, als er den Code verfasst hat?

Die Buchstaben sind gar nicht codiert

Diese Hypothese setzt voraus, dass jeder Buchstabe beabsichtigt ist und für ein Wort oder einen Satz steht. Was der Somerton-Mann damit abgekürzt haben könnte, lässt sich schwerlich sagen, da verschiedene Sprachen infrage kommen.

Die Buchstaben sind codiert

Hier gibt es mehrere Varianten.

1. Die Buchstabenreihen bilden ein Anagramm, das heißt, ihre Reihenfolge ist vertauscht. Hier werden die Häufigkeiten der Buchstaben im Code mit denen verschiedener Sprachen verglichen. Bestimmte Buchstaben – wie zum Beispiel das „E" und das „N" kommen in vielen Sprachen häufiger vor, als andere.

   Im Ergebnis finden Andrew Turnbull und Denley Bihari heraus, dass es sich bei dem Text des Somerton-Mannes wahrscheinlich nicht um ein simples Anagramm handelt, da er weit weniger „E" und „N" enthält als erwartet. Im Englischen sind auch „U" und „Q" recht häufig. Diese Buchstaben kommen im Tamam-Shud-Code gar nicht vor.

2. Möglichkeit: Jeder Buchstabe steht für den **Anfangsbuchstaben eines Wortes in einer Liste.** Diese Liste kann zum Beispiel Ortsnamen, Namen von Personen oder Ähnliches enthalten. Diese Hypothese wurde nur für die englische Sprache untersucht. Ähnlich wie bei der Anagramm-Theorie zählen die Studenten hier Anfangsbuchstaben von Wörtern bestimmter Kategorien, zum Beispiel australische Städte oder Elemente des Periodensystems, und listen sie nach Häufigkeit auf. Diese wird dann graphisch dargestellt und mit den Buchstaben im Tamam-Shud-Kryptogramm verglichen. Tatsächlich finden die australischen Studenten große Ähnlichkeiten. Es könnte also sein, dass der Code des Somerton Mannes aus den Anfangsbuchstaben englischer Wörter besteht.

3. Möglichkeit: Der Code besteht aus Sätzen. Jeder Buchstabe im Tamam-Shud-Kryptogramm steht für den **ersten Buchstaben des Wortes in diesem Satz.** Dies wird von Andrew Turnbull und Denley Bihari in einer Reihe von Sprachen untersucht: Englisch, Italienisch, Portugiesisch, Französisch, Spanisch, Schwedisch, Dänisch und Deutsch. Die Buchstaben des Kryptogramms werden dabei nach der sogenannten Markov-Wahrscheinlichkeit oder Markov-Kette untersucht. Bei einer Markov-Kette kann man mit Hilfe der Stochastik Wahrscheinlichkeiten des Übergangs von Anfangsbuchstaben in Wörter und Sätze berechnen.
Die größte Wahrscheinlichkeit ergibt sich bei dieser Methode für Englisch, das heißt, die Anfangsbuchstaben könnten zu englischen Wörtern oder Sätzen gehören. Es folgen Italienisch und Portugiesisch, Deutsch liegt an letzter Stelle.
Nun suchen die beiden Studenten nach einer möglichen Quelle der Anfangsbuchstaben und lassen verschiedene Texte mittels einer Software überprüfen, darunter das Rubaiyat von Omar Khayyam und die Bibel in der King-James-Version. Übereinstimmungen werden nicht gefunden.

Der Code ist komplizierter

Handelt es sich dann womöglich um einen Transpositionscode (s. S. 61)?
Diese Hypothese ist noch immer die am meisten favorisierte. Andrew Turnbull und Denley Bihari testen das Tamam-Shud-Kryptogramm unter dem Aspekt, dass der Klartext in Englisch verfasst wurde und verwenden die Playfair-Verschlüsselung, den Vigenère-Cipher-Code und das One-Time-Pad-Verschlüsselungssystem (s. S. 62).

Mithilfe extra programmierter Software wird der Tamam-Shud-Code auf eine Playfair-Verschlüsselung geprüft. Es ergibt sich eine sehr niedrige Wahrscheinlichkeit, dass diese Technik verwendet wurde. Ähnliches findet sich beim Test auf den Vigenère-Cipher-Code.
Da der Code in ein Buch gekritzelt wurde, könnte das One-Time-Pad-Verschlüsselungssystem eine Rolle spielen.
Und weil die codierte Nachricht im Buch *Rubaiyat* von Omar Khayyam entdeckt wurde, könnte eben jenes Buch als Verschlüsselungshilfe verwendet worden sein. Der Code des Somerton-Mannes besteht aus vier Zeilen, wenn man die durchgestrichene nicht beachtet.

Erste Zeile:	**MRGOABABD**
Zweite Zeile:	**MTBIMPANETP**
Dritte Zeile:	**MLIABOAIAQC**
Vierte Zeile:	**ITTMTSAMSTGAB**

Das *Rubaiyat* enthält vierzeilige Gedichte. So ergibt sich die Möglichkeit, dass eine Zeile eines Gedichtes einer Zeile des Codes entspricht. Andrew Turnbull und Denley Bihari untersuchen jedes Gedicht im *Rubaiyat* und stellen jeder Gedichtzeile eine Zeile des Tamam-Shud-Codes gegenüber. Das Ergebnis: gleich Null. Zumindest für die englische Sprache.

Was bleibt?

Andrew Turnbull und Denley Bihari haben viele Möglichkeiten getestet. Und auch andere Kryptologen, Wisssenschaftler und Laien haben sich am Tamam-Shud-Code und dem mysteriösen Tod des Somerton-Mannes die Zähne ausgebissen – bis heute.

Die Möglichkeit einer Playfair-Verschlüsselung oder die Verwendung des Vigenère-Cipher-Codes wurde dabei ausgeschlossen, genauso wie die einer einfachen Transpositions-Chiffre.

Auch bei der Untersuchung von Übereinstimmungen mit der Bibel und den Gedichten aus dem *Rubaiyat* fand sich – zumindest für die englische Sprache – kein spezifischer Schlüssel.

Die Buchstabenfolge ist mit der Hand geschrieben. Hier liegen Interpretationsfehler. Es könnte eine andere Sprache als Englisch zugrunde liegen.

Oder wurden die Buchstaben zufällig aneinander gereiht? Hatte der Somerton-Mann Wahnvorstellungen? Wurde er vergiftet, zum Beispiel mit Digitalis, einem schnell wirkenden Herzmedikament? Wir werden es wohl nie erfahren...

Wir werden es wohl nie erfahren ...

Somerton Man

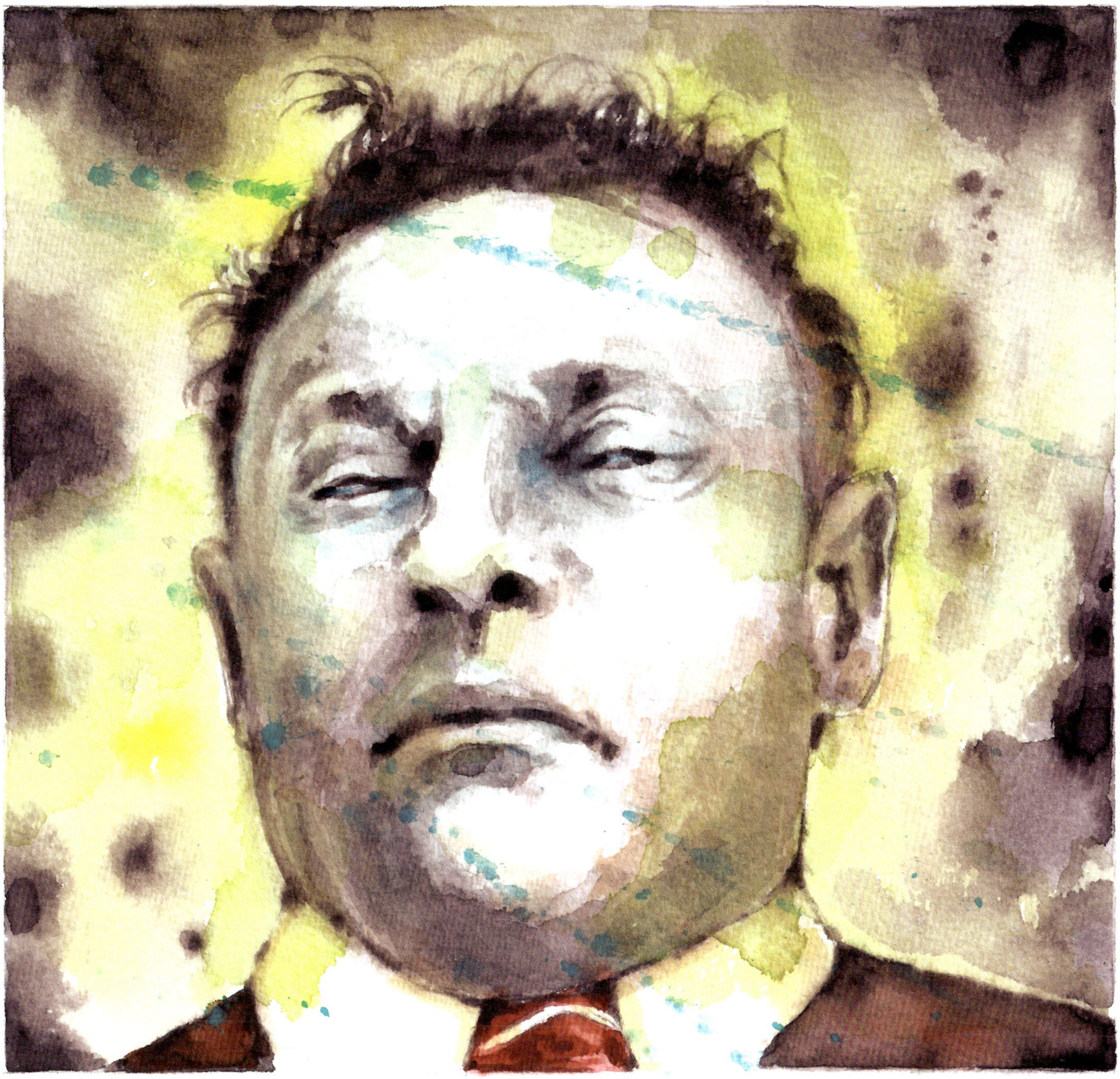

WRGOABABD
MLIAOI
WTBIMPANETP
MLIABO AIAQC
ITTMTSAMSTGAB
Tamám Shud

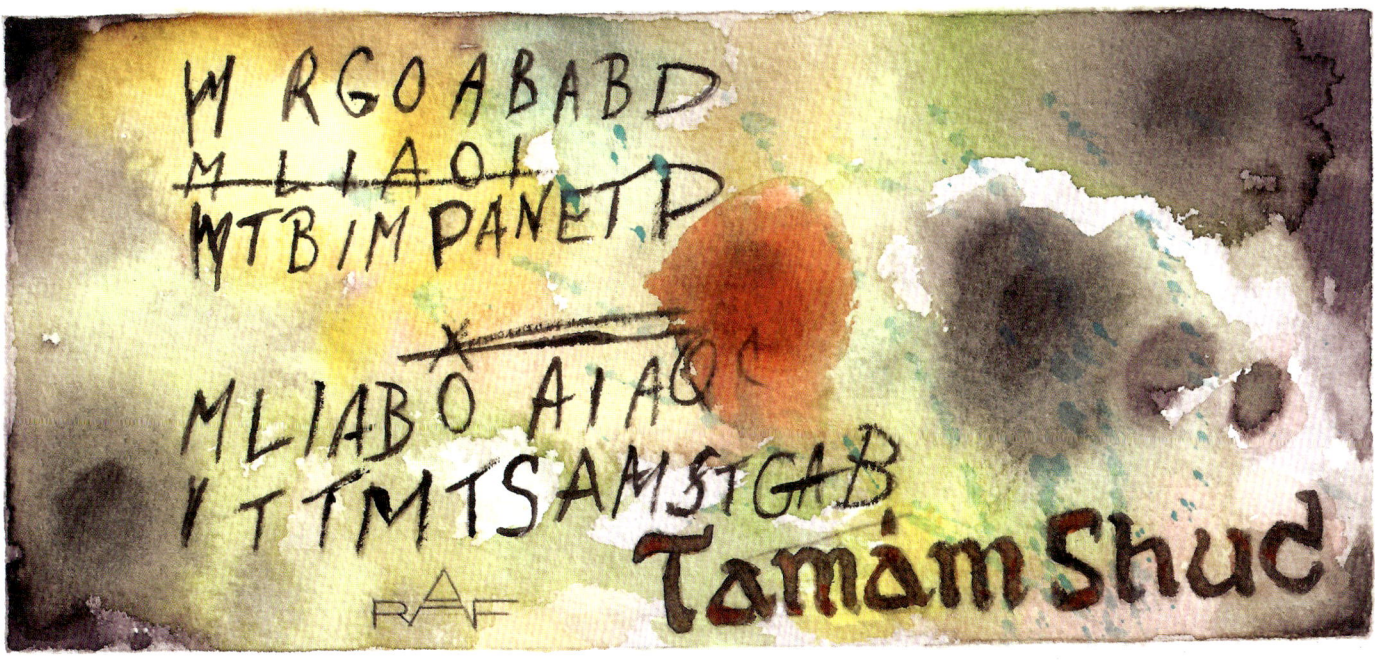

Hinterkaifeck

Sechsfachmord
im »Hexenholz«

twa 500 Meter außerhalb des kleinen Örtchens Gröbern in Oberbayern, ungefähr sechs Kilometer von Schroben-hausen entfernt, lag das Gehöft Hinterkaifeck.

HIER WOHNEN IM JAHR 1922 SECHS PERSONEN: Die 72-jährige Cäcilia Gru-ber, ihr 64-jähriger Mann Andreas, die 35-jährige Tochter Viktoria Gabriel; Viktorias Kinder: die sieben Jahre alte Cäzilia und der zweieinhalbjährige Josef sowie die 44-jährige Magd Maria Baumgartner.

In der Nacht des 31. März' 1922 werden sie alle bestialisch ermordet. Bis heute ist die Bluttat nicht aufgeklärt …

Hexenholz

Ende März 1922 hat der Winter Oberbayern noch fest im Griff. Auch tagsüber steigen die Temperaturen nicht über Null, es liegt Schnee, der ersehnte Frühling scheint noch in weiter Ferne zu liegen.

Hier beginnt der lange Flügel des Gebäudes. Vom Hof aus sieht man an der rechten Ecke das „Hoftor" und die Fenster des Stalls, der in mehrere Abteile untergliedert ist. Im Stall leben zwei Ochsen, zwei Stiere, vier Kühe, drei Jungrinder, fünf Kälber, zwei Ferkel und 25 Hühner.

„Hexenholz" nennen die Leute in Gröbern das kleine Wäldchen nahe Hinterkaifeck. Die Gegend rund um das Gehöft ist ländlich, schmale Felder wechseln sich mit Waldstücken und Wegen ab. Den Grubers gehören mehrere Flurstücke: Äcker, Wiesen, Wald – sie sind vermögend. Nach den Morden wird der Hof mitsamt dem beweglichen Inventar und den Ländereien an Viktoria Gabriels Schwager Josef Gabriel verkauft. Der Kaufpreis ist auf drei Millionen Mark angesetzt – laut Inflationsrechner rund 40.000 Mark.

Das Gehöft, in dem Cäcilia – auf den Sterbebildchen wird sie „Cäzilia" geschrieben – und Andreas Gruber mit ihrer Tochter Viktoria und den beiden Enkelkindern wohnen, hat die Form des Buchstabens „L". Wie es früher üblich war, sind Wohnbereich, Ställe und Schuppen miteinander verbunden. Von Südosten aus blickt man rechts auf den kurzen Flügel des „L", hier liegt der Wirtschafts- oder Maschinenraum. Ein großes zweiflügeliges Holztor, das nach Süden zeigende „Hexenholztor", führt vom Hof aus hinein.

Geht man durch den Maschinenraum, gelangt man über ein inneres Verbindungstor zur Scheunendurchfahrt, die an beiden Seiten ein Tor hat; und von dort aus in die Scheune, auch „Stadel" genannt, die sich im Knick des „L" befindet. Auch vom Stadel aus gibt es ein Tor nach draußen – das „Wegtor", es zeigt nach Norden.

Links neben dem Stall schließlich liegt der Wohnbereich. Je zwei Fenster rahmen die nach Süden zeigende Eingangstür ein.

Eine weitere Tür an der Nordseite, die in die Küche führt, kann nicht mehr benutzt werden, sie ist durch den Umbau einer Wasserleitung nicht zugänglich. Im Wohnbereich des Gehöftes finden sich die Küche, das Schlafzimmer des Ehepaars Gruber, das Zimmer, in dem Viktoria und ihre beiden Kinder sich aufhalten und schlafen sowie eine Kammer für die Magd. Alle Räume des Gehöfts sind durch Tore oder Durchgänge miteinander verbunden.

Über dem Erdgeschoss liegt der Dachboden, der baulich nicht unterteilt ist. So kann man im ersten Stock von der Scheune bis über den Wohnbereich laufen.

Zwei Gebäude außerhalb des Haupthauses werden später noch von Bedeutung sein – der links vom Gebäude gelegene „Schuppen", eine Remise, in der sich Geräte und Wagen befinden und das „Backhaus", ein freistehender gemauerter Backofen, der am Weg nach Gröbern liegt.

Blutschande

Viktorias Mutter Cäcilia ist acht Jahre älter als ihr Mann. Andreas Gruber hat die Witwe 1886 geheiratet. Im Ehever-

Das Gericht sieht es als erwiesen an, dass im Zeitraum von 1907 bis 1910 ein inzestuöses Verhältnis zwischen Vater und Tochter bestanden hat.

trag vereinbart man Gütergemeinschaft und so wird Gruber zum Miteigentümer des Anwesens.

Ab März 1914 gehört Hinterkaifeck Viktoria Gabriel. Die Eltern haben ihr den Hof im April 1914 kurz vor der Heirat mit Karl Gabriel, der im Dezember 1914 im Krieg fällt, überschrieben. Viktoria – eine hübsche und fleißige Frau – fällt den Männern der Umgebung ins Auge. Als Erbin des Hofes ist sie zudem vermögend. Weitere Heiratskandidaten sind zu erwarten, aber ...

Zu Beginn des Jahres 1915 – der genaue Zeitpunkt ist nicht bekannt – werden Viktoria Gabriel und ihr Vater wegen „Blutschande" angezeigt.

Gab es etwa schon vor der Hochzeit Viktorias sexuelle Beziehungen mit dem Vater? Möglich ist es. Ihr frisch angetrauter Mann Karl hat den Hof bereits kurze Zeit nach der Heirat wieder verlassen und ist zu seinen Eltern zurückgekehrt, bevor er zum Kriegsdienst eingezogen wird. Die kleine Cäzilia – von allen nur „Cilli" genannt – wird am 9. Januar 1915 geboren. Hat Karl Gabriel Zweifel an der Vaterschaft und den alten Gruber deshalb angezeigt? Oder war es einer der Einwohner von Gröbern?

Andreas Gruber und seine Tochter werden durch die Staatsanwaltschaft von Neuburg an der Donau angeklagt. Am 28. Mai 1915 ergeht das Urteil: Das Gericht sieht es als erwiesen an, dass im Zeitraum von 1907 bis 1910 ein inzestuöses Verhältnis zwischen Vater und Tochter bestanden hat. Angeblich ist Viktoria ihrem Vater hörig.

Andreas Gruber wird wegen „Verbrechens gegen die Sittlichkeit" – sogenannte Blutschande – zu einem Jahr Gefängnis verurteilt, Viktoria bekommt einen Monat aufgebrummt. Beide verbüßen ihre Strafe. Hat der Vater weiter Verkehr mit seiner Tochter? Es gibt Gerüchte. Niemand weiß es.

Es gibt Gerüchte. **Niemand weiß es.**

Erneute Anklage: Hüh und Hott

Am 7. September 1919 kommt Viktorias zweites Kind – Josef – zur Welt. Nur drei Tage später zeigt der Ortsführer von Gröbern, Lorenz Schlittenbauer (s. S. 82), Andreas Gruber und Viktoria Gabriel an. Gruber soll der Vater des unehelich geborenen Kindes sein. Angeblich hat Viktoria dies dem Ortsführer gegenüber zugegeben.

Andreas Gruber kommt am 13. September in Untersuchungshaft, Viktoria wird verschont – wohl wegen des Neugeborenen; doch plötzlich macht Lorenz Schlittenbauer einen Rückzieher. Er gibt an, selbst der Vater des kleinen Josefs zu sein. Bei seiner Aussage im Jahr 1932 erzählt der Ortsführer, Viktoria hätte ihn angefleht, die Vaterschaft für den kleinen Josef zu übernehmen, sowie die Anzeige gegen ihren Vater fallen zu lassen. Angeblich bietet sie ihm dafür Geld an und verspricht ihm die Hochzeit.

Was auch immer wirklich dahinter steckt – Schlittenbauer zieht die Anzeige tatsächlich zurück und Andreas Gruber kommt frei. Am 30. September bekennt sich der Ortsführer zur Vaterschaft und übernimmt 1919 die Vormundschaft für Josef.

Doch der Staatsanwaltschaft stoßen Lorenz Schlittenbauers widersprüchliche Angaben auf und man bestellt ihn Anfang Oktober zu einer weiteren, diesmal eidlichen Vernehmung. Am 23. Oktober wird er erneut verhört und nun gibt Schlittenbauer an, dass seine zweite Aussage falsch gewesen sei und er doch nicht der Vater von Josef sei, und erneuert den Vorwurf der Blutschande. Ende 1919 erhebt die Staatsanwaltschaft wieder Klage gegen Andreas Gruber und Viktoria Gabriel.

Die Prozessakten sind nicht mehr vorhanden, Dokumente des Staatsanwaltes besagen jedoch, dass das Gericht sich aufgrund der widersprüchlichen Aussagen von Lorenz Schlittenbauer gegen eine Verurteilung ausgesprochen hat. Andreas Gruber und Viktoria Gabriel werden freigesprochen. Eine Entschädigung für die Untersuchungshaft bekommt Gruber nicht.

Das Leben in Hinterkaifeck kann weitergehen wie bisher ...

Obwohl der Hof Viktoria gehört, gibt ihr Vater auch Jahre später noch den Chef. *Er* fällt die Entscheidungen, *er* bestimmt, was geschieht, *er* dominiert die Familie mit harter Hand. Doch vor den Ereignissen, die ihm und den Seinen bevorstehen, kann auch er sie nicht bewahren.

Es gibt Anzeichen.

In den Tagen vor den Morden häufen sich merkwürdige Begebenheiten ...

Geräusche auf dem Dachboden

Viktoria Gabriel fährt Ende März 1922 zum Einkaufen nach Schrobenhausen. Dort erzählt sie, dass es in Hinterkaifeck nachts Geräusche auf dem Dachboden gegeben hat, die sich wie Schritte angehört hätten. Ihr Vater habe den Boden mit einem Licht durchsucht, jedoch niemanden gefunden.

Zwei Tage vor den Morden berichtet Andreas Gruber bei einem Einkauf in einer Eisenwarenhandlung Ähnliches. Während der ganzen Nacht habe er gehört, wie oben „jemand umhergehe", er fügt jedoch gleichzeitig hinzu, dass er keine Angst habe, denn sein Gewehr sei „schon hergerichtet".

Spuren im Schnee

Wenige Tage vor den Morden fragt Andreas Gruber den Postboten Josef Mayer, ob jemand in der Gegend die „Münchner Zeitung" beziehe oder ob der Briefträger ein Exemplar verloren hätte. Dieser verneint. Nach dem Grund befragt, äußert Gruber, dass er eine solche Zeitung am Waldrand gefunden habe.

Der Postbote bestätigt später auch in seiner Zeugenaussage, dass Andreas Gruber am 30. März Fußspuren von zwei Männern im Schnee entdeckt hat. Sie führen an der Nordseite des Anwesens entlang zum Motorenhäuschen, das zwischen Stadel und Stall liegt. Außer dem Postboten versichern noch mehrere Zeugen, dass Gruber davon erzählt hat.

Lorenz Schlittenbauer sagt aus, dass Gruber ihm vom Feld aus zugerufen habe, er sei letzte Nacht „von Einbrechern heimgesucht" worden. Spuren im Neuschnee hätten zwar zum Haus hin, jedoch nicht wieder davon weggeführt. Zudem sei die Tür zum Motorenhäuschen aufgebrochen worden, mitgenommen hätten die Einbrecher jedoch nichts.

Dies bekräftigt auch Kaspar Stegmeier, ein Landwirt aus Gröbern. Er habe von Andreas Gruber erfahren, dass „Spitzbuben in seinem Hause" gewesen seien. Stegmeier will Gruber aufgefordert haben, das Gehöft durchsuchen zu lassen, doch dieser habe abgelehnt. Er fürchte sich nicht, so die Antwort.

Bei dem Motorenhäuschen handelt es sich um einen Anbau. Eine Tür zum Innern des Gebäudes gibt es nicht. Wieso hätten Einbrecher gerade diesen Zugang wählen sollen?

Eine losgebundene Kuh

Bei seinem Einkauf in der Eisenwarenhandlung erwähnt Andreas Gruber auch, dass nachts in seinem Stall eine Kuh „los" gewesen sein soll. In den Wintermonaten hält man die Rinder in „Anbindehaltung", das heißt, sie sind die ganze Zeit über im Stall festgemacht. Hat sich die Kuh von selbst losgerissen? Wurde sie losgebunden? Jahre vor den Ereignissen sind Räuber in der Gegend ähnlich vorgegangen: Sie locken so die Bauern in den Stall, um sie zu erschlagen.

Auch an dem Tag, an dem die Leichen der Hinterkaifecker gefunden werden, läuft ein Jungrind frei herum. Ob jemand es losgemacht hat, oder ob es sich von selbst befreit hat, wird nie geklärt.

Andreas Gruber sucht seinen Schlüssel

Mehrere Zeugen wollen gehört haben, dass Gruber seinen Haustürschlüssel vermisst. Angeblich hat er am 30. März Lorenz Schlittenbauer gegenüber erwähnt, dass der Schlüssel verloren gegangen sei. Schlittenbauer sagt später bei der Polizei aus, die Hinterkaifecker hätten nur *einen* Schlüssel besessen. Auch Viktoria soll erzählt haben, dass ihnen seit Tagen der Schlüssel fehle.

Am Nachmittag des 31. März' trifft die neue Magd in Hinterkaifeck ein. Maria Baumgartner ist geistig behindert, sie hat einen verkrüppelten Fuß und besitzt eine Invalidenkarte. Ihre Schwester Franziska Schäfer bringt Maria nach Hinterkaifeck. Am 1. April soll diese auf dem Gehöft ihren Dienst antreten. Beim Abschied klammert sich Maria an Franziskas Hand, will sie nicht loslassen. Spürt sie das Böse an diesem Ort?

Mordnacht

Im Protokoll des Oberamtsrichters Wiessner vom 4./5. April 1922 wird die Tatzeit auf den späten Abend des 31. März' festgelegt.

Entdeckt werden die schauerlichen Morde jedoch erst vier Tage später, am Dienstag, dem 4. April. In der Zwischenzeit geschehen in Hinterkaifeck merkwürdige Dinge. Vieles ist bis heute nicht genau geklärt …

Ein scheinbar verwaister Hof

In den zwanziger Jahren des 20. Jahrhunderts findet die Schule auch samstags statt. Am ersten April 1922 erscheint die kleine Cäzilia nicht in der Volksschule Waidhofen. Lehrer und Mitschüler glauben, sie sei erkrankt, denn Cilli fehlt häufig, und so kümmert man sich nicht weiter darum.

Kurz nach dem Mittag desselben Tages treffen die Brüder Hans und Eduard Schirovsky in Hinterkaifeck ein. Sie sind auf der Suche nach Käufern für den von ihnen vertriebenen Kaffee. Der Hof scheint verwaist, sie klopfen an die Fenster, schauen hindurch in die Küche und den Stall, rufen. Nur der Hofhund – ein als sehr wachsam beschriebener Spitz – bellt und die Rinder sind zu hören.

Bei ihrer Zeugenvernehmung am 5. April 1922 sagen die Brüder, dass alle Türen bis auf das Hexenholztor verschlossen waren. So verlassen sie das Gehöft und begeben sich unverrichteter Dinge zurück nach Gröbern, wo sie Georg Siegl – der ab und an als Knecht in Hinterkaifeck gearbeitet hat – und Lorenz Schlittenbauer von dem verwaisten Gehöft informieren. Es passiert: Nichts.

August Hueber, ein Oberst a. D., liebt die Jagd. Am 1. April ist er gemeinsam mit seinen Jagdfreunden Schottmeier und Weigel unterwegs. Sie kommen auf dem Weg zu einer Jagdhütte am Nachmittag auch in Hinterkaifeck vorbei. Hueber und Weigel wundern sich über die Ruhe auf dem Hof – kein Rauch steigt aus dem Schornstein, kein Huhn läuft herum und auch sonst sind weder Menschen noch Tiere zu sehen. Hueber findet das Gehöft wirke wie „ausgestorben". Dass alle Bewohner tot sind, ahnen sie nicht, Hueber, Schottmeier und Weigel ziehen weiter.

Im Backhaus brennt ein Feuer

Michael Plöckl, ein Zimmermann aus Gröbern, ist in den frühen Morgenstunden des 1. Aprils auf dem Weg von Gröbern über Kaifeck nach Waidhofen. Auch er macht am 5. April 1922 eine Aussage. Diese ist jedoch später nicht mehr aufzufinden, vielleicht wurden sie bei dem Brand des Justizgebäudes in Augsburg 1944 vernichtet. Sowohl der Staatsanwalt als auch mehrere Zeugen bestätigen jedoch die Beobachtungen von Michael Plöckl.

Als der Zimmermann in der Dunkelheit am Gehöft Hinterkaifeck vorbeigeht, glaubt er, im separat stehenden Backhäuschen ein Feuer zu sehen. Er bleibt stehen und schaut. In diesem Moment wird die Luke, aus der der Lichtschein dringt, geschlossen; ein großer Mann mit einer „elektrischen Taschenlampe" taucht auf und blendet ihn, ohne ein Wort zu sagen. Vielleicht spricht er nicht, damit Plöckl seine Stimme nicht erkennt?

Michael Plöckl fürchtet sich und setzt seinen Weg fort, während der Unbekannte in Richtung Gehöft geht.

Am Sonntag, dem 2. April erscheinen die Grubers, Viktoria und ihre Kinder nicht zum Gottesdienst. Das verwundert die Gemeinde zwar, doch auch jetzt scheint niemand Verdacht zu schöpfen.

Tag drei

Postbote Josef Mayer passiert Hinterkaifeck auf seinen Postgängen täglich, betritt das Gehöft jedoch nur montags, mittwochs und freitags. Da stellt er den Bewohnern das *Schrobenhauser Wochenblatt* zu. Meist steckt er die Zeitung an das Küchenfenster, dabei sieht er oft den kleinen Josef in seinem Kinderbettchen schaukeln, unterhält sich auch ab und zu mit Viktoria oder den Grubers. Am Freitag, dem 31. März, hat der Postbote Andreas Gruber das *Schrobenhauser Wochenblatt* am Brunnen hinter dem Haus persönlich übergeben, daran erinnert er sich noch gut.

Nun, am 3. April, kommt er morgens gegen halb neun wieder nach Hinterkaifeck. Doch dieses Mal trifft Josef Mayer niemanden und so steckt er die Zeitung wie schon öfters ans Küchenfenster. Ihm fällt beim Blick nach drinnen auf, dass die Küchentür halb geöffnet ist und der Kinderwagen nicht wie sonst in der Küche steht. Die Rinder im Stall brummen, wirken jedoch nicht auffällig unruhig. Von der Anwesenheit des Hofhundes bemerkt der Postbote nichts, jedoch kennt der Spitz ihn und verbellt ihn auch sonst nicht. Josef Mayer setzt seine Tour fort.

Tag vier: Dienstag, 4. April 1922

Gegen neun Uhr morgens erscheint Albert Hofner, ein Maschinenbauer, in Hinterkaifeck. Er will einen Benzinmotor reparieren. Ursprünglich hatte Hofner den Auftrag schon in der letzten Märzwoche erledigen wollen, dies jedoch wegen des schlechten Wetters – er ist mit dem Rad unterwegs – verschoben.

Bei seiner Ankunft findet Albert Hofner das Gartentor beim Stadel verschlossen und geht um das Haus herum. Die Eingangstür ist ebenfalls verschlossen und er schaut sowohl durch das Küchenfenster als auch durch das Stallfenster. Kein Mensch ist zu sehen.

Im Stall brüllen die Kühe, ein Hund bellt im Innern des Hauses. Hofner kümmert sich nicht darum. Der Hofbesitzer, so hat er gehört, sei ein Sonderling, der den ganzen Tag auf dem Feld bleibe und das Vieh sich selbst überlasse.

Der Monteur beschließt, zu warten, lehnt sein Rad an einen Baum und setzt sich darauf. Ab und an pfeift er, um auf sich aufmerksam zu machen. Als eine Stunde später noch immer niemand aufgetaucht ist, will Albert Hofner trotz der Abwesenheit der Bewohner seine Arbeit erledigen. Zum Glück ist das Tor zum Motorenhaus nur mit einem einfachen Vorhängeschloss gesichert, das sich leicht aufbiegen lässt – Hofner macht sich an die Arbeit. Viereinhalb Stunden dauert die Reparatur.

Um die Funktionsfähigkeit zu testen, wirft der Monteur den Motor an, hofft, durch die Geräusche die Hinterkaifecker endlich auf sich aufmerksam zu machen, doch wieder kommt niemand. Albert Hofner biegt das Schloss des Motorenhäuschens wieder zu und begibt sich zum Wohnbereich des Gehöftes auf der Südseite. Ihm fällt auf, dass das Tor zu Scheune sperrangelweit offen steht, er schaut von außen hinein, sieht aber nichts Ungewöhnliches.

Nun befindet sich der Hund außerhalb des Hauses, jemand hat ihn vor der Eingangstür angebunden, er bellt. Hofner schaut noch durch die beiden Fenster links und rechts der Tür, sieht aber auch hier niemanden und verlässt gegen halb drei den Hof.

Auf dem Weg zu seinem nächsten Kunden Blasius Lebmaier fährt er in Richtung Gröbern und trifft die beiden Töchter von Lorenz Schlittenbauer, Viktoria und Maria. Ihnen erzählt er von dem verwaisten Hof und dass er den Motor trotzdem repariert habe.

Bei Blasius Lebmaier angekommen, berichtet der Monteur auch hier davon, dass er in Hinterkaifeck niemanden angetroffen habe und bekommt zur Antwort, dass die Bewohner oft im Wald seien, um „Holz zu machen". Damit ist die Angelegenheit für ihn erledigt.

Etwas stimmt nicht in Hinterkaifeck

Bei Familie Schlittenbauer ist Vesperzeit. Viktoria und Maria erzählen dem Vater davon, dass der Monteur in Hinterkaifeck niemanden angetroffen hat. Nun fällt auch Schlittenbauers Frau wieder ein, dass am 1. April ein Kaffeehändler bei ihr gewesen ist, der von dem verwaisten Hof berichtet hat.

Lorenz Schlittenbauer, der Ortsführer von Gröbern, schickt seinen 16-jährigen Sohn Johann und den 9-jährigen Adoptivsohn Josef Dick los, um nach dem Rechten zu sehen. Sie sollen klopfen und durch die Fenster schauen und den Anwohnern sagen, dass der Monteur dagewesen sei.

Die Jungs kommen bald darauf zurück. Sie haben niemanden angetroffen, jedoch schreie das Vieh im Stall und sie haben zudem ein Winseln gehört.

Nun endlich macht sich Lorenz Schlittenbauer selbst auf den Weg. Er nimmt die Nachbarn Michael Pöll und Jakob Sigl sowie seine Söhne mit.

Schreckensfund im Stadel

In Hinterkaifeck angekommen, betreten die drei Männer das Gehöft durch das nicht verschlossene Hexenholztor und gehen dann durch den Scheunendurchgang. Schlittenbauers Söhne warten im Hof. Der Stadel, der sich an den

Scheunendurchgang anschließt, ist verschlossen, die Tür muss aufgebrochen werden.

Lorenz Schlittenbauer geht voran, sieht ein Rind, das durch die offene Stalltür schaut. Jemand muss es losgebunden haben. Im Stadel ist es dunkel, Heu liegt auf dem Boden, Schlittenbauer stolpert, kümmert sich jedoch seiner eigenen Aussage nach nicht weiter darum. Erst als Michael Pöll ihn darauf hinweist, dass dort etwas liegt, hebt Lorenz Schlittenbauer ein Brett an. Ein Fuß wird sichtbar.

Man zieht daran und die Leiche von Andreas Gruber kommt zum Vorschein. Nun wird das „Brett" entfernt, es entpuppt sich als schmale Holztür. Darunter kommen drei weitere Leichen zum Vorschein. Unter dem toten Andreas Gruber, der ursprünglich quer über ihnen auf dem Bauch gelegen hat, finden sich seine Frau Cäcilie und die Tochter Viktoria, die kleine Cilli liegt an der westlichen Wand zum Stadel.

Schlittenbauer packt den toten Andreas Gruber und trägt ihn beiseite, Cilli lehnt er etwa anderthalb Meter weiter an die Häckselmaschine. Von Michael Pöll und Jakob Sigl aufgefordert, nichts zu verändern, entgegnet er, er müsse sich alles genau anschauen.

Jakob Sigl und Michael Pöll verlassen schockiert vom Anblick der Leichen den Stadel und flüchten in den Hof. Schlittenbauer äußert, er wolle nach seinem Jungen sehen – damit meint er den kleinen Josef – und bleibt drinnen. Hat er keine Angst, dass der Täter noch im Haus sein könnte? Kurze Zeit darauf öffnet er die Eingangstür auf der Hofseite von innen, Sigl kann hören, wie der Schlüssel sich im Schloss dreht. Er habe gesteckt, sagt Schlittenbauer später.

Weitere Leichen

Sigl und Pöll folgen Schlittenbauer wieder nach drinnen, in die Wohnräume. Zuerst betreten sie die Küche. Auf dem Steinboden sind Blutflecken, am Fenster steckt die Zeitung, auf dem Herd steht eine Schüssel mit Brotsuppe. Neben der Küche in der Magdkammer liegt die nächste Leiche, vor dem Bett, mit dem Deckbett zugedeckt. Die Decke wird beiseite gezogen. Keiner kennt die Frau. Schließlich ist die neue Magd erst am Vortag angekommen. Maria Baumgartner hat noch nicht einmal ihren Rucksack ausgepackt.

Die Tote ist vollständig bekleidet, aus Nase und Mund ist Blut ausgetreten, auch unter ihr befindet sich eine große Blutlache, der Mörder hat ihr den Schädel eingeschlagen.

Erst jetzt gehen die Männer in das Zimmer von Viktoria Gabriel. Josefs Kinderwagen ist mit einem Unterrock verhüllt. Der Kleine liegt unter dem zusammengefallen Stoffdach, auf seinen Kopf wurde mit solcher Gewalt eingeschlagen, dass die rechte Schläfenseite zerschmettert ist, Blut, Knochenfragmente und Gehirnmasse kleben überall am Kinderwagen und an dessen Dach.

Lorenz Schlittenbauer begibt sich auf die Suche nach einer Kerze und zündet diese an. Dann fordert er Jakob Sigl

und Michael Pöll auf, ihm beim Füttern des Viehs zu helfen, doch die lehnen ab, nichts soll auf dem Hof verändert werden, bis die Gendarmerie kommt.

Schließlich machen sich Sigl und Pöll auf den Weg nach Gröbern, um die Gendarmerie zu informieren. Schlittenbauer bleibt. Er ist sehr rührig, füttert die Tiere, lässt zwei geschwächte Ferkel zu seinem Hof bringen, säubert den Stall, räumt auf.

Inzwischen treffen weitere Dorfbewohner auf dem Hof ein: Landwirt Andreas Schwaiger, Josef Schrittenlocher, der zeitweilig auf Hinterkaifeck ausgeholfen hat und Johann Freundl, der ebenfalls schon in Hinterkaifeck gearbeitet hat.

Lorenz Schlittenbauer begrüßt die drei, führt sie herum, zeigt ihnen die vier Toten im Stadel, die Magdkammer mit Maria Baumgartners Leiche und zum Schluss den toten Josef in seinem Kinderwagen. Noch während der „Besichtigung" erscheinen weitere Leute auf dem Hof, die grausige Mordtat hat sich wie ein Lauffeuer herumgesprochen. Schlittenbauer unternimmt nichts, um die Schaulustigen fernzuhalten. Ein weiterer Einwohner von Gröbern, der mit dem Rad gekommen ist, bringt Schlittenbauers Sohn Johann, der die ganze Zeit mit seinem Vater auf dem Hof gewesen ist, nach Wangen, um den Bürgermeister zu verständigen. Dieser benachrichtigt die Gendarmerie und fährt dann ebenfalls nach Hinterkaifeck. Gegen achtzehn Uhr treffen die Gendarmen ein, eine Viertelstunde später wird die Kriminalpolizei in München telefonisch verständigt.

Die Polizei aus Schrobenhausen sperrt den Tatort ab. Nun können die Neugierigen den Hof und die Gebäude nicht mehr betreten.

Die Kripo trifft ein

Oberamtsrichter Johann Konrad Wiessner aus Schrobenhausen untersucht mit seinen Kollegen den Tatort. Auch die beiden Gendarmen, die ab achtzehn Uhr auf dem Hof sind, befragen Zeugen und begutachten die Spuren.

Georg Greger, der Bürgermeister von Wangen führt die Gerichtskommission durch die Räume. Die Männer betreten den Gebäudekomplex über den Maschinenraum, durchqueren den Scheunendurchgang und gelangen in den Stadel, wo die Leichen von Andreas und Cäcilia Gruber, ihrer Tochter Viktoria und der Enkelin Cilli, zum Teil noch mit Heu bedeckt, liegen.

Nach der Auffindesituation befragt, teilt der Bürgermeister mit, dass Lorenz Schlittenbauer die Körper von Andreas Gruber und Cilli umgelagert hat.

Für eines der später angefertigten Fotos werden sie wieder so drapiert, wie Schlittenbauer, Sigl und Pöll sie aufgefunden haben.

Die Tür vom Stadel in den Stall ist sehr schmal, es passt immer nur eine Person hindurch. Die Gerichtskommission geht davon aus, dass alle vier Hofbewohner hier im Stadel ermordet wurden. Viel Blut befindet sich am Fundort der Leichen, es gibt jedoch keine Blutspuren vom Wohnbereich über den Stall bis zur Tür des Stadels.

Man nimmt an, dass der oder die Täter durch das Hexenholztor in den Maschinenraum und von dort aus in den Stadel gelangt sind. Auf irgendeine Weise haben sie dann einen Bewohner nach dem anderen durch den Stall bis durch die schmale Tür gelockt und erschlagen. Schreie aus dem Stadel sind im Wohnbereich nicht zu hören – der Richter lässt dies testen.

Aber warum hat sich keiner gewehrt? Keins der Opfer hatte Abwehrverletzungen. Kannten sie ihren Mörder und vertrauten ihm?

Nun begibt sich die Kommission weiter vom Futtergang im Stall in den Kellervorraum, von dort aus in die Küche und dann in die Magdkammer. Maria Baumgärtners Leiche liegt zusammengekrümmt in ihrem Blut auf dem Holzfußboden, der Kopf halb unter dem Bett verborgen, das Federbett, das sie ursprünglich bedeckte, hat Schlittenbauer beiseite gelegt.

Laut Gerichtskommission kam der kleine Josef als Letztes dran. Der oder die Täter – so nehmen die Ermittler an – sind nach der Ermordung der Magd zurück durch die Küche in Viktorias Schlafzimmer gegangen und haben mit immenser Wucht auf den Kinderwagen eingeschlagen.

Ob ihnen Geld oder Wertsachen in die Hände gefallen sind, kann die Kommission nicht feststellen. Fehlen doch momentan Angaben zu vorhandenen Wertgegenständen. Eine auf Viktorias Bett liegende Brieftasche ist leer – eventuell wurde sie geplündert. Es scheint, als haben der/die Mörder hier eine Weile herumgesucht. Später findet man Münzen, Gold- und Silbergeld, Pfandbriefe und Sparbücher – Raub war wohl nicht das Motiv.

Auch der Dachboden wird inspiziert. Hier liegen Heu und Stroh und es finden sich „Eindrücke", so als ob eine Per-

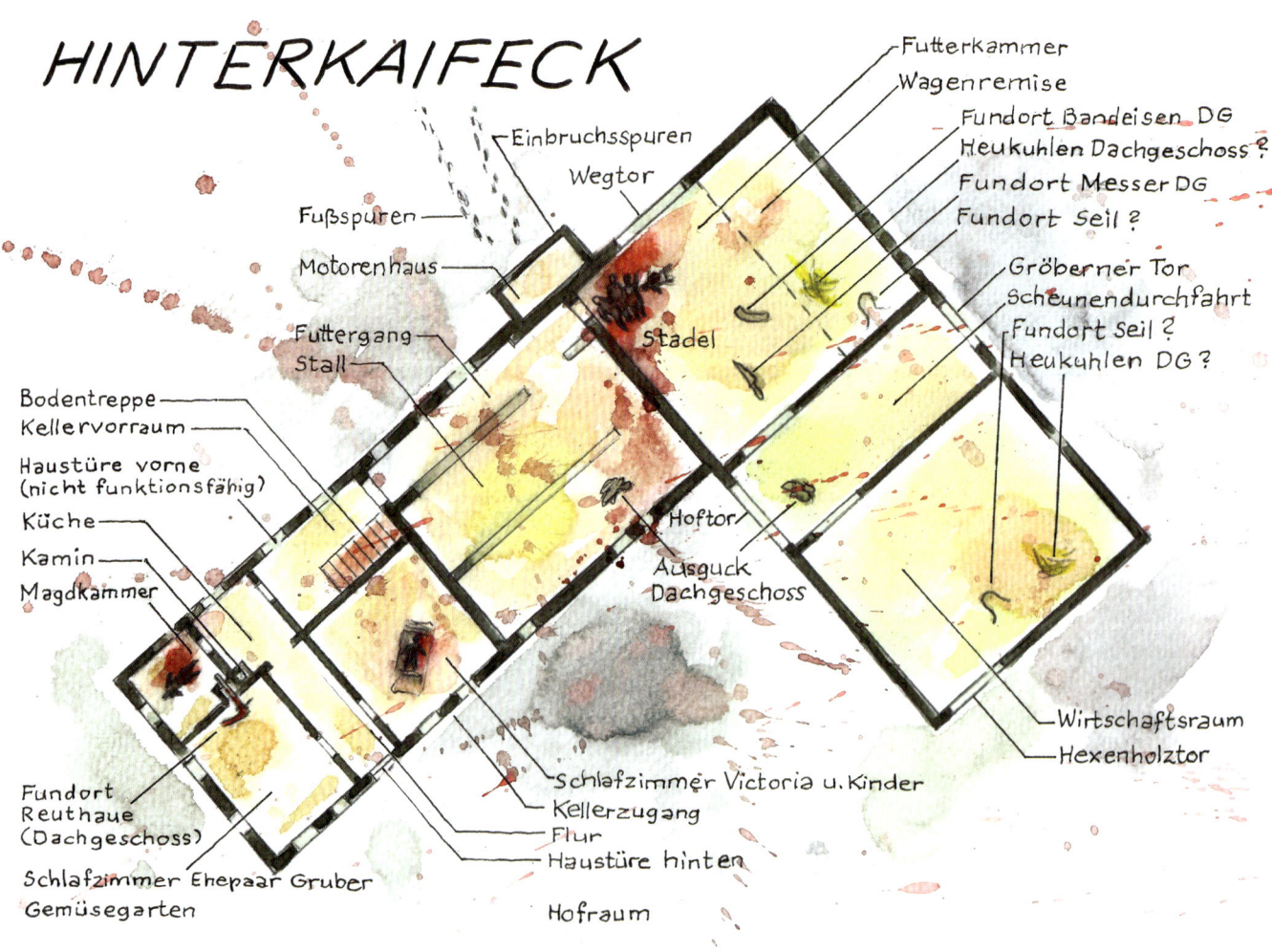

HINTERKAIFECK

Futterkammer
Wagenremise
Fundort Bandeisen DG
Heukuhlen Dachgeschoss?
Fundort Messer DG
Fundort Seil?

Gröberner Tor
Scheunendurchfahrt
Fundort Seil?
Heukuhlen DG?

Einbruchsspuren
Wegtor
Fußspuren
Motorenhaus
Futtergang
Stall
Stadel

Bodentreppe
Kellervorraum
Haustüre vorne (nicht funktionsfähig)
Küche
Kamin
Magdkammer

Hoftor
Ausguck Dachgeschoss

Wirtschaftsraum
Hexenholztor

Fundort Reuthaue (Dachgeschoss)
Schlafzimmer Ehepaar Gruber
Gemüsegarten

Schlafzimmer Victoria u. Kinder
Kellerzugang
Flur
Haustüre hinten
Hofraum

son länger dort gelegen hat. Oberhalb der Küche befindet sich die Räucherkammer. Von einem der dort aufgehängten Rauchfleischstücke ist die Hälfte weggeschnitten, so schreibt es Oberamtsrichter Konrad Wiessner in seinem Bericht. Auch Staatsanwalt Richard Pielmayer bemerkt das angeschnittene Ende. Ob weitere Stücke fehlen, kann später niemand sagen.

Im Stadel, nahe des Gröberner Tors, hängt ein fingerdickes Seil vom Dachboden herunter. Es ist so fest an einem Balken angebunden, dass es die Last eines Erwachsenen gut tragen kann. Eine schnelle Fluchtmöglichkeit?

Im Stall schließlich entdeckt die Gerichtskommission eine schwere Kreuzhacke, die so an den Futtertrog gelehnt ist, dass das Vieh sie ablecken kann, was es wohl auch getan hat. Dennoch sind noch rotbraune Flecken vorhanden, in denen die Männer Blut zu erkennen glauben.

Auch der Spitz ist noch da, er kauert im Stall, zittert, schnappt nach jedem, der ihn berühren will, sein rechtes Auge ist geschwollen, wahrscheinlich hat er einen Schlag auf den Kopf bekommen.

Die Gerichtskommission verlässt den Hof, wartet nicht auf das Eintreffen der Kriminalpolizei aus München. Nachtwachen werden eingeteilt, die den Tatort bewachen.

Gegen 1:30 Uhr kommen sechs Kripobeamte aus München beim Bürgermeister in Wangen an, darunter zwei Polizeihundeführer mit ihren Fährtenhunden. Gegen 5:30 Uhr machen sie sich auf den Weg, fahren mit dem Auto bis Gröbern und gehen von dort aus zu Fuß nach Hinterkaifeck.

Nur vier Fotos für sechs Leichen

In Hinterkaifeck angekommen, treffen die Kriminalpolizisten auf Lorenz Schlittenbauer. Kurz danach kommen auch die Kollegen der Gerichtskommission wieder auf den Hof und schließlich folgen zwei Staatsanwälte vom Landgericht Neuburg.

Erneut wird das gesamte Gehöft durchsucht. Die am Futtertrog gefundene Kreuzhacke nehmen die Münchner an sich, um sie im Labor kriminaltechnisch untersuchen zu lassen. Ob die Hacke als Tatwaffe benutzt wurde, kann später nicht mehr mit Sicherheit festgestellt werden, die Wahrscheinlichkeit ist aber eher gering, weil die Verletzungen der Opfer nicht zu dieser Hacke passen.

Sehr gründlich scheint die Kripo nicht vorgegangen zu sein …

Fast ein Jahr später findet der jetzige Besitzer des Gehöfts, Viktoria Gabriels Schwager, beim Abriss auf dem Dachboden eine blutige „Reuthaue", das ist eine Hacke zum Roden, die anschließend in München untersucht wird. Man entdeckt zwar keine Fingerabdrücke, jedoch Menschenblut und Haare, von denen einige menschlich, andere

von Hasen und Katzen sind. Die „Reuthaue" wird später als Tatwaffe angegeben.

Auch ein blutiges Bandeisen, so nennt man flaches Stahlband, wird erst beim Abriss, ebenfalls auf dem Dachboden, gefunden. Es könnte als Tatwaffe für die Ermordung der kleinen Cilli benutzt worden sein, denn bei ihr wird eine „breit klaffende, quer verlaufende Wunde am Hals" festgestellt, die nicht zu einer Hacke passt. Ob das Bandeisen untersucht und aufbewahrt wurde, ist nicht bekannt.

Andreas Biegleder ist Kriminalsekretär bei der Münchner Polizeidirektion, und für den Erkennungsdienst zuständig. Er fertigt die Tatortfotos an: zwei von den Leichen im Stadel, einmal so wie sie aufgefunden wurden, einmal so, wie sie von Schlittenbauer hingelegt wurden; eins von Maria Baumgartner in der Magdkammer, eins von Viktoria Gabriels Schlafzimmer mit dem Kinderwagen und schließlich eines vom Hof.

Das ist alles.

Fünf – noch dazu schlechte Fotos – für sechs Leichen und mindestens drei Fundorte.

In Internetforen werden diese Fotos auch heute noch diskutiert. Wurden sie bearbeitet, wurden Teile der Leichen abgedeckt, zum Beispiel der Kopf der Magd? Warum ist das Foto in Viktorias Schlafzimmer so verschwommen?

Die Polizei leistet sich weitere „Fehler" … Weder wird eine Tatortskizze angefertigt, noch sichert sie Fingerabdrücke.

Auch die Vernehmung der Zeugen scheint nicht besonders gründlich vorgenommen worden zu sein. So umfasst die Aussage von Maria Baumgartners Schwester nur 16 Zeilen. Da sie am Nachmittag vor den Morden vor Ort war, könnte sie Wichtiges beobachtet haben. Gefragt wird sie danach nicht.

Schlampig sind auch die Angaben zu Namen, Alter, Zeiten und Orten; die Örtlichkeiten werden nur nachlässig durchsucht. Keines der Rinder wird geschlachtet, um den Mageninhalt zu untersuchen – hier hätte man Indizien für ein Füttern finden können. Die Aussage des Monteurs nimmt man erst *drei* Jahre nach den Morden auf. Schlittenbauers Alibi wird gar nicht überprüft.

Am Vormittag des 5. Aprils vernimmt die Polizei zuerst die Auffindezeugen: Lorenz Schlittenbauer, Jakob Sigl und Michael Pöll, danach Franziska Schäfer, die Schwester der Magd; Cäzilia Starringer, Tochter von Cäcilia Gruber aus erster Ehe und Bernhard Gruber, den Bruder des ermordeten Andreas Gruber.

Die beiden Fährtenhunde suchen die Umgebung ab. Ergebnislos. Und so begeben sich die Münchner Ermittler schon am Nachmittag zurück nach Gröbern, von wo aus sie nach München abreisen. Ein paar Stunden scheinen zu reichen, um einen Sechsfachmord zu untersuchen. Am 6. April 1922 schreibt Kriminaloberinspektor Georg Reingruber in München ein Protokoll von gerade mal sieben Seiten.

Aufgrund der Auffindesituation rekonstruiert die Polizei den Tathergang wie folgt:

> Die Morde müssen in der Nacht vom
> 31.März auf den 1.April 1922 in den späte-
> ren Abendstunden begangen worden sein.
> Maria Baumgartners Schwester hat am
> 31. März gegen siebzehn Uhr dreißig das
> Gehöft verlassen – da lebten die Bewoh-
> ner noch. Am Küchenfenster fand sich die
> Zeitung vom 1. April – niemand hat sie
> hereingeholt, also müssen die Bewohner
> zu diesem Zeitpunkt tot gewesen sein. Die
> ungefähre Zeit für die Morde ergibt sich aus
> der Bekleidung der Opfer. Cilli trug nur ein
> Hemdchen, war also wahrscheinlich schon
> schlafen gegangen. Andreas Gruber trug
> Unterhose und -hemd, auch dies Anzeichen,
> dass er schlafen gehen wollte. Viktoria und
> ihre Mutter hingegen waren noch vollstän-
> dig bekleidet – hatten also vielleicht noch
> etwas zu tun. Maria Baumgartner hat
> man, ebenfalls noch komplett bekleidet, vor
> ihrem Bett niedergeschlagen. Vielleicht war
> sie gerade im Begriff gewesen, es für die
> Nacht herzurichten.
>   Weil Haustür und Fenster verschlossen
> waren, müssen die Täter das Gehöft auf
> demselben Weg verlassen haben, auf dem
> sie gekommen sind: über den Stadel und
> den Maschinenraum. Deswegen haben sie
> auf dem Rückweg auch die Tür über die
> vier Leichen im Stadel gelegt, um ungehin-
> dert darüber hinweg zu gelangen.

Am 5. April wird das Anwesen noch einmal durchsucht. Jetzt entdecken die Ermittler auf dem Dachboden an zwei verschiedenen Stellen des Daches zwei zurückgezogene Ziegel. Aufgrund der hellroten, unversehrten Farbe der darunterliegenden Ziegel schließt man, dass dies erst kürzlich erfolgt sein muss. Durch die so entstandenen Öffnungen kann man in den Hof hinunterschauen und die Bewohner und ihr Tun beobachten.

Am Schluss schneidet er ihnen die Köpfe ab

Am 6. April kommt Landgerichtsarzt Dr. Johann Baptist Aumüller mit dem Kanzleiassistenten Heinrich Ney nach Hinterkaifeck.

Dr. Aumüller schafft sich einen provisorischen Seziertisch, indem er eine Tür aushängen und auf zwei Holzböcke legen lässt. Hier – unter freiem Himmel – will er die Leichen nacheinander sezieren. Obwohl kein offizieller Bericht existiert, sind die Angaben zur Obduktion doch durch Zeugenaussagen und eine Telefonnotiz der Staatsanwaltschaft Neuburg/Donau vom 07.04.1922 belegt. Zuerst sind Cilli, Viktoria Gabriel und ihre Mutter Cäcilia dran.

Cäcilia Gruber trägt beim Auffinden noch ihre Alltagskleidung. Daher nehmen die Ermittler an, dass sie ermordet wurde, *bevor* sie sich zum Schlafengehen fertig gemacht hat. Der Landgerichtsarzt stellt fest, dass der 72-Jährigen insgesamt sieben Schläge auf den Kopf versetzt wurden, wobei die Schädeldecke „zersprungen" ist. Zudem ist das Gesicht rund um das rechte Auge „zerschlagen" und die alte Frau weist Würgemale auf.

Auch Viktoria Gabriel ist vollständig bekleidet, allerdings trägt sie keine Schuhe. Bei ihr hat der Mörder besonders brutal zugeschlagen. Ihre gesamte rechte Gesichtshälfte ist zertrümmert, ebenso die Schädeldecke, der Arzt gibt als Tatwaffe einen stumpfen Gegenstand an. Außerdem werden an der rechten Kopfseite neun kleine „sternförmige Wunden" festgestellt. An der später entdeckten Reuthaue steht auf der stumpfen Seite eine Schraube hervor, welche diese Wunden verursacht haben könnte.

Cäzilia Gabriel, die kleine „Cilli", weist vielfältige Verletzungen auf: eine quer verlaufende, klaffende Wunde am Hals, einen zertrümmerten Unterkiefer, eine kreisförmige Wunde neben der Nase. In den zusammengekrampften Fingern hält sie Haarbüschel – manche Zeitungen berichten später, sie habe sich diese vor Schmerzen selbst ausgerissen. Ihr gesamtes Gesicht ist blutverschmiert, am Hals zeigen sich blutige Fingerspuren, die sie beim Griff in die Wunde wohl selbst hinterlassen hat.

Cilli stirbt nicht sofort. Dr. Aumüller erklärt, dass das Kind noch einige Stunden gelebt haben muss und bei rechtzeitiger Entdeckung hätte gerettet werden können. Später wird es deswegen einen Streit zwischen den Erben geben, denn derjenige, der am längsten gelebt hat, erbt das Vermögen der vor ihm Verstorbenen. Das hieße, die Gabriels bekommen alles.

Nach der Sektion werden die Leichen zurück in den Stadel gebracht und dort „gelagert". Maria Baumgartner, Andreas Gruber und den kleinen Josef nimmt sich der Landgerichtsarzt erst am nächsten Tag vor.

Maria Baumgartner, die nur Stunden vor den Morden auf dem Hof angekommen ist, wurde durch einen gezielten Hieb auf den Kopf getötet. Der Gerichtsarzt stellt ein etwa vier Zentimeter tiefes Loch auf der rechten Schädelseite fest, das durch eine spitze Hacke verursacht worden sein könnte. Ihr Gesicht ist blutverkrustet. Genau wie beim kleinen Josef hat der Mörder hier nur ein- oder zweimal zugeschlagen. Das könnte an den Lichtverhältnissen im

Stadel gelegen haben – hier war es sehr dunkel, sodass er die Reuthaue mehrfach schwingen musste, um sein Ziel zu erreichen, aber auch ein besonderer Zorn auf Viktoria kommt infrage.

Auf Josef wurde eingeschlagen, während er in seinem Kinderwagen schlief. Dabei hat der Täter einen wuchtigen Schlag geführt, der das Dach des Kinderwagens zerstört und die ganze rechte Schläfenseite zerschmettert hat. Hirnmasse und Knochen spritzten in alle Richtungen. Danach wurde der Kinderwagen mit dem Rock abgedeckt.

Andreas Gruber scheint ebenso schnell „erledigt" gewesen zu sein. Mit wenigen Schlägen auf den Kopf wurden Gesicht und Auge zerschlagen, die Backenknochen liegen zum Teil frei, der Kopf ist blutverkrustet.

Landgerichtsarzt Dr. Aumüller fasst zusammen, dass alle Opfer durch Schläge auf den Kopf getötet worden sind, die mit einem stumpfen Gegenstand – nicht jedoch mit der gefundenen Kreuzhacke – ausgeführt wurden.

Nach Abschluss der Obduktion trennt der Arzt allen Opfern die Köpfe ab.

Anschließend werden die Schädel ins pathologische Institut der *Ludwig-Maximilians-Universität* nach München gebracht, um sie zu präparieren. Seit einigen Jahren wird dies von den Rechtsmedizinern als gute Möglichkeit betrachtet, auch später noch Erkenntnisse über Tatwaffe und Tatablauf zu gewinnen. Die Leichen werden ohne Kopf in die Särge gelegt.

Später verschwinden die Köpfe der sechs Opfer. In den Bombennächten des Zweiten Weltkriegs gehen sie verloren.

Die Fahndung läuft an

Am Samstag, dem 8. April 1922 werden die kopflosen Opfer in ihren Särgen von Hinterkaifeck nach Waidhofen gebracht, wo die Beerdigung stattfindet.

Das *Schrobenhausener Wochenblatt* schreibt am 11. April:

"(...) Ungemein zahlreich war die Zahl der Anteilnehmenden, die den Ermordeten ihr letztes Geleite geben wollten. Aus nah und fern waren wohl 3.000 Menschen herbeigeeilt. Es war ein erschütternder Anblick, als der Brückenwagen mit den sechs Särgen angefahren kam, begleitet von der gesamten Schuljugend. (...) Herr Pfr. Haas schilderte in ergreifenden Worten an der biblischen Erzählung von Kain und Abel, was der Mord in Gottes Augen Furchtbares sei, und wie nur ein Mensch, der keinen Funken Gottesglaube mehr im Herzen habe, zu einer solch furchtbaren Tat sich hinreißen lassen kann, da man selbst vor dem Mord unschuldiger Kinder nicht zurückschreckte. (...)"

Am gleichen Tag erscheinen auch die ersten Fahndungsplakate, denn noch hat die Polizei keine konkreten Erkenntnisse über mögliche Täter. Das Staatsministerium des Innern setzt eine Belohnung von 100.000 Mark aus.

Es gibt einen Fahndungsaufruf des Landgerichtes Neuburg an der Donau, einen des Bezirksamts Schrobenhausen, einen im *Bayrischen Polizeiblatt* und einen im *Schrobenhausener Amtsblatt.*

Erste Hinweise gehen ein – die Belohnung ist immens.

Hellseher am Werk

Auch vier Wochen nach den Morden hat die Polizei noch keine heiße Spur. Vielleicht können telepathisch veranlagte Menschen helfen ... Die Zusammenarbeit mit Hellsehern und Telepathen hat bei der deutschen Polizei eine fast hundertjährige Tradition und führt ab und an sogar zu – nicht erklärbaren – Ergebnissen.

Sicher kannten die Münchner Polizei und der Staatsanwalt Ferdinand Renner den berühmt gewordenen Fall der „Wahrträumerin" Minna Schmidt aus Frankfurt am Main. Als der damalige Oberbürgermeister von Herford von einem Spaziergang mit einem Kollegen in den Wäldern um Heidelberg nicht zurückkehrt, „sieht" Minna Schmidt den Fundort der Leichen. Und genau dort werden sie auch entdeckt.

Also beschließt man, auch im Fall Hinterkaifeck Hellseherinnen zur Aufklärung des Verbrechens einzusetzen.

Zwei telepathisch veranlagte „Medien", „Fräulein Bü und Fräulein Jü" – Fräulein Jü heißt in Wirklichkeit Helene Jürgens – dürfen sich am 3. Mai 1922 mit den Schädeln der Opfer befassen. Zugegen sind außerdem der Tierarzt und Parapsychologe Dr. Joseph Böhm, Kanzleiassistent Heinrich Ney, der mit Dr. Aumüller am Tatort war, Staatsanwalt Ferdinand Renner und der Polizeiinspektor Hans Arneth, der auch das Protokoll führt.

Zuerst bekommt Fräulein Bü den Schädel von Andreas Gruber – er ist eingepackt. Ihre Aussagen dazu sind bruchstückhaft und diffus, z.B. „Die Person ist hart", „eine männliche Gestalt (...) gibt sich heuchlerisch ...". Auch Fräulein Jü äußert sich, ab und an sprechen die beiden von zwei Tätern.

Über die Tatwaffe äußern sie: „etwas Langgestrecktes zum Schlagen, scheusslich, hat Schärfe, mehr breit, als schmal, nicht so spitz, breit, plump und doch Schärfe, ähnlich Beil messerartig ...".

Beim Lesen des Protokolls hat man das Gefühl, dass die beiden Frauen sehr aufgeregt sind, es wird beschrieben, dass sie hin und her laufen, auch mal auf dem Boden liegen, ekstatisch schreien, dann wieder fehlen ihnen die Worte. Letztendlich führt die Séance zu nichts. Weder ergibt sie genaue Hinweise auf den oder die Täter, noch auf die Begehung der Tat.

Tatwaffe: Reuthaue

Starke Emotionen sind schon seit jeher ein Motiv für Mord. Nicht umsonst listen schon die Sieben Todsünden auch Geiz/Habgier, Zorn/Jähzorn/Wut/Rachsucht und Neid/Eifersucht/Missgunst auf. Ein häufiges Motiv ist die Habgier. Aber auch Angst kann zum Töten verleiten: Existenzangst, Angst vor der Zukunft oder dem Verlassenwerden. Aus welchem Motiv aber wurden die Anwohner von Hinterkaifeck ermordet?

Nach den Morden bricht Hysterie aus. 100.000 Mark Belohnung verleiten so manchen, Bekannte oder Freunde der Tat zu verdächtigen. Schnell kristallisieren sich erste Hauptverdächtige heraus ...

Kein wirkliches Motiv:
Ein „geisteskranker" Bäcker

Kriminaloberinspektor Georg Reingruber aus München äußert schon bei seiner Ankunft am Tatort den Verdacht, der Bäcker Joseph Bärtl aus Geisenfeld könne die Taten begangen haben. Reingruber legt sich schnell auf einen Raubmord fest.

Umgehend lässt er einen Haftbefehl für Bärtl ausstellen. Der Verdächtige soll 1919 in einen Raubmord an einem Bauern in Ebenhausen beteiligt gewesen sein. Zur „Beobachtung seines Geisteszustandes" hatte man Joseph Bärtl in die Heil- und Pflegeanstalt Günzburg eingewiesen, von wo er im Juli 1921 flieht. Danach verschwindet Bärtl. Mehrfache Durchsuchungen der elterlichen Wohnung in Geisenfeld bleiben ergebnislos. Gerüchten zufolge ist er zur Fremdenlegion gegangen.

Trotz der landesweiten Fahndung wird Joseph Bärtl nicht gefunden und auch eine Tatbeteiligung kann ihm nie nachgewiesen werden.

Nach einer gerichtlichen Auseinandersetzung der elf Erben einigt man sich schließlich im Frühjahr 1923 außergerichtlich. Der Vater von Viktorias Mann, Karl Gabriel senior, bekommt den Hof und einen Großteil der Ländereien und beginnt bald darauf mit Verwandten und Nachbarn, das Gehöft abzureißen.

Auf dem Dachboden, über dem Schlafzimmer der Grubers, findet man gut versteckt unter Brettern und Heu eine blutbefleckte Hacke, eine sogenannte Reuthaue. Auch ein blutbeflecktes Bandeisen und ein rostiges Taschenmesser werden entdeckt, diese verschwinden jedoch später auf ungeklärte Weise.

Die Reuthaue wird nach München geschickt, Fingerabdrücke sollen gesichert und das anhaftende Blut untersucht werden. Obwohl das Blut als menschlich klassifiziert wird, führt die Hacke nicht zum Täter, sie kann zuerst niemandem zugeordnet werden.

Im Juli 1923 sagt der Wangener Georg Siegl aus, vor Jahren in Hinterkaifeck gearbeitet zu haben. Dabei habe er mitverfolgt, wie Andreas Gruber den Stiel der Reuthaue zurechtgeschnitzt und die Hacke dann mit zwei Eisenbändern und einer Schraube am Stiel befestigt habe.

Erst 1980 macht der Gröbener Andreas Schwaiger, der am Auffindetag mit auf dem Hof war, eine Aussage, in der er behauptet, die Reuthaue habe Lorenz Schlittenbauer gehört, dieser hätte es ihm selbst gegenüber zugegeben und behauptet, dass Gruber ihm diese gestohlen habe.

Jede Tat hat eine Vorgeschichte ...

Beweggründe für Verbrechen gibt es einige. Kriminalisten unterscheiden zwischen rationalen Tätern, die eiskalt planen und emotionalen Tätern, die von Gefühlen wie Eifersucht, Hass oder Neid geleitet werden.

Motiv: „mordet gern":
Adolf Gump:
„... habe neun Bauern getötet ..."

Adolf Gump wird 1889 in Karlskron in der Nähe von Hinterkaifeck geboren. Im Frühjahr 1919 schließt er sich dem *Freikorps Oberland* an, einer illegalen paramilitärischen Formation. Als 1921 in Oberschlesien Aufstände ausbrechen, zieht auch das *Freikorps Oberland* los. Es unterhält vor Ort eine Nachrichtenzentrale, bildet ein Mordkommando und begeht Entführungen und Fememorde.

Im November 1921 wird gegen Adolf Gump und drei weitere Verdächtige ein Strafverfahren am Landgericht Oppeln (heute Opole) eröffnet. Man wirft den Männern vor, neun Bauern ermordet und beraubt zu haben. Adolf

Gump flüchtet zurück nach Bayern. Seine Missetaten werden auch hier bekannt und so beschließt Kriminaloberinspektor Georg Reingruber, Gumps Alibi für den 30. und 31. März 1922 prüfen zu lassen. Am 9. April ergeht ein Fahndungsaufruf nach dem Verdächtigen.

Eine Beziehung zu Viktoria Gabriel wird ihm angedichtet, alternativ soll Hinterkaifeck als Waffenversteck für das Freikorps gedient haben. Nichts davon kann bewiesen werden und auch Adolf Gump bleibt fürs Erste verschollen – er zieht mit seiner Frau als Korbmacher durch die Gegend.

Von 1924 bis 1926 ist Gump in vier verschiedenen Polizeiblättern zur Fahndung ausgeschrieben. Im August 1926 wird er schließlich erwischt und ins Gefängnis nach Donauwörth gebracht, im Oktober kommt es zum Prozess. Wegen Urkundenfälschung und Betrugs verurteilt ihn das Gericht zu vier Monaten und drei Tagen Haft, seine Frau bekommt vier Monate und 15 Tage. Mit den Morden in Hinterkaifeck kann man ihn nicht in Verbindung bringen.

Mit 52 Jahren will Adolf Gump wieder zum Militär und wird 1942 beim Landesschützen-Bataillon nahe Würzburg eingezogen. 1944 stirbt er – die offizielle Todesursache lautet: Fahrradunfall.

Dr. Andreas Popp, Staatsanwalt beim Landgericht Augsburg, nimmt die Ermittlungen 1951 wieder auf und eröffnet ein Ermittlungsverfahren gegen Adolfs Bruder Anton Gump wegen Verdachts der Tatbeteiligung im Fall Hinterkaifeck. Der Staatsanwalt glaubt, die Brüder hätten die Taten gemeinsam verübt. Erneut finden zahlreiche Zeugenbefragungen statt, denn ein großer Teil der Akten von 1922 ist verbrannt.

Am 6. Mai 1952 wird Haftbefehl gegen Anton Gump ausgestellt, er wird in die Justizvollzugsanstalt Augsburg gebracht, doch schon Ende Mai wieder entlassen. Selbst wenn Adolf Gumps Bruder beteiligt gewesen ist: Die Taten von Hinterkaifeck sind verjährt. Damals beträgt die Verjährungsfrist für Mord gerade mal 20 Jahre, wenn sie nicht durch gerichtliche Ermittlungen unterbrochen wird.

Motiv: Eifersucht und Rache:
War es etwa Viktorias verstorbener Ehemann?

Nimmt man an, dass Karl Gabriel den Krieg doch überlebt hat und nun aus der Gefangenschaft heimkommt … Was muss er entdecken? Einen unehelichen zweieinhalbjährigen Sohn, dessen Vater Andreas Gruber, der Vater seiner Frau sein könnte. Würde er aus Eifersucht oder voller Zorn alle ermorden? Sogar seine eigene Tochter Cilli?

Viktoria hatte die meisten Verletzungen. Dies lässt auf eine Beziehungstat schließen.

Karl Gabriel fiel angeblich im Ersten Weltkrieg am 12. Dezember 1914. Man spekuliert, dass er stattdessen mit einem anderen Soldaten die Identität getauscht haben könnte. Dann sei er nach Hinterkaifeck zurückgekehrt, um sich zu rächen. Ende 1923 erkundigen sich die Ermittler beim Reichsarchiv nach Soldaten, die mit Karl Gabriel im Feld waren. Danach werden diese befragt. Alle bestätigen Gabriels Tod.

Auch die Idee, Viktorias Ehemann könne gegenüber den Kameraden mit dem Vermögen der Familie geprahlt haben, und ein anderer Soldat habe sich nach dem Krieg aufgemacht, sie zu berauben, wird schnell wieder verworfen.

Karl Gabriels Leiche wird nie gefunden. Jahrelang verfolgt die Polizei Spuren, die zur französischen Fremdenlegion führen – Fremdenlegionäre können problemlos andere Namen annehmen – doch auch hier gibt es keine Anhaltspunkte, dass Viktorias Mann noch lebt, geschweige denn die Morde begangen hat.

1951 gräbt ein Autor im *Donau-Kurier* die Theorie wieder aus. Ein vermeintlicher Zeuge, der in Russland einen ominösen Mann getroffen haben will, welcher Karl Gabriel gewesen sein soll, widerruft kurz darauf.

Motiv Eifersucht:
War es etwa Viktorias Vater?

Andreas Gruber galt als Tyrann. Brutal beherrscht er die Familie, vergewaltigt seine Tochter. Als Lorenz Schlittenbauer Viktoria den Hof macht, droht Gruber die Kontrolle über die Tochter zu entgleiten. Er dreht durch, ermordet Frau, Tochter, Enkelkinder und die Magd mit der Reuthaue und versteckt die Mordwaffe dann auf dem Dachboden. Übung im Zuschlagen mit der schweren Hacke hat Gruber, das ist unstrittig.

Er könnte es auch gewesen sein, der in den Tagen nach den Morden das Vieh fütterte und den Hund los- und wieder anband.

Wieso ist der vermeintliche Mörder dann aber selbst tot? Ist er am Futtertrog in die Kreuzhacke gestürzt und hat sich halbtot in den Stadel geschleppt? Aber wer hat dann nach Grubers Ableben die Tür auf ihn und die anderen Leichen im Stadel gelegt?

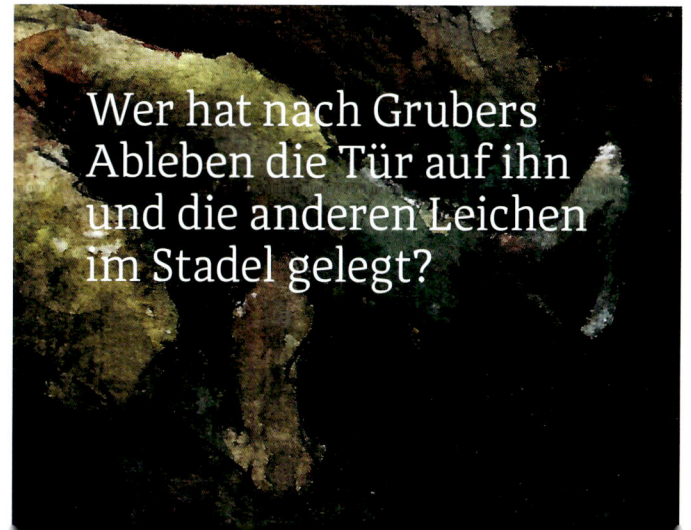

Wer hat nach Grubers Ableben die Tür auf ihn und die anderen Leichen im Stadel gelegt?

Motiv Geldgier:
Vom Sohn angezinkt: Wendelin Kaspar

Wendelin Kaspars Sohn Andreas heiratet im Mai 1922. Vor den Morden in Hinterkaifeck beginnt das Ehepaar mit dem Bau eines Hauses, muss jedoch aus Geldmangel damit aufhören. Der Vater der Braut will ein Darlehen aufnehmen, braucht dies jedoch auf einmal nicht mehr. Im April 1922 geht der Bau plötzlich weiter. Zudem bezahlen Kaspar Wendelin und der Brautvater die Handwerker nun mit Goldmünzen.

Am 30. Oktober wird eine Anzeige bei der Polizei aufgegeben: Andreas Kaspar streitet mit seinem Vater Wendelin. Sie liefern sich sogar eine Schießerei. Später soll Andreas unter Zeugen geäußert haben, dass seinem Vater der „Kopf weg" komme oder er „zum Zuchthaus überhaupt nicht mehr heraus" käme, falls er das Maul aufmache. Hat er damit die Morde in Hinterkaifeck gemeint?

Kein wirkliches Motiv:
Ein Schweinehirt

Im Januar 1935 erscheint eine junge Frau bei der Polizei. Maria Pfleger will ihren Vater anzeigen. Aufgeregt gibt sie zu Protokoll, dass Josef Pfleger der Mörder von Hinterkaifeck sei.

Angeblich hat der Vater ihr dies erst vor zwei Wochen erzählt und sie um Verschwiegenheit gebeten. Die Morde habe er mit einem Komplizen begangen, dieser sei jedoch bereits seit zwei Jahren tot. Josef Pfleger und sein Kompagnon hätten auf dem Dachboden im Heu gelegen, das Vieh gefüttert und gemolken.

Es ergeht Haftbefehl, Pfleger wird festgenommen und kommt ins Gefängnis nach Schrobenhausen. Doch erstens leugnet er hartnäckig und zweitens werden keine Beweise für die Beschuldigung der Tochter gefunden. Deshalb wird Josef Pfleger im Februar 1935 aus Mangel an Beweisen wieder entlassen.

Welchen Grund hatte Maria Pfleger, ihren Vater anzuzeigen? Rache für erlittene Kränkungen? Niemand weiß es …

Motiv Rachsucht und Geldgier:
Karl Gabriels Familie

Viktorias Ehemann Karl war in seiner Ehe nicht glücklich. Hat er die hübsche junge Frau etwa nur wegen ihres Besitzes geheiratet? Schon ein halbes Jahr nach der Hochzeit muss er in den Krieg, kurz darauf fällt er. Nach seinem Tod beantragt Viktoria Gabriel rasch den Erbschein und Witwenrente, und ihre Mutter soll geäußert haben, dass nunmehr die Scheidung „schon da" sei.

Für Karls Verwandte stellt sich die Hochzeit mit Viktoria im Nachhinein als Verlustgeschäft heraus. Statt Ländereien, Geld und Pfandbriefe zu besitzen, müssen sie nun für Karls Tochter zahlen. Dazu bringt die Witwe noch ein uneheliches Kind zur Welt, womöglich vom eigenen Vater. Welche Schande!

Karl Gabriel hat fünf Brüder. Wollten sie ihn rächen?

Motiv Rachsucht und Geldgier:
Viktorias Halbbruder

Martin Asam ist der Sohn von Cäcilia Gruber aus erster Ehe. Nach dem Tod seines Vaters 1885 erbt Martins Mutter den gesamten Besitz und wahrscheinlich ist dies der Grund, dass Andreas Gruber die deutlich ältere Frau geheiratet hat.

1914 überschreiben die Grubers alles an Viktoria, Martin Asams Halbschwester. Er selbst geht fast leer aus, erhält lediglich ein „Muttergut", einen Anteil am Erbe, von 100 Mark. Seine Schwester Cäzilia Starringer bekommt 685 Mark.

Martin Asam wohnt bis zu seiner Einberufung im Mai 1915 in Hinterkaifeck. Sicher ist es nicht leicht, der Halbschwester und den Grubers jeden Tag zu begegnen und zu wissen, dass alles ihr gehörte.

Die Theorie vom rachsüchtigen Halbbruder wird jedoch hinfällig, wenn man weiß, dass Martin Asam 1916 im Krieg fiel. Es sei denn, sein Tod war eine Fehlmeldung und er kehrte nach Hinterkaifeck zurück. Warum rächte er sich dann aber erst 1922?

Verschmähte Liebe und Rachsucht:
Ortsführer Lorenz Schlittenbauer

Lorenz Schlittenbauer kennt die Familie in Hinterkaifeck Zeit seines Lebens. Als Ortsführer genießt er hohes Ansehen, man glaubt das, was er sagt. Die Schlittenbauers sind vermögend, haben einen eigenen Hof und Land.

Am 4. April 1922 findet er gemeinsam mit Michael Pöll und Jakob Sigl die Leichen der Hinterkaifecker. Einen Tag später macht er seine erste Aussage. Schlittenbauer äußert, dass Familie Gruber etwa 100.000 Mark Bargeld sowie Pfandbriefe besaß, er jedoch keine Ahnung habe, wo diese hinterlegt waren. Er gibt an, dass er sich zu Viktorias „außerehelichem Kind" bekannt habe.

Sein Hin und Her bei der Anerkennung der Vaterschaft erklärt Schlittenbauer nicht. Ob seine Zweifel berechtigt waren, und der kleine Josef doch Andreas Grubers Sohn ist, wird nie geklärt.

Als Schlittenbauers erste Frau 1918 stirbt, beginnt er eigenen Angaben zufolge schon zwei Wochen später ein Verhältnis mit Viktoria Gabriel. Angeblich habe sie ihm Avancen gemacht und ihn gebeten, mit ihrem Vater über eine Hochzeit zu reden. Obwohl Lorenz Schlittenbauer von der Verurteilung wegen Blutschande weiß, scheint ihn das nicht zu stören. 1931 sagt er dazu, er habe Viktoria nach der Heirat auf den „rechten Weg führen wollen".

Die Hochzeitspläne scheitern. Der vermeintliche Bräutigam behauptet später, Viktorias Vater habe die Hochzeit verhindert.

Ging das Verhältnis weiter?

Am 7. September 1919 kommt der kleine Josef zur Welt. Unehelich. Ist Lorenz Schlittenbauer der Vater? Ist es Andreas Gruber? Hat Viktoria Lorenz verführt, um einen Vater für ihr Kind zu haben? Sei es wie es sei, schon drei Tage nach Josefs Geburt zeigt Schlittenbauer Viktoria und ihren Vater wegen Blutschande an. Dann nimmt er die Anzeige wieder zurück.

Angeblich – so Schlittenbauer in einer Aussage – hat Viktoria ihn in der Zwischenzeit dazu gebracht, die Vaterschaft anzuerkennen, und ihm 2.000 Mark und Wertpapiere im Wert von 3.000 Mark gegeben. Danach zahlt Schlittenbauer 1.800 Mark an Viktoria, eine Form von Alimenten und gibt laut Aussage das restliche Geld zurück.

Doch plötzlich überlegt er es sich wieder anders und zeigt Gruber und Viktoria erneut an. Was ist in der Zwischenzeit geschehen?

1920 werden Andreas Gruber und Viktoria Gabriel freigesprochen. Sie ist über Schlittenbauers Verhalten so verärgert, dass sie angeblich nicht mehr mit ihm redet. Schlittenbauer behauptet, Viktoria habe ihm ein Schreiben gegeben, in dem sie ihn von allen Pflichten dem kleinen Josef gegenüber freispricht.

1926 brennt es bei Lorenz Schlittenbauer. Dabei soll auch Viktorias Schreiben vernichtet worden sein. Die Versicherung begleicht den Brandschaden.

Einer der Auffindezeugen, Jakob Sigl, findet manches an Schlittenbauers Verhalten verdächtig. So soll dieser am 4.

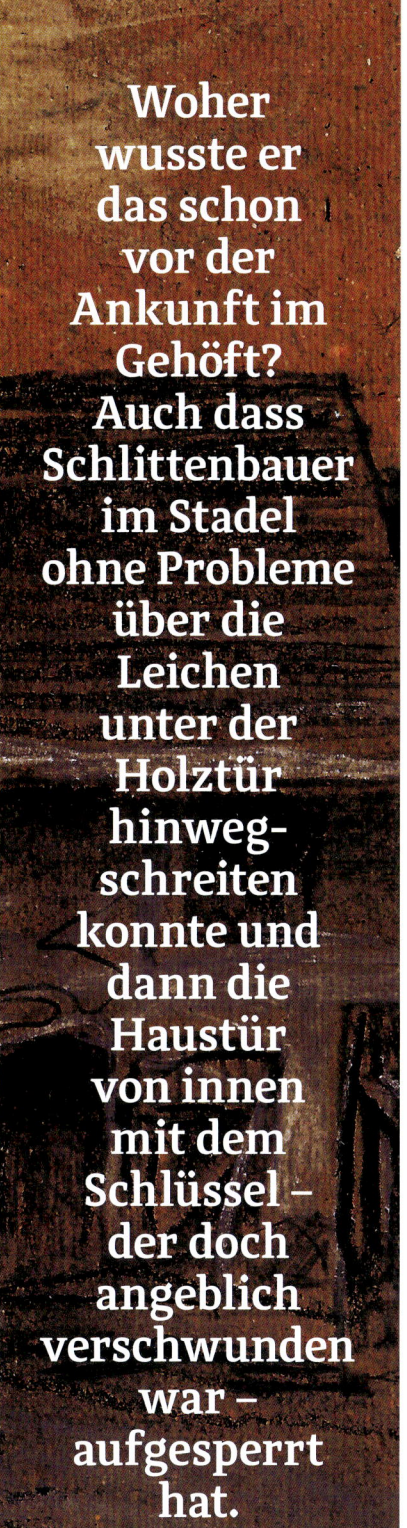

Woher wusste er das schon vor der Ankunft im Gehöft? Auch dass Schlittenbauer im Stadel ohne Probleme über die Leichen unter der Holztür hinwegschreiten konnte und dann die Haustür von innen mit dem Schlüssel – der doch angeblich verschwunden war – aufgesperrt hat.

April auf dem Weg nach Hinterkaifeck zu Sigl und Pöll gesagt haben, in Kaifeck hätte man „alle erschlagen". Woher wusste er das schon vor der Ankunft im Gehöft? Auch dass Schlittenbauer im Stadel ohne Probleme über die Leichen unter der Holztür hinwegschreiten konnte und dann die Haustür von innen mit dem Schlüssel – der doch angeblich verschwunden war – aufgesperrt hat, führt zu Jakob Sigls öffentlicher Aussage, Lorenz Schlittenbauer sei der „Kaifecker Mörder".

Dieser zeigt ihn wegen Rufmordes und Verleumdung an, eine „Sühneverhandlung" findet statt. Michael Pöll, der zweite Auffindezeuge wird nicht angeklagt, angeblich hatte Schlittenbauer Angst vor ihm. Jakob Sigl wird zur Zahlung von 40 Mark verurteilt.

Im Januar 1926 lässt Lorenz Schlittenbauer eine „Öffentliche Warnung" herausgeben, in der er jedem Klage androht, der das Gerücht verbreitet, er sei bei dem Mord in Hinterkaifeck beteiligt gewesen.

Dennoch …

Obwohl der Staatsanwalt Richard Pielmayer 1926 in seiner abschließenden Zusammenfassung schreibt, dass für einen Verdacht gegen Schlittenbauer „jeglicher Beweggrund" fehle und seine Persönlichkeit „zwingend" dagegen spräche, ist der Ortsführer noch nicht aus dem Schneider.

Über die Jahre hinweg gerät er wieder und wieder in den Fokus der Ermittlungen, verschiedene Personen verdächtigen ihn der Morde, finden sein Verhalten am Tatort merkwürdig oder wissen von dem verschwundenen Schlüssel.

Die Polizei nimmt sich schließlich der Vorwürfe an und legt parallel zur Hauptakte eine „Sonderakte Schlittenbauer" an. Zeugen werden noch einmal befragt, Fakten gesammelt.

Wenzeslaus Bley, ein Schreiner, sagt, er sei 1924 in Gröbern im Wirtshaus gewesen, als Lorenz Schlittenbauer hinzugekommen sei. Man sei dann auch auf die Morde in Hinterkaifeck zu sprechen gekommen. Bley und der Wirt äußern, dass es bei sechs Morden wohl mehrere Täter gewesen sein müssen. Lorenz Schlittenbauer antwortet ihnen: „Ja woher doch, das war ganz leicht, da hab ich g'wart bis eine nach dem anderen kommen is' und hab's niedergschlagn." Auf die Fußspuren zweier Männer im Schnee angesprochen, die zwar zum Gehöft hin, aber nicht wieder zurückgeführt hätten, soll er gesagt haben: „Da bin ich vorwärts nei und arschlinks raus".

Die Sonderakte wird im September 1930 an die Polizeidirektion München zur Einsicht übersandt. Man bittet aufgrund der Unersetzlichkeit um Rücksendung mit Einschreiben. Ob und wann dies geschieht, ist nicht bekannt, die „Sonderakte Schlittenbauer" verschwindet, heute weiß man davon nur aufgrund von Querverweisen.

Ende März 1931 wird Lorenz Schlittenbauer in München verhört. Man konfrontiert ihn mit den Aussagen einiger Zeugen, dass er in den Tagen vor den Morden und in der Tatnacht nicht zu Hause gewesen sei, sondern auf „Heuwache", angeblich um Heudiebe auf frischer Tat zu erwischen. Schlittenbauer bestreitet dies, die Polizei glaubt ihm.

Auch seine Beurteilung der Morde „Ich sag's ganz offen, die Leute waren nicht gut, da hat der Herrgott schon die rechte Hand am rechten Platz gehabt", macht niemanden stutzig. Wie kann jemand den Mord an einem unschuldigen, zweijährigen Kind gutheißen?

Lorenz Schlittenbauer stirbt im Mai 1941. Angeklagt wurde er nie.

Profiler nehmen sich der Sache an

Jahre gehen ins Land, Jahrzehnte.

Wieder und wieder taucht der mysteriöse Mordfall in den Medien auf, Zeitungen berichten darüber, Fernsehsendungen und Dokumentationen greifen ihn auf, Filme werden gedreht, Bücher geschrieben.

Noch lebende Zeitzeugen weigern sich beharrlich, über die grausigen Morde zu sprechen, in den Orten Gröbern und Waidhofen verstummt man, sobald Reporter auftauchen.

> Würgen ist ein Hinweis auf eine Beziehungstat.

> Warum sollte ein Fremder die Leichen nach der Tat abdecken?

> Raubmord schließen die Kriminalbeamten aus.

> Es muss eine Beziehungstat gewesen sein.

> „Ein Name wird immer im Zusammenhang mit diesem mehrfachen Mord in unseren Köpfen auftauchen."

Sogar Fallanalytiker – in den USA „Profiler" genannt – befassen sich mit dem Mysterium Hinterkaifeck. 2005 bespricht sich der Hauptkommissar der Abteilung für „Operative Fallanalyse für Tötungs- und Sexualdelikte", Klaus Wiest am Münchner Polizeipräsidium mit seinem Kollegen Konrad Müller-Thumann. Seit den 70er Jahren hat Müller-Thumann sich mit dem Fall Hinterkaifeck befasst, noch lebende Zeugen befragt und Material zusammengetragen.

Wiest verfasst ein Gutachten. „Alles deutet auf persönliche Motive hin", stellt er darin fest. Für ihn steht Viktoria Gabriel im Fokus, alles geschah wegen ihr.

Viktoria ist neben ihrer Mutter die Einzige, die Würgemale am Hals aufweist. Würgen – so wissen die Fallanalytiker – ist oft ein Hinweis auf eine Beziehungstat. Die gravierenden Verletzungen, die Vielzahl der Schläge und die Würgespuren deuten darauf hin, dass der Hass des Täters auf die junge Frau besonders groß gewesen sein muss. Das lässt an einen enttäuschten Liebhaber denken.

Und warum sollte ein Fremder die Leichen nach der Tat abdecken? Er kannte die Personen nicht, ihre Gesichter sind ihm egal. Jemand, der die Toten jedoch persönlich kennt, fühlt sich nach den Morden fast immer unwohl, manch ein Mörder glaubt, die Toten beobachteten ihn, andere haben plötzlich Schuldgefühle und wollen die Tat so ungeschehen machen. „Undoing" nennt das der Profiler, ein Verhaltensmuster, mit dem der Täter versucht, das Verbrechen symbolisch aufzuheben. Alle sechs Hinterkaifecker waren bedeckt: die vier im Stadel mit Heu und der Holztür, Maria Baumgartner mit dem Deckbett und über Josefs Kinderwagen hatte der Mörder einen Unterrock gelegt. Für einen unbekannten Täter, der möglichst schnell verschwinden will, ein unnötiger Zeitaufwand.

Ungeklärt ist bis heute auch, weshalb der Mörder die Entdeckung der Taten hinauszögern wollte. Welcher Fremde hätte ein Interesse daran, vor Ort zu bleiben und tagelang das Vieh zu versorgen?

2007 befassen sich an der *Fachhochschule für Verwaltung und Recht* in Fürstenfeldbruck 15 angehende Kriminalbeamte mit dem Fall. In ihrer 188 Seiten starken Studienabschlussarbeit gehen sie der Frage nach, ob es mit heutigen Methoden möglich wäre, die Morde aufzuklären. Ihre Abschlussarbeit kann im Internet auf den Seiten von hinterkaifeck.net eingesehen werden.

Zuerst schildern sie den Fall, die Vorgeschichte, die Tat, Ermittlungen, Erbe, Tatwerkzeuge, dann werden die Schlüsselpersonen vorgestellt. Nach einem Kapitel über das bäuerliche Leben kommen die Studenten auf die Ermittlungsfehler der damaligen Beamten zu sprechen.

Am Ende gibt es ein Fazit.

Raubmord schließen die Kriminalbeamten aus. Leicht zu findende Geldbeträge und reichlich Schmuck sind noch an Ort und Stelle. Es muss eine Beziehungstat gewesen sein. Doch: Originalmaterial, das man zu Ermittlungen heranziehen könnte, gibt es nicht mehr. Bei einem Bombenangriff im Zweiten Weltkrieg wird das Justizgebäude in Augsburg zerstört, die Köpfe der Opfer gehen ebenso verloren wie viele Akten.

Besonders beeindruckt sind die angehenden Kriminalbeamten davon, dass Zeitzeugen noch immer Angst vor eventuellen Nachkommen des Täters haben. Sie fragen sich, wer solche Macht auf eine große Anzahl von Menschen ausüben konnte und so „abgebrüht und eiskalt" war, Jahrzehnte mit dem Wissen um die Tat weiterzuleben.

Am Schluss schreiben sie:

„Erstaunlich war über die Zeit der Projektarbeit nur eines zu beobachten: Nach kurzer Zeit der Einarbeitung in den Fall stand unabhängig von den einzelnen Mitgliedern der Gruppe schnell fest, wer der wahre Täter gewesen sein muss. Zu vieles spricht für ihn, fast nichts gegen ihn. Angefangen von Ermittlungspannen, beharrlicher Ausschluss als Hauptverdächtiger, nicht nachvollziehbare Handlungen des ermittelten Staatsanwaltes und auch vorhandene Ortskenntnisse, um nur einige zu nennen. Ob der Täter alleine handelte oder noch einen Mittäter oder Gehilfen hatte, ändert nichts an der Ausführung der Tat und der Person des Täters. Ein Name wird immer im Zusammenhang mit diesem mehrfachen Mord von Hinterkaifeck in unseren Köpfen auftauchen."

Nennen wollen sie den Namen nicht. Datenschutzgesetze, eine moralische und ethische Verpflichtung gegenüber den Nachkommen verbieten dies.

»Hier spricht der Zodiac!«

Der Tierkreis-Mörder aus Kalifornien

**E**r wurde nie gefasst.

Zodiac.

Sein Symbol: ein Kreis mit einem Kreuz in der Mitte.

Ende der 1960er-Jahre tötet er mindestens fünf Menschen in Kalifornien. Vier codierte Botschaften verschickt der Mörder. Nur die erste wird dechiffriert: von zwei Laien. Bis heute gelang es niemandem, die restlichen Nachrichten zu entschlüsseln.

Geheimnisse, Bekennerschreiben, Codes. Zodiac inspirierte Schriftsteller, Filmregisseure, Kryptologen und Verschwörungstheoretiker. Viele, die sich näher mit dem Fall befassen, unterliegen der Entschlüsselungs-Obsession ...

Zodiac – Tierkreis

ZODIAC, LATEINISCH *ZODIACUS* – der Kreis der Tiere.
Heute versteht man darunter eine etwa 20 Grad breite
Zone um die scheinbare Sonnenbahn, die Ekliptik.

In der Astrologie hingegen sind mit „Zodiak" die zwölf Tierkreiszeichen gemeint, die mit dem Widder beginnen und mit dem Zeichen der Fische enden. Dahinter verbergen sich zwölf Abschnitte von jeweils 30°, die die Ekliptik teilen. Sie wurden schon in der Antike verwendet.

„Zodiac" – diesen Namen gab sich der Serienmörder, der zwischen Dezember 1968 und Oktober 1969 im Raum San Francisco fünf Menschen ermordete. Mindestens 37 weitere Morde schreibt er sich selbst zu.

Seine Opfer sind meist junge Paare, er lauert ihnen in der *San Francisco Bay Area* auf, mit Schüssen und Messerstichen quält er besonders die Frauen. Danach treibt er Spielchen mit Polizei und Medien, schreibt Bekennerbriefe, foppt die Presse – und entkommt.

Zwei Verliebte gehen miteinander aus

she won't
die.
this time
someone'll find her.
just wait till
next time.

»Desktop-Poem« s. S. 108

Es ist kalt in Kalifornien im Dezember 1968, das Thermometer zeigt Minusgrade. Doch das stört David Faraday nicht. Der Siebzehnjährige ist seit zwei Wochen verliebt. Betty Lou Jensen – ein hübsches Mädchen mit langen dunklen Haaren, und er haben sich bei einer kirchlichen Veranstaltung kennengelernt. Nun will David mit Betty ausgehen und macht sich fein: braune Cordhose, langärmeliges, hellblaues Hemd, darüber einen beigen Sportmantel und beige Stiefeletten. Das braune Haar hat er ordentlich gekämmt, am Finger prangt der Ring seiner Highschool. Am Abend des 20. Dezembers 1968 kommt David zu Bettys Elternhaus in Benicia, einer kleinen nordkalifornischen Stadt, um seine Freundin abzuholen.

Betty Lou hat sich ebenfalls herausgeputzt. Es ist ihr erstes richtiges Date, und sie möchte schön sein. Das zierliche Mädchen mit den glatten braunen Haaren trägt ein lilafarbenes Minikleid mit weißem Kragen und darüber einen weißen Mantel.

Kurz nach 20:00 Uhr fährt David vor; das Auto, einen beigefarbenen viertürigen *Rambler American Kombi,* hat sich der junge Mann von seiner Mutter geliehen. Er verspricht den Jensens, Betty Lou spätestens um 23:00 Uhr zurückzubringen. Dann brausen die beiden davon.

David und Betty Lou können ihr Versprechen nicht halten. Die Eltern sehen sie nie wieder.

Obwohl die beiden Teenager ursprünglich vorhatten, ein Weihnachtskonzert an der *Hogan High School* zu besuchen,

ändern sie ihre Pläne und schauen bei Betty Lous Freundin Sharon vorbei. Nach kurzer Zeit – Sharon begleitet die beiden noch hinaus, hat aber keine Ahnung, wohin sie nun wollen – verabschieden sie sich. Wie später bekannt wird, fahren David und Betty Lou zu einem Restaurant in Vallejo, wo sie etwas essen. Danach ist noch etwas Zeit bis David seine Freundin zurückbringen muss…

Lake Herman, ein kleiner See nahe Benicia, ist ein beliebter Treffpunkt für Verliebte. Hier gibt es, genau wie an vielen anderen Orten der USA, eine sogenannte *lovers lane* – einen Treffpunkt entlang der abgelegenen Straße, zu dem Liebespaare mit dem Auto fahren.

Kurz nach 22:15 Uhr fährt ein Mann die *Lake Herman* Road entlang. In einer Parknische sieht er im Licht der Scheinwerfer einen hellen Kombi, darin zwei Personen. Ihm ist klar, was die beiden dort machen und er fährt weiter. Ein weiterer Fahrer sieht etwas später an der gleichen Stelle zwei Wagen nebeneinander parken. Etwas Ungewöhnliches fällt ihm nicht auf.

Kurz nach 23:00 Uhr kommt noch ein Auto vorbei. Doch nun ist die Situation gar nicht mehr romantisch. Der Fahrer sieht den *Rambler Kombi* an der Wegkreuzung und entdeckt daneben die leblosen Körper von zwei Teenagern. Patronenhülsen liegen auf dem Asphalt, vor dem hellen Kombi findet sich eine große Blutlache.

David Faraday wurde mit einem Kopfschuss getötet. Betty Lou Jensen liegt außerhalb des Autos auf dem Weg, sie hat versucht, vor dem Mörder zu fliehen. Fünfmal hat er dem Mädchen in den Rücken geschossen. Auch in das Auto haben Kugeln eingeschlagen, eine Seitenscheibe ist zertrümmert, im Metall gibt es Einschusslöcher.

Aufgrund der Spuren am Tatort rekonstruiert die Polizei den Tathergang wie folgt: Als sich der Fremde dem Auto nähert, verschließen David und Betty Lou Türen und Fenster. Um an sie heranzukommen, schießt der Mörder durch das hintere Beifahrerfenster, danach geht er um den *Rambler* herum, feuert in den Radkasten. Diesen Moment nutzen die beiden Teenager, um auf der Beifahrerseite auszusteigen, zuerst Betty Lou, dann David. Der Mörder ist ihnen jedoch bereits gefolgt. Aus nächster Nähe schießt er David in den Kopf, die Wunde hinter dem linken Ohr weist Schmauchspuren auf.

Betty Lou ist inzwischen in Richtung Straße gerannt, doch sie kommt nicht weit. Nach wenigen Metern wird sie von fünf Schüssen in den Rücken getroffen. Danach fährt der Mörder seelenruhig von dannen.

Als die Polizei am Tatort eintrifft, ist Betty Lou Jensen bereits tot. David Faraday weist trotz der schweren Kopfverletzung noch einen schwachen Puls auf, doch die Ärzte können ihn nicht mehr retten. Er stirbt auf dem Weg ins Krankenhaus.

Eine Erklärung für den Doppelmord kann die Polizei nicht geben. Womöglich war es eine Beziehungstat? Man konzentriert sich auf das unmittelbare Umfeld der Opfer.

Als Verdächtige fassen die Ermittler zuerst einen lokalen Drogendealer ins Auge, den David Faraday angeblich wegen Rauschgifthandels an der Highschool anzeigen wollte, doch der Verdacht erhärtet sich nicht.

Zeugen berichten, Betty Lou habe sich in den Wochen vor ihrem Tod beobachtet gefühlt. Jemand sei ihr auf dem Schulweg gefolgt, zu Hause habe das Gartentor, das in der Nähe ihres Zimmers liegt, mehrfach offen gestanden. So gerät ein Nachbarsjunge ins Visier, der ein Auge auf Betty Lou geworfen hatte, doch der kann ein Alibi vorweisen. Und so geht die Polizei davon aus, dass die beiden Teenager Opfer einer willkürlichen, sinnlosen Gewalttat geworden sind. Im Sommer 1969 werden die Ermittlungen eingestellt.

Bloß ein bisschen reden …

Die Lake Herman Road, an der der gleichnamige See liegt, mündet im Nordwesten nahe Vallejo in den *Columbus Parkway,* der durch einen idyllischen Park, den *Blue Rock Springs,* führt. Lockere Baumbestände, Wiesen, Teiche, ein Golfplatz – hierher zieht es junge Leute in der Freizeit. Aber auch abends trifft man sich. Liebespaare kommen mit ihren Autos, parken an Weggabelungen oder unter Bäumen, um ein bisschen Privatsphäre zu genießen.

Darlene Ferrin ist 22 Jahre alt, wirkt jedoch mit ihrer Zahnspange deutlich jünger. Trotz ihres Alters ist die schlanke zierliche Frau schon zum zweiten Mal verheiratet. Mit Mann und Tochter lebt sie in Vallejo, arbeitet als Kellnerin. Auf den wenigen Fotos trägt sie ihr Haar hochtoupiert oder mit Stirnband gebändigt.

Am 4. Juli 1969, dem amerikanischen Unabhängigkeitstag, verabredet sich Darlene mit einem Freund zu einem Kinobesuch in San Francisco. Michael Renault Mageau ist knapp drei Jahre jünger und lebt allein. Darlene holt Michael zu Hause ab. Anscheinend glaubt der junge Mann, bald wiederzukommen, denn er lässt das Licht an und verschließt die Tür nicht.

Statt ins Kino fahren die beiden jedoch in den *Blue Rock Springs*-Park …

Auf einem Parkplatz am nördlichen Ende des Parks stellt Darlene Ferrin ihren *Chevrolet Corvair* ab, dann unterhalten sie sich. Ein weiteres Auto kommt hinzu, die Insassen zünden Feuerwerkskörper zu Ehren des Unabhängigkeitstages an. Dann fahren sie wieder ab.

Kurz danach erscheint ein weiterer Wagen, parkt hinter Darlenes *Chevrolet.* Einen Augenblick später fährt das Auto davon, um nur wenige Minuten darauf wiederzukommen. Der Fahrer stellt seinen Wagen so ab, dass Darlenes *Chevrolet* blockiert wird.

Dieses Mal steigt der Mann am Steuer aus, nähert sich dem *Chevrolet,* blendet Darlene und Michael mit einer Ta-schenlampe. Die zwei jungen Leute glauben, es mit einem Polizisten zu tun zu haben und zücken ihre Ausweise, doch sie irren sich.

Nur Sekunden später steht der Unbekannte neben dem offenen Beifahrerfenster, spricht kein Wort, blendet Michael und richtet eine Waffe auf ihn. Schüsse peitschen durch die Dunkelheit, treffen Darlene und ihren Freund. In dem Glauben, sein mörderisches Werk vollendet zu haben, entfernt sich der Mann, doch Michaels Schreie lassen ihn innehalten. Während Michael versucht, sich auf den Rücksitz zu retten, kehrt der Mörder zum Auto zurück und feuert vier weitere Kugeln ab.

Dann fährt er davon.

Darlene Ferrin stirbt an ihren Schusswunden. Michael Mageau hat Wunden im Bein, im Nacken und im Kiefer – doch er lebt. Eine Kugel ist durch seine Wange eingetreten, hat die Zunge verletzt, Blut läuft ihm über das Gesicht, er kriecht schwerverletzt aus dem Auto. Sein Glück ist, dass in diesem Moment drei Teenager auf den Parkplatz fahren. Obwohl er sich nur schwer verständlich machen kann, verdeutlicht Michael ihnen, dass sich im *Chevrolet* eine angeschossene Frau befindet. Sofort fahren die Jungs zum Haus eines Freundes, alarmieren die Polizei. Kurz nach den ersten Beamten trifft auch der Rettungswagen ein. Um 0:38 Uhr wird Darlene Ferrin für tot erklärt. Michael Mageau ist nicht in der Lage, die Fragen der Polizisten zu beantworten. Zu schwer sind seine Verletzungen, er steht unter Schock.

Der Killer ruft an

Nicht einmal eine Stunde später erhält die Polizei von Vallejo einen Anruf. Der Mann spricht mit leiser monotoner Stimme, die klingt, als würde er etwas ablesen.

> »Ich möchte einen Mord melden – nein, einen Doppelmord. Sie sind zwei Meilen nördlich des Hauptteils des Parks. Wenn Sie zum Columbus Parkway fahren, werden Sie Jugendliche *[1] in einem Auto finden. Sie wurden mit einer Neun-Millimeter-Luger erschossen. Ich habe auch die Jugendlichen letztes Jahr getötet. Auf Wiedersehen.«

[1] Zodiac nennt sie „kids"

Später stellt man fest, dass der Anrufer eine Telefonzelle nur wenige Blocks vom Polizeirevier Vallejo entfernt benutzt hat. Hatte er gar keine Angst, beobachtet zu werden?

Erst am nächsten Tag, nachdem Michael Mageau operiert wurde und aus der Narkose erwacht ist, kann er aussagen. Er beschreibt den Täter als mittelgroßen Weißen, von stämmiger Statur, mit rundem Gesicht und hellbraunen, lockigen Haaren. Bei den Fotografien möglicher Verdächtiger kann Mageau jedoch niemanden als den Killer identifizieren.

Ein Zusammenhang mit den Morden an David Faraday und Betty Lou Jensen ein halbes Jahr vorher wird nicht hergestellt, obwohl die Tatorte nur knapp sieben Kilometer entfernt liegen, die Opfer aus der gleichen Gegend stammen und Darlene Ferrin zudem die gleiche High School wie Betty Lou Jensen besucht hat. Auch dem ominösen Anruf misst niemand so recht Bedeutung zu. Probleme mit der Zuständigkeit verhindern, dass die Ermittler sich absprechen: im Fall Betty Lou Jensen/David Faraday ist der Sheriff von *Solano County* zuständig, bei Darlene Ferrin/Michael Mageau die Stadtpolizei von Vallejo.

Die Ermittlungen der Polizei laufen ins Leere. Darlenes Ehemann Dean gerät zwar kurzfristig unter Verdacht, doch er kann ein wasserdichtes Alibi vorweisen: Zum Zeitpunkt der Morde hat er in einem Restaurant gearbeitet. Auch Darlenes Ex-Mann James Crabtree hat nichts mit der Tat zu tun.

Dass niemand die Zusammenhänge zwischen den Morden erkennt, muss den Zodiac maßlos geärgert haben. Er will Aufmerksamkeit, giert nach Neuigkeiten. Und so greift er zu einem dramatischen Schritt.

„Z 408"

Freitag, 1. August 1969: Redaktionskonferenz beim *San Francisco Chronicle.* Ein handgeschriebener Brief vom 31. Juli trifft ein.

> »Liebe Redakteure: Ich bin der Killer der Teenager am *Lake Herman* (...) Um zu beweisen, dass ich der Mörder bin, werde ich einige Fakten nennen, die nur mir und der Polizei bekannt sind.«

Der anonyme Autor bekennt, sowohl die Morde an Betty Lou Jensen und David Faraday als auch den an Darlene Ferrin begangen zu haben. Der Verfasser hat Täterwissen, liefert eine Liste von Details zu den Morden und Opfern. Außerdem droht der Absender damit, weitere Morde zu begehen, wenn sein Schreiben nicht auf der Titelseite der Zeitung veröffentlicht wird.

Beigefügt ist eine codierte Nachricht. Acht Zeilen mit je 17 Buchstaben, Symbolen, geometrischen Zeichen. Am Schluss: Ein Kreis mit einem Kreuz: Es steht für den Tierkreis.

Am Ende seiner Nachricht schreibt der Unbekannte, der codierte Abschnitt sei Teil eines Ganzen und dass er die anderen beiden Teile an den *San Francisco Examiner* und den *Vallejo Times-Herald* geschickt hat. Die wortgleichen Botschaften treffen am gleichen Tag bei den genannten Zeitungen ein. Jedoch ist der codierte Teil jeweils ein anderer, obwohl er genau wie die Chiffre, die der *Chronicle* erhalten hat, aus je acht Zeilen mit je 17 Zeichen besteht.

17-mal acht Symbole.
Dreimal 136.
408.

Bis heute wird der erste Code des Zodiacs als "Z 408" geführt.

Nachdem die Zeitungen feststellen, dass die ihnen übersandten codierten Teile zusammengehören, beginnt das Rätselraten: Welches ist Teil eins? Welches der Schluss? Was enthält die verschlüsselte Nachricht für Geheimnisse?

Um weitere Morde zu verhindern, entschließen sich alle drei Zeitungen, der Forderung nachzukommen und die Nachricht samt aller drei Codes zu veröffentlichen. *Chronicle* und *Times-Herald* drucken beides schon am darauffolgenden Samstag, der *Examiner* einen Tag darauf in der Sonntagsausgabe.

Zeitgleich beginnen NSA und CIA, sich mit der verschlüsselten Nachricht zu befassen. Dechiffrierexperten versuchen, den Code zu knacken, doch es will ihnen nicht gelingen. Auch zahlreiche Leser der drei Zeitschriften machen sich ans Werk.

... hier spricht der Zodiac

Die Polizei zeigt sich nach außen hin skeptisch, ob das Schreiben tatsächlich authentisch ist. Will sie den Täter provozieren, mehr von sich preiszugeben? Und tatsächlich: Es funktioniert. Bereits am 4. August 1969 trifft beim *San Francisco Examiner* ein weiteres Schreiben ein. Zum ersten Mal nennt der Killer den Namen, den er sich selbst verliehen hat: Zodiac.

> Zum ersten Mal nennt der Killer den Namen, den er sich selbst verliehen hat: Zodiac.

Der erste Satz lautet:

> »Dear editor this is the Zodiac speaking.«

Am Ende des Schreibens findet sich wieder das Tierkreis-Symbol, darunter die Wörter „NO ADRESS".

Der Killer verspottet Polizei und Presse. Er fragt, ob sie eine schöne Zeit mit der Nachricht haben und prophezeit, dass sie ihn fangen werden, wenn sie den Code knacken. Eine Lüge, wie sich später herausstellen wird.

Dann beschreibt der selbsternannte Zodiac, wie er Darlene Ferrin und Michael Mageau überfallen hat. Michael, der ursprünglich auf dem Vordersitz saß, habe sich beim ersten Knall zurückgeworfen und ihm so den Schuss „verdorben". Auf dem Rücksitz hätte er dann herumgestrampelt und Zodiac habe ihn ins Knie geschossen. Auch zu den Morden an David Faraday und Betty Lou Jensen im Dezember 1968 äußert er sich. Dass die Zeitungen geschrieben haben, es sei in jener Nacht sehr hell gewesen, sodass er gut habe zielen können, scheint ihn geärgert zu haben, denn er widerlegt diese Aussage und schreibt, er habe eine kleine Taschenlampe am Lauf der Waffe befestigt. Zum Schluss tut er kund, er sei nicht gerade glücklich darüber, es nicht auf die Titelseite der Zeitung geschafft zu haben.

„I like killing people…"

Donald Gene Harden ist 41 Jahre alt und arbeitet als Geschichtslehrer an der *Salinas High School.* Am Sonntag, dem 3. August 1969, hat er Zeit, ausgiebig Zeitung zu lesen. Im *San Francisco Chronicle* findet er ein Foto mit mysteriösen Zeichen. Unter der Überschrift „Die verschlüsselte Nachricht des Mörders" steht seine Botschaft: „Ich will, dass Sie diesen Geheimtext auf der Titelseite Ihrer Zeitung abdrucken. In dem Text ist meine Identität verborgen. Wenn Sie ihn nicht abdrucken, werde ich eine Mordserie starten."

Donald liebt Kreuzworträtsel. Seine Neugier ist geweckt. Und zufällig findet sich in seiner Bibliothek ein Standardwerk der Kryptologie: „Secret And Urgent – The Story Of Codes And Ciphers" von Fletcher Pratt. Donald Harden legt los.

Im Englischen ist das **E** der häufigste Buchstabe, gefolgt von **T, A, O, N, I** und **R.** Bei einem einfachen Code, bei dem jeder Buchstabe durch ein Symbol ersetzt wird, müsste das häufigste Symbol demnach dem „E" entsprechen. Doch so leicht macht es der Zodiac den Lesern natürlich nicht.

Zuerst zählt Donald die verschiedenen Zeichen. Es sind 52. Das englische Alphabet hat 26 Buchstaben, das heißt, es liegt kein einfacher Ersetzungs- oder Substitutionscode (s. S. 61) vor. Der Lehrer greift zu seinem Kryptologiebuch. Vielleicht handelt es sich um einen „homophonen Code"?

Die homophone Verschlüsselung gibt es schon seit dem 17. Jahrhundert. Hier werden einzelne Buchstaben durch mehrere, manchmal unterschiedliche Symbole ersetzt. Verschiedene Geheimzeichen können zur Verschlüsselung des gleichen Buchstabens eingesetzt werden. Eine einfache Häufigkeitsauszählung bringt also nichts.

Verbissen testet Donald weitere Chiffriermöglichkeiten, doch er findet keine Lösung. Inzwischen ist seine Frau Bettye auf sein Tun aufmerksam geworden. Schnell ist auch sie von der Botschaft des Mörders fasziniert und beteiligt sich an der Entschlüsselung. Irgendwann wird es Donald zuviel, er geht schlafen. Bettye Harden macht weiter. Am nächsten Morgen sitzt sie noch immer am Tisch, vor sich das Kryptogramm. Donalds Frau hat sich verrannt. Sie will nichts essen, nicht schlafen. Sie kocht kein Essen für Tochter Leslie und Donald, vernachlässigt den Haushalt. Es gibt nur noch die Chiffre.

Nach zwei Tagen wird es Donald zuviel. Er beschließt, sich zu seiner Frau zu setzen und mit ihr gemeinsam einen letzten Versuch zu unternehmen. Danach soll sie mit dem Entschlüsseln aufhören.

Plötzlich kommt Bettye eine Idee. Der Mörder will Aufmerksamkeit um jeden Preis, er ist ein Egomane. Was liegt da näher, als anzunehmen, dass er das Wort „ich" besonders oft benutzt? Zudem muss in dem Schreiben etwas vom Töten – kill – stehen. Also sucht Bettye nach doppelt vorkommenden Zeichen, die für das „ll" in „kill" stehen. Die Symbole davor müssen dann „i" und „k" sein. So unglaublich es scheint – dies bringt die Lösung.

I LIKE KILLING PEOPLE – so beginnt der verschlüsselte Text. Nach diesem Durchbruch ist auch der Rest recht schnell gelöst.

Ich töte gern Menschen, weil es so viel Spaß macht. Es macht mehr Spaß, als Wild im Wald zu töten, denn der Mensch ist das gefährlichste Tier von allen. Jemand zu töten, ist die aufregendste Erfahrung, besser noch, als einen Höhepunkt mit einem Mädchen zu haben. Das Beste daran ist, wenn ich gestorben bin, werde ich im Paradies wiedergeboren und alle, die ich getötet habe, werden meine Sklaven sein. Ich werde euch meinen Namen nicht geben, denn ihr werdet versuchen, mein Sammeln von Sklaven für das Jenseits zu verlangsamen oder zu verhindern.
EBEORIETEMETHHPITI

Der Verfasser hat ein paar Rechtschreibfehler eingebaut – mit Absicht? Angesichts der Fallen im Text ist das anzunehmen. Fünfzehnmal taucht das „Q" auf, es soll wohl für das „E" gehalten werden. Für das „E" jedoch hat er gleich sieben verschiedene Zeichen verwendet.

Die letzte Zeile ergibt keinen Sinn – sind es sinnlose Buchstaben? Oder handelt es sich um ein Anagramm? Niemand weiß es.

Am 6. August 1969 informiert Donald Harden den *San Francisco Chronicle,* dass er den Code geknackt hat, doch man nimmt ihn nicht ernst. Zu viele solcher Anrufe sind seit der Veröffentlichung eingegangen. Donald schickt die Lösung mit der Post. Am nächsten Tag meldet sich das FBI bei ihm.

Das Lehrerehepaar wird über Nacht berühmt, Reporter belagern das Haus, berichten über Donald und Bettye, die beiden Laien, die FBI und NSA überlegen waren. Doch der Ruhm verwandelt sich in einen Fluch. Bettye – bei der später eine manisch-depressive Persönlichkeitsstörung diagnostiziert wird – fürchtet sich vor der Rache des Killers. Sie verschanzt sich zu Hause, bringt Donald dazu, sich zu

bewaffnen, verbarrikadiert Fenster und Türen und verbietet der Presse, Fotos von der Familie zu veröffentlichen, damit der Mörder sie nicht identifizieren und sich rächen kann. Aber *will* dieser sich überhaupt für die Decodierung rächen? Wollte er nicht genau das erreichen? Dass man seine Nachricht kennt und ihn ernst nimmt?

Den Hardens passiert nichts. Außer, dass Donald später selbst in Verdacht gerät, der Zodiac zu sein.

Leider führt die decodierte Nachricht nicht zum Täter. Und sie hindert ihn auch nicht daran, weiterzumorden …

Der Killer kehrt zurück

Wochen vergehen. Keine Spur vom Liebespaar-Mörder. Bis Ende September 1969.

Cecelia Ann Shepard und Bryan Hartnell studieren am *Pacific Union College.* Am 27. September 1969 unternimmt das Paar einen Ausflug zum nahe gelegenen *Lake Berryessa,* einem Stausee in *Napa County* im US-Bundesstaat Kalifornien. Am See gibt es eine lauschige Halbinsel, die nur über eine schmale Landzunge mit dem Ufer verbunden ist – ein idyllischer Ort für zwei Verliebte.

Bryan parkt seinen weißen *Karmann Ghia* an der Landstraße, dann laufen die beiden zu der Halbinsel. Niemand anderes ist dort. Sie sind ungestört. Doch das soll nicht so bleiben.

Kurz nach 18:00 Uhr bemerkt Cecelia auf dem Hang vor der Halbinsel einen Mann, der sie zu beobachten scheint. Als sie Bryan auf den Fremden aufmerksam macht, verschwindet dieser hinter einer Baumgruppe. Es dauert jedoch nicht lange, dann taucht er wieder auf: mit einer schwarzen Henkerskapuze, die bis über die Schultern hängt, darüber eine aufgesteckte Sonnenbrille. Auf der Brust befindet sich das Zodiac-Logo.

Der Vermummte zückt eine Waffe und geht auf Cecelia und Bryan zu, wobei er behauptet, ein geflohener Sträfling aus Montana zu sein, der Geld brauche. Bryan Hartnell will seine Brieftasche hergeben, doch das Ganze ist nur eine Finte. Statt das Geld zu nehmen, zieht der Fremde eine Wäscheleine hervor und zwingt Cecelia mit vorgehaltener Waffe, ihren Freund zu fesseln. Danach fesselt er sie und zieht ein Messer mit 30 Zentimeter langer Klinge hervor. Cecelia bekommt zehn Stiche ab, Bryan – der sich tot stellt – sechs.

Damit dieses Mal auch wirklich keine Zweifel an seiner Täterschaft aufkommen, hinterlässt der Zodiac eine unmissverständliche Botschaft. Auf die Beifahrertür des *Karmann Ghias* malt er sein Tierkreiszeichen-Symbol, schreibt darunter „Vallejo" dann folgen zwei Zahlenreihen: 12-20-68 und 7-4-69 – die Daten der Überfälle auf David Faraday und Betty Lou Jensen sowie Darlene Ferrin und Michael Mageau. Darunter steht „Sept 27-69-6:30 by knife".

Genau wie bei Darlene Ferrin und Michael Mageau im Juli ruft der Zodiac kurz nach dem Angriff am *Lake Berryessa* bei der Polizei in Napa an. Dieses Mal soll die Tat gleich entdeckt und ihm zugeschrieben werden. Die Beamten eilen zu der Telefonzelle in der Innenstadt von Napa, aber der Mörder ist längst über alle Berge. Man sichert Fingerabdrücke, aber sind sie wirklich vom Zodiac?

Wie durch ein Wunder überstehen Cecelia Ann Shepard und Bryan Hartnell zuerst den Messerangriff. Cecelia jedoch ist so schwer verletzt, dass sie kurz darauf im Krankenhaus stirbt. Bryan hingegen überlebt und kann Tathergang und Täter beschreiben. Seine Angaben zum Mörder ähneln denen, die Michael Mageau abgegeben hat – ein kräftiger Mann von etwa 110 bis 125 Kilogramm, ungefähr 1,80 Meter groß. Unter der Kapuze waren braune Haare sichtbar.

In der Nähe des Autos findet die Polizei einen Schuhabdruck eines Militärstiefels in Größe 41,5. Anhand der Tiefe der Eindrücke kann auf das Gewicht des Trägers geschlossen werden: etwa 110 Kilogramm.

Doch all diese Angaben bringen nichts. Nichts führt zum Mörder, nichts ergibt eine heiße Spur. Und deshalb macht der Zodiac einfach weiter.

Nur *ein* Schuss

Presidio Heights in San Francisco ist ein ehemaliger Militärstützpunkt an der Spitze der Halbinsel, direkt am *Golden Gate.* Die malerische Gegend inspirierte unter anderem Alfred Hitchcock: 1958 wählte er das *Presidio* als Schauplatz für seinen Film *Vertigo – Aus dem Reich der Toten.*

Samstagabend, 11. Oktober 1969: Der Taxifahrer Paul Lee Stine fährt auf der Suche nach Kundschaft durch die Innenstadt von San Francisco. Restaurants, Bars, Diskotheken: Rund um den *Union Square* tobt der Bär. Gegen 21:30 Uhr winkt an der Ecke Mason Street/Geary Street ein potentieller Fahrgast. Er möchte nach *Presidio Heights.*

Stine fährt los. An der Kreuzung Washington Street/Cherry Street hält er, will den Fahrgast aussteigen lassen. Doch der hat anderes im Sinn. Vom Rücksitz aus legt er seinen linken Arm um Paul Stines Hals, und presst ihm gleichzeitig eine Pistole an die rechte Gesichtshälfte, dann drückt er ab. Ein einziger Schuss. Die Patrone zersplittert im Schädel des Taxifahrers in vier Teile, Stine erliegt noch im Auto seinen Verletzungen.

Statt zu flüchten, steigt der Mörder aus, öffnet die Fahrertür und durchsucht das Opfer. Brieftasche und Schlüssel nimmt er an sich, dann reißt er ein langes schmales Stück vom blutdurchtränkten Hemd des Taxifahrers ab, steckt es ein. Nun säubert er noch den Innenraum des Autos, wischt auch die Tür und den Griff außen ab. Dennoch werden später einige blutige Fingerabdrücke von ihm gefunden.

Was der Mörder nicht weiß: Von der gegenüberliegenden Straßenseite beobachten drei Teenager das Geschehen. Um 21:58 Uhr ruft einer von ihnen bei der Polizei von San Francisco an und beschreibt den Verdächtigen: einen Weißen, etwa 25 bis 30 Jahre alt, ungefähr 1,75 Meter groß, stämmig, braunes kurzes Haar, er trägt eine Hornbrille mit breitem Rahmen und dunkle Kleidung. Noch während des Telefonats macht sich der Mörder auf den Weg und verlässt den Tatort zu Fuß in nördlicher Richtung.

Dann passiert ein schrecklicher Fehler. Die Streifenwagen werden von der Zentrale falsch informiert: Bei dem flüchtigen Täter soll es sich um einen Schwarzen handeln.

Nur zwei Minuten später nähert sich der erste Streifenwagen der Kreuzung Jackson Street/Cherry Street. Die beiden Polizisten sehen auf der linken Straßenseite der Jackson Street einen untersetzten weißen Mann gehen, den sie nicht weiter beachten – schließlich suchen sie nach einem Schwarzen. Sie halten nicht einmal an, um ihn zu befragen, ob er etwas beobachtet hat.

Erst Tage später, als sich der Zodiac meldet und sich zu dem Mord bekennt, erinnern sich die beiden Streifenpolizisten an den Unbekannten. Ihre Beschreibung des Mannes gleicht der von Michael Mageau und Bryan Hartnell. Doch noch hält die Polizei die Tat für einen dieser häufiger vorkommenden Taxifahrermorde. Ein Bezug zum Zodiac wird nicht hergestellt.

Trotz Nebels und schlechter Sicht können die drei Teenager eine passable Täterbeschreibung liefern und so entsteht ein Phantombild des Mörders. Besonders auffällig ist sein Gesicht nicht. Die Brille mit dem breiten Gestell könnte er auch zur Täuschung aufgesetzt haben. In der Beschreibung steht, es handele sich um einen weißen männlichen Erwachsenen, der zwischen 35 und 45 Jahre alt ist, etwa 1,75 groß, mit rötlich blondem, kurz geschnittenem Haar und einer Brille mit breitem Gestell. Gekleidet war der Verdächtige mit dunkelbrauner Hose, dunklem Parka und dunklen Schuhen.

Nachdem die beiden Streifenpolizisten feststellen, dass es sich bei dem Mann, den sie am Tatabend auf der anderen Straßenseite gesehen haben, womöglich um den Mörder gehandelt hat, ergänzen sie die Täterbeschreibung. Officer Fouke hat ihn im Vorbeifahren genau betrachtet. Ihm kommt es so vor, als sei das Haar des Mannes hell gefärbt gewesen. Das Gewicht schätzt Fouke auf 100 Kilogramm und zur Kleidung ergänzt er, dass es sich bei der Hose um eine Wollhose gehandelt habe und die taillenlange Jacke dunkelblau mit Reißverschluss gewesen sei. In Eile sei der Typ nicht gewesen.

Das war's. Einer dieser Taximorde … Nichts Besonderes. Wieder nimmt niemand den Zodiac ernst. Also muss er erneut seine Täterschaft unter Beweis stellen.

Schulkinder geben „nette Ziele" ab

Zwei Tage nach dem Mord an Paul Stine trifft beim *San Francisco Chronicle* ein Brief ein. Wieder beginnt er mit den Worten: „Hier spricht der Zodiac". Damit auch niemand daran zweifelt, dass das Schreiben echt ist, hat der Verfasser ein Stück des blutgetränkten Hemds von Paul Stine beigelegt und am unteren Rand wieder sein Symbol gezeichnet.

Zodiac schreibt, die Polizei hätte ihn am 11. Oktober schnappen können, wenn sie – statt mit ihren Motorrädern Lärm zu machen ruhig abgewartet hätten, bis er aus seinem Versteck gekommen wäre. Der nächste Satz versetzt die Ermittler in höchste Alarmbereitschaft.

„School children make nice targets, I think I shall wipe out a school bus some morning. Just shoot out the front tire & then pick off the kiddies as they come bouncing out."

Schulkinder geben nette Ziele ab, Ich denke, ich sollte eines Morgens einen Schulbus auslöschen. Einfach auf die Vorderreifen schießen und dann die Kinder abknallen, wenn sie herauskommen.

Die Öffentlichkeit wird nicht informiert. Man will eine Panik vermeiden. Statt dessen werden Hubschrauber eingesetzt, die die Schulbusse überwachen. Zudem fährt in jedem Schulbus mindestens ein bewaffneter Polizist mit. Hat der Zodiac die flächendeckende Überwachung mitbekommen?

Der Mord an Paul Lee Stine ist jedenfalls der letzte, der sich dem Zodiac eindeutig zuordnen lässt. Dennoch sendet der Mörder weitere Schreiben und verschlüsselte Botschaften. Sind in den chiffrierten Nachrichten Hinweise auf weitere Morde verborgen? Bis heute ist dies ungeklärt.

Wieder nimmt niemand den Zodiac ernst. Also muss er erneut seine Täterschaft unter Beweis stellen.

Ich möchte mit einem Anwalt sprechen

Am 22. Oktober 1969 ruft früh um 2:00 Uhr ein Mann beim Polizeirevier von Oakland an. Er behauptet, der Zodiac zu sein und verlangt, den berühmten Strafverteidiger F. Lee Bailey zu sprechen. Falls die Polizisten ihn nicht mit dem Anwalt verbinden können, möchte er, dass sie Kontakt zu Melvin Belli, der ebenfalls als Anwalt arbeitet, aufnehmen. Im Morgenprogramm des Fernsehsenders *Kanal 7* will er einen der beiden Anwälte sehen und ihn im Studio anrufen.

So unglaublich es klingt, die Polizei versucht tatsächlich, F. Lee Bailey und Melvin Belli noch in der Nacht zu erreichen. Bei Bailey haben sie kein Glück, aber Belli ist noch wach. Der Anwalt macht sich sofort ins Fernsehstudio auf.

Insgesamt 35 Anrufer melden sich. Zwölf von ihnen werden in die Sendung durchgestellt. Der einzige interessante unter ihnen ist ein Mann, der sich „Sam" nennt. Sam behauptet, unter heftigen Kopfschmerzen zu leiden, die eine konkrete Ursache haben: Er hat getötet. Ob er dafür die Todesstrafe zu erwarten habe, fragt er. Melvin Belli versichert ihm, dass die Todesstrafe vom Staat Kalifornien ausgesetzt sei und rät ihm, sich zu stellen.

Auch nach der Sendung reden Belli und der Anrufer noch miteinander. Belli verabredet sich mit „Sam" noch für den gleichen Tag zu einem Treffen in Daly City, einer Stadt im *San Mateo County*, doch er wartet vergeblich.

Es wird nie geklärt, ob der Anrufer vom Polizeirevier mit dem Mörder identisch war. Hat es sich überhaupt um den echten Zodiac gehandelt? Insiderinformationen hat er jedenfalls nicht preisgegeben.

Der Rätsel-Fan bekommt ein Rätsel vorgesetzt

Was liegt näher, als einen eitlen Mörder, der Kryptogramme liebt, mit einem Code herauszufordern? Genau dies tun die Ermittler. In Zusammenarbeit mit der *American Cryptogram Association* wird am 23. Oktober 1969 im *San Francisco Examiner* ein verschlüsselter Text abgedruckt. Er ist untertitelt mit „A MESSAGE TO ZODIAC" und besteht aus unterschiedlichen Zeichen, von denen sich nur wenige wiederholen. Dem Zodiac allerdings dürfte klar gewesen sein, worum es sich handelt, denn die Ermittler haben dieselben Symbole verwendet wie er selbst in seiner ersten Nachricht Z 408.

Entschlüsselt ergibt sich folgender Text:

SODIAC CALL LIBRA FOUR THREE THREE ONE OH SEVEN SEVEN

Da der Zodiac in Z 408 kein „Z" verwendete, hat die Polizei in ihrer Botschaft statt dessen ein „S" eingesetzt. „Libra"

steht wohl für das Sternzeichen Waage, es könnte aber auch eine Buchstabenkombination sein, die für eine Telefonvorwahl steht. Der Rest sind Zahlen, sodass eine Telefonnummer entsteht, die der Zodiac anrufen soll. Leider bleibt die Aktion ohne Erfolg. Niemand ruft an. Hat der Zodiac das Rätsel überhaupt entdeckt und entschlüsselt? Und wenn – war es ihm zu gefährlich, bei der angegebenen Nummer anzurufen?

Z 340

Nach mehreren unverschlüsselten Briefen beschließt der Zodiac zur Abwechslung mal wieder eine codierte Nachricht zu schicken. Am 8. November 1969 trifft beim *San Francisco Chronicle* eine Klappkarte ein. Auf der Außenseite ist auf gelbem Hintergrund ein tropfender Füllfederhalter mit dem Text „Sorry, I haven't written, but I just wash my pen ..." abgebildet. Ein Witz.

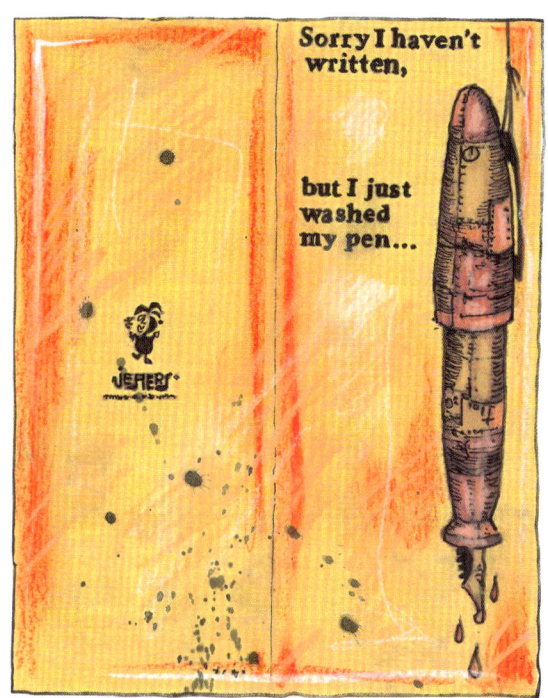

Als Beweis, dass die Karte wirklich von ihm kommt, ist wieder ein Stück von Paul Stines Hemd beigelegt.

Innen hat der Zodiac wie immer begonnen: „This is the Zodiac speaking". Er setzt mit den Worten fort, die Leser mögen zuerst ein wenig lachen, bevor sie die schlechte Nachricht erhalten: Er will einige Zeit nichts mehr von sich hören lassen. Dann bittet er darum, die mitgeschickte verschlüsselte Nachricht auf der Titelseite abzubilden. Am Rand der Karte steht:

Dez   July   Aug
Sept   Oct   = 7

Sieben? Bisher sind fünf Opfer bekannt. Zwei im Dezember 1968, eins im Juli 1969, eins im September 1969 und

Paul Stine im Oktober 1969. Will der Zodiac die Ermittler narren? Hat er die zwei Überlebenden mitgezählt? Oder ist niemandem aufgefallen, dass er im August zwei weitere Morde begangen hat? Warum aber hat er sich dann nicht wie bei den anderen dazu bekannt?

In der Karte liegt ein Kryptogramm, die zweite verschlüsselte Nachricht des Zodiacs. Dreihundertvierzig Zeichen – Z 340. Genug Stoff, damit sich die Entschlüsselungsexperten an die Arbeit machen können.

Craig Paul Bauer – ein Kryptologe, der sich intensiv mit dem Code Z 340 befasst, entdeckt, dass ein Teil des Alphabets gar nicht verändert wurde, und der Zodiac an anderen Stellen Buchstabenkombinationen ohne Sinn eingebaut hat. Solch ein Vorgehen erschwert eine Decodierung oder macht sie gar unmöglich.

Die Polizei sucht nun alle Geschäfte auf, welche die besondere Karte verkaufen, die der Zodiac verwendet hat. Niemand jedoch kann sich an einen auffälligen Käufer erinnern.

Später lässt man den Code durch verschiedene Computerprogramme, die extra für Entschlüsselungen entworfen wurden, testen. Doch auch hier ergibt sich keine sinnvolle Nachricht.

Ist der Code nur eine sinnlose Anhäufung von Zeichen, um die Ermittler zu ärgern?

Bis heute wurde Z 340 nicht gelöst.

9. November 1969 – sieben Seiten

Schon einen Tag später trifft die nächste Nachricht beim *Chronicle* ein. Dieses Mal ist es ein sehr langer Brief. Sieben Seiten, in denen der Zodiac seine Verfolger verspottet, mit – seiner Ansicht nach – falschen Angaben aufräumt, und neue Drohungen ausspricht.

Hier spricht der Zodiac

bis Ende Oktober habe ich sieben Menschen getötet. Ich bin mittlerweile echt verärgert über die Lügen, die die Polizei über mich verbreitet. Deshalb werde ich die Art und Weise, Sklaven zu sammeln, ändern.
Ich werde in Zukunft nichts mehr ankündigen. Wenn ich Morde verübe, so sollen sie wie Routine-Banküberfälle, Morde im Affekt oder Unfälle wirken.

Nach dieser „Einführung" klärt der Zodiac die Leser auf, warum die Polizei ihn nie erwischen wird – weil er „zu clever" für sie ist. Dies begründet er mit drei Aussagen:

1. Nur wenn ich „mein Ding" durchziehe, sehe ich so aus wie auf den Phantombildern. In der restlichen Zeit sehe ich anders aus. Ich werde euch nicht erzählen, woraus meine Verkleidung besteht, wenn ich töte.

2. Bisher habe ich keine Fingerabdrücke hinterlassen, egal, was die Polizei sagt. Wenn ich morde, trage ich durchsichtige Überzüge über den Fingerkuppen. Alles was man dafür braucht, sind zwei Schichten Flugzeug-Klebstoff auf den Fingerspitzen – das bemerkt keiner und es ist sehr effektiv.

3. Meine Mordwerkzeuge habe ich bis auf eines, das ich in einem anderen Bundesstaat erworben habe, mit der Post geordert.

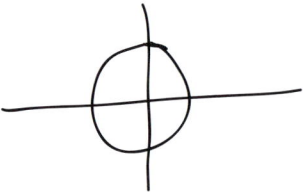

Dann fährt er fort, die Ermittler zu verspotten.

Als Nächstes beschreibt der Zodiac sein geplantes „Meisterwerk":

Nimm einen Sack Ammoniumnitratdünger und eine Gallone Heizöl, lege ein paar Säcke Kies drauf, dann zünde den Scheiß an. Es wird definitiv alles wegblasen, was sich in der Nähe der Explosion befindet.
Die Todesmaschine ist bereits fertig. Ich hätte euch Fotos geschickt, aber ihr wärt so fies und würdet sie zum Entwickler und dann zu mir zurückverfolgen. Deshalb beschreibe ich mein Meisterstück nur. Das Schöne an der Sache ist, dass alle Teile frei verkäuflich sind und niemand Fragen stellt.

· ein batteriebetriebener Wecker – der läuft mindestens ein Jahr

- ein optischen Sensor *(fotoelektrischer Schalter/Lichtschranke, d. Verf.)*
- zwei biegsame Blattfedern aus Kupfer
- zwei Autobatterien mit je sechs Volt
- eine Glühbirne für eine Taschenlampe mit Reflektor
- ein Spiegel
- zwei Röhren aus Karton, 18 Zoll *(46 Zentimeter, d. Verf.)* lang, innen und außen mit schwarzer Schuhcreme bestrichen

Auf der nun folgenden fünften Seite seines Briefes hat der Zodiac eine Skizze mitgeschickt, die die Anordnung der genannten Teile – einmal von oben und einmal von der Seite – zeigt.

Dann setzt er fort.

> Ich habe das System von allen Seiten getestet. Was ihr aber nicht wisst ist, ob die Todesmaschine noch in meinem Keller für den Einsatz in der Zukunft oder schon draußen ist. Ich glaube, ihr habt nicht genug Mitarbeiter, die die Straßen kontrollieren und nach dem Ding suchen könnten. Es würde auch nichts bringen, die Routen oder Fahrpläne zu ändern, weil die Bombe den neuen Bedingungen angepasst werden kann.

Am Schluss verabschiedet sich der Zodiac mit:

> Have fun!!
> Apropos, es könnte ziemlich schmutzig werden, falls ihr versucht, mich zu überlisten.

Darunter hat er das Zodiac-Zeichen gemalt. Dieses Mal befinden sich im linken oberen Quadranten zwei Kreuzchen auf dem Kreis, dann ein weiteres auf dem Kreis, direkt auf dem horizontalen Querstrich, eines im linken unteren Quadranten auf dem Kreis und eines auf der unteren Kreuzungsstelle zwischen Kreis und vertikalem Querstrich. In der unteren rechten Ecke steht zudem:

> Stellt sicher, dass der markierte Teil auf Seite drei abgedruckt wird, sonst werde ich mein Ding durchziehen.

Eine Schlussbemerkung folgt auf Seite sieben.

> Als Beweis dafür, dass ich der Zodiac bin: fragt die Cops in Vallejo nach meinem elektrischen Zielfernrohr, das ich zum Beginn meines Sammelns von Sklaven benutzt habe.

Der *Chronicle* druckt den gewünschten Teil ab. Es geschieht: nichts.

Die Behauptung des Zodiacs, zwei Cops hätten ihn nach einem Verdächtigen befragt, bestreitet das *San Francisco Police Department.* Eric Zelms und Donald Fouke, die beiden Polizeibeamten, die an der genannten Stelle mit ihrem Auto entlanggefahren sind, geben an, mit niemandem gesprochen zu haben.

Wollte der Zodiac die „blauen Schweine" foppen? Lügen die Polizisten, weil sie den Mörder entwischen ließen?

Anwalt Melvin Belli bekommt Weihnachtsgrüße

Melvin Belli, der im Oktober 1969 mit dem vermeintlichen Zodiac auf *Kanal 7* gesprochen hat, erhält am 20. Dezember 1969 besondere Post. Nach dem Telefonat im Fernsehstudio hatte Belli weitere Anrufe bei sich zu Hause erhalten. Nachdem die Polizei diese zurückverfolgt hat, stellt sich heraus, dass sie keineswegs vom Zodiac sondern von einem Patienten einer psychiatrischen Anstalt stammen.

Wahrscheinlich hat der Trittbrettfahrer den echten Zodiac so aufgebracht, dass der nun seinerseits mit Melvin Belli Kontakt aufnimmt. Er schickt ihm eine Weihnachtskarte in einem Umschlag, der Text ist in sauberen Druckbuchstaben gemalt, enthält wie schon die Schreiben vorher Rechtschreibfehler, und als Beweis, dass die Karte von ihm stammt, hat der Zodiac wieder ein Stück vom Hemd des toten Taxifahrers beigefügt.

> Lieber Melvin,
> hier spricht der Zodiac
>
> Ich wünsche Ihnen Frohe Weihnachten.
> Um eins möchte ich Sie bitten: bitte helfen Sie mir. Ich weiß nicht, an wen ich mich sonst wenden soll, weil dieses Ding in mir es verhindert. Ich finde es extrem schwierig, es zu kontrollieren, und fürchte mich, wieder die Kontrolle zu verlieren und mir mein neuntes und vielleicht zehntes Opfer zu holen. Bitte helfen Sie mir, ich ertrinke. Momentan sind die Kinder noch sicher vor der Bombe, weil sie so massiv ist und es viel Arbeit braucht, den Auslöser richtig zu justieren. Aber wenn ich es zu lange zurückhalte, verliere ich die Kontrolle über mich und setze die Bombe ein. Bitte helfen Sie mir, ich kann die Kontrolle nicht mehr lange aufrechterhalten.

Dreimal bittet er um Hilfe. Meint der Zodiac es ernst? Oder will er nur wieder Aufmerksamkeit erheischen? Konkrete Hinweise auf den Mörder ergeben sich auch aus der Weihnachtskarte nicht. Nur, dass er es hasst, wenn sich andere mit seinem Namen und seinen Taten brüsten.

Die Mordserie reißt ab

Nach dem Mord an Paul Lee Stine am 11. Oktober 1969 scheint die Mordserie zu enden. Hat der Zodiac seine Drohung wahr gemacht und lässt seine Taten nun wie „Routine-Banküberfälle, Morde im Affekt oder Unfälle" aussehen? Oder hat er tatsächlich aufgehört, zu töten?

Auf jeden Fall treffen weitere Briefe von ihm ein, das letzte authentifizierte Schreiben des Zodiacs stammt aus dem Jahr 1974. Und immer wieder prahlt er mit Taten, die er gar nicht begangen hat, bedroht Schulkinder, Polizisten oder Journalisten.

20. April 1970: Z 13

Am 20. April 1970 – mehrere Monate nach seinem letzten Schreiben – den Weihnachtsgrüßen an Melvin Belli, trifft beim *San Francisco Chronicle* ein neuer Brief des Zodiacs ein. Wieder beginnt er mit „Hier spricht der Zodiac", dann fragt der Mörder, ob man seinen letzten Code geknackt hat. Danach etwas, von dem sich die Ermittler viel versprechen. Zodiac schreibt:

My name is ------

Dann folgt eine Zeile mit 13 Symbolen.

AEN⊕⊗K⊗M↑NAM

Hat der Killer hier tatsächlich seinen Namen verschlüsselt? Der Code ist bis heute nicht geknackt. Nur 13 Zeichen reichen nicht aus, um sichere Aussagen über Buchstaben oder die Verschlüsselungsmethode zu treffen. Vielleicht handelt es sich auch nur um eine wirre Abfolge.

Kryptologen und Laien versuchen sich bis heute an der Zeichenfolge. Die verrücktesten Theorien werden aufgestellt …

Angeblich lautet die Übersetzung: „I will not give you my name".

Oder handelt es sich etwa nicht um Buchstaben, sondern um einen Binärcode, der Zahlen ergibt? Andere übersetzen die Symbole mit „ALFRED E NEUMAN", das ist der Name des sommersprossigen Maskottchens im Maga-

zin *MAD*. Die ersten drei Buchstaben sind „AEN" – die Anfangsbuchstaben von Alfreds Namen. Das hieße, der Zodiac hat sich einen Spaß erlaubt. Zuzutrauen wäre ihm so etwas, schließlich hat er die Ermittler schon mehrfach verspottet.

Der Rest des Briefes „Z 13" ist Fabulieren über das Töten von Schulkindern, das Platzieren seiner Bombe bei einer Polizeistation, dass es mehr „Ruhm" einbringt, Polizisten statt Kinder zu töten, weil diese zurückschießen können, und dass er inzwischen zehn Menschen getötet hat. Angeblich hat er die Bombe bereits einmal ausprobiert, leider – so schreibt Zodiac, hat sich diese aufgrund des Regens als Blindgänger entpuppt.

Ein zweites Blatt zeigt eine Zeichnung, auf der ein Bauplan der Bombe und ein Bus, der an einem Hügel entlangfährt, zu sehen sind. Sonnenstrahlen am frühen Morgen sollen den photoelektrischen Sensor auslösen. Wenn der Bus die Lichtschranke durchquert, detoniert die Bombe in Höhe der Busfenster. Experten, die die Skizze begutachten, kommen zu dem Schluss, dass sie funktionieren könnte.

Zodiac mag Grußkarten

Anscheinend mag der Zodiac Karten mit spaßigen Bildchen. Schon in Z 340 hat er eine Karte mit tropfendem Füllfederhalter verwendet, nun, am 28. April 1970 trifft eine weitere beim *San Francisco Chronicle* ein. Ein bärtiger kleiner Typ mit Schlumpfmütze reitet auf einem traurig dreinblickenden grünen Drachen, links vor ihm sitzt ein kleiner schnauzbärtiger Kerl auf einem Esel. Manche Zodiac-„Experten" glauben, in den beiden Figuren Don Quijote und Sancho Pansa zu erkennen. Verspottet der Zodiac damit seine Verfolger bei ihrem Kampf gegen Windmühlen?

„SORRY TO HEAR – YOUR ASS IS A DRAGON"

lautet der aufgedruckte Text. Neben den Kopf des Schlumpf-Typen hat der Zodiac geschrieben: *Ich hoffe, Sie haben viel Spaß, wenn ich meine Explosion zünde.* Darunter sein Tierkreiszeichen und der Hinweis, man solle die Rückseite beachten.

Dort steht, man könne die Bombe verhindern, wenn man folgendes veranlasse. Erstens möchte der Verfasser Leute mit Buttons, auf denen sein Zeichen abgebildet ist, in der Stadt sehen. Schließlich trage heutzutage jeder solche Anstecker, zum Beispiel die Anhänger der *Black-Power*-Bewegung oder den „Melvin eats blubber"-Button (*„Melvin isst Walfischspeck"*, *d. Verf.*) des Comic-Zeichners Horatio Weisfeld, der sich auf Herman Melville bezieht. Zodiac schreibt, es würde ihm gefallen, viele solcher Buttons zu sehen. Nur bitte keine solch scheußlichen wie den mit „Melvin".

Darunter ein freundliches „Thank you". Das war's. Keine konkreten Informationen, keine Chiffre diesmal. Doch schon wenige Wochen später kommt ein weiterer Brief an.

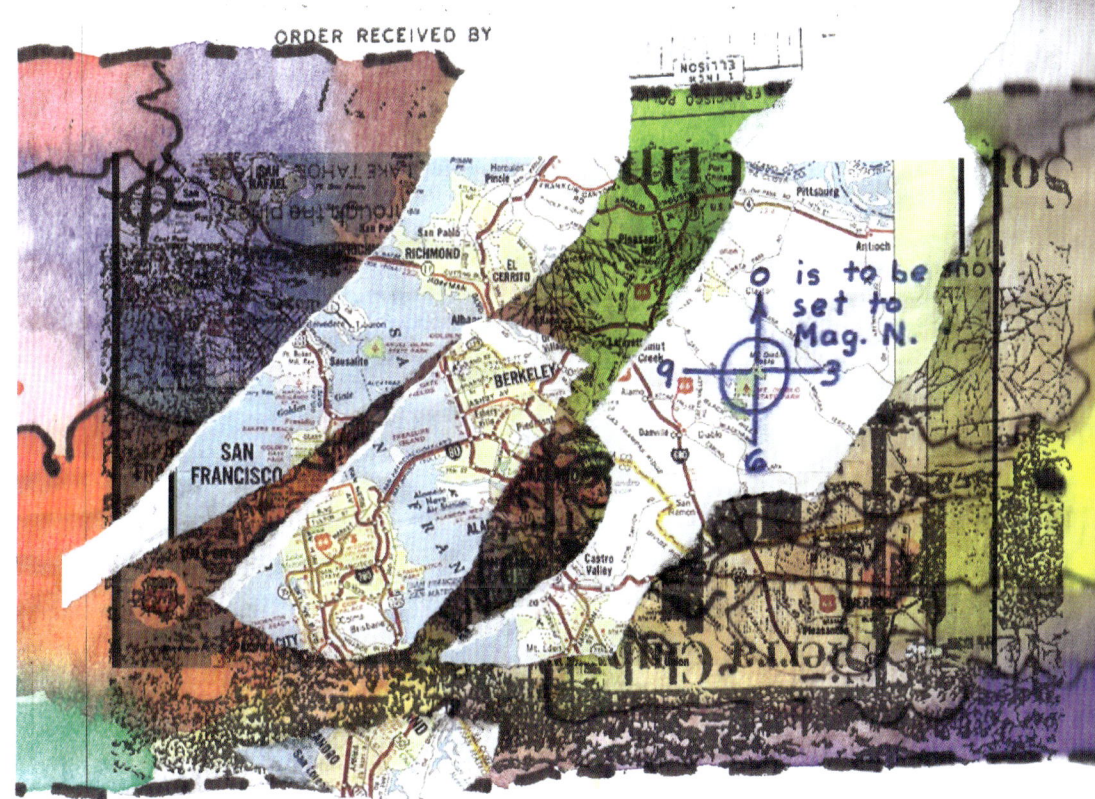

San Francisco Bay Area – Z 32 – der „Karten-Code"

26. Juni 1970: Ein weiterer Brief erreicht den *San Francisco Chronicle.* Wie gehabt, ist es eine Mischung aus Text und Chiffre, dieses Mal hat der Zodiac zusätzlich noch eine Landkarte dazugelegt. Im Brief beschwert er sich, dass die Leute nicht die von ihm gewünschten Anstecker tragen. Weil niemand seinem Wunsch nachgekommen ist, sollten sie durch die Vernichtung eines vollbesetzten Schulbusses bestraft werden. Doch da die Schulen jetzt Sommerferien haben, will er sich anderweitig rächen.

Dann schreibt der Zodiac von einem neuen Mord.

I shot a man sitting in a parked car with a .38.

Darunter prangt mittig das Zodiac-Symbol. Auf dem rechten Querstrich steht „-12", daneben die Buchstaben „SFPD-O". Steht *SFPD* für „San Francisco Police Department"?

Am Schluss schreibt Zodiac, dass die Landkarte, die er mitgeschickt hat, in Verbindung mit dem Code anzeigt, wodie Bombe versteckt ist und dass man bis zum Herbst Zeit hatte, sie auszuschalten. Am Schluss folgt eine Chiffre mit 32 Buchstaben. Niemand hat sie je gelöst.

Die Landkarte zeigt die *San Francisco Bay Area.* Östlich von *Walnut Creek* befindet sich der 80 Quadratkilometer große *Mount Diablo State Park* mit dem 1.160 Meter hohen Berg *Mount Diablo.* Genau auf diesen grünen Fleck auf der Landkarte hat der Zodiac sein Symbol gemalt, am Längsstrich ist oben eine Pfeilspitze gezeichnet, die auf die Zahl 0 – oder den Buchstaben „O"? – zeigt. Am rechten Ende des Querstriches steht eine 3, unten eine 6, links eine 9 – eine Uhr?

Neben die Null hat Zodiac: „is to be set to Mag. N." geschrieben. Damit meint er wohl, dass die Null als magnetischer Nordpol angesehen werden muss. Anscheinend kennt der Killer den Unterschied zwischen dem geographischen und dem magnetischen Pol. Dies lässt auf überdurchschnittliche Intelligenz schließen.

Warum gerade *Mount Diablo*? Wegen des Namens? Oder ist das zu profan gedacht?

Man findet tatsächlich einen „passenden" Mord.

Da der Code nicht geknackt wird, führen die Angaben ins Nichts. Der einzig überprüfbare Hinweis in dem Brief ist jener zum Mord an dem Mann im geparkten Auto. Man checkt alle Fälle, die dafür infrage kommen und findet tatsächlich einen „passenden" Mord.

Am 19. Juni 1970 wird der Polizeibeamte Richard Radetich am frühen Morgen mit drei Schüssen aus einer .38 Kaliber-Waffe erschossen. Radetich saß in der Nähe der 643 Waller Street in San Francisco in seinem Polizeiauto, hatte das Fenster geöffnet und war gerade im Begriff, ein Knöllchen für einen Falschparker zu schreiben. Anwohner hörten Schüsse, und dann ein Auto davonrasen.

War das der Mord, den Zodiac in seinem Brief gemeint hat? In „Z 13" hat er schließlich geschrieben, dass es mehr „Ruhm" einbringt, Polizisten statt Kinder zu töten, weil diese zurückschießen können. Oder hat er die Informationen aus den Zeitungsberichten über das Verbrechen und brüstet sich nun mit einer Tat, die er nicht begangen hat?

Weitere Morde geschehen ... Die Jahre 1970 und 1971 sind mit Terror, Bombendrohungen und der *Black-Power*-Bewegung verknüpft. Allein in dieser Zeit sterben in San Francisco sechs Polizisten.

Z 32 – der sogenannte Karten-Code ist der letzte Brief des Zodiacs, der ein Kryptogramm enthält. Doch es soll nicht die letzte Botschaft des Zodiacs bleiben.

Wieder vergehen vier Wochen ...

24. Juli 1970: „Kathleen Johns Letter"

Am 22. März 1970, einem Sonntag, ist die schwangere Kathleen Johns mit ihrer kleinen Tochter auf dem Weg zu ihrer kranken Mutter in Petaluma. Sie fährt in westlicher Richtung über den Highway 132, als ihr ein Mann in einem anderen Auto mittels Lichthupe signalisiert, dass mit ihrem Wagen etwas nicht stimmt. Im Vorbeifahren ruft er ihr durch das offene Fenster zu, dass ihr linkes Hinterrad schlingert.

Kathleen hält an, der Fremde ebenso. Mit einem Radschlüssel zieht er die Muttern des Reifens fest, Kathleen sitzt derweil im Wagen. Nachdem er fertig ist, steigt der Mann in seinen braun-weißen *Chevrolet*-Kombi und fährt davon. Kathleen Johns will ihm folgen, doch sie kommt nicht weit.

Kaum ist sie losgefahren, bleibt ihr Auto auch schon mit einem Ruck stehen. Sie lässt den Zündschlüssel stecken und steigt aus. Der linke Hinterreifen hat sich nun komplett gelöst. Auch der vermeintliche Helfer hat bemerkt, dass Kathleen angehalten hat, fährt an den Straßenrand und läuft zu ihr. Er entschuldigt sich und bietet an, sie und ihre Tochter zur nächsten Tankstelle zu fahren. Weil die Neonlichter in der Ferne zu sehen sind, willigt die junge Frau ein.

Doch der Mann hält nicht an. Stattdessen fährt er weiter, lässt mehrere Ausfahrten hinter sich, verlässt die Autobahn, biegt schließlich auf einen Feldweg ein. Die ganze Zeit spricht er kein einziges Wort. Erst jetzt, nachdem der Wagen angehalten hat, droht er Kathleen, sie zu töten und das Baby aus dem Wagen zu werfen. Aber auch das geschieht nicht, die Fahrt geht weiter. Fast zwei Stunden kutschiert er die junge Frau in der Gegend herum, erneuert ab und zu seine Drohung, sie zu töten.

Kathleen Johns hofft, davonzukommen. Damit sie später genaue Auskunft geben kann, prägt sie sich so viele Details wie möglich ein: die blank geputzten Schuhe des Mannes, seine dunkle Nylonjacke, die schwarze Wollhose, die Brille mit dem breiten schwarzen Rahmen, das Gesicht, die Sprache. Im Gegensatz zur gepflegten Kleidung wirkt das Innere des Autos vermüllt, Zeitungen und Kleidungsstücke liegen herum.

Als der Entführer am Straßenrand anhält, sieht Kathleen Johns ihre Gelegenheit gekommen. Sie schnappt sich ihre Tochter, springt aus dem Wagen und rennt in ein Feld, wo sie sich auf den Boden legt. Mit einer Taschenlampe bewaffnet, sucht der Kidnapper nach ihr, doch die junge Frau hat Glück: Ein LKW-Fahrer, der sie hat weglaufen sehen, hält an und steigt aus – der Entführer ergreift die Flucht.

Da sich Kathleen Johns voller Angst weigert, in den LKW einzusteigen, hält der Fahrer das Auto einer Frau an, die die Mutter und ihr Baby zum nächsten Polizeirevier fährt. Kommissar Zufall schaltet sich ein – hier hängt ein Fahndungsplakat mit dem Phantombild des Zodiacs und Kathleen Johns stößt einen Schrei aus. Das ist der Mann, der sie gekidnappt hat! Sie beschreibt ihn als etwa 30 Jahre alt, 1,75 Meter groß und 80 Kilogramm schwer.

Kathleen Johns stößt einen Schrei aus – Das ist der Mann, der sie gekidnappt hat!

Als ein Polizeibeamter sie nach der Befragung zu ihrem Auto zurückfährt, ist dieses verschwunden. Man findet den Wagen drei Kilometer entfernt, er ist völlig ausgebrannt.

Alle großen Zeitungen von San Francisco berichten über den Fall. Doch erst am 24. Juli 1970, vier Monate später, trifft ein Bekennerschreiben des Zodiacs beim *San Francisco Chronicle* ein.

Wieder beschwert er sich als Erstes darüber, dass niemand die von ihm gewünschten Buttons trägt, dann schreibt er etwas von einer Liste und dass er sie mit „der Frau und ihrem Baby" begonnen habe. Untypisch für den Zodiac ist, dass das Schreiben keine Details enthält, die nur der Täter kennen kann. Stammt die Botschaft von einem Trittbrettfahrer? Oder brüstet sich der Zodiac mit der Tat eines anderen?

Nur zwei Tage später kommt eine weitere Nachricht …

I've got a little list – Zodiac liebt Opern

26. Juli 1970: Fünf Seiten treffen beim *San Francisco Chronicle* ein. Genau wie im „Kathleen Johns Letter" beginnt Zodiac wieder mit einer Beschwerde darüber, dass die Leute seine Anstecker nicht tragen, und verkündet, dass er dafür seine „13 Sklaven" im Paradies foltern werde.

Es folgt ein Teil, in dem er genau beschreibt, was er mit ihnen machen wird: sie lebendig häuten, ihnen Splitter unter die Fingernägel treiben oder sie mit versalzener Nahrung quälen.

Ein großes Zodiac-Symbol auf der zweiten Seite trägt auf dem rechten Teil des Querstriches ein „= 13", im linken unteren Quadranten ist ein dicker Kreis gezeichnet, daneben stehen wieder die Buchstaben „SFPD".

Auf Seite drei wird der Text chaotisch. Es geht um verschiedene seltsame Opfergruppen, etliche Phrasen wie „who would never be missed" oder „They'd non oft them be missed" wiederholen sich. Anscheinend hat Zodiac hier unbenannte Personen aufgezählt, die er nervig findet, unter anderem einen Banjospieler und einen Pianisten, eine Dame die nicht weinen kann, und das Mädchen das nie geküsst wurde.

Bei genauer Analyse stellt sich heraus, dass die Zeilen keinesfalls wirres Geschreibsel sind, sondern Anspielungen und Zitate aus einer Operette von 1885: „The Mikado – or the town of Titipu" von Gilbert und Sullivan, in der korrupte Politiker, überdrehte Beamte und Hinrichtungen vorkommen.

Insbesondere „Ko-Ko", der Höchste Henker von Titipu scheint es dem Zodiac angetan zu haben. In einer Arie erzählt der Henker der versammelten Menge von seiner „kleinen Liste von Straftätern:

As some day it may happen, that a victim must be found.

I've got a little list, I've got a little list

Of society offenders, who might well be underground

And who never would be missed,
they never would be missed (...)

Nicht jeder kennt sich so gut mit klassischer Musik aus, dass er Teile einer fast hundert Jahre alten Operette zitieren und abwandeln kann. Und nicht jeder erkennt die Parallelen. Macht sich der Zodiac einen Spaß? Fordert er die Ermittler erneut heraus? Ist es bloße Spielerei? Jedenfalls wird dies nicht die letzte Anspielung auf den „Mikado" bleiben.

Im Postskriptum kehrt der Verfasser wieder in die Wirklichkeit zurück. Er verweist auf seinen Brief von vor vier Wochen – den sogenannten Karten-Code und schreibt, der verschlüsselte Teil enthalte Radianten, mit denen man das Versteck seiner Bombe herausfinden könne.

Mehrere Wochen vergehen. Was tut der Killer in der Zwischenzeit? Erst Anfang Oktober schreibt er eine nächste Nachricht.

Collage und Locher

Am 5. Oktober schickt Zodiac eine Postkarte. Dieses Mal hat er nur wenige Buchstaben mit der Hand geschrieben, und den Rest der Wörter aus verschiedenen Vorlagen ausgeschnitten. Auch das Zodiac-Symbol ist aufgeklebt, zudem befindet sich in der Mitte der Karte ein rotes Kreuz, das angeblich mit Blut gezeichnet wurde – schnell stellt sich heraus, dass es sich nur um rotgefärbtes Papier handelt – darüber die Zahl „13". Auch im Text steht „thirteen". Am Rand der Postkarte sind dreizehn Löcher mit einem Papierlocher eingestanzt worden, zehn in einer Reihe, drei darunter in der Mitte. Dreizehn Opfer?

Das „PS" wurde verkehrtherum aufgeklebt. Hier wird wieder einmal die Polizei verspottet: „Es wird erzählt, die Bullenschweine seien hinter mir her", dann folgen die Buchstaben Fk und schließlich die Bemerkung „I'm crackproof". Crackproof – sicher vor dem Aufknacken (*wohl eher „entschlüsseln", d. Verf.*).

Anfangs glaubt die Polizei, es mit der Botschaft eines Nachahmers zu tun zu haben, weil die Gestaltung von allen bisherigen Schreiben des Zodiacs abweicht. Später wird sie ihm dann doch zugeordnet.

Halloween 1970

Halloween – All Hallows' Eve – so nennt man volkstümliche Bräuche am Abend vor Allerheiligen, dem 31. Oktober. Das Fest war ursprünglich in Irland verbreitet und wurde schon von den Kelten begangen. Irische Einwanderer brachten ihr Brauchtum in die USA mit und im Laufe der Jahrzehnte veränderte sich der Charakter des katholischen Festes zu einem Massenspektakel mit überall präsenten Skeletten und beleuchteten Kürbissen, sowie als Fledermäuse, Geister, Hexen, Skelette, Zombies, Tote oder Vampire verkleideten Kindern und Erwachsenen. Streiche werden gespielt, Häuser beschmiert, Feuer angezündet.

Auch der Zodiac nimmt Halloween zum Anlass, sich wieder zu melden, er schickt am 27. Oktober 1970 eine Klappkarte, dieses Mal direkt an Paul Avery vom *San Francisco Chronicle*.

Außen befinden sich rechts ein tanzendes Skelett auf lilafarbenem Untergrund und der Schriftzug „Happy Halloween".

Links davon findet sich ein stilisierter Baum aus dessen Astlöchern Augen herausschauen. Rund um das größte Astloch steht „Peek a boo you are doomed!", was so viel wie „Kuckuck, du bist verdammt!" heißt.

Innen ist rechts ein grinsendes Skelett mit roten Augen zu sehen, auf dessen Unterleib Zodiac ein Kürbisbild geklebt hat. In die winkende rechte Hand hat er die Zahl „14" geschrieben.

Zodiac hat die Karte zudem mit verschiedenen Sprüchen, Wörtern und Symbolen verziert. Vorn befinden sich ganz rechts sein Tierkreiszeichen, daneben ein „Z", neben dem ein eigentümliches Symbol aufgemalt ist: eine Art „V", dessen rechter Schenkel ein liegendes F darzustellen scheint. Dazu im Winkel des „V" zwei Punkte und zwei außerhalb.

Im Innern, auf der weißen Fläche, auf die man die Grußbotschaft schreibt, sind Wörter zu einem Muster angeordnet.

Es kreuzen sich mittig „Sklaven" und „Paradies", zudem sind vier Tötungsarten eingefügt: „durch Messer, durch Pistole, durch das Seil, durch Feuer".

Auf dem Briefumschlag, in dem die Karte steckte,

sind die Buchstaben „LAV" aus dem Namen von Paul Avery, den Zodiac „Averly" schreibt, unterstrichen. Hat die Briefmarke auch eine besondere Bedeutung? Sie bezieht sich auf die Apollo-Expeditionen, zeigt die Erde vom Mond aus gesehen und trägt den Schriftzug „In the beginning God ...". Als Absender ist wieder das ominöse liegende „V" aufgemalt.

Zur Abwechslung die Los Angeles Times

Anscheinend ist der Zodiac mit der Berichterstattung durch den *Chronicle* nicht einverstanden, denn er schickt seinen nächsten Brief am 13. März 1971 an die Konkurrenz. Auch wurde das Schreiben nicht wie bisher in San Francisco aufgegeben, sondern etwa 60 Kilometer östlich in Pleasanton. Dass seine Post an die *Los Angeles Times* geht, begründet er damit, dass diese ihn nicht auf den hinteren Seiten versteckt.

Wieder zieht er über die „Blauen" her, sie sollen ihre „fetten Ärsche" bewegen, denn wenn sie nichts tun, will er weiter „Sklaven" sammeln. Die Anzahl seiner Opfer gibt er nun mit 17 an, und äußert Anerkennung, dass man eine Verbindung seiner Verbrechen mit dem ungeklärten Mord an Cheri Jo Bates (s. S. 106) in Riverside im Oktober 1966 gefunden habe. Hat der Zodiac auch sie ermordet? Eine launige Bemerkung, man fände immer nur die „einfachen", es gäbe aber dort noch viel mehr, kann er sich dabei aber nicht verkneifen.

By P By

F A G

i   U

R R N

E   N

S L A V E S

By D By

y I

K   R

И C O

i   P

F E E

E

Eine weitere Karte trifft am 22. März 1971 beim *Chronicle* ein, adressiert ist sie an Paul „Averly". Der Absender hat die Collage selbst gemacht, das Motiv entstammt einer Anzeige für Eigentumswohnungen.

Auf der Rückseite ist rechts unten das Zodiac-Symbol aufgemalt, die Wörter sind wieder aus Zeitungen ausgeschnitten. An verschiedenen Stellen der Karte finden sich die Wortgruppen:

- sucht Opfer 12
- schaut bei den Kiefern nach
- Sierra Club
- passiert die Gegend um *Lake Tahoe*
- rundherum im Schnee

Ob die Karte wirklich vom Zodiac stammt, ist umstritten. Man vermutet, dass es sich um eine Fälschung eines ermittelnden Beamten handeln könnte. Warum aber sollte ein Polizist so etwas machen? Konkrete Hinweise enthält die Postkarte nicht.

Jetzt vergehen fast drei Jahre. Wo steckt der Zodiac in dieser Zeit? Warum meldet er sich nicht? Bei seiner Gier nach Aufmerksamkeit scheint es unwahrscheinlich, dass er drei Jahre lang nichts von sich hören lässt. Sitzt er womöglich für andere Vergehen im Gefängnis? Hat man ihn in die Psychiatrie eingewiesen? Weilt er außer Landes? Mordet er dort? Wir werden es nie erfahren.

Sicher ist jedoch eines:
Ende Januar 1974 taucht der Zodiac wieder auf.

29. Januar 1974: „Exorcist Letter"

Der letzte Brief, der von Experten tatsächlich dem Zodiac zugeordnet wird, kommt Ende Januar beim *Chronicle* an. Zodiac beginnt damit, dass er sich den Film „Der Exorzist" – einen amerikanischen Horrorfilm aus dem Jahr 1973 – angesehen hat und dass er ihn für „die beste satirische Komödie" hält. Anscheinend ist der Brief eine Erwiderung auf einen Artikel von Paul Avery im *San Francisco Chronicle,* in dem er am 11. Januar 1974 über den Film schreibt und „Seltsame Ereignisse" aufzählt.

Und auch der „Mikado" ist wieder mit von der Partie: Zodiac zitiert einen Teil aus einer Arie von Ko-Ko, dem höchsten Henker von Titipu.

He sobbed and he sighed and a gurgle he gave

Then he plunged himself into the billowy wave

And an echo arose from the suicide's grave

»Oh, willow, titwillow, titwillow«

Er seufzte ganz schrecklich und stöhnt nochmal matt

dann stürzt er hinab und das Plumpsen klang satt

und ein Echo drang leise aus der Grabesstatt

»Oh, willow, titwillow, titwillow«

(No. II II Solo Ko-Ko: „on a tree by a river,
a little Tom-tit sang willow, tit-willow", d. Verf.).

Die Operette muss große Bedeutung für den Zodiac haben ... Doch auch das mehrmalige Zitieren von Teilen daraus führt nicht zu seiner Entlarvung.

Die letzten Zeilen lauten:

„Wenn ich diesen Brief nicht in Ihrer Zeitung finde, werde ich etwas Böses tun, Sie wissen, dass ich dazu in der Lage bin."

Im unteren Teil sind rätselhafte Zeichen aufgemalt, das Tierkreiszeichen jedoch fehlt. Stattdessen steht rechts unten „Me - 37" und daneben „SPDO -0".

Ist dieser Brief womöglich ein Abgesang auf Zodiacs Wirken? Will er mit der Arie auf sein Ende hinweisen? Schließlich ist dies der letzte bestätigte Brief des Killers. Andererseits – warum kündigt er dann an, etwas Böses zu tun, falls der *Chronicle* seinen Brief nicht veröffentlicht?

Gibt es weitere Opfer?

Schon Jahre vor den Morden an David Faraday und Betty Lou Jensen im Dezember 1968 finden sich Fälle, die der Vorgehensweise des Zodiacs entsprechen. Sind die beiden Verliebten gar nicht seine ersten Opfer gewesen?

Liebespaar am Strand:
Robert George Domingos + Linda Faye Edwards

Robert Domingos und Linda Edwards sind verlobt. Beide besuchen die High School in Lompoc, einer Stadt im Santa Barbara County. Am 4. Juni 1963 hat der Abschlussjahrgang, zu dem auch Robert gehört, frei; es ist „Senior Ditch Day", man feiert das Ende der High-School-Zeit. Obwohl viele Klassenkameraden von Robert gemeinsam Party machen, schließt er sich nicht an, sondern will lieber mit seiner Freundin allein sein. Das Liebespaar fährt zu einem abgelegenen Strand nahe dem Highway 101, der nur über einen Trampelpfad zugänglich ist. Robert parkt das Auto, einen *Pontiac* Baujahr 1957, an der Straße, dann gehen sie zum Strand.

Der Achtzehnjährige und seine ein Jahr jüngere Freundin genießen ein Sonnenbad, als ihr späterer Mörder auftaucht. Zeugen für die Bluttat gibt es keine, doch aufgrund der Wunden und Schussverletzungen wird der Tathergang später wie folgt rekonstruiert:

Der Killer nähert sich den beiden und bedroht sie mit einem Gewehr Kaliber .22. Robert Domingos wehrt sich und wird dabei im Gesicht verletzt. Dann will der Täter Linda Edwards zwingen, ihren Freund mit Seilen, die er wahrscheinlich schon vorher auf eine handliche Länge zurechtgeschnitten hat, zu fesseln. Doch die beiden Teenager versuchen zu fliehen, woraufhin der Mörder sie mit gezielten Schüssen in den Rücken zu Fall bringt und anschließend aus nächster Nähe erschießt.

Robert bekommt elf Schüsse ab, Linda neun. Die Hülsen und ein Paket mit unbenutzter Munition lässt der Killer einfach am Tatort zurück. So wie sich die Spuren darstellen, muss der Mörder Erfahrung im Umgang mit Schusswaffen haben, ist also ein geübter Schütze.

Nach den Morden schleppt er beide Leichen in eine nur wenige Meter entfernte Bretterhütte und legt Linda auf Robert. Vorher zerschneidet er mit einem Messer das Oberteil ihres Badeanzuges, sodass die Brüste freiliegen. Trotz dieser Tatsache wollen die Ermittler später kein sexuelles Motiv erkennen.

Zu guter Letzt versucht der Killer vergeblich, eine Plane an der Tür der Hütte in Brand zu setzen, bevor er sich vom Tatort entfernt.

Die Leichen von Robert und Linda werden erst am darauffolgenden Abend gefunden. Hinweise auf Raub gibt es nicht, sexuelle Belästigung schließt die Polizei aus und so fehlt jegliches Motiv für die Morde. Ein Täter kann nie ermittelt werden, der Fall kommt zu den Akten.

Erst Jahre später – der Zodiac hat inzwischen mehrere Menschen umgebracht, fallen einem Polizisten die Parallelen auf.

Erst Jahre später fallen einem Polizisten die Parallelen auf.

1972 wendet sich Bill Baker vom Sheriffbüro des Santa Barbara Countys an die Kollegen in Nordkalifornien, doch die wimmeln ihn ab.

Bill kontaktiert die Presse. Die Parallelen zu dem Überfall auf Cecelia Ann Shepard und Bryan Hartnell am *Lake Berryessa* (s. S. 94) sind erstaunlich: Beim Tatort handelt es sich jeweils um einen abgeschiedenen Strandabschnitt ohne Zeugen. Dort wie hier verwendet der Täter ein mitgebrachtes Seil, mit dem die Frau den Mann fesseln soll, während er das Paar mit einer Waffe bedroht.

Er benutzt beide Male die gleiche Munition, von der die Polizei später feststellt, dass sie am *Luftwaffenstützpunkt Vandenberg* nur rund 15 km von Lompoc entfernt, verkauft wird. Auch ein Messer ist bei beiden Taten im Spiel.

Ob der Zodiac tatsächlich für die Morde an Robert Domingos und Linda Edwards verantwortlich ist, ist ungeklärt. Er hat sich nie dazu bekannt.

Tod einer Studentin:
Cheri Jo Bates

Im Oktober 1969 nehmen Beamte des *Riverside Police Departments* mit ihren Kollegen vom Napa County Kontakt auf. Sie haben von dem Überfall auf Cecelia Shepard und Bryan Hartnell im September 1969 erfahren und sehen Parallelen zu einem ungeklärten Mordfall, der sich 1966 in Riverside zugetragen hat.

Cheri Jo Bates ist 18 Jahre alt, lebt noch bei ihrem Vater und studiert am Riverside Community College. Am 30. Oktober 1966 will sie die Bibliothek ihres Colleges besuchen und ruft ein paar Freunde an. Doch keiner von ihnen hat Zeit, mitzugehen. So macht sich Cheri Jo Bates allein auf den Weg. Zeugen sehen ihren grünen *VW* noch gegen 16.30 Uhr vor dem Elternhaus.

Als Cheri Jos Vater um 17.00 Uhr nach Hause kommt, ist sie jedoch losgefahren, am Kühlschrank findet er einen Zettel, auf dem steht, dass sie in der Bibliothek ist.

Die Bibliothek schließt um 21.00 Uhr. Cheri Jo bleibt fast bis zum Ende. Ihr Auto hat sie auf dem Campus geparkt. Als sie losfahren will, springt der *VW* nicht an. Später findet die Polizei heraus, dass sich jemand am Verteiler und am Kühlschlauch zu schaffen gemacht hat.

Cheri Jo Bates wird mit einem Messer attackiert, der Mörder durchtrennt ihre Kehle mit einem einzigen tiefen Schnitt, der die junge Frau fast enthauptet, kappt dabei die Halsschlagadern und fügt ihr weitere Schnittwunden am Hals und am Kehlkopf zu. Außerdem sticht er ihr zweimal in die Brust und zuletzt – als sie bereits mit dem Gesicht nach unten auf dem Boden liegt – rammt er ihr mit großer Kraft das *Messer* in die linke Schulter.

Beweise für einen Raub oder sexuellen Angriff werden nicht entdeckt, Zeugen fehlen. Obwohl mehrere Leute zwischen 22.15 und 22.45 Uhr die Schreie einer Frau gehört haben wollen, ist unklar, ob diese von Cheri Jo Bates stammen. Schließlich hat sie die Bibliothek bereits um 21:00 Uhr verlassen.

Die Polizei findet am Tatort einen Schuhabdruck der Größe 8–10 – das entspricht etwa Größe 42–44 – dessen Profil auf einen Militärstiefel hindeutet und eine Männeruhr der Marke *Timex,* deren Armband gerissen ist. Die Ermittler gehen davon aus, dass Cheri Jo Bates dem Angreifer in ihrem Abwehrkampf das Uhrenarmband abgerissen hat. Um 0:24 Uhr ist die *Timex* stehen geblieben, doch die Polizei glaubt nicht, dass dies der Todeszeitpunkt ist, sondern nimmt an, dass die Uhr noch eine Weile weitergegangen ist, nachdem sie zu Boden gefallen war. Es gelingt, die Herkunft der Uhr zu einem Militärposten in England zurückverfolgen, doch dort endet die Spur.

Zwar gibt es in der Nähe des Tatortes einen Luftwaffenstützpunkt der *March Air Force Base,* doch kann keine weitere Beziehung zum Mord hergestellt werden.

Was aber hat nun der Mord an Cheri Jo Bates mit dem Zodiac zu tun?

Am 29. November 1966 – einen Monat nach der Tat – gehen zwei identische mit der Schreibmaschine getippte Briefe mit der Überschrift „The Confession" – Das Geständnis – beim *Riverside Police Department* und bei der Zeitung *Riverside Press-Enterprise* ein. Der anonyme Verfasser bekennt sich zu dem Mord und offenbart Details des Verbrechens, die nur der Täter kennen kann. Zudem kündigt er weitere Morde an.

Er schreibt:

Über den sogenannten Riverside Confession Letter wird auch heute noch diskutiert. Manche glauben, dass der Mord an Cheri Jo Bates von einem abgewiesenen Verehrer begangen wurde, und nichts mit den Zodiac-Taten zu tun hat.

Doch Experten können in den Details des Briefes Anzeichen für einen tatsächlichen oder sich gerade entwickelnden Serienmörder erkennen. Nicht nur, dass er das Verbrechen gesteht, er erklärt dem Leser auch seine Motive und Gefühle; schreibt, dass er sich während der Tat mächtig – wie ein Gott gefühlt – habe, wie jemand, der die Kontrolle über Leben und Tod hat. Schuldgefühle oder Reue scheint er nicht zu verspüren. Mit seinem „Geständnis" will er angeben und schockieren.

Warum hätte ein Verehrer von Cheri Jo, der sie im Affekt getötet hat, solch ein Geständnis ablegen sollen? Noch dazu dreißig Tage nach dem Mord? Würde ein junger Mann aus der Gegend schreiben, dass er nicht „krank" sondern „wahnsinnig" sei und dass ihn das dennoch nicht aufhalten könne? Auch der Zodiac hat später mehrfach verlangt, dass seine Briefe veröffentlicht werden, genau wie es der Schreiber des Riverside Confession Letters fordert.

Im Dezember 1966 wird in der College-Bibliothek auf der Unterseite eines Klapp-Pultes ein Gedicht entdeckt, das direkt auf das Holz geschrieben wurde.

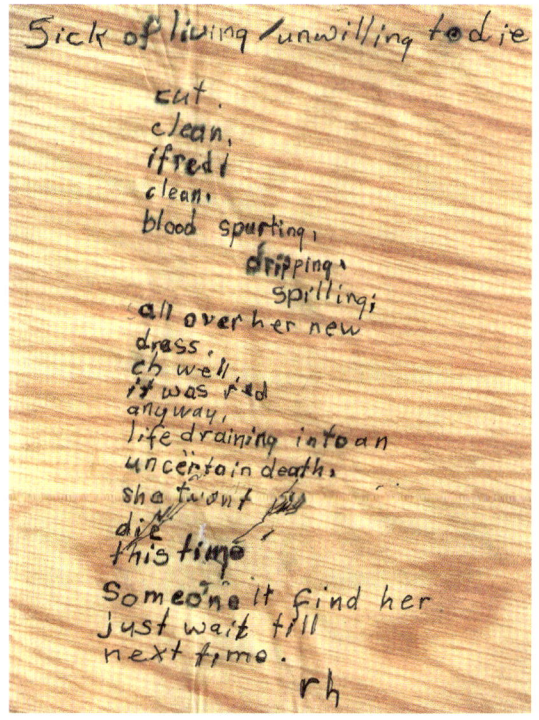

Sick of living/unwilling to die

cut.
clean.
if red /
clean.
blood spurting,
 dripping,
 spilling;
all over her new
dress,
oh well.
it was red
anyway.
life draining into an
uncertain death.
she won't
die.
this time
someone ll find her.
just wait till
next time.

rh

Der Autor des „Desktop-Poem" genannten Gedichtes phantasiert über einen Mord an einer Frau … Erst Jahre später, als mehrere Briefe des Zodiacs vorliegen, vergleicht man das Gedicht mit seiner Wortwahl und Handschrift und findet viele Übereinstimmungen. Sherwood Morrill, Handschriftenspezialist für den Zodiac, ist sich sicher, dass das Gedicht von ihm stammt.

Sechs Monate nach dem Tod von Cheri Jo Bates greift die *Riverside-Press-Enterprise* den ungeklärten Fall noch einmal auf und berichtet ausführlich über die Tat. Nur einen Tag später erhalten Polizei, Zeitung und Cheri Jos Vater Joseph einen fast identischen Brief mit dem Inhalt: „Bates musste sterben. Weitere werden folgen." Zwei der Briefe enthalten eine Signatur, die einem Z ähnelt.

Als im November 1970 die *Los Angeles Times* und der *San Francisco Chronicle* über den Fall Cheri Jo Bates berichten, bekommen sie ein paar Monate später Post vom Zodiac (s. S. 104), in der dieser sich zu der Tat bekennt und ihnen gratuliert, die Verbindung entdeckt zu haben.

Eine Krankenschwester verschwindet:
Donna Lass

Donna Lass ist 25 Jahre alt und arbeitet als Krankenschwester in South Lake Tahoe. Am 5. September 1970 hat sie Spätschicht, welche 18:00 Uhr beginnt. Die Arbeit scheint ganz normal zu verlaufen, in den Krankenakten hat Donna zuletzt um 1:50 Uhr etwas eingetragen, zehn Minuten später endet ihre Schicht. Danach verschwindet sie, niemand sieht sie gehen.

Zu ihrem Wohnort im Nachbarort Stateline fährt die junge Frau immer mit dem Cabrio. Das Auto wird später vor ihrer Wohnung in den *Monte Verdi Apartments* gefunden, ordnungsgemäß abgeschlossen – ist Donna Lass selbst nach Hause gefahren? Andererseits hat sie ihren Arbeitsplatz anscheinend hastig verlassen, ein achtlos hingeworfener Brief und getragene Arbeitskleidung liegen noch herum.

Einen Tag später, am 6. September, trifft eine Freundin von Donna Lass in Stateline ein. Die frühere Arbeitskollegin hat ihren Besuch zwar angekündigt, doch nun steht sie vor verschlossenen Türen. Donna reagiert auch nicht auf Anrufe und so fährt die Freundin wieder heim.

Noch am gleichen Tag ruft ein Mann bei Donna Lass auf Arbeit an und erklärt, dass sie wegen eines unerwarteten Krankheitsfalles in der Familie überraschend weggefahren sei. Auch ihren Vermieter informiert er. Die Story stellt sich als Schwindel heraus. Donna Lass bleibt verschwunden.

Am 22. März 1971 trifft dann die Collage-Karte an Paul „Averly" beim *Chronicle* ein (s. S. 105). Spezialisten wollen in dem Text Bezüge zum Verschwinden von Donna Lass erkennen. Ihr Name wird allerdings nirgends genannt. Hat der Zodiac wirklich etwas mit ihrem Verschwinden zu tun? Eine Verbindung ist bis heute umstritten.

Entschlüsselungsversuche und kein Ende …

Zwischen 1969 und 1974 bekennt sich der Zodiac in Briefen und Karten zu 37 Morden. Fünf von ihnen können ihm zweifelsfrei zugeordnet werden, weil er Details nennt, die nur die Polizei kennt.

Bis heute befassen sich Kryptologen, Schriftgutachter, Sprachwissenschaftler, Laien, selbst ernannte Dechiffrier-Experten und Verschwörungstheoretiker mit den Nachrichten des Zodiacs.

Unzählige Erklärungsversuche gibt es mittlerweile. Viele von ihnen sind reine Spekulation, einige Fakten jedoch gelten als erwiesen.

1. Die Experten kommen zu dem Schluss, dass die Rechtschreib- und Grammatikfehler in den Briefen nur vorgetäuscht sind, um einen ungebildeten Mensch vorzuspiegeln. Solch ein Verfasser wäre wohl kaum in der Lage, sich komplizierte Chiffren auszudenken, physikalische und geologische Kenntnisse anzuwenden oder passende Anspielungen und Zitate aus Opern zu finden.

2. Ursprünglich gehen die Sachverständigen davon aus, dass das Schriftbild der richtigen Handschrift des Zodiacs gleicht, doch es verändert sich von Brief zu Brief. Entweder hat der Zodiac seine Schrift verstellt oder die von anderen nachgeahmt.

3. Einige der verwendeten Begriffe legen den Schluss nahe, dass der Verfasser Wurzeln in Großbritannien haben könnte. Ausdrücke wie „Happy Christmas" oder „Kiddies" werden in den USA so nicht verwendet.

4. Die Schreiben widerspiegeln das Bedürfnis des Zodiacs, sich der Öffentlichkeit mitzuteilen. Er möchte, dass alle von seinen Taten – und seiner „Genialität" erfahren. Daher wäre es für ihn sinnlos, *nur* falsche oder nichtssagende Informationen zu senden und daraus folgt, dass es in seinen Botschaften objektive Wahrheiten gibt. Gleichzeitig muss er aber verhindern, dass man ihn durch seine Nachrichten enttarnt. Jede von ihnen stellt ein Risiko dar. Deshalb muss er zusätzlich zu den Tatsachen Lügen und irreführende Hinweise einbauen.

5. Aus der Sicht des Zodiacs ist es unsinnig, seine Mitteilungen an beliebigen Tagen zu versenden. Viel eher scheint es wahrscheinlich, dass er den Zeitpunkt, wie zum Beispiel Halloween, jeweils genau ausgesucht hat. Daraus folgt, dass es in seinen Nachrichten nichts Zufälliges gibt und dass die Informationen, die er über sich selbst liefert, größtenteils zutreffen.

Der Zodiac-Fall fasziniert Menschen in aller Welt. Und doch scheint ein makabrer Fluch darauf zu liegen. Viele, die sich näher mit dem Killer befassen, unterliegen früher oder später der Besessenheit, die Nachrichten entschlüsseln zu können. Im Lauf der Jahre bildet sich eine riesige Subkultur heraus; auf Webseiten wie *zodiackiller.com* oder *zodiacciphers.com* tummeln sich Tausende von Leuten, die sich über den Fall austauschen, Entschlüsselungstechniken diskutieren, Ermittlungsergebnisse vergleichen oder mögliche Verdächtige präsentieren. Allein die Seite *zodiackiller.com* wird jeden Monat von zwei Millionen Menschen besucht.

Liegt ein Fluch auf den Botschaften?

Dave Toschi, damals leitender Ermittler des *San Francisco Police Departements,* bekommt Magengeschwüre.

Bill Blake, ein längst pensionierter Kriminalist, ermittelt noch heute.

Paul Avery, Reporter des *Chronicles,* verfällt dem Alkohol und trinkt sich zu Tode.

Robert Graysmith, Sachbuchautor aus den USA widmet dem Zodiac zwanzig Jahre seines Lebens. 1968 mit gerade mal 24 Jahren ist er als Karikaturist beim *Chronicle* angestellt. Als das erste Bekennerschreiben bei der Zeitung

eintrifft, ist Graysmith sofort fasziniert – arbeitet er doch als Cartoonist selbst mit Zeichen und Symbolen.

Von jenem Tag an vernachlässigt er sein Künstlerdasein und widmet sich nur noch der Aufklärung der Serienmorde. Zehn Jahre lang recherchiert er parallel zur Polizei, opfert seine komplette Freizeit, verliert an Gewicht. Statt seinen Kindern Bilderbücher zu zeigen, präsentiert er ihnen Beweisstücke vom Zodiac und befragt sie dazu. Seine Ehe zerbricht.

Graysmith begibt sich selbst in Gefahr, beschattet „seinen" Hauptverdächtigen Arthur Leigh Allen (s. S. 112) mit dem Auto und bringt seine Freundin dazu, mit einem Verdächtigen anzubandeln, um eine Handschriftenprobe von ihm zu bekommen. Robert Graysmith schreibt zwei Bücher über den Zodiac. Bis heute gilt er als einer der führenden Experten über den Fall.

Über 2.500 Verdächtige werden im Lauf der Jahre überprüft. Keiner von ihnen ist der Zodiac.
Und doch gibt es einige unter ihnen, die dafür infrage kommen.

Verdächtige

Täterprofile helfen weiter, Verdächtige zu finden und einzuordnen. Auch im Fall des Zodiacs bitten die Ermittler Psychologen, Handschriftexperten und Verhaltenspathologen um Rat. Diese untersuchen die Briefe und beurteilen die Taten.

Insgesamt ergeben sich folgende Charakteristika:

- Der Mörder ist ein zutiefst frustrierter Mann, der Menschen in funktionierenden Beziehungen hasst.
- Sexuelle Zwänge beherrschen sein Handeln, wahrscheinlich ist er impotent.
- Der Killer genießt zwar offensichtlich die Beschreibung seiner Taten, fügt aber den Opfern nicht noch zusätzliche Schmerzen zu oder foltert sie, ist also kein Sadist.
- Es ist wahrscheinlich, dass der Täter geisteskrank ist – paranoid? Multipel?

Der Schriftsachverständige kann auch einiges zum Charakter des Zodiacs beitragen. Die starke Linksneigung der unteren Buchstabenteile deutet auf eine unglückliche Kindheit und Feindseligkeit gegen die Mutter hin. Aus Hass gegen die Mutter tötet er andere Frauen. Seine Rechtschreibfehler sind inszeniert, um einen ungebildeten Menschen vorzutäuschen.

Und das Motiv?

Zodiac tötet, weil er sich damit aufwerten kann, weil er nun endlich „jemand" ist, mediale Aufmerksamkeit bekommt, berühmt wird.

Lawrence Kane – **Immobilienmakler**

Lawrence Kane wird insbesondere mit dem Verschwinden von Donna Lass (s. S. 108) in Verbindung gebracht. Er arbeitet im gleichen Gebäude wie die Krankenschwester, wo er Immobilien verkauft. Kollegen von Donna sagen später aus, dass sie und Kane sich kannten. Der Anrufer, der Donnas Arbeitgeber und Vermieter am nächsten Tag informiert, dass sie zu einem kranken Familienmitglied gefahren sei, muss der Täter gewesen sein, da zu dieser Zeit noch niemand von ihrem Verschwinden wusste. Und es muss ein Bekannter von Donna sein, der sowohl ihre Arbeitsstelle als auch den Vermieter kennt.

Harvey Hines, ein Ermittler in dem Fall, stellt Übereinstimmungen von Lawrence Kanes Handschrift mit der des Zodiacs fest, die „Collage-Karte", die am 22. März 1971 an den *Chronicle* geschickt wird, entstammt einer Anzeige für Eigentumswohnungen – Lawrence Kane ist Immobilienmakler.

1943, während des Zweiten Weltkriegs, ist Kane im aktiven Dienst bei der *US Navy*. Dabei wird er zum „Radio Man" ausgebildet, jemand der sich in Navigation, dem Senden und Empfangen von Botschaften, mit verschlüsselten Nachrichten und Verschlüsselungstechniken auskennt.

Nachricht „Z 13" (s. S. 100), in der der Zodiac schreibt: „My name is -------" enthält eine Zeile mit 13 Symbolen. Die ersten vier Buchstaben sind „AENK", ein Anagramm von KANE? Aber wäre der echte Zodiac tatsächlich so leichtsinnig gewesen, seinen richtigen Namen preiszugeben?

Kathleen Johns, die im Sommer 1970 mit ihrem Baby entführt und stundenlang durch die Gegend gefahren wird, wählt Kane später aus einer Reihe von 18 Fotos als Täter aus.

Hinzu kommt, dass Kane bei einem Autounfall massive Verletzungen an der

Kathleen Johns wählt Kane aus einer Reihe von 18 Fotos als Täter aus.

linken vorderen Kopfseite erleidet. Der Frontallappen des Gehirns gilt als „geistiger Lenker", als Sitz der individuellen Persönlichkeit und des Sozialverhaltens. Beschädi-

gungen dieser Region können bei unverminderter Intelligenz zu Störungen des sozialen Verhaltens, verminderter Selbstkontrolle und erhöhter Impulsivität führen.

Lawrence Kane stirbt 2010. Eine Tatbeteiligung kann ihm nie nachgewiesen werden.

Richard „Rick" Marshall – **Filmfan**

Obwohl keine beweisbaren Fakten Rick Marshall mit irgendeinem der Zodiac-Verbrechen verbinden, gibt es doch zahlreiche Übereinstimmungen, insbesondere mit Zeiten und Tatorten. Mehrere Ermittler in dem Fall betrachten ihn als Verdächtigen und auch sein Aussehen zum Zeitpunkt der Taten ähnelt dem Phantombild des Zodiacs.

Bei fast allen Morden hält sich Marshall in der Nähe auf: 1966 wohnt er in Riverside, ganz in der Nähe der ermordeten Cheri Jo Bates. Als Paul Stine erschossen wird, lebt Marshall in der Scott Street in San Francisco, dicht bei der Stelle, an der der Mörder in Paul Stines Taxi einstieg.

Bei fast allen Morden hält sich Marshall in der Nähe auf

In den frühen 1970er Jahren arbeitet Rick Marshall bei der Radio Station *KTIM* der San Francisco Bay Area. Die *KTIM*-Rufzeichen, die der Sender verwendet, ähneln den Symbolen, die im „Exorcist Letter" vom Januar 1974 enthalten sind.

Zudem ist Marshall großer Filmfan. Er ist als Filmvorführer in Stummfilmtheater namens *Avenue* tätig und zeigt unter anderem den Film Red Phantom" *(im Original „El Espectro Rojo", d. Verf.)*, in dem ein Skelett auftritt.

In einem Brief, der am 8. Juli 1974 an den *San Francisco Chronicle* geschickt wird, bezeichnet sich der Verfasser als „red phantom". Ob dieser Brief jedoch wirklich vom Zodiac stammt, ist umstritten.

Gareth Sewell Penn – **besessener Zodiac-Forscher**

Gareth Penn, ein hochgebildeter junger Mann, der an der Universität von Kalifornien mittelalterliche germanische Sprachen studiert hat, bringt sich selbst ins Spiel. Sein Vater, Verschlüsselungsexperte der US-Armee im Zweiten Weltkrieg, macht Gareth auf das Zodiac-Rätsel aufmerksam und dieser beginnt, sich mit dem Fall zu befassen. Nachdem er die Botschaften des Killers von allen Seiten auseinander genommen hat, kommt er auf die Idee, dass alle Tatorte auf bestimmten Koordinaten der Landkarte liegen und beschreibt seine „Radiantheorie" – zu deutsch „Radiantentheorie".

Ein Radiant ist ein Winkelmaß. Der Winkel oder auch „Bogenwinkel", wird dabei durch die Länge eines Kreisbogens angegeben.

Wenn man so möchte, zeigt auch das Zodiac-Zeichen vier solche Radianten. Insbesondere der "Karten-Code" Z 32 (s. S. 101) weist Merkmale der Radiantentheorie auf, hat der Zodiac doch hier sein Symbol direkt in die Landkarte eingezeichnet. Gareth Penn glaubt nun, der Zodiac wolle mit seinen Taten ein „mörderisches Kunstprojekt" in Form eines Musters über der *San Francisco Bay Area* schaffen.

Briefe an Zeitungen, bizarre Postkarten, nächtliche Anrufe und verschlüsselte Nachrichten

Einen Verdächtigen hat er auch gleich zur Hand: Professor Michael O'Hare von der *Universität von Kalifornien.* O'Hare kennt sich mit binärer Mathematik und dem Morse-Code aus. Außerdem hat er in der Armee eine Ausbildung zum Scharfschützen durchlaufen. Solidere Beweise kann Gareth Penn nicht aufführen ... Trotzdem beginnt er ab 1981, Michael O'Hare öffentlich zu beschuldigen. Er schreibt Briefe an Zeitungen und wendet sich auch an O'Hare selbst: bizarre Postkarten, nächtliche Anrufe und verschlüsselte Nachrichten treffen regelmäßig bei dem Professor ein. Der reicht Klage gegen Penn ein und kündigt zivil- und strafrechtliche Sanktionen an.

Im Mai 2009 beendet Michael O'Hare sein jahrelanges Schweigen. In einem Artikel auf der Website von *Washington Monthly* beschreibt er seine Erfahrung als Zodiac-Verdächtiger.

Später gerät Gareth Penn selbst ins Visier der Ermittler, doch auch er kann nie direkt mit den Taten in Verbindung gebracht werden.

Richard Joseph Gaikowski – alias Dick Gyke – der „Irre"

Richard Gaikowski ist längere Zeit einer der Hauptverdächtigen im Falle des Zodiac Killers. Doch wie kommt es dazu?

In den 1950er Jahren dient Gaikowski in der Armee. An mehreren Tatorten werden Hinweise auf einen Angehörigen der Armee gefunden, wie zum Beispiel Abdrücke von Militärstiefeln. Beim Dienst als Soldat wird er auch zum Sanitäter ausgebildet. Diesen bringt man bei, wie sie die Kleidung eines blutenden Opfers in rechteckige Streifen reißen können, um Binden daraus zu machen. Beim Hemd

des Taxifahrers Paul Stine wurde die gleiche Vorgehensweise angewendet. Weit hergeholt? Es gibt noch weitere Indizien ...

1966 zieht Richard Gaikowski für ein paar Jahre nach Albany im Bundesstaat New York, wo er als Journalist für die *Knickerbocker News* schreibt.

Auch Darlene Ferrin, die am 4. Juli 1969 vom Zodiac ermordet wird, wohnt zu dieser Zeit in Albany, ihr Mann arbeitet sogar im gleichen Gebäude wie Gaikowski für eine rivalisierende Zeitung, die *Albany Times-Union.*

Von 1969–1971 schreibt Gaikowski dann in San Francisco für eine Zeitung namens *Good Times,* die Gewalt und Gegenkultur propagiert. Seit Beginn des Jahres 1969 veröffentlicht das Blatt gewalttätige Romane, in der ähnliche Verbrechen beschrieben wurden, wie sie der Zodiac begeht.

Ab und an berichtet die *Good Times* auch sensationslüstern über den Zodiac. Seine Artikel unterzeichnet Gaikowski mit „Gike", „Gaik" oder „Gyke".

In „Z 408" findet sich die Buchstabenfolge „GYKE". Ein Zufall?

In „Z 408" (s. S. 92), der dreigeteilten codierten Nachricht, die der Zodiac am 31. Juli 1969 an drei verschiedene Zeitungen verschickt, findet sich die Buchstabenfolge „GYKE". Ein Zufall?

Auch die Dreiteilung taucht sowohl in derselben Zeit wie der Brief auf der Titelseite der *Good Times* und mehrfach im Inhalt auf.

Gaikowski lanciert zudem in der *Good Times* kostenlose Werbespots für ein Drama namens „Mikado" im *College of Arts & Crafts.* Auch auf der Beerdigung des Taxifahrers Paul Stine taucht er auf. Dessen Schwester Carol erkennt ihn später wieder. War er „nur" sensationslüstern?

In seiner Zeit in San Francisco raucht er Haschisch und nimmt Drogen wie LSD, dreht im März 1971 vollkommen durch und wird, Augenzeugen nach, zum „Berserker". Man weist ihn in das *Mount Zion Hospital* in San Francisco ein, wo eine Geisteskrankheit diagnostiziert wird. Drei Jahre verbringt Gaikowski hier, danach entlässt man ihn. Der Zodiac hat am 22. März 1971 eine Karte verschickt und dann fast drei Jahre lang geschwiegen. Erst im Januar 1974 kommt die nächste Post von ihm – der „Exorcist-Letter".

Erst Jahre später, 1986, untersucht die Sheriff-Abteilung von *Napa County* Zusammenhänge zwischen den Zodiac-Morden und Richard Gaikowski.

Die Polizistin, die nach dem Überfall auf Darlene Ferrin und Michael Mageau das ominöse Bekenner-Telefonat entgegengenommen hat, glaubt, dass die Stimme des damaligen Anrufers der von Gaikowski gleicht. Doch das ist Jahre her und ob der Anrufer tatsächlich der Zodiac war, wurde nie bewiesen.

Detective Ken Narlow vom Napa County findet nicht genügend Beweise für einen Durchsuchungsbefehl oder gar eine Festnahme und so wird die Angelegenheit fallengelassen.

Richard Gaikowski stirbt im April 2004 an Krebs.

Theodore „Ted" Kaczynski – der "Unabomber"

Eigentlich kennt man Ted Kaczynski weithin als „Unabomber". Aus „Universities and airline bom bings" wurde der Einfachheit halber Unabomber.

Theodore Kaczynski ist ein mathematisches Genie, sein IQ liegt bei 165. Er überspringt gleich zwei Klassen der High-School, beginnt mit 16 Jahren zu studieren, macht 1962 seinen Bachelor in Mathematik in Harvard, dann an der *University of Michigan* den Master und promoviert anschließend.

> Theodore Kaczynski ist ein mathematisches Genie, sein IQ liegt bei 165

Während seiner Zeit an der Universität gehört Kaczynski zu den Probanden einer Persönlichkeitsstudie im Rahmen eines CIA-Projektes namens *MKULTRA*, bei dem Versuche an Menschen mit LSD durchgeführt werden. Kaczynski bleibt nicht lange Dozent. Er zieht sich zunehmend zurück, lebt schließlich in einer abgelegenen Hütte mitten im Wald und vermeidet jeden Kontakt mit Menschen.

Von Mai 1978 bis April 1995 – als er gefast wird – deponiert und verschickt Kaczynski 16 Bomben, die zu 23 Verletzten und drei Todesopfern führen.

Aber was hat Kaczynski mit dem Zodiac zu tun?

Da sind zum einen die Kenntnisse in Geometrie und Infinitesimalrechnung. Ein mögliches Konzept mit Radianten (s. S. 111) auf der Landkarte wäre ihm ein Leichtes gewesen.

Auch mit Programmiersprachen, Chiffren und dem Bau von Bomben kennt sich der spätere Unabomber bestens aus. Gern kontaktiert er Behörden und Zeitungen, schreibt Briefe und verfasst Manifeste.

Zur Zeit der Morde am *Lake Herman* im Dezember 1968 lebte Theodore Kaczynski in Berkeley.

Doch damit erschöpfen sich die Übereinstimmungen. Weder seine Handschrift noch Fingerabdrücke oder später die DNA bestätigen den Verdacht, Ted Kaczynski könne etwas mit den Zodiac-Morden zu tun haben.

Arthur Leigh Allen – Frauenhasser und Kinderschänder

Allein 1969 und 1970 überprüft die Polizei mehrere Tausend Verdächtige. Bei keinem reichen die Beweise für eine Verhaftung aus. Arthur Leigh Allen ist derjenige, gegen den am intensivsten ermittelt wird. Schon im Oktober 1969 gerät er erstmals in den Fokus der Ermittlungen und die Überprüfungen dauern bis kurz vor seinem Tod im Jahr 1992 an …

Am 6. Oktober 1969 sucht Sergeant John Lynch von der Polizei Vallejo die *Elmer Cave Elementary School* auf. Er ermittelt im Fall Darlene Ferrin und Michael Mageau von Juli 1969 (s. S. 91). Jemand – wer ist bis heute unklar – hat die Ermittler auf den Hausmeister Arthur Leigh Allen aufmerksam gemacht.

In seinem Bericht beschreibt John Lynch Arthur Leigh Allen als fülligen Mann, der 1,85 Meter groß und etwa 110 Kilogramm schwer ist. Obwohl erst 35 Jahre alt, ist Allen schon fast kahlköpfig, er trägt Oberlippen- und Kinnbart, das Resthaar an den Kopfseiten ist zum Teil schon ergraut. Der Einzelgänger lebt noch bei seinem Eltern in Vallejo.

Seltsamerweise befragt Sergeant Lynch den Verdächtigen nicht nach seinem Alibi für den 4. Juli, sondern nach dem 27. September, dem Tag des Überfalls auf Cecelia Ann Shepard und Bryan Hartnell am *Lake Berryessa* (s. S. 94).

> Besonders Frauen gegenüber verhält er sich feindselig, hat einen aufbrausenden Charakter, hasst seine Mutter und besitzt mehrere Waffen

Arthur Leigh Allen gibt an, dass er bereits einen Tag vorher nach Salt Point Ranch, 120 Kilometer nördlich von San Francisco, gereist sei. Nach einem Tauchausflug habe er in Salt Point Ranch übernachtet und sei zwischen 14.00 Uhr und 16.30 Uhr nach Vallejo zurückgefahren. Den Rest des Tages will er zu Hause verbracht haben, kann jedoch nicht sagen, ob seine Eltern anwesend waren oder nicht.

Der Verdacht gegen Allen wird fallengelassen.

Arthur Leigh Allen, ein ehemaliger Grundschullehrer, ist ein unangenehmer Zeitgenosse. 1968 entlässt man ihn an der *Valley Springs Elementary School*, weil er Kinder missbraucht haben soll.

Besonders Frauen gegenüber verhält er sich feindselig, hat einen aufbrausenden Charakter, hasst seine Mutter und besitzt mehrere Waffen. Aus der Navy wird er unehrenhaft entlassen.

Hinzu kommt, dass man ihn mehrfach wegen Kindesmissbrauchs verdächtigt. Im Oktober 1974 wird Allen sogar deswegen der Prozess gemacht, man befindet ihn für schuldig, einen Jungen sexuell missbraucht zu haben. Die Strafe: Ein Zwangsaufenthalt im *Atascadero State Hospital*, einer Hochsicherheitseinrichtung für psychisch kranke Straftäter.

Arthur Leigh Allen gerät 1971, fast zwei Jahre nach der ersten Befragung durch Sergeant John Lynch erneut unter Verdacht. Im Juli 1971 erscheint in der *Los Angeles Times* ein Artikel über einen Überfall auf einem Campingplatz. Der Täter hat eine Machete verwendet.

Am darauffolgenden Tag meldet sich ein Mann bei der Polizei in Los Angeles, der zu wissen glaubt, wer für die Tat verantwortlich ist. Santo Panzarella, der aus Vallejo stammt, hat sich mit seinem Kollegen Donald Cheney über den Zeitungsartikel unterhalten und beide sind sich sicher: Der unbekannte Täter muss Arthur Leigh Allen sein.

Panzarella und Cheney kennen Allen schon lange. Sie haben mit seinem Bruder das College besucht, Cheney hat mit Allen etliche Jagdausflüge unternommen. Angeblich hat der Verdächtige dabei erzählt, wie er Liebespaare beobachten und Jagd auf sie machen wolle, wozu er eine Taschenlampe auf dem Lauf des Gewehrs befestigen wolle. Da es sich nicht um Beziehungstaten handelte, würde sich die Polizei schwer tun, ihn zu ermitteln. Angeblich hat Allen sogar behauptet, dass er der Polizei Botschaften mit falschen Informationen zukommen lassen wollte, die er mit „Zodiac" unterschreiben würde. Passenderweise besitzt er sogar eine Zodiac-Uhr, die ihm seine Mutter 1967 geschenkt hat.

Und es kommt noch besser: Donald Cheney weiß auch von einem Gespräch zu berichten, in dem Allen über einen Angriff auf einen Schulbus phantasiert hat, bei welchem er zuerst auf die Reifen und dann auf die herausrennenden Kinder schießen wolle.

Es klingt, als sei der Zodiac gefunden worden. Doch vieles von dem, was Donald Cheney der Polizei erzählt, stand vorher schon in der Zeitung oder in den Briefen des Killers. Nichtsdestotrotz – Arthur Leigh Allen könnte der Zodiac sein.

Die Ermittlungen gegen ihn beginnen erneut. Ein Eintrag im Vorstrafenregister besagt, dass Allen im Juni 1958 wegen Ruhestörung verhaftet wurde, weil er in einen heftigen Streit mit einem Bekannten geraten war. Das Verfahren wurde eingestellt. Nun geben die Polizisten vom *Los Angeles Police Departement* die Informationen an ihre Kollegen in San Francisco weiter, wo es eine von Dave Toschi geleitete Zodiac-Sonderkommission gibt.

Arthur Leigh Allen stammt aus Vallejo, und lebt zum Zeitpunkt der Überfälle auf David Faraday und Betty Lou Jensen im Dezember 1968 und auf Michael Renault Mageau und Darlene Ferrin im Juli 1969 hier. Der Täter muss einen engen Ortsbezug haben – kaum ein Fremder kennt so abgeschiedene Plätze wie den an der Lake Herman Road.

Dazu kommt, dass Darlene Ferrin in einem Restaurant in der Tennessee Street gearbeitet hat, nur einen Häuserblock von Arthur Leigh Allens Wohnsitz entfernt. Don Cheney, Arthurs Kumpel, erzählt, dass der eine Kellnerin in jenem Restaurant besonders gemocht habe. Kannte er sie persönlich?

Die Ermittler in San Francisco suchen zuerst einen Tankstellenbesitzer auf, bei dem Allen zeitweise gearbeitet hat. Dieser sagt, dass Allen zwar ein brauchbarer Mitarbeiter gewesen sei, sich jedoch der Tochter des Chefs gegenüber unsittlich verhalten und zuviel Alkohol getrunken habe. Daraufhin sei Arthur Leigh Allen gefeuert worden.

Mittlerweile ist der Verdächtige bei *Union Oil* in Pinole angestellt. Hier treffen ihn die Ermittler und befragen ihn zu seinen Aussagen gegenüber Donald Cheney. Allen kann sich nicht daran erinnern. Den Zodiac kennt er angeblich aus Zeitungsberichten und fügt hinzu, dass er dazu schon im Oktober 1969 befragt worden sei. Dann folgen ein paar Aussagen, die den Polizisten merkwürdig erscheinen. Ohne dass man ihn danach gefragt hat, erzählt Arthur Leigh Allen, dass er in Riverside gewesen ist, als Cheri Jo Bates ermordet wurde, und gibt zu, mehrere Waffen zu besitzen. Dann zeigt er noch seine Zodiac-Uhr und weist auf zwei blutbefleckte Messer hin, die in seinem Auto liegen und mit denen er ein Huhn zerlegt haben will.

Das reicht. Die Polizisten beschließen, die Ermittlungen zu verstärken.

Zunächst wird das Umfeld intensiv befragt. Allen hat eine Zeitlang für das *Amt für Freizeit und Erholung* in Vallejo als Rettungsschwimmer und Sportlehrer gearbeitet. Der Leiter des Amtes sagt aus, man habe Allen fünf Jahre vorher entlassen, weil sich zahlreiche Eltern über sein unangemessenes Verhalten gegenüber ihren Kindern beschwert haben. Anzeige habe man jedoch nicht erstattet. Kollegen im Amt hätten – so der Leiter – sogar darüber diskutiert, ob Allen der Zodiac sein könnte, weil er dem Phantombild ähnele und sich sexuell abartig verhalte.

Schließlich habe man ihm empfohlen, sich in psychiatrische Behandlung zu begeben, doch Allen habe dies abgelehnt.

Als Nächstes sind Allens Verwandte dran. Sein Bruder Ronald kann sich nicht vorstellen, dass Arthur etwas mit dem Zodiac zu tun haben könnte, weist die Ermittler aber dennoch daraufhin, dass der sich Kindern „unangemessen genähert" habe.

Karen Allen – Arthurs Schwägerin, kann zwar keine Übereinstimmung seiner Schrift mit dem Schriftbild des Zodiacs erkennen, findet aber einige typische Ausdrücke, die sowohl der Killer als auch ihr Schwager verwenden. Und vielleicht hängt das abweichende Schriftbild auch damit zusammen, dass Allen eigentlich Linkshänder ist, aber auch mit rechts schreiben kann.

Außerdem – so Karen, hasse Arthur Frauen und habe niemals eine Beziehung zu einer Frau gehabt. Auch gegenüber seiner Mutter gegenüber sei Arthur feindselig eingestellt, weil sie ihn wegen seines Gewichtes aufziehe.

Leider reichen all die gefundenen Indizien noch nicht aus, einen Durchsuchungsbefehl für seine Wohnung zu erwirken.

Doch der Verdächtige hat nicht nur *einen* Wohnsitz. Rund um die San Francisco Bay soll er mehrere Wohnwagen in sogenannten Trailer-Parks stehen haben. Für einen dieser Wohnwagen im *Sunset Trailer Park* in Santa Rosa erhält die Polizei 1972 den gewünschten Durchsuchungsbefehl und findet merkwürdige Dinge: mehrere tote Eichhörnchen in einem Kühlschrank, Sex-Spielzeug wie einen großen Dildo und Sex-Magazine. Noch während die Ermittler den Trailer durchsuchen, taucht Allen auf. Sie fordern ihn auf, mit der linken und der rechten Hand eine Schriftprobe abzugeben, was er auch macht und nehmen ihm die Fingerabdrücke ab.

Doch Fehlanzeige: Sherwood Morrill, Graphologe und Spezialist in Sachen Zodiac, findet keine Übereinstimmun-

gen. Und auch die Fingerabdrücke passen nicht zu denen, die in Paul Stines Taxi gefunden wurden.

Trotz weiterer Belastungsmomente wie Allens Dienst in der Navy, wo man Militärstiefel trägt, dem Waffenbesitz und den blutbefleckten Messern oder der räumlichen Nähe zur Telefonzelle, von der aus Zodiac bei der Polizei anrief, reichen die Beweise auch dieses Mal nicht aus. Die Ermittlungen gegen Arthur Leigh Allen werden wieder auf Eis gelegt.

Am 27. September 1974 wird Allen wegen Kindesmissbrauchs verhaftet und landet im *Atascadero State-Hospital,* von wo er am 31. August 1977 entlassen wird. In dieser Zeit gibt es keine Nachrichten vom Zodiac. Eine angeblich vom Killer stammende Botschaft – „Ich bin wieder da" – taucht erst im April 1978 auf.

Die Polizei gibt jedoch nicht auf. Mehrfach besucht man ihn in der forensischen Hochsicherheitsklinik, um ihn zu den Zodiac-Morden zu befragen. Darüber hinaus ist Allen in Verdacht geraten, etwas mit einer Serie von 40 ungeklärten Frauenmorden in der Gegend rund um Santa Rosa zu tun zu haben.

Allen sitzt seine Strafe in Atascadero ab und wird am 31. August 1977 entlassen. Er kehrt nach Vallejo zurück und zieht wieder in die Souterrain-Wohnung bei seiner Mutter ein.

Obwohl alle von seinem Gefängnisaufenthalt wissen, findet er recht schnell wieder Arbeit, tritt beim Benicia *Auto Service* eine Stelle als Mechaniker an, einige Zeit darauf ist er als Verkäufer bei *Ace Hardware* tätig, wo er einige Jahre bleibt.

Man findet mehrere tote Eichhörnchen in einem Kühlschrank, Sex-Spielzeug und Sex-Magazine.

Dann erhält der Verdacht, Allen sei der Zodiac, neue Nahrung. Robert Graysmith (s. S. 109), der Karikaturist des *San Francsico Chronicles* verrennt sich in den Fall und forscht unermüdlich nach. Nicht nur, dass er „seinen" Verdächtigen beschattet, Graysmith schickt sogar Bekannte zum Einkaufen zu *Ace Hardware,* um von Allen unterschriebene Quittungen zu erhalten, die er dann mit der Handschrift des Zodiacs vergleicht.

Schließlich veröffentlicht Robert Graysmith 1986 das Buch „Zodiac", der Fall gerät wieder ins Licht der Öffentlichkeit und das Buch avanciert zum Bestseller. Als Mörder nennt Graysmith einen Mann namens „Bob Hall Starr", von dem die Leser vorerst nicht wissen, wer sich wirklich dahinter verbirgt.

Im Januar 1991 meldet sich dann ein Gefängnisinsasse, der angibt, den wahren Zodiac zu kennen. Ein ehemaliger Zellengenosse hat ihm gegenüber zugegeben, den Taxifahrer Paul Stine getötet zu haben. Es ist: Arthur Leigh Allen.

Wieder beginnen die Ermittlungen …

Ein Profiler liefert der Polizei Hinweise, worauf bei Serienmördern zu achten ist, dass sie zum Beispiel Trophäen ihrer Taten behalten. Und so gelingt es im Februar 1991 endlich, einen Durchsuchungsbefehl für Arthur Leigh Allens Haus in Vallejo zu erwirken. Seine Mutter ist zwei Jahre vorher verstorben und so wohnt er nun allein hier, bevorzugt aber noch immer das Kellergeschoss, in dem er schon immer gelebt hat.

Die Polizei findet eine dunkle, trostlose Wohnung mit unzähligen Gegenständen, die darauf hindeuten, dass Allen keineswegs der nette, höfliche Kerl ist, der er vorgibt zu sein.

So beschlagnahmen sie eine Schreibmaschine vom Typ *Elite,* baugleich mit der, die der Zodiac verwendet hat. Auch die gleiche Art von Munition wird bei Allen gefunden; zudem hortet er Waffen; zwei *Ruger,* einen *Colt,* eine Pistole, zwei Gewehre, zwei Schrotflinten und auch ein Jagdmesser werden gefunden.

Auf einem der im Keller gelagerten Tonbänder hört man Schmerzensschreie eines Jungen – Allen gibt zu, dass ihn dies sexuell anrege.

Die brisanteste Entdeckung ist jedoch die von vier Rohrbomben, Zündschnur, mehreren Zündern, Zündkapseln, Schwarzpulver, Schwefel und Kaliumnitrat. Auch die Zodiac-Uhr wird beschlagnahmt. All das sollte ausreichen, Arthur Leigh Allen festzunehmen, schließlich darf er als Vorbestrafter gar keine Waffen besitzen. Doch nichts dergleichen geschieht.

Der massive Polizeieinsatz bleibt den Nachbarn nicht verborgen. Schnell spricht sich herum, wessen Allen verdächtigt wird und bald darauf fliegt auch das Pseudonym in Robert Graysmiths Buch auf. Arthur Leigh Allen gerät ins Rampenlicht der Medien.

Bei einem Interview sagt er, dass er sich keinen Anwalt leisten könne, jedoch trotzdem mit Melvin Belli Kontakt aufgenommen habe. Eben jenem Melvin Belli, der schon in den 70er Jahren mit dem Fall zu tun hatte und sogar Post vom Zodiac bekam. Ein weiteres Indiz dafür, dass Allen der Killer ist? Der Verdächtige wird nun permanent überwacht und mehrfach verhört. Er zeigt sich „kooperativ".

Michael Mageau, einer der Überlebenden des Zodiacs, der inzwischen alkohol- und drogensüchtig ist, wird aufgespürt und befragt. Man legt ihm Fotos von Männern vor und laut FBI identifiziert er Allen als Killer. Doch Mageaus Aussagen sind widersprüchlich. Würde ein Richter dem suchtkranken Mann glauben?

Das alles sollte nun reichen, um Allen festzunehmen, doch wieder kommt es anders als geplant.

Arthur Leigh Allen wird einen Monat später im August 1992 tot in seiner Wohnung aufgefunden. Er ist an Herz- und Nierenversagen gestorben. Noch einmal wird das Haus durchsucht. Relevante Beweise werden nicht entdeckt.

2002, zehn Jahre nach Allens Tod, nimmt sich das *San Francisco Police Department* die Briefmarken der Zodiac-Briefe vor. Inzwischen kann man mit der DNA-Analyse feststellen, ob sie mit der DNA eines Verdächtigen identisch sind. Das Ergebnis fällt negativ aus – der Speichel stammt nicht von Arthur Leigh Allen.

Trittbrettfahrer, Nachahmungstäter, Bekenner

Einige Menschen fasziniert der Fall mit den geheimnisvollen Botschaften so sehr, dass sie sich entweder wünschen, selbst der Zodiac zu sein, oder ihn gekannt zu haben. Andere ahmen seine Taten nach. In den letzten Jahrzehnten hat es mindestens zehn anonyme Verfasser gegeben, die verschlüsselte Nachrichten im Zodiac-Stil an Polizei oder Medien geschickt haben. Einige der Botschaften wurden entschlüsselt, andere nicht. Keine von ihnen konnte mit dem echten Zodiac in Verbindung gebracht werden.

Auch angebliche Kinder des Killers melden sich zu Wort. Steve Hodel, dessen Vater Dr. George Hodel schon im Fall der Schwarzen Dahlie (s. S. 129) einer der Hauptverdächtigen war, trägt zahlreiche Beweise zusammen, dass sein Vater George der Zodiac gewesen sein muss. Bewiesen wurde auch diese Annahme nie.

Gary Stewart, der bei einer Reinigungsfirma in Baton Rouge arbeitet, hat sogar mit der Journalistin Susan Mustafa ein Buch geschrieben: „The most dangerous animal of all". Earl van Best, Stewarts Stiefvater soll der Zodiac sein. Angeblich stimmen die Fingerabdrücke und auch die Handschriften überein.

Im April 2004 kündigt das *San Francisco Police Department* an, den Fall Zodiac zu den Akten zu legen. Zu viele aktuelle Fälle sind zu bearbeiten, die Ressourcen müssen geschont werden.

Lebt Zodiac noch? Wo steckte er während der Zeiten, in denen man nichts von ihm hörte?

War er im Gefängnis? Ist er gestorben? Einige andere Serienmörder wie der „Green River Killer" oder der „BTK-Strangler" hatten jahrelange „Auszeiten", in denen sie in stabilen Beziehungen mit Frauen lebten und fest angestellt waren.

Die Zodiac-Morde gehören
zu den spannendsten Fällen
in der Geschichte.
Vieles ist bis heute
nicht geklärt und wird
es wohl auch für immer bleiben.

Unheilvoller Besuch im „Waldeggli"

Der Fünffachmord von Seewen

Fünfter Juni 1976, Pfingstsamstag.

Im kleinen Ort Seewen, südlich von Basel im schweizerischen Kanton Solothurn, kommt das Grauen zu Besuch in ein kleines Ferienhäuschen am Waldrand mit dem putzigen Namen *Waldeggli.*

Die 62-jährige Elsa Siegrist und ihr ein Jahr älterer Mann Eugen werden förmlich hingerichtet. Insgesamt dreizehn Schüsse aus einem Repetiergewehr, einer *Winchester Replica* – elf davon gezielt in den Kopf – erledigen auch Eugen Siegrists 80-jährige Schwester Anna Westhäuser-Siegrist und ihre Söhne Emanuel und Max.

Der Tod kommt vorbei

PFINGSTEN 1976 herrscht bestes Wetter – die Sonne strahlt vom Himmel, es ist warm; ideal, um Zeit in der Natur zu verbringen. „Banholz" heißt ein kleines Naherholungsgebiet bei Seewen in der Nähe von Basel. Hier stehen zu jener Zeit 17 Häuschen, in denen Leute in den Sommermonaten ihre Freizeit verbringen.

Das *Waldeggli* ist solch ein kleines Wochenendhaus Marke Eigenbau aus dunklem Holz, das auf einem Podest steht. Zwei Stufen führen zur Tür hinauf, zwei Fenster schauen auf die hölzerne Veranda. Bäume strecken ihre Äste über das wellblechbedeckte Dach, der Rasen ist ordentlich gemäht, eine Schweizer Fahne weht am Dachfirst.

Am Pfingstsamstag gegen 18 Uhr begegnet ein Zeuge Anna Westhäuser-Siegrist und ihren Söhnen Emanuel und Max bei einem Spaziergang. Sie grüßen einander. Die 80-jährige Witwe besitzt selbst ein Häuschen in Banholz. Der Zeuge nimmt an, dass Anna ihren Bruder Eugen und dessen Frau Elsa im *Waldeggli* besuchen will.

Kurz darauf hört der Zeuge mehrere Schüsse, kümmert sich jedoch nicht weiter darum, weil Jäger und andere Waf-

Waldrand und spähen durch Feldstecher hinunter. Tatsächlich entdecken sie das Teppichbündel, daneben zwei Patronenhülsen und eine Blutlache auf dem Rasen.

Am Häuschen angekommen, stellt sich das Bündel als die in einen Teppich eingewickelte Leiche von Elsa Siegrist heraus. Die Hütte ist verschlossen, das Auto der Siegrists – ein olivgrüner *Opel Ascona* fehlt. Sofort lösen die beiden Polizisten Alarm aus.

Max Jaeggi ist 40 Jahre alt und Fahnder bei der Kantonspolizei Solothurn. Man sagt von ihm, dass er nie ein Gesicht vergisst. Der sportliche Mann – er war als Ringer Mitglied der Nationalmannschaft der Schweiz – koordiniert die Ermittlungen. Am Pfingstsonntag 1976 sitzt er gerade

fenbesitzer hier des Öfteren „herumballern", wie er später aussagt. Und so geschieht erst einmal nichts. Bis zum Sonntagmittag.

Auch der Pfingstsonntag wartet mit Sonnenschein auf. Kurz vor dem Mittag kommt eine junge Frau zum Polizeiposten in Dornach. Sie hat im Vorübergehen auf der Veranda des *Waldeggli* ein Bündel bemerkt, beschreibt es als „ein in einen Teppich gerolltes Etwas". Zudem sei getrocknetes Blut zu sehen. Zwei Polizisten machen sich auf den Weg. Weil sie vorsichtig sind, fahren sie nicht direkt zu der Hütte, sondern klettern auf einen Hochsitz am

Das Waldeggli ist solch ein kleines Wochenendhaus Marke Eigenbau

am Esstisch, als ein Anruf eingeht: Er solle sofort zum *Waldeggli* in Seewen kommen, fünf Menschen seien umgebracht worden, es eile. Max Jaeggi begibt sich auf den Weg.

Nachdem die Polizei die Tür zur Hütte aufgebrochen hat, entdeckt sie zwei weitere Opfer: Eugen Siegrist und seine Schwester Anna. Die Leichen von Emanuel und Max Westhäuser findet man im Geräteschuppen.

Die Situation gleicht einer Hinrichtung. Fünf unbescholtene Menschen im Alter zwischen 49 und 80 Jahren wurden mit Kopfschüssen getötet.

kommt der erste wichtige Hinweis. Dreizehn Patronenhülsen, die am Tatort zurückgeblieben waren, stammen aus einem Unterhebel-Repetiergewehr der Marke *Winchester Replica.* Allein vierzig Beamte sind mit den Recherchen zur Tatwaffe beauftragt. Sie suchen die Waffenhändler auf und ermitteln alle Besitzer von *Winchester*-Gewehren in der Schweiz – es sind genau 3007.

Einige Tage nach der Bluttat fährt ein Kran beim *Waldeggli* vor, hebt das Häuschen empor und bringt es zur Spurensicherung nach Liestal, wo die Beamten es komplett auseinander nehmen.

Minutiös gehen Jaeggi und sein Team alles durch. Sie suchen nach allen nur erdenklichen Verbindungen zu den Opfern, telefonieren unzählige Personen ab und erstellen eine Unmenge von Akten. Resultate jedoch bleiben aus.

Die Ermittler stehen vor einem Rätsel. Weder finden sie die Tatwaffe, noch können sie erklären, warum die Opfer nicht flüchteten und der Täter sie nacheinander aus nächster Nähe – die Distanz beträgt maximal drei Meter – von vorn erschießen konnte. Die Annahme, dass die Siegrists den Mörder kannten, liegt nahe.

Nachdem alle Hinweise zusammengetragen wurden, rekonstruieren die Beamten den Tathergang wie folgt:

Eugen Siegrist sitzt in seinem Wochenendhäuschen, zerlegt seinen Rasenmäher, fettet das Messer ein und hüllt es

Die Annahme, dass die Siegrists den Mörder kannten, liegt nahe.

Max Jaeggi holt seine mobile Schreibmaschine aus dem Kofferraum seines Wagens. Die ersten Stunden nach der Tat sind die wichtigsten. Alles muss trotz der Eile genauestens dokumentiert werden.

Es bestätigt sich: Die Toten sind das Ehepaar Elsa und Eugen Siegrist, Eugens Schwester Anna und ihre Söhne, der 52-jährige Emanuel und der 49-jährige Max. Außer Elsa liegen alle Opfer in verschlossenen Räumen, sie wurden mit gezielten Kopfschüssen hingerichtet. Was nie gefunden wird, sind die drei Schlüssel zum Häuschen.

Der oder die Täter sind mit dem Auto der Siegrists geflüchtet, später wird der Wagen in Muttenz gefunden und man entdeckt, dass er auf dem Weg nach Hochwald im Morast eines Waldweges steckengeblieben war, der Fahrer ihn jedoch mithilfe zweier Wolldecken unter den Hinterrädern wieder flott gemacht hat.

Dreißig Beamte bilden die Sonderkommission. Ihren Stützpunkt errichten sie im *Hotel Sonne* in Seewen. Die erste Nacht arbeiten Max Jaeggi und seine Kollegen durch. Danach schläft der Fahnder oft in seinem Privatauto, weil er ständig unterwegs ist. Schon wenige Tage nach der Bluttat

Dreizehn Patronenhülsen, die am Tatort zurückgeblieben waren ...

aus. Und so gerät zuerst Robert, der Sohn der Siegrists, ins Visier der Ermittlungen.

Robert hat sich nicht nur aufgrund seiner verwandtschaftlichen Beziehungen verdächtig gemacht, sondern auch, weil er sich einige Jahre zuvor bei einer Auseinandersetzung mit seinem Vater geprügelt hat. Man nimmt ihn noch am Pfingstsonntag fest und verhört ihn. Robert Siegrist sitzt mehrere Wochen in Untersuchungshaft. Doch er kann ein Alibi vorweisen: Er hat zur Tatzeit eine Vorstellung des Kabarettisten Emil Steinberger besucht.

Als nächstes wenden sich die Polizisten einem weiteren Verwandten zu: Adolf Siegrist, einem Neffen der Siegrists, Roberts Cousin.

Adolf – der sich gern „Johnny" nennen lässt, ist ein kleiner Mann, nur 1,50 Meter groß und hat zudem eine sehr hohe Stimme, die wie die einer Frau klingt. Seit seiner Kindheit leidet er unter starken Minderwertigkeitskomplexen, wird von den Verwandten, darunter auch Emanuel und Max Westhäuser gehänselt und als „Globi" bezeichnet. Globi heißt eine bekannte Schweizer Kinderbuchfigur, ein blauer Papagei-Mensch mit Schirmmütze und karierter Hose.

danach in ein Tuch. In jenem Moment hört er etwas. Siegrist tritt ins Freie, erkennt eine drohende Gefahr und vollführt eine Abwehrbewegung. Der erste Schuss trifft ihn in den Arm, der zweite in den Kopf. Wahrscheinlich hat der Mörder zuerst Elsa erschossen, und dieses Geräusch veranlasste Eugen, hinauszugehen. Bewiesen ist diese Annahme jedoch nicht. Möglich ist auch, dass Elsa hinzukam und *nach* ihrem Mann den Tod fand. Warum sie dann jedoch nicht geflüchtet ist, ist unklar.

Nun beginnt der Mörder, die beiden Leichen in Teppiche einzuwickeln, um sie abtransportieren zu können, schafft anschließend Eugen Siegrist nach drinnen. In jenem Moment wird er anscheinend gestört. Anna Westhäuser-Siegrist und ihre beiden Söhne tauchen auf. Der Mörder – alle Indizien deuten auf einen männlichen Einzeltäter hin – beginnt erneut zu schießen.

Soweit die Theorie der Ermittler.

Doch wer ist der unbekannte Mörder? Und was sein Motiv?

Aufgrund der Tatumstände und ihrer kriminalistischen Erfahrung gehen die Fahnder von einem Beziehungsdelikt

Adolf „Johnny" Siegrists Motiv soll Rache wegen der erlittenen Demütigungen sein. Für die Tatzeit hat er kein stichhaltiges Alibi. Er sei allein beim Fischen gewesen, behauptet er.

Verdächtig macht sich Adolf Siegrist auch, weil ein Waffenverkäufer aus Basel ihn rund drei Wochen vor den Morden in seinem Laden gesehen haben will. „Johnny" hat sich nach Munition für *Winchester*-Waffen erkundigt.

Hans-Georg Spinnler, Verkäufer bei der *Waffenhandel R. Mayer AG,* erinnert sich gut an den ungewöhnlich kleinen Mann mit der Fistelstimme. Der erkundigt sich nach „Patronen des Kalibers 38" in der Variante „besonders schweres Bleigeschoss" und fragt, ob diese auch in eine „Tschinggen-Winchester" passen. Abschließend fügt Adolf Siegrist hinzu, er solle diese Patronen „für jemanden besorgen".

Und auch ein weiterer Verkäufer, Hans Blaser, erinnert sich an „Johnny". 1975 – ein Jahr vor den Morden, taucht der zum ersten Mal bei ihm auf, um Dinge für die Fischerei einzukaufen. Zum Fischereiunternehmen gehört auch eine Waffenhandelsfirma, welche die österreichische

Marke *STEYR SPORT* vertreibt. Eines Tages, so sagt Hans Blaser aus, erkundigt sich Adolf Siegrist nach einer Maschinenpistole und gibt an, Combat-Schütze zu sein.

„Johnny" gehört zur direkten Verwandtschaft der Ermordeten. Zweimal nimmt man ihn in Untersuchungshaft und verhört ihn. Bei ihm daheim findet die Polizei Köpfe aus Styropor, auf die er geschossen hat.

Doch obwohl etliche Indizien Adolf Siegrist belasteten, kann ihm nichts nachgewiesen werden, „Johnny" kann nicht konkret mit der Bluttat in Seewen in Verbindung gebracht werden. Man lässt ihn wieder frei.

Johnny:
Bei ihm daheim findet die Polizei Köpfe aus Styropor, auf die er geschossen hat.

Auch die Tatwaffe bleibt unauffindbar, obwohl mehr als 2500 *Winchester*-Gewehre kontrolliert werden. Keines zeigt die ballistischen Eigenschaften der Mordwaffe.

Lediglich dreißig *Winchester* können nicht überprüft werden, weil ihre Besitzer keine Angaben über den Verbleib ihrer Waffe machen können.

Einer von ihnen ist der 29-jährige Carl Doser, ein verschlossener Einzelgänger mit narzisstischen Persönlichkeitszügen, die gut in das von den Ermittlern erstellte Täterprofil passen. Zum Zeitpunkt der Befragung besitzt er drei Feuerwaffen, doch gerade die *Winchester Replica* ist nicht mehr vorhanden. Das Gewehr hat Carl Doser 1973 bei der Züricher Firma *Hofmann & Reinhart Waffen AG* legal erstanden. Nun behauptet er, es auf dem Flohmarkt an einen Unbekannten verkauft zu haben, weil es nicht mehr funktionsfähig gewesen sei. Im Zuge der Befragungen gewährt er den Beamten sogar Zutritt zu seiner Wohnung in Basel, und auch zur Wohnung seiner Mutter in Olten.

Dem Waffennarren fehlt es jedoch an einem Motiv, zudem ist er weder verwandt mit den fünf Opfern, noch kann man nachweisen, dass er sie kannte.

Und so wird Carl Doser von der Liste der Verdächtigen gestrichen.

Die Ermittler lassen nichts unversucht, kommen aber nicht wirklich weiter.

Nach einem halben Jahr beginnen sie, ihre Ermittlungen zum Fünffachmord herunterzufahren.

Fahnder Max Jaeggi jedoch lässt der Fall nicht los. Immer wieder greift er Details auf, versucht, sich in den Täter hineinzuversetzen, gibt die Hoffnung nicht auf. Er prüft mögliche Motive. Eugen Siegrist liebte Frauen. Mehr, als es Elsa lieb war. Handelte es sich um ein Eifersuchtsdrama?

Im Schlafzimmer von Eugens Schwester Anna Westhäuser-Siegrist werden nationalsozialistische Bilder entdeckt, ihr verstorbener Mann war ein deutscher Musiker und Nazi. Kann das ein Mordmotiv gewesen sein?

Oder ist gar Industriespionage im Spiel? Der ermordete Eugen Siegrist arbeitete für den Basler Chemie-Konzern *Ciba-Geigy*. Keine Theorie lässt sich erhärten.

Insgesamt werden über 10.000 Personen befragt, man geht fast 9.000 Hinweisen aus der Bevölkerung nach, führt 27 Hausdurchsuchungen durch, überprüft 21 Tatverdächtige. Neun Menschen sitzen im Zuge der Ermittlungen zeitweilig in Untersuchungshaft, zehn andere Delikte werden bei den Ermittlungen aufgeklärt.

Jahre gehen ins Land, Jahrzehnte …

Die Mordwaffe taucht auf

1976   1986   **1996**

Herbst 1996, zwanzig Jahre nach dem Fünffachmord.

Die Solothurner Kantonspolizei beruft eine Pressekonferenz ein.

Beim Renovieren einer Wohnung am Ritterweg in Olten hat ein Maurer in der Wand hinter den Küchenschränken ein Gewehr in einem Plastiksack entdeckt. Er versucht, die *Winchester* an einen Waffenhändler zu verkaufen, doch dieser empfiehlt ihm, die Waffe mit dem gekürzten Schaft zur Polizei zu bringen. Ballistische Untersuchungen ergeben, dass die charakteristischen Merkmale, die jede Waffe beim Schuss auf den Projektilen hinterlässt, jenen entsprechen, die auf den Patronenhülsen des Seewener Fünffachmordes festgestellt worden sind.

Es ist der 9424. Hinweis im Mordfall „Waldeggli".

Max Jaeggi stürzte sich wieder auf den Fall.

Die Wohnung, in welcher der Maurer die *Winchester* gefunden hat, gehörte einer Frau Doser – Carl Dosers Mutter. Carl Doser – der inzwischen 59 Jahre alt wäre, ist längst nicht mehr hier, er hat sich 1977 ins Ausland abgesetzt. Seine Spur verliert sich im Süden Afrikas.

Bei der Durchsuchung der Wohnung findet die Polizei noch einen abgelaufenen Pass und Versicherungsbelege, ausgestellt auf den Namen Carl Doser, sowie Dokumente mit rechtsextremen Inhalten.

FBI und Interpol ermitteln mit einem von der US-Bundespolizei um 20 Jahre gealterten Fahndungsbild auf der halben Welt – ergebnislos.

1998 glauben Schweizer Touristen, Doser in einem kanadischen Nationalpark gesehen zu haben. Doch die Spur ist bereits kalt. Carl Doser bleibt verschwunden.

War Carl Doser tatsächlich der Mörder vom *Waldeggli*? Hat er dabei vielleicht gemeinsame Sache mit „Johnny" Adolf Siegrist gemacht, wie Hans Blaser, beim dem sich Adolf

Siegrist nach einer Maschinenpistole erkundigte, vermutet? Blaser glaubt, dass „Johnny" der Täter und Doser nur sein Komplize gewesen sei., dass sie sich zum Combat-Schiessen getroffen und Waffen ausgetauscht haben, und dass es Dosers Aufgabe gewesen sei, die Mordwaffe verschwinden zu lassen.

Adolf „Johnny" Siegrist kann nicht mehr befragt werden. Er stirbt Mitte der achtziger Jahre an einem Nierenleiden. Die alles entscheidende Frage bei Verbrechen, die nach dem Motiv, wurde nie beantwortet.

Inzwischen ist die Akte geschlossen, seit 2006 ist der Fall Seewen „absolut verjährt". Bleibt das Verbrechen für immer ungelöst? Laut Aussagen von Max Jaeggi ist das sehr wahrscheinlich. Er ist sich sicher, dass Carl Doser in irgendeiner Form an den Morden beteiligt war, ihn aber niemand mehr finden wird. 2013 gab es letztmals neue Hinweise. Sie führten ins Nichts.

Und so ist das mysteriöse Verbrechen bis heute ungeklärt.

Was bleibt, sind Fragen, zum Beispiel die nach dem Motiv, oder warum keines der Opfer flüchtete. Und weshalb hat Carl Doser die Mordwaffe aufbewahrt, statt sie zu entsorgen; lässt zudem eindeutige Hinweise auf seine Person neben der Waffe zurück?

Am Tatort wurde eine Zigarettenkippe gefunden. Spätestens Anfang der 2000er Jahre hätte ein DNA-Abgleich mit Carl Doser stattfinden können. Sein Halbbruder lebt noch in der Schweiz.

Auch die Frage, weshalb der Täter die drei Schlüssel des Häuschens mitnahm, wird für immer unbeantwortet bleiben.

Im Frühjahr 2013 sorgt der Mordfall von Seewen nochmals für Schlagzeilen. Ein 67-Jähriger aus Basel bezichtigt seinen früheren Kollegen Peter N. des Mordes. Doch der streitet alles ab, Beweise gibt es nicht. Der Rätselmord bleibt weiterhin ungelöst.

Das *Waldeggli* ist längst vernichtet.

Nur noch seine **Betonfundamente** erinnern an das Pfingstmassaker von 1976.

Seewen

Grausiges Lachen –
Die schwarze Dahlie

Der Mord
an Elizabeth Short

Der Tatort wurde nie gefunden ...

Niemand weiß, wo sich Elizabeth Short vom 9. bis zum 15. Januar 1947 aufgehalten hat. War sie bereits in der Hand ihres späteren Mörders?

Am 15. Januar wird ihre schrecklich zugerichtete Leiche entdeckt: der Körper in zwei Hälften zerteilt, das aufgedunsene Gesicht violett verfärbt, an Brust, Bauch und Oberschenkel fehlen Fleischstücke. Elizabeths Mundwinkel wurden bis zu den Ohren aufgeschlitzt, Zahnfleisch und Backenzähne liegen frei – ein grauenvolles Lachen begrüßt die Finder.

Vermeintliche Schaufensterpuppe

15. JANUAR 1947

Betty Bersinger ist gestresst. Sie muss Besorgungen erledigen und ist spät dran. Zudem nervt ihre Tochter. Die Kleine ist erkältet und unleidlich, hat die ganze Nacht gehustet und lässt sich nur widerstrebend anziehen. Gegen zehn Uhr verlässt Betty ihre Wohnung in der South Norton Avenue in Los Angeles und marschiert los. Schnell schiebt sie den Kinderwagen in Richtung der Hauptgeschäftsstraße, des heutigen Martin-Luther-King-Junior-Boulevards. 1947 ist das Gebiet rund um die Norton Avenue zwischen der 39. Straße und Coliseum Street noch unbebaut, Gras wächst neben der Straße, Unkraut macht sich breit.

Bereits von weitem sieht Betty neben der Straße etwas Großes, Helles liegen. Im Näherkommen entpuppt sich das Objekt als Gestalt, Betty glaubt, es mit einer weggeworfenen Schaufensterpuppe zu tun zu haben. Erst kurz vor dem Gegenstand bemerkt sie, dass sie sich geirrt hat. Die „Schaufensterpuppe" ist ein Mensch.

Eine nackte Frauenleiche, aufs Schlimmste zugerichtet: Der Oberkörper komplett von der unteren Hälfte getrennt, Brüste und Geschlechtsorgane verstümmelt, die Mundwinkel der Toten zu einem entsetzlichen Lächeln aufgeschlitzt.

Schockiert eilt Betty Bersinger zur nächsten Polizeidienststelle.

Betty glaubt, es mit einer weggeworfenen Schaufensterpuppe zu tun zu haben

Elizabeth Short – ein unstetes Leben

Am 29. Juli 1924 wird Elizabeth Short als eine von fünf Töchtern des Ehepaars Phoebe und Cleo Short in Hyde Park, Massachusetts, geboren. Cleo Short entwirft und baut Minigolfplätze. Die Geschäfte gehen gut und, so kann die Familie schon bald in ein eigenes Haus in der Nachbarstadt Medford umziehen.

Doch dann beginnt die Weltwirtschaftskrise, Cleo Short muss seinen Bankrott erklären. Kurz darauf verschwindet Elizabeths Vater spurlos, sein Wagen wird verlassen auf einer Brücke gefunden. Man geht davon aus, dass er Selbstmord begangen hat. Phoebe muss mit den Kindern aus dem Haus in eine Kellerwohnung ziehen und versucht fortan, mit Schneiderarbeiten den Lebensunterhalt für die Familie zu verdienen. Dass der Vater gar nicht tot ist, sondern es einfach satt hatte, für sechs Personen zu sorgen, und nach Kalifornien geflüchtet ist, wird die Familie erst zehn Jahre später erfahren.

Elizabeth ist kein gesundes Kind. Schon früh leidet sie an Atembeschwerden, später entwickeln sich eine chronische Bronchitis und schließlich Asthma. Erst 1940, als sie sechzehn ist, verdient ihre Mutter genug Geld, um die Tochter die Wintermonate über ins warme Miami zu Freunden fahren zu lassen. Tatsächlich verbessert sich Elizabeths Leiden dadurch.

Zehn Jahre nach seinem Verschwinden meldet sich Cleo Short wieder bei seiner Frau. Er bietet an, sie und die Kinder wieder bei sich aufzunehmen, doch Phoebe lehnt ab.

Elizabeth hingegen möchte ihren Vater, den sie so früh verloren glaubte, kennenlernen. Mit 19 beschließt die junge Frau, ihn in Vallejo zu besuchen, Cleo Short schickt ihr das Geld für die Reise. Vielleicht lockt auch die räumliche Nähe zu Hollywood – hat Elizabeth Short eine Schauspielkarriere im Sinn? Am 15. Dezember 1942 bricht sie auf.

Doch der Besuch verläuft nicht wie gewünscht. Zehn Jahre haben sich Vater und Tochter nicht gesehen. Plagt ihn das schlechte Gewissen, weil er die Familie im Stich gelassen hat? Cleo erwartet, dass die Tochter ihn bekocht, putzt, seine Wäsche wäscht. Doch Elizabeth möchte ihre Freiheit genießen, ausgehen, Abenteuer erleben. Sehr schnell kommt es zu Konflikten, der Vater missbilligt den lockeren Lebenswandel seiner Tochter. Am 22. Dezember ziehen beide von Vallejo nach Los Angeles, doch die angespannte Situation verändert sich dadurch nicht.

Ende Januar 1943 – Elizabeth ist inzwischen beim Vater ausgezogen und wohnt mit einer Freundin zusammen – bewirbt sie sich im Armeelager *Camp Cooke* in Lompoc um eine Stelle und wird angenommen. Acht Monate lang – so lange wie später nie mehr – arbeitet sie hier in der Poststelle als Verkäuferin. Im Militärlager wimmelt es von jungen Männern, die die hübsche Elizabeth hofieren und sie im Februar 1943 zur Schönheitskönigin des Camps wählen. Sie habe das Zeug zum Filmstar, redet man ihr ein und allmählich beginnt die junge Frau, dies zu glauben. Bis zum Herbst zieht Elizabeth mehrmals um, mal wohnt sie auf einer Ranch, dann wieder bei einer Freundin. Ende August kündigt sie die Stelle in *Camp Cooke*.

Im September 1943 – Elizabeth ist neunzehn, gilt aber damit in den USA noch als minderjährig – endet das Abenteuer in Los Angeles. Gemeinsam mit einer Freundin hat sie eine Party mit zwei Soldaten gefeiert und sich betrunken. Sie wird von der Polizei mitgenommen, erkennungsdienstlich behandelt und bekommt eine Anzeige wegen unerlaubten Trinkens von Alkohol. Schließlich schickt man die 19-Jährige nach Hause.

Von dort aus fährt Elizabeth Anfang Dezember nach Miami Beach, wohnt im Hotel *El Mar* und nimmt eine Stelle bei *Rosedale Delicatessen* an.

Wie Motten das Licht...

Unstet geht das Leben weiter, die junge hübsche Frau wird von Verehrern umschwärmt, nimmt Gelegenheitsjobs an. Bars und Nachtclubs sind bevorzugte Aufenthaltsorte, Elizabeth kellnert. Sie liebt die Atmosphäre, Musik, die Männer.

Zum Jahresende 1944 schließlich scheint ihr das Glück hold zu sein. Elizabeth lernt einen Offizier der Luftwaffe kennen und verlobt sich mit ihm. Sie schreibt ihrer Mutter, sie habe an Silvester jemanden kennengelernt – Matt Gordon – einen Major, und dass sie sehr verliebt sei.

Matt Gordon hält um Elizabeths Hand an. Von den Philippinen, wo er stationiert ist, schickt er seiner Braut Geld und Geschenke.

Japan kapituliert am 14. August 1945. Der Krieg ist beendet. Elizabeth malt sich die Hochzeit aus. Doch das Schicksal hat anderes mit ihr vor. Ende August kommt ein Telegramm von Matts Mutter. Der Verlobte wurde bei einem Flugzeugunglück getötet.

Elizabeth Short ist untröstlich. Später erzählt sie, sie sei verheiratet gewesen und habe ein Kind gehabt, das ebenfalls verstorben sei.

Die junge Frau hat finanzielle Probleme. Und dennoch steckt sie jeden Penny in ihr Aussehen, kauft elegante Kleidung, Kostüme, hochhackige Pumps, vornehme Handschuhe; hungert lieber, als auf diesen Luxus zu verzichten.

Elizabeth reist umher, hält sich in Belmont, Massachusetts auf; begibt sich im Dezember 1945 nach Jacksonville in Florida und besucht im Februar 1946 ihre Mutter in Medford. Von dort aus geht die Fahrt weiter nach Chicago.

Erneut klopft das Glück an ihre Tür. Die Lösung aller Probleme: Ein neuer Verlobter, Joseph Gordon Fickling, Lieutenant der *Air Force*, den sie schon vor Matt Gordon kennengelernt hatte.

Im Juli erzählt Elizabeth Bekannten, dass sie und Joseph heiraten werden. Das Paar zieht ins *Washington Hotel* in Long Beach, im August verlegen sie ihren Wohnsitz nach Hollywood ins Hotel *Brevort*.

Ein gemeinsamer Urlaub in Long Beach verläuft jedoch anders als geplant. Joseph Fickling findet es nicht gut, dass seine Braut ununterbrochen mit anderen Männern flirtet. Eine Woche später reicht es dem Air-Force-Piloten und er verlässt Elizabeth. Die geplante Hochzeit fällt ins Wasser. Dennoch bleiben beide in Kontakt, Joseph schickt ihr sogar ab und an Geld, wenn sie wieder einmal pleite ist.

Und so endet das schöne Leben erneut, Elizabeth muss wieder für sich selbst sorgen. Ihre finanziellen Probleme verschlimmern sich zunehmend und sie beschließt, Schauspielerin zu werden. Hollywood jedoch hat nicht auf die hübsche Dunkelhaarige gewartet. Elizabeth Short muss sich durchbeißen, wohnt abwechselnd in billigen Hotels, Pensionen oder Mietskasernen, manchmal zusammen mit Marjorie Graham, einer Freundin, die wie Elizabeth aus Massachusetts stammt. In Los Angeles teilen sich die beiden Frauen Unterkünfte mit wechselnden Mitbewohnern. Anfang Oktober ziehen sie ins Haus von Mark Hansen, der später als Tatverdächtiger gehandelt wird.

Zwei Wochen später geht es in eine neue Bleibe: ein Mietshaus auf dem Hollywood Boulevard. Gemeinsam mit Marjorie Graham und deren Freund Bill Robinson wohnt Elizabeth hier mit einem Bekannten: Marvin Margolis. Auch dieser gerät später unter Mordverdacht.

Elizabeth geht fast jeden Abend aus, wird von Verehrern umschwärmt, lässt sich aber auf nichts Ernsthaftes ein. Freunden und Bekannten erzählt sie Lügen, schreibt zum Beispiel ihrem Ex-Verlobten Joseph Fickling kurz vor ihrem Tod, dass sie einen Modeljob in Chicago bekommen hätte. Gerüchte, dass sie mit jemandem von den *Columbia Studios* liiert sei, dementiert Elizabeth nicht.

Neubeginn in San Diego?

Am 9. Dezember 1946, einen Monat vor ihrem Verschwinden, verlässt Elizabeth Short Los Angeles und fährt mit dem Bus nach San Diego. Gründe für den Umzug werden nicht bekannt. Wünscht sie sich einen Neuanfang? Will sie ihren Schuldnern entfliehen?

Früh am Morgen trifft sie in San Diego ein und kauft sich eine Kinokarte für das *Aztec Theatre,* das rund um die Uhr geöffnet ist. Dorothy French, eine Kartenverkäuferin, findet Elizabeth schlafend im Kino und lädt sie aus Mitleid zu sich nach Hause ein.

Die nächsten vier Wochen verbringt Elizabeth Short bei den Frenchs. Tagsüber faulenzt sie, erst gegen Abend wird sie aktiv: Wieder jagt ein Date das nächste, die hübsche junge Frau trifft sich mit einem Marineoffizier, dessen Identität bis heute unbekannt ist, dann lernt sie einen neuen Verehrer, Robert „Red" Manley kennen – auch er wird später zum Verdächtigen.

Weihnachten 1946 feiert Elizabeth mit Familie French; auch bei der Silvesterparty ist sie dabei, doch Anfang Januar 1947 verlieren die Frenchs die Geduld. Elizabeth Short muss sich eine neue Bleibe besorgen.

Mit Robert Manley verbringt sie eine Nacht im *Mecca*

Am 9. Januar 1947

Hotel – angeblich angezogen im Sessel, schreibt von dort aus ihrem Ex-Verlobten Gordon Fickling einen neunseitigen Brief, in dem sie ihm mitteilt, sie wolle nach Chicago ziehen, wo sie einen Auftrag als Model für einen gewissen „Jack" bekommen habe.

wird Elizabeth Short

Am 9. Januar 1947 wird Elizabeth Short zum letzten Mal gesehen.

Robert Manley und sie kehren im *Sheldon's Café* ein, dann fahren sie gemeinsam nach Los Angeles.

Robert bringt Elizabeth in L.A. zum Busbahnhof, wo sie ihr Gepäck in einem Schließfach deponiert und setzt sie anschließend gegen 18:30 Uhr vor dem Hotel *Biltmore* in der der Innenstadt ab. Hier will sie sich Roberts Aussagen nach mit ihrer Schwester Virginia treffen. Mehrere Zeugen sehen Elizabeth Short noch in der Hotellobby; der Portier bemerkt, wie die junge Frau das Hotel gegen 21:30 Uhr verlässt und die Olive Street in südliche Richtung hinuntergeht.

zum letzten Mal gesehen.

Angeblich taucht Elizabeth danach noch in der Cocktailbar *Jewel Room* auf, die sich zwei Querstraßen vom Hotel *Biltmore* entfernt befindet, die Angaben sind jedoch widersprüchlich.

„Glasgow-Smile"

15. Januar 1947.

„Glasgow-Smile" nennt man eine besondere Art der rituellen Verstümmlung des Mundes und die daraus entstehenden Narben. Angewendet wird die Methode zur Bestrafung oder Einschüchterung, insbesondere bei rivalisierenden Gangs oder im Drogenmilieu.

Zum ersten Mal werden Opfer in den 1920er und 30er Jahren in Glasgow so entstellt, um sie an die von den Banden geforderte Verschwiegenheit zu erinnern. Mit einem Rasiermesser oder einem anderen scharfen Gegenstand werden die Wangen bis zu den Ohren aufgeschlitzt, sodass sich die Mundwinkel „verlängern" und ein Ausdruck permanenten Grinsens entsteht.

In den 60er Jahren setzen die *Chelsea Headhunters,* englische Hooligans, die grausige Tradition fort und die Gesichtsnarben bekommen die Bezeichnung „Chelsea-Smile" oder „Chelsea-Grin".

kante aus dem Körper gequollen sind, hat der Mörder fein säuberlich unter den Gesäßbacken drapiert. Das Schlimmste ist jedoch der Anblick des Gesichtes – mit weit aufgeschlitztem Mund scheint die Tote die Betrachter anzugrinsen. Große Blutergüsse und Verletzungen im Gesicht deuten auf stumpfe Gewalt hin.

Es gibt keinen Zweifel – der Täter hat es darauf angelegt, die Leiche möglichst schockierend zu arrangieren. Statt sie irgendwo in den Hügeln rund um Los Angeles zu verstecken oder zu vergraben, geht er das Risiko ein, den verstümmelten Leichnam direkt an eine Straße in einer belebten Wohngegend zu bringen, wobei er zweimal zum Auto gehen muss, um beide Hälften zu holen; drapiert dann in aller Ruhe die Gliedmaßen, spreizt die Beine, schiebt Organe in den Leib zurück, dreht schließlich den Kopf der Toten in Richtung Straße, sodass das entstellte Gesicht die Betrachter anblickt, und fährt seelenruhig davon.

Wenig brauchbare Spuren

Die ersten Streifenbeamten treffen um 10:30 Uhr am Fundort ein. Auch Reporter, die den Funkverkehr des *Los Angeles Police Departements* verfolgen, tauchen schnell vor Ort auf, dürfen bis dicht an die Leiche herangehen und Fotos schießen. Trotzdem geht es recht diszipliniert zu, ein von späteren Berichterstattern postuliertes Chaos herrscht nicht, das beweisen die Fotos.

Rasch erscheinen auch die Polizisten, die den Fall untersuchen werden. Harry Hansen, Kriminalermittler des Morddezernats gilt als einer der besten und erfahrensten Mordermittler des *LAPDs.* Und auch der Leiter der Spurensicherung, Ray Pinker, ist eine Koryphäe auf seinem Gebiet, er entwickelte in seinen vierzig Jahren Dienstzeit beim *LAPD* zahlreiche kriminalistische Testverfahren.

Dass der Fundort der Leiche nicht der Tatort sein kann, wird bald klar. Es gibt kaum Blutspuren, schon gar keine größeren Lachen; der Mörder muss die Tote an anderer Stelle zerteilt und danach gesäubert haben. Oberhalb des Kopfes wird ein leerer Zementsack gefunden, an dem sich einige Blutstropfen befinden. Ob der Täter diesen jedoch

Schauriger Leichenfund

Mittwoch, 15. Januar 1947:

Betty Bersinger hat die Polizei informiert. Schnell finden sich außer den Ermittlern auch Reporter am Leichenfundort ein, Fotos werden geschossen.

Der Anblick erschüttert auch die Hartgesottensten unter ihnen: Die nackte Frauenleiche wurde in Höhe der Taille in zwei Hälften zerteilt, die untere Körperhälfte liegt mit weit gespreizten Beinen im Gras, der obere Teil mit abgewinkelten Armen links davon. Aus dem linken Oberschenkel ist ein Stück Fleisch herausgeschnitten worden, die rechte Brust wurde verstümmelt. Auch im Bauchbereich fehlen Fleischstücke. Innere Organe, die an der Schnitt-

mitgebracht hat, oder ob der Papiersack schon dort lag, als er die Leiche ablegte, lässt sich nicht feststellen – DNA-Spuren liegen zu der Zeit noch in weiter Ferne.

Ray Pinker und seine Leute sichern am Straßenrand die Abdrücke eines Autoreifens und eines Schuhabsatzes. Damit erschöpfen sich die Beweise am Fundort. Kleidung, Tasche oder persönliche Gegenstände werden nicht gefunden.

Die unbekannte Tote – oder besser gesagt ihre Teile, werden nun zur Gerichtsmedizin gebracht und obduziert. Bei der Leiche handelt es sich um eine 20 bis 39-jährige zierliche Frau, die 1,65 Meter groß und 52 Kilogramm schwer war. Ihre Haare sind dunkelbraun, die Augen von auffallend hellem Blau. Auf ihre Zähne hat sie nicht geachtet, der Gerichtsmediziner stellt fortgeschrittene Karies fest.

Die Todesursache ist stumpfe Gewalt auf den Kopf. Es müssen heftige Schläge gewesen sein, die die zahlreichen Blutergüsse an der rechten Schläfe und der Stirn hervorgerufen haben. Einblutungen ins Gehirn waren die Folge, welche schließlich zum Tod führten. Am Hals sowie an Handgelenken und Knöcheln finden sich zudem Fesselungsspuren.

Der Eintritt des Todes wird nach den Befunden auf eine Zeit zwischen 20:00 Uhr und Mitternacht des 14. Januars 1947 festgelegt. Da die Leiche beim Auffinden mit Tau bedeckt war, muss der Mörder sie bereits in den frühen Morgenstunden des 15. Januars in der Norton Avenue abgelegt haben.

Noch weiß niemand, um wen es sich bei der unbekannten Toten handelt – vorsichtshalber werden ihre Fingerabdrücke abgenommen.

Ein Detail fehlt im Autopsiebericht

Wenige Tage nach dem Fund der Leiche wird durch die Grand Jury des Los Angeles Countys eine Anhörung anberaumt. Polizisten und Leichenbeschauer werden befragt, um festzustellen, ob es sich bei dem Fall um ein Verbrechen handelt und weitere Ermittlungen nötig sind. Im Fall Elizabeth Shorts ist dies zwar eine Formalie, aber das Prozedere wird trotzdem eingehalten.

Anhörungen vor der Grand Jury sind öffentlich, die Aussagen werden protokolliert und sind später jedem Bürger zugänglich.

Als der Leichenbeschauer jedoch beginnt, den Obduktionsbericht vorzulesen, unterbricht ihn der Vorsitzende mit den Worten, man habe „genug gehört". So kommen nicht alle Details ans Licht der Öffentlichkeit und bieten bis heute Spekulationen Nahrung. Im LAPD behauptet man bis heute, der unveröffentlichte Teil des Obduktionsberichts enthielte ein brisantes Detail, das nur dem Täter und der Polizei bekannt sei. Nachprüfen kann man diese Andeutung nicht, denn die Akten sind auch heute noch nicht für die Öffentlichkeit zugänglich.

Fluch und Segen der Journalisten

Beim FBI werden nicht erst seit wenigen Jahrzehnten Fakten gehortet. Schon in den 40er Jahren des 20. Jahrhunderts sammelt man hier Daten von Millionen amerikanischer Staatsbürger, die für das Militär arbeiten.

RIGHT THUMB	RIGHT INDEX	RIGHT MIDDLE	RIGHT RING	RIGHT LITTLE
LEFT THUMB	LEFT INDEX	LEFT MIDDLE	LEFT RING	LEFT LITTLE

Auch die Fingerabdrücke der Toten könnten in dieser Datenbank vorhanden sein und die Presse hilft gern, denn hier verwendet man bereits ein zu der Zeit hochmodernes „Bildfunkgerät" mit der Bezeichnung „Soundphoto", ein Vorgänger der Faxgeräte, von dem die Ermittler des LAPD nur träumen können.

Kurz darauf sind die Dokumente beim FBI. Und obwohl keiner daran zu glauben gewagt hat, landet man einen Volltreffer – die Abdrücke des Opfers sind tatsächlich gespeichert. Elizabeth Short, die während des Krieges im Militärlager Camp Cooke tätig war, hat dort auch ihre Fingerabdrücke abgeben müssen.

Das FBI schickt Elizabeths Akte umgehend per Soundphoto zurück und die Zeitungsreporter sind begeistert, wittern sie doch eine große Story – die abgebildete Frau, deren Leiche gefunden wurde, ist jung und außerordentlich hübsch.

Bevo Means, ein Reporter, befragt die Angestellten eines Drugstores, in dem Elizabeth des Öfteren eingekauft hat.

1946 ist der Film „Die blaue Dahlie" in die Kinos gekommen. Er handelt von einem Kriegsveteranen, der unter Mordverdacht gerät, als seine untreue Ehefrau ermordet wird.

Weil Elizabeth gern schwarze Kleidung trug, nennt einer der Drugstore-Angestellten sie scherzhaft „Black Dahlia". Bevo Means hat eine Schlagzeile.

Schönheit – Sex – Mord

Ohne Umschweife machen sich die Journalisten an die Arbeit. Moralische Bedenken haben sie nicht. Sie rufen Phoebe Short, Elizabeths Mutter, an. Mit einer Lüge – die Tochter habe bei einem Schönheitswettbewerb gewonnen

– bringen sie so viele Details wie möglich über das Opfer in Erfahrung. Am Schluss des Gesprächs erklären sie Phoebe dann, dass ihre Tochter ermordet wurde.

Noch am Nachmittag des 16. Januars erscheint die Story auf Seite Eins im *Los Angeles Examiner,* Tag für Tag werden neue Einzelheiten aus dem Leben des Opfers ausgebreitet und mögliche Täter präsentiert, die Verkaufszahlen steigen rasant an.

Als erster Verdächtiger gerät Robert Manley ins Visier der Ermittlungen. Der 25-Jährige hatte Elizabeth von San Diego nach Los Angeles gefahren und sie seinen Angaben nach am 9. Januar am Hotel *Biltmore* abgesetzt. Am 18. Januar verhaftet man ihn.

Kriminalermittler Harry Hansen und sein Kollege Finis Brown verhören den Mann und unterziehen ihn mehrerer Lügendetektortests. Doch Robert Manley kann es nicht gewesen sein, er hat ein wasserdichtes Alibi. Gemeinsam mit seiner Frau, den Schwiegereltern und einem befreundeten Ehepaar hat er den Abend des 14. Januars mit Gesellschaftsspielen verbracht.

Und so wird Robert Manley, der aufgrund einer geistigen Behinderung aus der Armee entlassen worden war, vom Hauptverdächtigen zum Augenzeugen, demjenigen, mit dem Elizabeth Short als letztes lebend gesehen wurde. Er sagt aus, am 8. Januar dienstlich in San Diego gewesen zu sein. Die hübsche junge Frau sei ihm aufgefallen, weil sie scheinbar ziellos an einer Kreuzung gestanden habe. Nachdem er angehalten habe und mit ihr ins Gespräch gekommen sei, habe sie ihm von dem Rauswurf bei den Frenchs erzählt und dass sie nicht wisse, wo sie nun unterkommen sollte. Daraufhin habe er sie in seinem Hotelzimmer übernachten lassen und sie am 9. Januar auf ihren Wunsch hin mit nach Los Angeles genommen, wo sie sich mit einer ihrer Schwestern treffen wollte. Nach der Ankunft in L.A. habe Elizabeth ihre Koffer in ein Schließfach beim Busbahnhof gebracht und sich, nachdem er sie im Hotel *Biltmore* abgesetzt hatte, gegen 18:30 Uhr von ihm verabschiedet. Danach sei er nach Hause zurückgefahren.

Robert Manley leidet in der Folgezeit an massiven psychischen Problemen, erleidet eine Reihe von Nervenzusammenbrüchen, hört Stimmen und wird schließlich 1954 von seiner Frau in das *Patton State Hospital,* eine psychiatrische Klinik, gebracht. Manley stirbt am 9. Januar 1986.

Mehrere Hotelangestellte des *Biltmore* bestätigten die Zeitangabe und auch Robert Manleys Aussagen zu Eliza-

beth Shorts Bekleidung am Tag ihres Verschwindens: ein schwarzes, kragenloses Kostüm mit weißer Rüschenbluse, darüber ein langer beiger Mantel, dazu weiße Handschuhe, hochhackige Pumps und Nylonstrümpfe.

Die junge Frau habe sich etwa zwei Stunden in der Lobby aufgehalten und sei während dieser Zeit mehrmals in einer der Telefonkabinen verschwunden, bevor sie das *Biltmore* zwischen 21:45 und 22:00 Uhr durch den Ausgang *Olive Street* verlassen habe.

Auch in San Diego berichteten die Zeitungen über den grausigen Mordfall in Los Angeles. Als die Frenchs Elizabeth Shorts Foto entdecken, melden sie sich am Samstag, dem 18. Januar bei der Polizei und berichten von einem jungen Mann mit auffällig roten Haaren. Elizabeth Short sei in sein Auto eingestiegen, als sie das Haus der Frenchs verlassen hatte. Eine erste heiße Spur? Wer ist dieser Rothaarige?

Harry Hansen und Finis Brown setzen alle verfügbaren Beamten auf den Unbekannten an. Gefunden wird er nie.

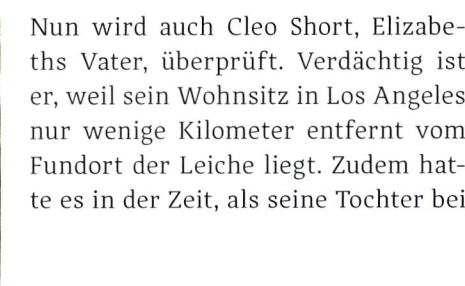

Nun wird auch Cleo Short, Elizabeths Vater, überprüft. Verdächtig ist er, weil sein Wohnsitz in Los Angeles nur wenige Kilometer entfernt vom Fundort der Leiche liegt. Zudem hatte es in der Zeit, als seine Tochter bei

... ein schwarzes, kragenloses Kostüm mit weißer Rüschenbluse, darüber ein langer beiger Mantel, dazu weiße Handschuhe, hochhackige Pumps und Nylonstrümpfe.

ihm wohnte, ab und an heftige Auseinandersetzungen wegen Elizabeths „Schlampigkeit" und ihres Lebenswandels gegeben. Außerdem weigert sich Cleo Short, die Leiche zu identifizieren, sodass Phoebe Short für diese furchtbare Prozedur anreisen muss. Doch die weiteren Untersuchungen ergeben, dass Cleo Short nichts mit dem Tod seiner Tochter zu tun hat.

Fast 40 Polizisten sind gleichzeitig auf der Suche nach Elizabeths persönlichen Gegenständen, ihrer Handtasche und ihrer Kleidung. Im Umkreis von drei Kilometern um den Leichenfundort werden Anwohner nach verdächtigen Beobachtungen befragt, Mülltonnen durchwühlt, Gullys untersucht, Waschsalons auf die Einlieferung blutiger Kleidung überprüft.

Man findet nichts.

Ein geheimnisvolles Päckchen trifft ein

Elizabeth Shorts Gepäck wird von Reportern aus dem Schließfach abgeholt, die Journalisten übergeben es der Polizei und behaupteten, sie hätten den Inhalt nicht angerührt.

Einige Tage später trifft beim *Los Angeles Examiner* ein Päckchen mit brisantem Inhalt ein. Es enthält Elizabeths Geburtsurkunde, Führerschein, Sozialversicherungskarte, Matt Gordons Todesanzeige, zahlreiche Fotos und ein Adressbuch mit den Namen von rund 75 Männern.

Das Packpapier hat der Absender mit Benzin behandelt, eine beliebte Methode, um eventuelle Fingerabdrücke zu entfernen. Ein Paket vom Mörder? Oder hat einer der Reporter die Gegenstände aus Elizabeths Koffer entwendet, um sie zu untersuchen?

In der Folgezeit kommen immer wieder Briefe des selbst ernannten „Black Dahlia Avengers" bei der Zeitung an. Zur Aufklärung des Verbrechens tragen sie nicht bei.

Adressbuch und Fotos erscheinen den Polizisten vielversprechend für die Ermittlungen. Sie überprüfen die im Buch enthaltenen Namen und versuchen, die Personen auf den Bildern zu identifizieren. Alle Aussagen gleichen sich, die Männer hatten Elizabeth auf dem Hollywood Boulevard oder in einem Nachtklub kennengelernt und sie in der Hoffnung auf mehr zu einem Drink eingeladen. Doch die junge Frau ließ sich auf nichts Weitergehendes ein, und so verloren die Männer schnell das Interesse. Und doch hatte Elizabeth ihre Namen notiert. Wollte sie sie später um Geld bitten? Wollte sie mit ihren zahlreichen Kontakten angeben?

Am 25. Januar 1947 tauchen weitere Gegenstände aus Elizabeths Besitz auf. Ein Lokalbesitzer hat in seiner Mülltonne Frauenschuhe und eine Damenhandtasche gesehen. Als die Polizei eintrifft, hat die Müllabfuhr die Tonne bereits geleert. Kurzerhand nehmen die Ermittler alle Damenschuhe und Handtaschen, die sie auf der Deponie finden mit, und bestellen Robert Manley, um herauszufinden, welche davon Elizabeth gehört haben könnten. Bei den Schuhen ist er sich gleich sicher: Elizabeth hatte sie vor der Abfahrt in San Diego neu besohlen lassen. Ihre Handtasche identifiziert Robert Manley anhand des Geruchs, er erkennt das Parfüm, das seine Bekannte benutzt hat.

Doch selbst der Fund von Schuhen und Handtasche bringt die Ermittlungen nicht voran. Wer sie in die Mülltonne des Restaurants geworfen hat, kann nie ermittelt werden.

Auch eine Reihe von Ärzten der medizinischen Fakultät der *University of South California* gerät ins Visier (s. S. 144), liegt die Universität doch nahe beim Leichenfundort. Zudem wurde die Leiche laut Obduktionsbericht fachgerecht zerteilt, der Täter muss – so der Leichenbeschauer – medizinische Kenntnisse gehabt haben. Leider verlaufen auch diese Ermittlungen im Sande.

Das Rätsel der letzten fünf Tage

Am 9. Januar 1947 verschwindet Elizabeth Short. Bis zum Auffinden ihrer Leiche am 15. Januar wird sie nirgends gesehen. Fünf Tage, von denen niemand weiß, wo die junge Frau sich aufgehalten hat. Trotz intensiver Befragungen, Zeugenvernehmungen und Veröffentlichungen in den Medien kann die Polizei nicht klären, wo und mit wem Elizabeth Short diese fünf Tage verbracht hat. Wohin ging sie am Abend des 9. Januars, nachdem sie das *Biltmore* Hotel verlassen hatte? Mit wem hatte sie von dort aus telefoniert? Einem Verehrer? Ihrem späteren Mörder?

Zeugen melden sich, die Elizabeth Short in der Nacht des 9. Januars und danach noch an unterschiedlichen Orten in und um Los Angeles gesehen haben wollen, doch keine der Aussagen lässt sich durch andere Zeugen belegen.

Spekulationen, dass Elizabeth bereits in der Nacht zum 10. Januar ihrem Mörder in die Hände gefallen ist, verdichten sich. In ihrem Koffer fehlte nichts. Unwahrscheinlich, dass eine adrette und auf ihr Äußeres bedachte junge Frau tagelang die Kleidung nicht wechselt. Wahrscheinlicher ist, dass der spätere Mörder sie tagelang gefangen hielt

> Wahrscheinlicher ist, dass der spätere Mörder sie tagelang gefangen hielt und womöglich auch folterte.

und womöglich auch folterte. Beweisen jedoch können die Ermittler dies nicht.

Ungelöst …

Bis zum Juni 1947 wird gegen 75 Verdächtige ermittelt, doch alle können als Täter ausgeschlossen werden.

Danach weitet man bis Dezember 1948 die Untersuchungen auf 192 Verdächtige aus, aber auch dies bringt nicht den gewünschten Erfolg.

Als nach zwei Jahren noch immer keine Lösung in Sicht ist, kommen Gerüchte auf, es solle etwas vertuscht werden. Womöglich sei der Mörder ein einflussreicher Mann, der von Behörden und Politikern geschützt werde. Daraufhin beruft das County einen Untersuchungsausschuss ein, der die Ermittlungsarbeit kritisch unter die Lupe nehmen und gegebenenfalls neu aufrollen soll. Die erneuten Untersuchungen enden mit einer Liste von 22 Tatverdächtigen. Kein Verdacht jedoch lässt sich jemals erhärten.

Verdächtige

Bekannte

Marvin Margolis – der Möchtegern-Chirurg

Vom 10. bis zum 22. Oktober 1946 wohnt Elizabeth Short in Hollywood gemeinsam mit Marjorie Graham, Bill Robinson und Marvin Margolis in einem Mietshaus namens *Guardians Arms Apartments* im Apartment 726.

Bill Robinson ist Marjorie Grahams Freund, Marvin Margolis sein Kumpel. Da es in der Wohnung nur ein Doppelbett gibt, teilen sich Marjorie, Bill und Marvin Margolis dieses, während Elizabeth auf der Couch schläft. Angeblich unternimmt Marvin Margolis mehrere Annäherungsversuche bei Elizabeth, die sie abwehrt.

Nach dem 22. Oktober zieht Marjorie Graham zurück in ihre Heimat nach Massachusetts. Bill Robinson begibt sich nach San Diego, wo er auf dem Rosecrans Boulevard ein Restaurant eröffnet und Marvin Margolis bleibt in Los Angeles, wo er sich bereits im März 1946 als Medizinstudent an der *University of Southern California* eingeschrieben hat. Margolis hat in den zurückliegenden anderthalb Jahren bereits einige Kurse, darunter auch in Anatomie besucht. Da Elizabeths Mörder laut Obduktionsbericht medizinische Fachkenntnisse gehabt haben muss, gerät Marvin Margolis schnell unter Verdacht.

Hinzu kommt, dass er während des Krieges als Sanitäter in einer Sanitätseinheit der Marine gedient und Hunderte von Leichen geborgen hat. Wieder und wieder bittet er dort um eine Versetzung in ein chirurgisches Lazarett, weil ihn die Chirurgie besonders fasziniert. Seine Besessenheit, das Verlangen, in der Chirurgie zu arbeiten, nehmen immer mehr zu, bis man ihn schließlich wegen „psychischer Probleme" aus dem Militärdienst entlässt.

> Da Elizabeths Mörder laut Obduktionsbericht **medizinische Fachkenntnisse** besessen haben muss, gerät Marvin Margolis schnell unter Verdacht.

Nach Elizabeth Shorts Tod hält sich Marvin Margolis zurück, meldet sich nicht wie viele andere ihrer Bekannten bei der Polizei, verschweigt sogar bei seiner Befragung, dass er zwei Wochen mit ihr in einem Apartment gewohnt hat. Erst nachdem er mit den Aussagen anderer Zeugen konfrontiert wird, gibt er die Bekanntschaft zu.

Doch: Trotz all dieser Indizien können die Verdachtsmomente gegen Marvin Margolis letztendlich nicht erhärtet werden.

Bill Robinson – Freund der Freundin

Auch Bill Robinson, Marjorie Grahams Freund, könnte als Täter infrage kommen, obwohl er nicht primär zu den Verdächtigen des *LAPDs* gehört. Anne Toth, eine andere Freundin Elizabeths, berichtet, dass Bill Robinson Elizabeth „attackiert", ihr ins Gesicht geschlagen und sie aus seinem Auto geworfen habe, woraufhin sie weinend bei Anne angekommen sei. Weitere diesbezügliche Angriffe durch Bill Robinson sind jedoch nicht bekannt.

Joe Scalise – Barkeeper

Das Restaurant *Crown Grill* liegt an der 754 South Olive Street/8th Street und ist nur zwei Querstraßen vom Hotel

Biltmore entfernt. Zum Lokal gehört auch eine Cocktailbar: das *Crown Jewel Cocktail Room* oder einfach *Jewel Room*. Elizabeth Short und ihre Freundinnen Marjorie Graham und Anne Toth sind oft im *Jewel Room* zu Gast.

Frances Campbell, eine der Kellnerinnen der Cocktailbar, arbeitet am Abend des 9. Januars 1947, als Elizabeth verschwindet, in der Bar, kann sich jedoch später nicht daran erinnern, die junge Frau dort gesehen zu haben.

Joe Scalise verabredet sich gern mit Frauen, die die Bar besuchen und reagiert sehr aufbrausend, wenn sie ihm eine Abfuhr erteilen.

Ein Barkeeper des *Jewel Rooms* hingegen – Joe Scalise – macht sich verdächtig. Auch er hat am Abend des 9. Januars Dienst, behauptet jedoch gegenüber den Ermittlern, Elizabeth Short noch nie gesehen zu haben. Bei Nachforschungen wird bekannt, dass Joe Scalise sich gern mit Frauen verabredet, die die Bar besuchen und sehr aufbrausend reagiert, wenn sie ihm eine Abfuhr erteilen.

Als die Polizisten den Verdächtigen in seinem Appartement im *Adson Hotel* aufsuchen, wirkt Scalise nervös. Er weiß genau, wo Elizabeth Short gefunden wurde und kann den Ort beschreiben. Zeugen, die ihn mit Elizabeth Short gesehen haben, finden sich jedoch keine.

Herman Carl Balsiger – ein alter Bekannter aus Camp Cook

In Elizabeths persönlichen Gegenständen, die am 24. Januar 1947 an den *Los Angeles Examiner* geschickt werden, entdecken die Ermittler unter anderem auch ein Stück Papier, das den Namen Carl Balsiger enthält. Es dauert nicht lange, und der Wohnsitz des Mannes ist ermittelt.

Am 20. Januar 1947 wird er vernommen. Carl Balsiger sagt aus, dass er Elizabeth Short das erste Mal am 6. Dezember 1946 beim ihrem Auszug aus dem Hotel *Chancellor* auf dem *Sunset Boulevard* getroffen habe.

Er hilft ihr, das Gepäck in den Wagen zu laden und lädt sie ein, ihn nach Camarillo zu begleiten, wo er geschäftlich in einer Bäckerei zu tun hat. Danach fährt sie am gleichen Tag mit ihm nach Los Angeles zurück. Unter seinem Namen mietet er für seine neue Bekannte ein Hotelzimmer auf der Yucca Street in Hollywood. Sexuelle Kontakte habe es nicht gegeben, Elizabeth Short habe ihm einfach leid getan.

Am 7. Dezember – so Carl Balsiger – habe er Elizabeth dann zum Busbahnhof in Hollywood gebracht, weil sie ihre Schwester in San Francisco besuchen wollte.

Die Ermittler prüfen die Hotels auf der Yucca Street. Eine Anmeldung für einen Carl Balsiger finden sie nicht. Auch die Geschichte mit dem Bus nach San Francisco entpuppt sich schnell als Lüge. Elizabeth Short ist nachweislich erst am 9. Dezember mit dem Bus losgefahren und auch nicht nach San Francisco sondern nach San Diego.

Daraufhin durchleuchten die Polizisten Balsigers Vorleben und finden heraus, dass er im Februar 1943 in *Camp Cooke* stationiert war – zu jener Zeit, in der auch Elizabeth dort arbeitete.

Zudem ist Carl Balsiger in den zurückliegenden Jahren bereits zweimal von Frauen, die er ohne ersichtlichen Grund verprügelt hatte, wegen Körperverletzung angezeigt worden.

Und noch ein seltsamer Zufall lässt Balsiger verdächtig erscheinen: In Kansas City, seiner Heimatstadt, hat es 1941 einen Mord gegeben, der dem an Elizabeth Short auf fatale Weise gleicht. Leila Adele Welsh, eine junge Frau aus einer angesehenen und wohlhabenden Familie, wird am Morgen des 9. März' ermordet in ihrem Bett aufgefunden. Der Täter hat ihr mehrfach auf den Kopf geschlagen und die Kehle so tief durchtrennt, dass der Kopf fast abgeschnitten ist.

Carl Balsiger kannte Leila Adele Welsh gut, war er doch mit ihr zur Schule gegangen ... Der Mord an ihr bleibt bis heute ungeklärt.

In Balsigers Heimatstadt hat es 1941 einen Mord gegeben, der dem an Elizabeth Short auf fatale Weise gleicht.

Nach all diesen Erkenntnissen wollen die Ermittler Balsiger noch einmal vernehmen, doch der Verdächtige hat sich davongemacht. Man spürt ihn in St. Louis auf. Bei der erneuten Befragung gibt er zu, bis zum 8. Dezember 1941 mit Elizabeth zusammen gewesen zu sein. In *Camp Cook* jedoch will er ihr nie begegnet sein.

Ein Lügendetektortest fällt für Balsiger günstig aus und so lassen die Ermittler ihn laufen.

Mark Hansen – Inhaber eines Nachtclubs

Zwischen Mai und Oktober 1946 wohnt Elizabeth Short mit ihrer Freundin Marjorie Graham ab und an einige Tage bei Mark Hansen. Elizabeths Freundin Anne Toth ist mit Hansen liiert. Der gebürtige Däne ist mit 55 deutlich älter als all die jungen Frauen, die ihn umgeben. Etliche von ihnen arbeiten als Burlesque-Tänzerinnen in seinem Nachtclub *Florentine Gardens* in Hollywood. Mark Hansen, dem man Verbindungen zum organisierten Verbrechen nachsagt, liebt hübsche Mädchen und lässt ab und zu einige von ihnen für einen geringen Betrag in seinem Haus wohnen,

Mark Hansen, dem man Verbindungen zum organisierten Verbrechen nachsagt, liebt hübsche Mädchen.

auch wenn sie nicht im Nachtclub auftreten. Man verdächtigt ihn, Elizabeth zum Sex überredet zu haben, dies lässt sich jedoch nicht beweisen. Außerdem stellt sich die Frage, ob Hansen dies überhaupt nötig gehabt hätte. Einige der jungen Frauen in seiner Gesellschaft waren sicher nicht abgeneigt.

Bei den Gegenständen Elizabeths, die an den *Los Angeles Examiner* geschickt worden waren, fand sich auch ihr Adressbuch. Mark Hansens Name ist darauf geprägt. Hat er es ihr geschenkt? Am 8. Januar – einen Tag vor Elizabeths Verschwinden hat sie mit Mark Hansen telefoniert. Er macht widersprüchliche Aussagen zur Art des Gesprächs.

Nicht zuletzt kennt Hansen auch drei weitere Verdächtige. Alles Ärzte: Dr. Patrick O'Reilly, Dr. M. M. Schwartz und Dr. Arthur McGinnis Faught (s.S. 144).

Man streicht Mark Hansen von der Liste der Verdächtigen. Angeblich soll er den Ermittlern gedroht haben, der Presse etwas von den Machenschaften der Polizei in seinem Nachtclub zu stecken.

John D. Wade – der falsche Zahnarzt

John Wade kennt Elizabeth Short und ihre Freundinnen Marjorie Graham und Anne Toth aus dem *Crown Jewel Cocktail Room* in der South Olive Street. Eher zufällig gerät er in den Fokus der Ermittlungen, als die Polizisten die Bars abklappern, die Elizabeth vor ihrem Tod besucht hat. Am Abend ihres Verschwindens hat Elizabeth Short das *Biltmore Hotel* in Richtung Olive Street verlassen. Ist sie anschließend im *Crown Jewel* eingekehrt?

Während zwei Polizisten die Mitarbeiter der Bar befragen, werden sie Zeuge eines seltsamen Telefonats. Über einen Münzfernsprecher spricht ein Mann, der sich im Lokal als „Zahnarzt Dr. J. Bass" ausgegeben hat, mit einer Frau. Zahlreiche anzügliche Bemerkungen lassen die Polizisten aufhorchen und schließlich bitten sie den vermeintlichen Zahnarzt, sich auszuweisen.

„Dr J. Bass" entpuppt sich als John Wade. Bei seiner Befragung stellt sich heraus, dass Wade zahlreiche Bars und Gaststätten besucht hat, in denen auch Elizabeth Short regelmäßig verkehrte.

John Wades Foto wird in den Etablissements herumgezeigt, Personal und Elizabeths Bekannte werden nach ihm befragt. Doch niemand kann sich erinnern, den Verdächtigen jemals zusammen mit Elizabeth Short gesehen zu haben.

George Bacos – Talentsucher und Autor

George Bacos ist ein ehrgeiziger junger Mann, der sporadisch für die Plattenfirma *Jay Faber Associates* arbeitet.

Die 15-jährige Lynn Martin, George Bacos' Freundin, ist eine Bekannte Elizabeths und wohnt einige Zeit mit dieser und Marjorie Graham zusammen. Gemeinsam besuchen sie auch den Nachtclub *Crown Grill*, wo Bacos auf der Suche nach Talenten ist. Nach Elizabeth Shorts Ermordung wird er von der Polizei befragt und äußert sich abfällig über sie. Er behauptet, Elizabeth mit vielen Männern gesehen zu haben, und dass sie sich billig angezogen habe. Er habe es vermieden, sie zu treffen, und geküsst habe er sie schon „wegen all dem, was sie auf ihrem Gesicht benutzt hat" nicht.

Seinen Aussagen nach ist er an „nette, kultivierte Mädchen" gewöhnt. Dass Bacos mit einer 15-Jährigen sexuelle Beziehungen hat, scheint für ihn kein Widerspruch zu sein.

In den 1960er und 1970er Jahren wird George Bacos Drehbuchautor für das Fernsehen, verfasst unter anderem drei Folgen der Serie „Kojak".

2003, mit 80 Jahren, schreibt Bacos den Roman „Warriors Down". Es geht um Krieg, Journalismus und Rache für erlittene Demütigungen.

Auch der Mord an Elizabeth Short wird von vielen als ein Verbrechen angesehen, das auf Rache beruht, die aus unglaublicher Wut entsteht.

James Nimmo – Platzanweiser beim Columbia Broadcasting Studio

Im Herbst und Winter 1946 ist Elizabeth Short oft zu Besuch im Studio der *Columbia Broadcasting,* um sich die Shows anzusehen. James Nimmo, einer der Platzanweiser hat damit geprahlt, mit ihr befreundet zu sein. Auch Elizabeth gibt in ihrem Bekanntenkreis damit an, sich mit „jemandem" von den *Columbia-Studios* zu treffen. Ob es sich dabei jedoch um Nimmo oder jemand anderen gehandelt hat, bleibt im Verborgenen.

James Nimmo zieht kurz nach dem Mord nach New York und wird nie zu dem Fall vernommen.

> ## Dass Bacos mit einer 15-Jährigen sexuelle Beziehungen hat, scheint für ihn kein Widerspruch zu sein.

Fremde

George Winston „Claude" Welsh – Bruder von Leila Adele Welsh

Durch die Ermittlungen gegen Carl Balsiger gerät auch der Bruder der ermordeten Leila Adele Welsh unter Verdacht, Elizabeth Short ermordet zu haben, da die Fälle etliche Parallelen aufweisen. George Welsh ist zu der Zeit, als Elizabeth ermordet wird, in Hollywood, außerdem gilt er zwei Jahre lang als Hauptverdächtiger für die Tötung seiner Schwester.

Leila Adele Welsh, eine hübsche Brünette, die Schönheitswettbewerbe gewonnen hat, kehrt 1940 auf Bitten ihrer Mutter Marie nach Rockhill Road in Kansas City zurück, um bei ihr zu leben, nachdem sie einige Zeit als Lehrerin in Knoxville gearbeitet hat.

> George Welsh gilt zwei Jahre lang als Hauptverdächtiger für die Tötung seiner Schwester.

Ihr Großvater, der Immobilienhändler James Welsh, hatte der Familie ein beachtliches Vermögen hinterlassen, es gibt also genug Geld, um den Lebensunterhalt zu bestreiten.

Am Abend des 8. März' 1941 geht Leila mit ihrem Verlobten Richard aus. Er bringt sie gegen 1:30 Uhr zurück. Sie unterhält sich noch kurz mit ihrer Mutter, bevor sie beide zu Bett gehen. In der Nacht hört Marie Welsh ein dumpfes Geräusch und glaubt, ihr Sohn George sei vom Sofa gefallen. Sie schläft wieder ein.

Erst am späten Vormittag des nächsten Tages entdeckt Maria ihre Tochter, nachdem sie einen Stuhl beiseite geschoben hat, den jemand unter die Türklinke geklemmt hat. Leilas Mörder hat ihr Schlafzimmer anscheinend durch ein offenes Fenster betreten.

Er schlägt ihr mit einem kiloschweren Hammer auf den Kopf und versucht, sie zu enthaupten. Blut fließt durch die Dielen bis in den Keller des Hauses. Den Schlafanzug zerfetzt er, in die klaffende Halswunde stopft der Täter ein Männerhemd. Nachdem die Tote ausgeblutet ist, schneidet er ein etwa 15 Zentimeter großes Stück Fleisch aus ihrem rechten Oberschenkel in Nähe des Gesäßes. Mit Blut schreibt er den Buchstaben „G" oder „S" auf Leilas Wade. Anzeichen für einen sexuellen Missbrauch werden nicht gefunden.

Nach der grausigen Tat lässt der Mörder den Hammer einfach auf dem Fußboden neben dem Bett zurück und wirft das Messer draußen vor das Fenster. Die blutigen Baumwollhandschuhe und den Fleischbrocken aus Leilas Oberschenkel entdeckt die Polizei später nicht weit vom Haus entfernt.

George Winston „Claude" Welsh, Leilas Bruder, wird der Tat verdächtigt. Ein Eisenwarenhändler, sagt aus, dass er vier Tage vor dem Mord Handschuhe und ein Messer an Claude Welsh verkauft habe. Im Zimmer der Toten findet die Spurensicherung Fingerabdrücke des Bruders. Da dieser mit im Haus wohnt, ist das jedoch nichts Außergewöhnliches. Ein Motiv ist schnell ausgemacht: Schließlich gibt es ein beträchtliches Vermögen zu erben.

Im Prozess sagt Marie Welsh zugunsten ihres Sohnes aus. Die spärlichen Indizien reichen den Geschworenen nicht aus und so wird George Welsh freigesprochen. Bis heute ist der Fall Leila Welsh ungeklärt – genau wie der Mord an Elizabeth Short.

Claud R. Cox

Eine Frau namens Marion Brown meldet Claud Cox dem *LAPD,* weil er ihr gedroht hat, sie mit einem Messer in zwei Hälften zu schneiden. An einer Bushaltestelle habe er sich ihr genähert und ihr angeboten, sie mit dem Auto mitzunehmen. In seiner Wohnung überwältigt er sie und hält ihr ein Messer an die Kehle, doch es gelingt Marion Brown, sich zu befreien.

Claud Cox wird auf dem Revier befragt, doch es kann keine Verbindung zu Elizabeth Short hergestellt werden.

George Knowlton – angeschwärzt von seiner eigenen Tochter

Von George Knowlton ist nicht viel bekannt, außer dass er zum Zeitpunkt des Mordes an Elizabeth Short in Los Angeles lebt und 1962 bei einem Autounfall ums Leben kommt. Unter Verdacht, Elizabeth ermordet zu haben, gerät er erst in den 1990er Jahren durch seine Tochter Janice. Diese hat in der Psychotherapie Erinnerungen „wiederentdeckt", in denen sie Zeugin der Ermordung Elizabeths durch ihren Vater gewesen sein will.

Der damalige Police-Officer von Los Angeles, John P. St. John, spricht daraufhin mit Janice Knowlton und sagt der *Los Angeles Time,* dass er nicht an eine Verbindung zwischen dem Mord und George Knowlton glaubt: „Wir haben eine Menge Leute, die ihre Väter und verschiedene Verwandte als Black-Dahlia-Killer anbieten. Die Dinge, die sie sagt, stimmen nicht mit den Tatsachen des Falles überein."

Und doch nimmt die Polizei Janices Beschuldigungen ernst genug, um im Gelände rund um ihr Elternhaus auf der Suche nach Beweisen zu graben. Sie finden nichts.

1995 veröffentlicht Janice Knowlton ein Buch: „Daddy Was the Black Dahlia Killer: The Identity of America's Most Notorious Serial Murderer", das sie gemeinsam mit dem

Krimiautor Michael Newton geschrieben hat. Sie erzählt darin, dass ihr Vater eine Affäre mit Elizabeth hatte und dass diese in einem provisorischen Schlafzimmer über ihrer Garage gewohnt habe, wo sie auch eine Fehlgeburt erlitt. Später, so Janice, sei sie von ihrem Vater gezwungen worden, die Leiche zu entsorgen.

Im Buch behauptet Janice Knowlton auch, 1946, mit 9 Jahren als Kinderprostituierte an einen Teufelsanbetungskult in Pasadena übergeben worden zu sein, der sie in der Folgezeit an Filmstars und berühmte Männer verkauft habe, darunter Norman Chandler und Walt Disney. Sie glaubt gesehen zu haben, wie ihr Vater eine Frau im Keller begraben hat.

Janice Knowlton stirbt 2004 an einer Überdosis von Medikamenten. Ihr Tod wird als Selbstmord eingestuft.

Leslie Dillon – fasziniert von Tod und Blut

Der 27-jährige Leslie Dillon, Hotelpage und „angehender Schriftsteller" bringt sich selbst ins Spiel. Im Oktober 1948 schreibt er von Florida aus an den Psychiater des *LAPDs*, Dr. J. Paul de River. Er habe in einem Detektiv-Magazin über den Fall Elizabeth Short gelesen und wolle diesen nun mit Dr. de River diskutieren, weil er „Interesse an Sadismus und Sexualpsychopathen" habe und ein Buch darüber schreiben wolle.

Leslie Dillon behauptet zu wissen, wer Elizabeth Short ermordet hat.

Zuerst schreiben sich Leslie Dillon und Paul de River Briefe. Sie tauschen sich über Einbalsamierungen und Blutungen aus. Dabei stellt sich heraus, dass Dillon 1943 in einem Bestattungsinstitut in Oklahoma gearbeitet hat. Er beschreibt bis ins Detail, wie man einen Körper ausbluten lässt, indem man am Oberschenkel einen Schnitt setzt und einen Schlauch in die große Arterie einführt.

Leslie Dillon behauptet auch zu wissen, wer Elizabeth Short ermordet hat: sein Bekannter Jeff Connors. Im Laufe des Briefwechsels beginnt Dr. de River zu glauben, dass es gar keinen Mann dieses Namens gibt, sondern Dillon den Mord selbst verübt und Jeff Connors erfunden hat.

Im Dezember 1948 erklärt sich Leslie Dillon schließlich bereit, Paul de River zu treffen. Der Psychiater bietet drei mögliche Orte an: Phoenix, Los Angeles und Las Vegas.

Dillon entscheidet sich für Las Vegas.

Dr. de River bringt seinen „Chauffeur" mit, den verdeckten Ermittler John O'Mara, der gleichzeitig als sein Leibwächter fungieren soll. In Las Vegas trifft man sich nun, um Dillons Theorien zu diskutieren. Der Arzt nimmt das Gespräch auf.

DR. DE RIVER:	Was, glaubst du, hat der Mörder mit den Haaren gemacht, die er von den Körperteilen von Elizabeth Short abrasiert hat?
DILLON:	Ich denke, der Mörder, wie er war, hätte wahrscheinlich die Haare in eine Toilette geworfen und gespült.
DR. DE RIVER:	Was denkst du, würde der Mörder mit dem Stück Fleisch mit dem Tattoo darauf tun, nachdem er es aus ihrem Oberschenkel geschnitten hat?
DILLON:	Nun, ich denke, er hätte das wahrscheinlich in die Toilette geworfen. (…)

Leslie Dillon hofft, dass Dr. De River und John O'Mara mit ihm nach Kalifornien fahren, damit er ihnen seinen Freund Jeff Connors vorstellen kann, der sich in San Francisco aufhalten soll.

Dort angekommen, suchen sie nach ihm, werden aber nicht fündig.

Schließlich wird Leslie Dillon im Januar 1949 festgenommen und nach Los Angeles gebracht. Die Detektive Finnis Brown und Harry Hansen befragen ihn. Man verhört ihn, will ein Geständnis erzwingen, doch Dillon gesteht nichts. Am darauffolgenden Tag wird von der Polizei von San Francisco tatsächlich der ominöse „Jeff Connors" gefunden, der in Wirklichkeit Artie Lane heißt.

Artie Lane hat zu der Zeit, als Elizabeth Short ermordet wurde, in Los Angeles gelebt und war als Wartungsarbeiter in den Columbia Studios angestellt, dort, wo Elizabeth gern Aufzeichnungen von Shows besucht hat. Doch mehr kann ihm nicht nachgewiesen werden.

Ende 1949 schlafen die Ermittlungen gegen Leslie Dillon ein. Zwar kommt das *LAPD* zu dem Schluss, dass der Verdächtige zur Tatzeit wahrscheinlich in San Francisco war, kann jedoch seinen Verbleib zwischen dem 9. Januar und dem 15. Januar 1947, als Elizabeth Short verschwunden war, nicht klären.

Später reicht Dillon eine Klage in Höhe von 100.000 Dollar gegen die Stadt Los Angeles ein: Man habe ihn unrechtmäßig festgehalten und ihm seine Rechte verwehrt.

Die Klage wird fallengelassen.

Celebrities

Orson Welles – der Filmproduzent

Mary Pacios, eine ehemalige Nachbarin der Familie Short in Medford, Massachusetts, wächst gemeinsam mit den Shorts auf, und ist mit Elizabeths jüngeren Schwestern befreundet.

Später schreibt sie ein Buch über den spektakulären Mordfall. Dabei stellt sie die Theorie auf, Orson Welles könne etwas mit dem Elizabeths Tod zu tun haben. Einige Indizien sprechen tatsächlich dafür …

Gemeinsam mit seiner Ex-Frau Rita Hayworth dreht Orson Welles drei Monate vor dem Mord den Film „Die Lady von Shanghai". Er entwirft Kulissenbilder und Requisiten, unter anderem einen Spiegelsaal voller zerstückelter Schaufensterpuppen. In den Gesichtern der Puppen will Mary Pacios Risse an den Mundwinkeln erkannt haben – das legendäre „chelsea grin"? Produzent Harry Cohn lässt diese Aufnahmen aus dem Film entfernen, in der fertigen Fassung sind sie nicht mehr zu sehen.

Welles liebt es anscheinend, Körper zu zerteilen …

Als zusätzliches Indiz dient ein Brief von Elizabeth an ihre Schwester Virginia, in dem sie davon berichtet, zu Probeaufnahmen bei einem Filmregisseur eingeladen zu sein. Seinen Namen erwähnt sie leider nicht.

Zumindest eins ist sicher: Sowohl Orson Welles als auch Elizabeth Short sind regelmäßig im Restaurant *Brittingham's* zu Gast. Die Kellnerinnen erinnern sich außerdem daran, dass Elizabeth mit jemandem vom *Columbia Picture Studios* ausging.

Laut Mary Pacios ist Orson Welles auch mit dem späteren Leichenfundort gut vertraut. Und er liebt es anscheinend, Körper zu zerteilen … Um Soldaten zu unterhalten, führt Welles während des Zweiten Weltkriegs Zaubershows auf, in denen er Jungfrauen „zersägt".

Am 24. Januar 1947, dem Tag, an dem das ominöse Päckchen mit Elizabeths persönlichen Gegenständen an den *Los Angeles Examiner* geschickt wird, beantragt Welles einen Pass und verlässt danach das Land für einen ausgedehnten Aufenthalt in Europa. Obwohl die Produktionsfirma Druck wegen der Fertigstellung seines nächsten Filmes *Macbeth* auf ihn ausübt, weigerte er sich lange, aus Europa zurückzukehren.

Bugsy Siegel – Gangsterboss

Benjamin „Bugsy" Siegel, eigentlich Benjamin Hymen Siegelbaum, war ein Angehöriger der jüdisch-amerikanischen Kosher Nostra. Heute ist nicht mehr nachvollziehbar, wieso er unter die Verdächtigen gerät. Der Gangsterboss kümmert sich um sein Hotel *Flamingo* und das dazugehörige Casino und ist mit seiner On-Off-Freundin Virginia Hill liiert. Hätte der Gangster aber für einen Mord nicht einen seiner Handlanger geschickt?

Benjamin „Bugsy" Siegel wird am 20. Juni 1947 in seinem Haus in Beverly Hills erschossen. Der Täter kann nicht ermittelt werden.

Heute ist nicht mehr nachvollziehbar, wieso Siegel unter die Verdächtigen gerät.

Woody Guthrie – **Folksänger**

Woodrow Wilson Guthrie, der bekannte Singer-Songwriter, beeinflusste maßgeblich die amerikanische Folkmusik. Und doch erregt er die Aufmerksamkeit der Ermitt-

Guthrie belästigt eine Frau mit sexuell anzüglichen Briefen und verfolgt sie.

ler im Mordfall Elizabeth Short. Guthrie belästigt eine Frau mit sexuell anzüglichen Briefen und verfolgt sie. Die Schwester der Verfolgten wendet sich an die Polizei.

Verbindungen zu Elizabeth werden jedoch nicht gefunden und so wird Woody Guthrie von der Verwicklung in den Mord freigesprochen.

Unbekannte

„Sergeant Chuck" – **ein geheimnisvoller Offizier**

Dass es ihn gegeben hat – jenen nie identifizierten Offizier aus Camp Cook, ist unstrittig. Im Frühjahr 1943 ist Elizabeth Short mehrfach zusammen mit dem unbekannten

Mann im Armeelager in *Camp Cook* in Lompoc gesehen worden. Im gleichen Jahr sei es dann zu einem Militärgerichtsverfahren gegen diesen Offizier gekommen. Elizabeth Short hat laut Zeugenaussagen im Prozess gegen „Sergeant Chuck" ausgesagt: Der Offizier habe sie tätlich angegriffen. Ob es sich bei dem Angriff um eine Vergewaltigung oder etwas anderes handelte, ist unbekannt. Dennoch scheinen die Richter den Mann für schuldig zu halten, denn er wird nach Übersee versetzt. Elizabeth Short erhebt Anspruch auf Teile seiner zurückgelassenen Habe als Schadensersatz.

Die Polizisten halten es für denkbar, dass der mysteriöse „Sergeant Chuck" im Winter 1946/47 in Los Angeles auftaucht und Elizabeth begegnet. Will er sich an ihr rächen? Leider laufen alle Befragungen ins Leere, keiner der Zeugen kann sich an den Namen des rätselhaften Offiziers erinnern. Auch eine Überprüfung der Militärgerichtsakten verläuft ergebnislos, und so bleibt die wahre Identität von Sergeant „Chuck" für immer im Dunkeln.

Die wahre Identität von „Sergeant Chuck" bleibt für immer im Dunkeln.

Noch ein Unbekannter ...

John F. „Jack" Egger arbeitet im Januar 1947 als Platzanweiser bei der Hollywood-Produktionsfirma *Columbia Broadcasting Studio – CBS*. Die *CBS* produziert Live-Programme für das Radio, die jeweils vor Publikum aufgezeichnet werden. Jack Egger kontrolliert den Einlass und bringt die Besucher zu ihren Plätzen.

James Nimmo (s. S. 139), Jacks Platzanweiser-Kollege, lässt Elizabeth Short ein. Egger kennt die junge Frau bereits von vorherigen Besuchen bei der CBS. Dieses Mal jedoch erscheint sie in Begleitung eines Polizisten, der ihm eine Polizeimarke des *Chicago Police Departments* zeigt. Die beiden Besucher wollen sich die Jack-Carson-Show ansehen. Obwohl sie keine Eintrittskarten haben, lässt Jack Egger sie in das Studio. Der Platzanweiser beschreibt Elizabeths Begleiter als Mann Anfang 40, knapp 1,80 Meter groß, ungefähr 80 Kilogramm schwer, mit leicht ergrautem Haar und ausgeprägten Geheimratsecken.

Nun wollen die Ermittler das genaue Datum dieses Besuchs im Studio herausfinden. Den Neujahrstag hat Frank Egger krank im Bett verbracht. Da die Jack-Carson-Show immer mittwochs aufgezeichnet wird, meint Egger zuerst, es müsse sich um den 8. Januar 1947 gehandelt haben. Da Elizabeth Short sich jedoch an diesem Tag nachweislich in San Diego aufhält, kann diese Angabe nicht stimmen. Frank Egger korrigiert sich auf den 2. Januar.

Fotos von Verdächtigen werden ihm gezeigt und tatsächlich kann der Platzanweiser jemanden identifizieren. Es handelt sich um einen Arzt: Dr. Patrick S. O'Reilly.

Nachdem Frank Egger Patrick O'Reilly jedoch persönlich gegenübersteht, ändert er seine Meinung und präsentiert einen neuen Verdächtigen, seinen Kollegen James Nimmo (s. S. 139).

Das FBI teilt mit, dass die „Art und Weise, in der der Körper von Elizabeth Short zergliedert wurde, die Möglichkeit aufzeigt, dass der Mörder eine in der medizinischen Arbeit erfahrene Person ist."

Die *University of Southern California* schickt eine Liste ihrer Medizinstudenten an das *LAPD*. Etliche Ärzte geraten unter Verdacht und werden überprüft.

Ärzte

Walter Alonzo Bayley – **Chirurg**

Walter Alonzo Bayley arbeitet als Chirurg in Los Angeles und wohnt nur einen Häuserblock südlich der unbebauten Fläche, auf der Elizabeth Shorts Leiche deponiert worden ist. Barbara Lindgren, Bayleys Tochter, ist eine Freundin von Elizabeth Shorts Schwester Virginia und nimmt als Brautjungfer an deren Hochzeit teil.

Im Oktober 1946 verlässt Walter Bayley seine Frau Ruth und zieht aus dem ihr gehörenden Haus in L.A. aus. Zum Zeitpunkt von Elizabeths Tod ist er bereits 67 Jahre alt – körperlich zu schwach, um solch einen Mord zu begehen? Oder hat er die Leiche gerade deswegen zerteilt, um sie besser transportieren zu können? Andererseits – wäre es nicht dumm, die Leiche nur einen Block von seiner ehemaligen Wohnung entfernt abzulegen?

Im Januar 1948 stirbt Bayley und wird obduziert. Dabei entdeckt man eine degenerative Gehirnerkrankung. Es wird behauptet, dass diese neurologischen Veränderungen im Gehirn gewalttätiges Verhalten hervorrufen können.

Ruth Bayley behauptet zudem, dass Dr. Alexandra Partyka, die Geliebte ihres Mannes, ein „schreckliches Geheimnis" über ihn kenne. Einige Spekulationen gehen davon aus, dass Walter Bayley Abtreibungen durchgeführt habe. Das *LAPD* hält Walter Bayley jedoch nie für einen Verdächtigen.

Dr. M. M. Schwartz – **Chirurg**

Dr. Schwartz, der Chirurgie studiert hat, praktiziert im *Cherokee Building* am Hollywood Boulevard. Mark Hansen, der Nachtklubbesitzer, sagt aus, Elizabeth Short dorthin gefahren zu haben. Dr. Schwartz behauptet, Elizabeth zwar flüchtig zu kennen, sie jedoch nicht behandelt zu haben. Die junge Frau sei bei seinem Kollegen Arthur McGinnis Faught gewesen, mit dem er sich die Räume und auch eine Sprechstundenschwester teilt. Auch Dr. Schwartz wird daraufhin schnell von der Liste der Verdächtigen gestrichen.

Dr. Arthur McGinnis Faught – **Frauenarzt**

Mehrfach hat Elizabeth Short Bekannten gegenüber erwähnt, dass sie bei einem Arzt in Los Angeles wegen „Frauenproblemen" und Asthma in Behandlung sei. Den Namen des Arztes nennt sie jedoch nicht. Dr. Schwartz' Kollege Arthur McGinnis Faught soll dieser Mediziner gewesen sein. Ob er etwas mit ihrer Ermordung zu tun hat, wird nie geprüft.

Dr. Patrick S. O'Reilly – **vorbestraft wegen sexueller Gewalt**

Dr. O'Reilly – besucht gern den Nachtclub *Florentine Gardens* in Hollywood, der Mark Hansen (s. S. 138) gehört. Dort trifft er auch Elizabeth Short.

Den Akten des Bezirksstaatsanwalts von Los Angeles nach besucht der Arzt mit seinem Freund Mark Hansen auch Sexpartys in Malibu. Patrick O'Reilly kann zudem eine beachtliche Vorgeschichte sexuell motivierter Gewaltverbrechen aufweisen. Unter anderem hat er seine Sekretärin in einem Motel fast zu Tode geprügelt, weil sie seinen sexuellen Forderungen nicht nachkommen wollte, woraufhin er wegen Körperverletzung verurteilt wurde.

Angeblich steht auch in den Akten, dass O'Reilly eine Operation an der rechten Brust gehabt hat, bei dem Teile des Brustbeins entfernt wurden – eine Analogie zur Verstümmelung bei Elizabeth Short?

Dazu kommt, dass Patrick O'Reilly Schotte ist – eine Verbindung zum schottischen „Glasgow grin"? Mit dem Mord an Elizabeth kann er jedoch nicht in Verbindung gebracht werden.

Dr. Paul DeGaston – alias Dr. C. J. Morris

Dr. Paul DeGaston praktiziert unter dem Decknamen „Dr. C. J. Morris" in der Innenstadt von Los Angeles. Sein Name und die Anschrift finden sich in Elizabeth Shorts Adressbuch. DeGaston, der illegale Abtreibungen vornimmt, war bereits 1934 wegen Mordes angeklagt worden. Dabei handelte es sich jedoch augenscheinlich um eine verpfuschte Abtreibung. Auch er wird schnell aus dem Kreis der Verdächtigen entlassen.

Dr. A. E. Brix – flüchtiger Bekannter

Dr. Brix' Name taucht ebenfalls in Verbindung mit Elizabeth Short auf – man findet seine Visitenkarte bei ihren Gegenständen. Eine engere Beziehung lässt sich nicht nachweisen. Brix behauptet, Elizabeth habe seine Praxis nur ein einziges Mal aufgesucht, angeblich um sich über die Behandlung von „Frauenproblemen" zu informieren.

Dr. George Hodel – Der einzig ernsthafte Verdächtige?

Dieser Arzt könnte – im Gegensatz zu den bisher genannten – tatsächlich etwas mit Elizabeth Shorts Tod zu tun gehabt haben.

Dr. George Hodel, Spezialist für sexuell übertragbare Krankheiten, leitet eine Klinik in der East First Street in der Nähe von Alameda. Aus zwei Gründen erscheint der Mediziner im Mordfall Elizabeth Short interessant: Erstens wird er Ende der 1940er Jahre offiziell von der Polizei als Tatverdächtiger eingestuft. Und zweitens behauptet später auch sein Sohn Steve, der selbst jahrelang als Mordermittler beim *LAPD* gearbeitet hat, sein Vater sei der wahre Mörder von Elizabeth Short.

Dr. George Hodel gerät erst im Oktober 1949, zwei Jahre nach Elizabeths Tod, unter Verdacht, als seine 14-jährige Tochter Tamar ihn beschuldigt, sie missbraucht zu haben. Zwar wird er im Dezember 1949 von den Anklagepunkten freigesprochen, doch veranlasst der Fall das *LAPD*, den Arzt etwas genauer unter die Lupe zu nehmen. Von Februar bis Ende März 1950 überwachen die Ermittler ihn mittels zweier in seinem Haus installierter Wanzen und setzen insgesamt 18 Beamte auf ihn an.

Tamar Hodel berichtet der Polizei, dass ihre Mutter Dorothy ihr erzählt habe, dass der Vater in der Mordnacht auf einer Party gewesen sei und gesagt habe, dass man niemals beweisen könne, dass er den Mord verübt habe. Zwar stellt sich heraus, dass Dr. George Hodel eine Affäre mit einem dunkelhäutigen „Model" hatte – es existieren sogar Fotos – doch keiner der Bekannten des Arztes weiß etwas über eine Verbindung zu Elizabeth Short.

Kurz nach den Verdächtigungen verlässt der Arzt seine Familie und wandert nach Asien aus, wo er 1999 stirbt.

George Hodels Sohn Steve, Mordermittler beim *LAPD*, macht das Haus ausfindig, in dem seine Familie 1947 lebte. Mit Kollegen und einem auf Verwesungsgeruch spezialisierten Hund untersuchen sie den Keller des Gebäudes. Der Labrador schlägt an vier Stellen an. Die Beamten nehmen Bodenproben.

2003 veröffentlicht Steve Hodel ein Buch, in dem er behauptet, sein Vater habe im Lauf von zwei Jahrzehnten sowohl Elizabeth Short ermordet, als auch eine Reihe weiterer nie gelöster Morde begangen.

Verdacht schöpft der Sohn seinen Angaben nach, als er alte Familienalben durchstöbert und dabei auf Fotos stößt, auf denen er Elizabeth Short zu erkennen glaubt. In Steves Buch „The Black Dahlia Avenger: The True Story" beschreibt er seinen Vater als Tyrann und Perversen, der Orgien im Haus feierte und frauenfeindlich eingestellt gewesen sei. Auch die Vergewaltigungsvorwürfe seiner Schwester Tamar gegen den Vater bestätigt Steve. Bei weiteren Recherchen stellt sich heraus, dass sich Dr. George Hodel auch ab und zu im Hotel *Biltmore* aufgehalten hat – jenem Ort, an dem Elizabeth kurz vor ihrem Tod das letzte Mal gesehen wurde. Die Zeugin Lillian DeNorak, die im Haus des Doktors gelebt hat, sagt aus, dass George Hodel viel Zeit in der Umgebung des *Biltmore* verbracht habe. Außerdem identifiziert sie Elizabeth Short auf einem Foto als eine der Freundinnen des Arztes.

Das 2003 erschienene Buch – „Black Dahlia Avenger: A Genius for Murder" – wird 2004 überarbeitet, doch noch immer behauptet Steve Hodel, sein Vater sei der „Black-Dahlia-Killer" gewesen, habe zahlreiche weitere Morde begangen und sei sogar der berüchtigte Zodiac-Killer (s. S. 89) gewesen. Hieb- und stichfeste Beweise für seine Theorien sind nie aufgetaucht.

> Dieser Arzt könnte – im Gegensatz zu den bisher genannten Verdächtigen – tatsächlich etwas mit Elizabeth Shorts Tod zu tun gehabt haben.

Tat eines Serienmörders?

Viele Verdächtige kommen für den Mord an Elizabeth Short infrage ... Doch handelte es sich tatsächlich um eine Einzeltat?

Sowohl die Ermittler wie Harry Hansen oder die FBI-Profiler John Douglas und Robert „Bob" Ressler sind sich darin einig, dass viele Details auf einen erfahrenen Täter schließen lassen.

Es ist äußerst unwahrscheinlich, dass ein unbescholtener Bürger plötzlich anfängt, Frauen zu zerstückeln und zu verstümmeln. Auch die Tatsache, dass der Mörder sein Opfer über einen längeren Zeitraum misshandelt hat – darauf deuten die zahlreichen Blutergüsse und Verletzungen am ganzen Körper hin – bevor er es ausbluten lässt, zerteilt und anschließend säubert, dürfte einen Ersttäter überfordern.

Wenn es sich hingegen um einen Serienmörder handelt, muss es andere ungeklärte Mordfälle geben, die Parallelen zum Fall Elizabeth Short zeigen.

Nach Ansicht einiger mit dem Fall befasster Personen ähnelt der Mord den sogenannten „Cleveland-Torso-Morden", einer ungeklärten Mordserie, die sich zwischen 1934 und 1938 ereignete.

Der nie identifizierte Cleveland-Torso-Mörder, der auch als „Mad Butcher of Kingsbury Run" bekannt wurde, beging von 1935 bis 1938 mindestens zwölf Morde. 1935 fand man den ersten Torso auf einer Wiese in Cleveland. Kopf und die Gliedmaßen der Leiche waren entfernt worden. Als weitere verstümmelte Leichname gefunden werden, erhält der Mörder von der Presse den Namen „Cleveland Torso Murderer" oder auch „Torso-Killer". Den Opfern wurden stets die Köpfe und Gliedmaßen abgetrennt, die Männer wurden zudem teilweise kastriert und an manchen war mit Chemikalien experimentiert worden. Erschwerend kam hinzu, dass viele der Opfer nicht identifiziert werden konnten, da oftmals die Köpfe unauffindbar waren und ein Opfer sogar erst ein Jahr nach seinem Verschwinden entdeckt wurde.

Ein unbescholtener Bürger fängt nicht plötzlich an, Frauen zu zerstückeln und zu verstümmeln.

Das *LAPD* geht auch dieser Spur nach, kommt jedoch zu dem Schluss, dass die Verbrechen keine Gemeinsamkeiten aufweisen.

Gerorge Hodels Sohn Steve und der Autor William Rasmussen hingegen wollen Parallelen zwischen den Morden an Elizabeth Short und Suzanne Degnan erkannthaben. Die 6-Jährige verschwindet am 7. Januar 1946 – zwei Tage vor Elizabeth Short – aus der Wohnung ihrer Eltern. Die Eltern bekommen in den Folgetagen Erpresserbriefe, doch das Kind taucht nicht wieder auf. Erst Anfang Februar findet man die Leiche von Suzanne Degnan – zerstückelt. Makabres Detail: Drei Querstraßen entfernt von der Stelle, an der man Elizabeth Shorts Leiche fand, verläuft der „Degnan Boulevard".

Die Verbindung zwischen beiden Mordfällen soll ein Bekennerschreiben im Fall Elizabeth Short bilden. Es besteht aus ausgeschnittenen Groß- und Kleinbuchstaben. Der Absender hat es mit „Black Dahlia Avenger" unterzeichnet. Die Erpresserbriefe im Fall Suzanne Degnan sehen ähnlich aus, sind allerdings mit der Hand geschrieben. Auch hier mischt der Verfasser willkürlich große und kleine Buchstaben. Ob jedoch die Schreiben tatsächlich vom wahren Mörder, einem Nachahmer oder Wichtigtuer stammen, weiß niemand.

Handelt es sich um einen Serienmörder, muss es andere ungeklärte Mordfälle geben, die Parallelen zum Fall Elizabeth Short zeigen.

Für den Mord an Suzanne Degnan wird der 17-jährige William Heirens angeklagt. Man fasst ihn, als er in ein Gebäude in der Nachbarschaft der Degnans einbrechen will. Heirens gesteht, Suzanne entführt und ermordet zu haben, widerruft jedoch kurz darauf, weil er gefoltert und zum Geständnis gezwungen worden sei.

Journalisten, die sich mit dem Fall Elizabeth Short befassen, glauben, eine andere Verbindung entdeckt zu haben: Ungelöste Morde an Frauen in Los Angeles, darunter der Mord an Georgette Bauerdorf.

Georgette Bauerdorf, Millionenerbin und „Partygirl" lebt zusammen mit ihrem Vater in einem Anwesen in West Hollywood. 1944 findet man ihre Leiche in der Badewanne eines Hotelzimmers.

Ein Verdächtiger wird als groß und sehr dünn beschrieben, zudem habe er augenscheinlich einen verkrüppelten Fuß gehabt.

John Gilmore, Schriftsteller, den der Mordfall „Schwarze Dahlie" fasziniert, recherchiert und findet einen Bekannten von Elizabeth, der sich „Arnold Smith" nennt. Arnold Smith ist sehr groß, extrem dünn und sein Fuß ist verkrüppelt. Smith kann den Tathergang in allen Details schildern, darunter auch Einzelheiten, die nur der Mörder wissen kann, und gibt an, dies von einem Mann namens Jack Anderson Wilson erfahren zu haben. Ist Jack Anderson Wilson Elizabeths Mörder?

John Gilmore forscht weiter und findet heraus, dass es keinen Mann dieses Namens gibt. Höchstwahrscheinlich sind Arnold Smith und Jack Anderson Wilson ein und dieselbe Person. Gilmore informiert die Polizei. Die Ermittler kündigen an, Arnold Smith zu befragen. Einen Tag vorher jedoch stirbt der Verdächtige nach einem Brand in seinem Hotelzimmer. Er ist mit einer brennenden Zigarette eingeschlafen. Leider ist das Zimmer so verwüstet, dass keine Beweise mehr gesichert werden können und so zerschlägt sich auch diese vielversprechende Spur.

Wer war es denn nun?

Für den Mord an Elizabeth Short gibt es zwei mögliche Theorien: Entweder kannte sie ihren Mörder und es handelte sich um eine Beziehungstat oder ein Fremder hat sie umgebracht.

Profiler John Douglas ist sich sicher, dass der Täter Elizabeth kannte. Verstümmelungen an einer Leiche sind oft Zeichen einer früheren emotionalen Bindung, die in Hass umgeschlagen ist.

John Douglas' Täterprofil beschreibt einen allein lebenden Mann mit höherer Schulbildung, der zur Zeit des Mordes unter großer persönlicher und finanzieller Belastung gestanden haben muss. Wahrscheinlich ist auch, dass der Mörder eine besondere Affinität zu Blut hatte, vielleicht auch in einem diesbezüglichen Beruf gearbeitet hat. Möglich sei auch eine körperliche Behinderung, wegen der der Täter in früheren Jahren gehänselt wurde. Wahrscheinlich hat er in Kindheit und Jugend Tiere gejagt und misshandelt.

Die Grausamkeit und Gewalt, die Elizabeth Short angetan wurden, ihre furchtbaren Verstümmelungen und die öffentliche Zurschaustellung der Leiche sind für den Profiler deutliche Anzeichen, dass der Mörder sein Opfer kannte.

Der Mord war „persönlich" und könnte eine Bestrafung für vermeintliches Fehlverhalten des Opfers gewesen sein.

Von all den Verdächtigen haben nachweislich nur sieben Elizabeth Short näher gekannt.

Ungewollter Ruhm

50 Menschen – sowohl Männer, als auch Frauen – bekannten sich bis heute zum Mord.

Den Tatort hat man nie gefunden. Wo sich Elizabeth Short zwischen dem 9. und 15. Januar 1947 aufgehalten hat, weiß man nicht. Alles, was von ihr übrig bleibt, ist ein furchtbar zugerichteter Leichnam, den ihr Mörder mitten in Los Angeles abgelegt hat. Und unzählige Geschichten und Legenden, die sich bis heute um die „Schwarze Dahlie" ranken.

Elizabeth Short findet ihre letzte Ruhestätte auf dem *Mountain View* Friedhof in Oakland. Der Grabstein aus pinkfarbenem Marmor trägt die Aufschrift: „Tochter, Elizabeth Short, 29. Juli 1924 – 15. Januar 1947".

Elizabeth Short träumte davon, es eines Tages auf die Kinoleinwand zu schaffen. Ihr Wunsch ging auf eine andere Art in Erfüllung, als sie es gewollt hätte.

James Ellroy schreibt das Buch „Die schwarze Dahlie" über sie und 60 Jahre nach ihrer Ermordung erscheint Brian DePalmas Verfilmung des Romans in den Kinos.

Formal ist der Fall für das *LAPD* noch nicht abgeschlossen. Die „Ermittlungen" beschränken sich jedoch darauf, die seltenen Hinweise aufzunehmen, die heute noch ankommen.

70 Jahre nach Elizabeth Shorts Ermordung glaubt niemand mehr ernsthaft an eine Lösung.

Der Mörder ist aller Voraussicht nach längst verstorben und hat sein Geheimnis mit ins Grab genommen.

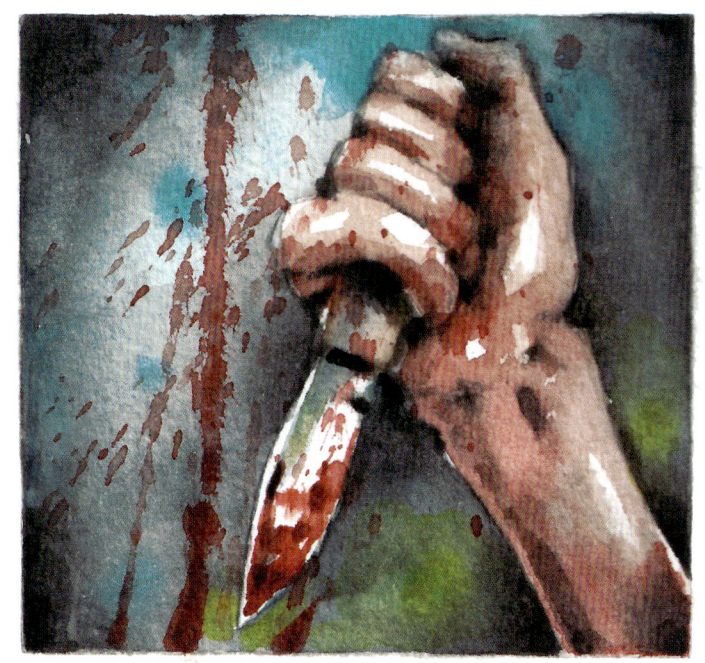

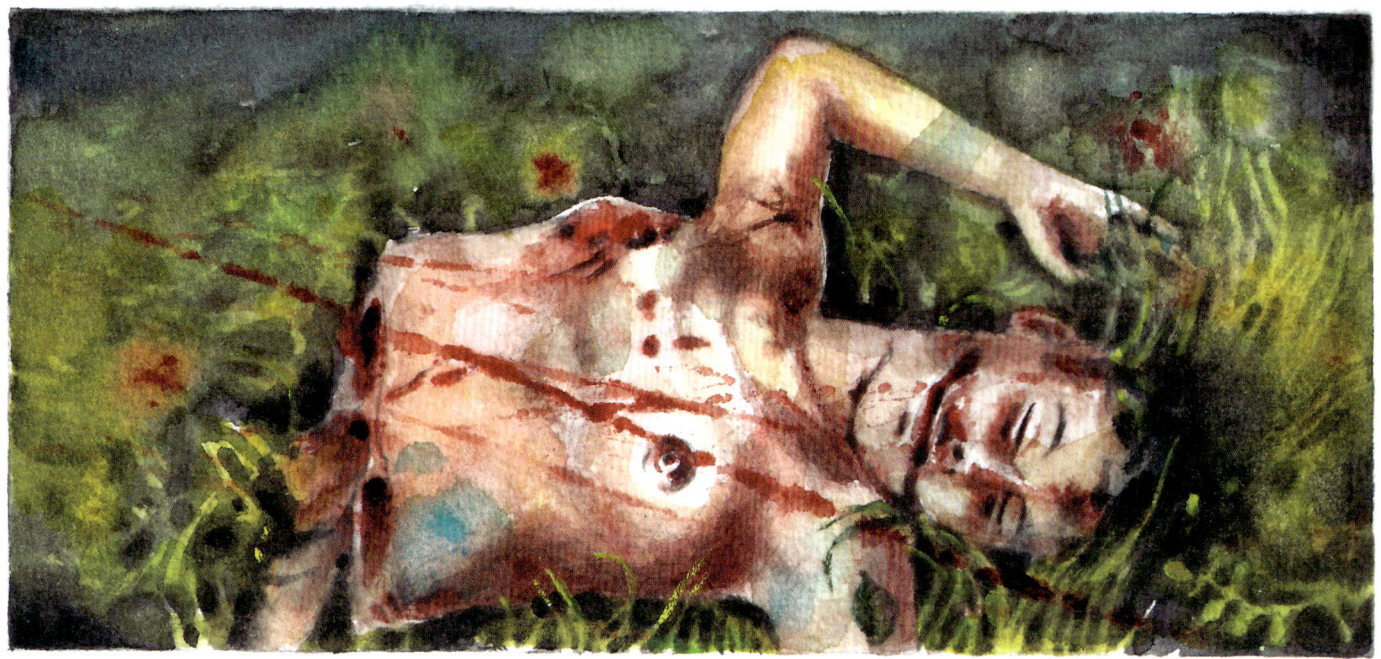

Hanging Rock

Legende oder Wahrheit?

Picknick
am Valentinstag

Es ist eine der bekanntesten Legenden Australiens. Bei einem Picknick im Jahre 1900 verschwinden drei Mädchen und eine Lehrerin. Nur eine der Schülerinnen taucht wieder auf, kann aber keine Hinweise auf die anderen Vermissten geben. Sie bleiben für immer verschwunden. Weder werden Lebenszeichen noch Leichen gefunden. Die Erklärungen für dieses Rätsel beschäftigen Mystery-Fans bis heute.

> **All that we see or seem, is but a dream into a dream.**

Hanging Rock – mysteriöser Fels

DAS AUSTRALISCHE OUTBACK, etwa 50 Kilometer nordwestlich von Melbourne. Eine braune Steppe mit prächtigen Bäumen, im Zentrum eine Gesteinsformation vulkanischen Ursprungs: *Mount Diogenes.* Die Berge gehören zu den Ausläufern der *Great Dividing Range.* Der höchste Gipfel ist 718 Meter hoch. Türme und Zinnen der Formation sind bei Wanderern, Bergsteigern und Fotografen beliebt.

Am Eingang eines Wanderpfades befindet sich ein markanter, großer Felsen, der zwischen zwei steilen Wänden eingeklemmt wurde und über dem Durchgang in einer Spalte hängt: *Hanging Rock.*

Nachdem die Felsformation 1866 einem Privatbesitzer von der Regierung abgekauft wurde, entwickelt sich *Mount Diogenes* zu einem beliebten Ausflugsziel. Wanderer besuchen das „Hanging Rock Reservat", Familien kommen zum Picknicken hierher. Aber auch Goldsucher und Taugenichtse treiben sich herum, so zum Beispiel der für seine Brutalität bekannte Dieb und Mörder „Mad Dan Morgan".

Vier junge Frauen verschwinden

14. Februar 1900 – Valentinstag

Der Legende nach macht sich eine Schulklasse junger Mädchen in Begleitung ihrer Lehrerinnen zu einem Ausflug zum *Hanging Rock* auf. Schon bald nach der Ankunft entfernen sich die Schülerinnen Irma Leopold, Marion Quade und Miranda sowie die Lehrerin Miss McCraw von der Gruppe, weil sie den Felsen, von dem sie sich magisch angezogen fühlen, auf eigene Faust erkunden möchten.

Als die Klasse später am Tag zum Internat zurückkehren will, sind die vier allerdings spurlos verschwunden – und drei von ihnen sollen es für immer bleiben. Doch zu diesem Zeitpunkt besteht noch Hoffnung, die Vermissten zu finden, denn eine andere Gruppe, die dort picknickt, will die Mädchen und ihre Lehrerin gesehen haben. Es startet eine großangelegte Suchaktion. Eigentlich ist das Areal nicht allzu groß und von den Helfern schnell durchsucht, aber dennoch finden sie nichts – bis einige Tage später plötzlich Irma Leopold wieder auftaucht, verwirrt und ohne jede Erinnerung. Sie kann keine Auskunft darüber geben, was mit den anderen passiert ist, Leichen werden nie gefunden, der mysteriöse Fall wird nie geklärt.

Schnell entwickeln sich Theorien; Mutmaßungen; was den Frauen widerfahren sein könnte, schießen ins Kraut. *Hanging Rock* wird zu einer Legende, einem Schauplatz rätselhafter Ereignisse, einem Ort, an dem manch einer auch heute noch „übersinnliche Energien" wahrzunehmen glaubt.

Noch heute nimmt das Besucherzentrum am *Hanging Rock* auf das Verschwinden der Mädchen und ihrer Lehrerin Bezug und schildert die vermeintlichen Fakten. Das Eingangsschild trägt den Slogan „Erlebe das Geheimnis", Ranger berichten, dass Touristen regelmäßig Steine zurückschicken, die sie illegal mitgenommen haben, weil sie ihnen Pech gebracht haben, Besucher erzählen von Begegnungen mit den Geistern der verschwundenen Mädchen …

Doch ist das alles wirklich passiert?

Sie fühlen sich von dem Felsen magisch angezogen …

„Picnic at Hanging Rock" EINS

1967 erscheint ein Buch der australischen Schriftstellerin Joan Lindsay mit dem Titel *Picnic at Hanging Rock* – zu deutsch: *Picknick am Valentinstag*. Hier beschreibt die Autorin detailliert den Fall der verschwundenen Mädchen beim Ausflug zum *Hanging Rock*.

Lady Joan Lindsay – ihr Mädchenname ist Joan A'Beckett Weigall – behauptet von sich, eine spirituelle Person zu sein. Sie wird am 16. November 1896 in St. Kilda als Kind einer Familie aus der höheren Gesellschaft geboren, besucht ein Mädchenpensionat und studiert Malerei. Am Valentinstag 1922 heiratet sie Sir Daryl Lindsay, den späteren Kurator der Nationalgalerie von Victoria. Fortan widmet sie sich der Kunst und dem Schreiben.

In ihrem Buch *Picnic at Hanging Rock* beschreibt Joan Lindsay das Mädchenpensionat *Appleyard College* und die Vorgänge um das Verschwinden der drei Mädchen und ihrer Lehrerin als tatsächliche Begebenheit.

Lady Joan Lindsay hat eine Neigung zum Esoterischen. In ihrer Autobiographie „Time without clock" auf Deutsch: „Zeit ohne Uhren" schreibt sie, dass Uhren und Maschinen stehenblieben, sobald sie sich ihnen nähere, in ihrem Haus gibt es keine Uhren und ihr autobiographisches Buch bestätigt die fixe Idee.

Auch in *Picnic at Hanging Rock* spielt Zeit eine besondere Rolle: Es gibt Rückblenden, fehlende Stunden, und die Uhren zweier Charaktere bleiben in genau dem gleichen Moment stehen und nehmen so die Tragödie vorweg.

Im Buch erklettern Miranda, Marion und Irma zusammen mit ihrer Lehrerin Miss McCraw die Felsformation *Mount Diogenes.* Ein viertes Mädchen, Edith, berichtet hysterisch, dass sie die Mädchen in einer Spalte in den Felsen verschwinden sah, und dass Miss McCraw in ihrer Unterwäsche in den Felsen herumgeklettert sei – absolut unschicklich in der victorianischen Ära.

Tagelang durchsuchen Polizisten die nicht sonderlich große Felsformation, doch ohne Erfolg.

Erst vier Tage später wird Irma Leopold lebend gefunden. Erinnerungen an die zurückliegenden Tage oder was geschehen ist, hat sie nicht. Wo war das Mädchen in der fraglichen Zeit?

Obwohl viele Fragen offen bleiben, sind Joan Lindsays Leser überzeugt: Alles hat sich genau so zugetragen.

Man beginnt nach dem *Appleyard College* zu forschen. Man findet: Nichts.

Zeitungen aus dem Jahr 1900 werden untersucht, um Artikel über die mysteriöse Begebenheit zu finden. Außer, dass 1901 ein junger Mann am *Hanging Rock* ausrutschte, und in den Tod stürzte, wird auch hier nichts weiter entdeckt.

Um das Fehlen jeglicher Beweise zu erklären, behaupten die Verschwörungstheoretiker nun, die örtliche Polizeiwache in *Woodend* sei Anfang des 20. Jahrhunderts abgebrannt und alle Aufzeichnungen über die Todesfälle seien vernichtet worden.

Dann ruft die Enkelin eines Polizisten aus *Woodend,* Richard Lawless, bei einem Radiosender an und berichtet, dass ihr Großvaters ihr erzählt habe, die Mädchen seien in eine Spalte gefallen und ein Felsbrocken darüber gestürzt, sodass die Leichen unauffindbar waren. Woher wusste aber dann der Großvater davon?

Man findet:
Nichts.

Joan Lindsay schreibt in ihrem Vorwort: „Ob sich das Picknick am Valentinstag tatsächlich so ereignet hat oder nicht, müssen meine Leser selbst entscheiden. Doch da das Picknick im Jahre neunzehnhundert stattgefunden hat und die Charaktere, die in diesem Buch auftreten, schon lange tot sind, erscheint diese Frage unerheblich. (...)"

Das letzte Kapitel ihres Buches enthält Joan Lindsay den Lesern vor. Es darf nach ihrer Verfügung erst am Valentinstag drei Jahre nach ihrem Tod veröffentlicht werden.

„Picnic at Hanging Rock" ZWEI

Am 8. August 1975 kommt ein australischer Spielfilm von Peter Weir in die Kinos: *Picnic at Hanging Rock,* der auf dem Roman von Joan Lindsay basiert. Auch das internationale Publikum und die Kritiker sind begeistert und verhelfen dem Film zu seinem internationalen Durchbruch. 1977 wird „Picknick am Valentinstag" in Deutschland gezeigt.

„All that we see or seem, is but a dream into a dream" sagt eine Mädchenstimme gleich zu Beginn. Dann wird ein Schild mit einem Text gezeigt:

On Saturday 14th February
1900 a party of schoolgirls
from Appleyard College
picknicked at Hanging Rock
near Mt. Macedon in the
state of Vicoria.
During the afternoon
several members of the party
disappeared without a trace ...

Am Samstag, dem 14. Februar 1900 picknickt eine Gruppe von Schulmädchen des Appleyard Colleges am Hanging Rock in der Nähe von Mount Macedon im Bundesstaat Victoria. Während des Nachmittags verschwanden mehrere Mitglieder der Gruppe spurlos ...

Eine Ebene im australischen Outback taucht aus dem Nebel auf und gibt den Blick auf die Gesteinsformation im Zentrum frei. „Der Hanging Rock wartet eine Million Jahre lang ausgerechnet auf uns", wird Irma später sagen.

Im Gegensatz zum Buch stellt Peter Weir in seinem Film die erwachende Sexualität der Mädchen stärker in den Vordergrund und gibt den Zuschauern mit der Kleidung der Figuren Hinweise auf ihre Rolle. Er fügt auch einige Nebenfiguren ein und konstruiert ein stimmiges Ende.

Sarah, ein Mädchen, das bei dem Ausflug nicht dabei sein darf, hält Miranda für eine Prophetin und liebt sie abgöttisch. Sie glaubt daher an deren übernatürliches Verschwinden. In Folge der unerklärlichen Ereignisse ist das gesamte *Appleyard-College* dem Niedergang geweiht: Eltern melden ihre Töchter ab, Mrs. Appleyard, die Direktorin, verfällt dem Alkohol und schickt Sarah, deren

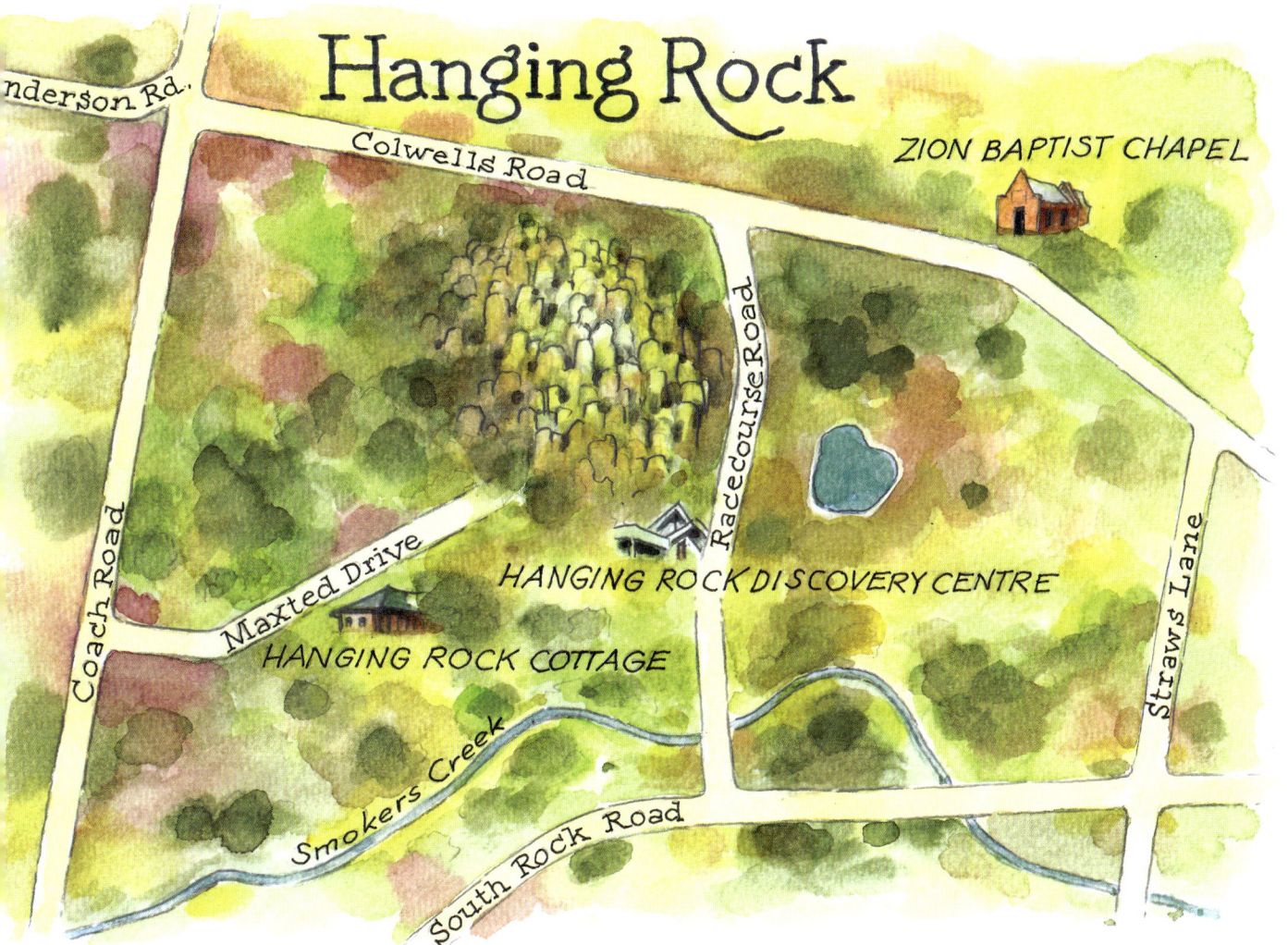

Schulgeld nicht bezahlt wurde, zurück ins Waisenhaus. Sarah stürzt sich daraufhin vom Dach in den Tod und Mrs. Appleyard wird wenige Wochen später tot am Hanging Rock gefunden. Wollte sie den Felsen ersteigen und ist abgestürzt?

Joan Lindsay fand die Verfilmung gut, obwohl auch diese darauf verzichtete, eine Lösung des Geheimnisses zu präsentieren.

All that we see or seem, is but a dream into a dream.

Erklärungsversuche

Falls es nun aber das mysteriöse Verschwinden der Mädchen am *Hanging Rock* wirklich gegeben hat – was könnte dann dahinter stecken? Mögliche und unwahrscheinliche Varianten werden diskutiert …

Unfall

Wie die Enkelin des Polizisten aus dem Ort *Woodward* berichtete, könnte es sein, dass die Mädchen verschüttet wurden. Nur Irma konnte sich befreien und wurde Tage später gefunden. Dagegen spricht, dass die Felsformation, zu der der *Hanging Rock* gehört, nicht groß ist. Hätte man die Stelle, an der die Mädchen verunglückten, dann bei der Suche nicht finden müssen? Und wie konnte Irma sich befreien? Warum kann sie keine Auskunft über die anderen geben – Amnesie?

Mord

Folgt man dem Geschehen im Film, könnten andere Personen, die nicht zu den Appleyard-Mädchen gehörten, die vier Ausreißerinnen ermordet haben. Albert und Michael, zwei junge Männer aus einer Gruppe, die zur gleichen Zeit dort picknickt, beobachten, wie sich Miranda, Marion und Irma mit Miss McCraw auf den Weg in die Berge machen. Sie folgen ihnen, besessen von der Schönheit und Jugend der vier, vergewaltigen und ermorden sie.

Doch Irma ist nicht tot, sondern nur bewusstlos. Durch die schrecklichen Erlebnisse erleidet sie einen Gedächtnisverlust und kann so nicht von den Taten berichten. Oder hat gar Irma die anderen drei getötet? Wie sollte ihr das jedoch gelingen und warum blieb sie dann noch über drei Tage in den Bergen?

Die Mordtheorie jedenfalls scheint vielen Touristen einzuleuchten – sie fragen bei Besuchen am *Hanging Rock* oft danach.

Paralleluniversum

Die Gesteinsformation *Mount Diogenes* gilt schon bei den Aborigines als mystischer Ort. Gibt es hier eine Eintrittsstelle in eine andere Welt, ein Paralleluniversum? Sind die Mädchen bei ihrer Erkundung der Felsen zufällig an diese Spalte geraten und wurden in eine andere Dimension befördert, aus der es keine Rückkehr gibt? Warum aber geschah dieses Ereignis nur ein einziges Mal und hat sich nie wiederholt?

„Ufologen" sind sich sicher: Es kann nur eine Erklärung geben. Aliens haben zwei der Mädchen und ihre Lehrerin in ihr Raumschiff gebracht und entführt. Irma wurde entweder zurückgelassen oder nach drei Tagen zurückgebracht. Zudem verpassten ihr die Außerirdischen einen Gedächtnisverlust für die fragliche Zeit, um ihre Existenz nicht zu offenbaren.

Wie praktisch für die Verschwörungstheoretiker, dass sowohl die Theorie vom Paralleluniversum als auch die von den Aliens nicht widerlegt werden können. Es sei denn, man schaltet den gesunden Menschenverstand ein.

„Picnic at Hanging Rock" DREI

1984 stirbt Joan Lindsay, die Autorin von *Picnic at Hanging Rock* im Alter von 88 Jahren. Und es geschieht, worauf ihre Fans schon sehr, sehr lange gewartet haben: Das letzte, bislang geheim gehaltene Kapitel ihres Buches darf am 14. Februar 1987 veröffentlicht werden. Jetzt sollen die Leser erfahren, wie sich Joan Lindsay das Ende der Geschichte vorgestellt hat.

Der Text jedenfalls stellt sich als mystisch und undurchschaubar dar, nicht das, was die Leser sich erhoffen ...

... „Ein schwebender Adler"

„das letzte Licht der Sonne" ...

Die Mädchen befinden sich in der Felsformation. Marion sagt zu Irma, dass der Stein sie magisch „wie eine Flut" anziehe, sie einsaugen wolle. Dann lösen sich die drei von dem Anblick, gehen weiter, werden schläfrig und legen sich hin, schlafen so tief, dass Miranda nicht bemerkt, wie eine kleine Eidechse unter einem Stein hervorkommt und sich in ihre Armbeuge legt und bronzefarbene Käfer in ihr goldenes Haar krabbeln. Eine kleine schuppige braune Schlange kriecht über den Kies und verursacht dabei ein Geräusch wie Wind, der über den Boden streicht.

Miranda erwacht und hört die Herzen von Marion und Irma „wie zwei kleine Trommeln" schlagen, als Geräusche aus dem Unterholz dringen, ein Knacken von Zweigen, das näher kommt, bis sich die Büsche teilen und eine seltsame Figur erscheint. Joan Lindsay beschreibt sie so:

„It was a woman with a gaunt, raddled face trimmed with bushy black eyebrows – a clown-like figure dressed in a torn calico camisole and long calico drawers frilled below the knees of two stick-like legs, feebly kicking out in black lace-up boots."
... eine Frau mit hagerem, gerötetem Gesicht und gestriegelten, buschigen schwarzen Augenbrauen. Eine Art Clown, gekleidet in ein zerrissenes Baumwoll-Hemdchen, lange Baumwoll-Unterhosen, die unter dem Knie gekräuselt sind und aus denen zwei Stockbeine in schwarzen Schnürstiefeln ragen.

Mit weit geöffnetem Mund keucht das Wesen mehrmals „Hindurch!".
Marion schlägt vor, sich der einengenden Korsetts zu entledigen, was sie auch tun, sie werfen diese von sich und sofort setzen eine herrliche Kühle und das Gefühl von Freiheit ein. Die Korsetts jedoch fallen nicht zu Boden sondern schweben in der windstillen Luft „wie eine Flotte kleiner Schiffe". Das „Clown-Wesen" erklärt den Mädchen, dass es Höhlen gebe und Irma äußert, sie fürchte sich vor Fledermäusen.

Und dann sieht Miranda ein „Loch".

„It wasn't a hole in the rocks, nor a hole in the ground. It was a hole in space."
Ein Loch im Raum.

„It was as solid as the globe, as transparent as an air-bubble"
– so fest wie die Erdkugel, so transparent wie eine Luftblase.

Die kleine braune Schlange taucht wieder auf, sie liegt neben einem Spalt im Boden, Miranda und Marion beginnen zu graben, die Clowns-Frau mit dem geröteten Gesicht – ist es Greta McCraw? – verwandelt sich in eine Krabbe und bedeutet den Mädchen, ihr zu folgen. Irma jedoch will nicht, sie möchte lieber zurück nach Hause. Clowns-Frau-Krabbe und zwei Mädchen verschwinden, Irma bleibt zurück, wirft sich auf den Boden und trommelt mit den Fäusten auf den Fels.

Die letzten beiden Sätze des 18. Kapitels lauten:

„She had always been clever at embroidery. They were pretty little hands, soft and white."

Joan Lindsays Auflösung der Ereignisse in ihrem Buch enttäuscht die Leser. Sie hatten sich wohl etwas weniger Abstruses gewünscht.

„Picnic at Hanging Rock" VIER

1980 erscheint ein Sachbuch der Autorin Yvonne Rousseau. „The murders at Hanging Rock". Yvonne Rousseau ist Autorin von Kurzgeschichten und Lektorin, hat „Picnic at Hanging Rock" gelesen und die Felsen mehrfach besucht. Im Vorwort schreibt sie, die Ereignisse seien „reine Fiktion", bietet aber dennoch fünf mögliche Erklärungen für das Geschehen an.

1. **Die Ereignisse finden in einem Paralleluniversum statt.** Das würde die Diskrepanzen in den Datumsangaben erklären – im Buch ist der 14. Februar 1900 ein Sonntag, es war aber ein Mittwoch. Ein Paralleluniversum könnte den Mädchen magische Kräfte verleihen, sodass sie schweben konnten und Irma vier Tage ohne Nahrung und Wasser auskam.

2. **Am Hanging Rock gibt es ein Tor zu Zeitreisen,** das sich nur zu bestimmten Zeiten öffnet. Das erklärt das Stehenbleiben der Uhren. Vielleicht sind die Mädchen einfach in eine andere Zeit gereist und nur Irma kam – mit Gedächtnisverlust – zurück.

3. **Die Mädchen wurden von einem UFO entführt** (s.S. 157)

4. **Übernatürliche Kräfte waren am Werk.**

5. **Es handelte sich um Mord.** Hier erklärt Yvonne Rousseau, dass Mike und Albert, die beiden jungen Männer, die Mädchen verfolgt und zuerst

Marion und Miss McCraw vergewaltigt und getötet haben. Die zwei Opfer verstecken sie in einer Felsspalte. Irma und Miranda hingegen sollen als „Sklavinnen" dienen. Weil der Plan scheitert, betäubt man die beiden Mädchen, Irma kann sich verteidigen und entkommt, Miranda wird ebenfalls umgebracht.

Eine stimmige
Erklärung
für all das
wird es
wohl nie geben …

" All that we see
or seem,
is but a dream
into a dream. "

HANGING ROCK

Ein LKW-Fahrer ist in der Nacht zum 26. Oktober 1984 auf der Autobahn A 45 in Richtung Ruhrgebiet unterwegs. Kurz vor der Ausfahrt *Hagen-Süd* sieht er im Vorbeifahren ein Auto im Graben liegen. Er glaubt an einen Unfall und hält an, um zu helfen. Ein Kollege, der kurz hinter ihm fährt, bremst ebenfalls und steigt aus. Gemeinsam gehen sie zu dem verunfallten Wagen – es ist ein blauer *Golf* mit eingedrückter Motorhaube. Auf dem Beifahrersitz finden sie einen nackten Mann, blutend, schwer verletzt, Laub und Schmutz kleben am Körper. Der Mann ist bei Bewusstsein, sagt den LKW-Fahrern, es seien „vier" gewesen. Schnell kommt der Krankenwagen, doch es ist zu spät: Der Verletzte stirbt auf dem Weg ins Krankenhaus.

Unfall? Mord? Bandenterror?

Ein Zettel, mit einer rätselhaften Botschaft, ein scheinbar geistig verwirrter nackter Mann, ein fingierter Autounfall – der später als „YOGTZE-Fall" bekannt gewordene Fall hat alle Zutaten für Verschwörungstheorien.

25. Oktober
1984

„Es wird etwas ganz Fürchterliches passieren ..."

DONNERSTAG, 25. OKTOBER 1984, kurz vor 23 Uhr. Anzhausen im Rothaargebirge.

Günther Stoll, ein arbeitsloser Lebensmitteltechniker, sitzt nachdenklich zu Hause vor dem Fernseher. Schon seit Wochen hat der 34-Jährige seiner Frau erzählt, dass er Angst habe und sich verfolgt fühlt. Konkret ist er dabei nie geworden. Plötzlich – so seine Frau bei der Befragung durch die Polizei – springt er auf und ruft: „Jetzt geht mir ein Licht auf!" Günther Stoll scheint aufgewühlt zu sein. Er greift nach Zettel und Stift, notiert ein paar Buchstaben und streicht sie gleich darauf wieder durch. Dann legt er den Zettel beiseite und verkündet überraschend, auf ein Bier nach Wilnsdorf, so heißt der Nachbarort, fahren zu wollen. Dort befindet sich seine Lieblingskneipe, das *Papillon*.

Stoll schnappt sich seine Wildlederjacke und verabschiedet sich.

„Bis gleich" – das sind die letzten Worte, die seine Frau von ihm hören wird.

Im *Papillon* angekommen, begrüßt Günther Stoll die Anwesenden, klettert auf einen Barhocker und bestellt sich ein Bier. Doch noch während der Wirt das Bier zapft, fällt Stoll ohne vorherige Anzeichen rücklings von seinem Hocker.

Kurz darauf ist Günther Stoll wieder bei Bewusstsein, zwei Gäste helfen ihm auf. Befragt, ob er betrunken sei, verneint Stoll, eine spätere Blutalkoholanalyse bestätigt dies.

„Ich war kurz weg", erklärt er den verblüfften Anwesenden. Der Wirt spendiert ihm einen Orangensaft und einen kleinen Schnaps „für den Kreislauf", dann verarztet er den Kratzer unter Stolls Auge, den der sich bei seinem Sturz zugezogen hat. Das Geschehen scheint den Mann noch mehr verstört zu haben, denn er lässt sein Bier stehen und verschwindet. Sein *Golf* mit dem Kennzeichen SI-CM 521 weist zu der Zeit noch keine Beschädigungen auf.

Günther Stoll wird erst zwei Stunden später wieder gesehen – im 25 Kilometer entfernten Haigerseelbach. Niemand weiß, wo er sich in der Zwischenzeit aufgehalten hat.

In Haigerseelbach steht Günther Stolls Elternhaus. Seine Mutter und die Geschwister leben hier. Doch nicht etwa bei ihnen taucht der Mann nach ein Uhr auf, sondern zwei Häuser weiter, bei einer 76-jährigen Nachbarin.

Erna Hellfritz, die Günther Stoll von Kindheit an kennt, schläft schon, als er bei ihr Sturm klingelt. Sie schaut aus dem Fenster im ersten Stock.

Stoll wirkt verwirrt, will mit ihr reden, bettelt förmlich um ein Gespräch. Seine Worte: „Ich muss mit jemand reden, heute Nacht passiert noch was. Was ganz Fürchterliches!" beeindrucken die alte Frau nicht, sie hält Stoll für betrunken, lässt ihn nicht ins Haus. Stattdessen rät sie ihm, seine Mutter um Hilfe zu bitten, jedoch lehnt er mit der Begründung ab, man werde sein Anliegen dort nicht verstehen. Erna Hellfritz empfiehlt ihm, dann eben zu seiner Frau nach Anzhausen zurückzufahren und Stoll stimmt scheinbar resigniert zu und macht sich mit seinem blauen *Golf* davon.

Wieder verliert sich seine Spur für zwei Stunden. Nach Hause ist er jedenfalls nicht gefahren.

„Es waren vier"

A 45 kurz vor der Ausfahrt *Hagen-Süd* gegen drei Uhr morgens. Zwei Lastwagenfahrer sind auf der sogenannten „Sauerlandlinie" nach Süden unterwegs. Ihnen fällt unabhängig voneinander ein *Golf* auf, der von der Autobahn abgekommen sein muss und in der Böschung gelandet ist. Beide sehen einen jungen, blonden Mann in heller Kleidung, der um das verunfallte Auto herumgeht und sich dann entfernt. Dabei wollen sie gesehen haben, dass der Ärmel der Jacke des Unbekannten blutig ist.

Holger Meffert, der den *Golf* zuerst bemerkt hat, stoppt an einer Notrufsäule – Handys gibt es zu der Zeit noch nicht – und informiert die Autobahnmeisterei. Inzwischen ist der zweite Fahrer, Georg Konzler, bereits an der Unfallstelle angekommen. Der hell bekleidete junge Mann ist verschwunden.

Den beiden LKW-Fahrern bietet sich ein bizarres Bild: Ein vollkommen nackter Mann lehnt im Beifahrersitz des Autowracks, er blutet, der linke Arm ist fast abgerissen. Sein Körper ist schmutzig, Laubblätter kleben an der Haut. Im Fußraum stehen ordentlich nebeneinander die Schuhe des Verletzten, die restliche Kleidung befindet sich auf dem Rücksitz. Der Zündschlüssel liegt hinten auf der Hutablage. Wie durch ein Wunder ist der Mann – es handelt sich um Günther Stoll – bei Bewusstsein.

„Es waren vier", ächzt Stoll. Einer der LKW-Fahrer fragt nach: „Wo sind denn die anderen hin?"

„Abgehauen."

Befragt, ob die Verschwundenen seine Freunde seien, sagt der sichtlich verängstigte Verletzte: „Keine Freunde, nein, nicht meine Freunde!" Dann versucht er, die Beine nach draußen zu bekommen, will sich mit den Worten „Ich will auch weg!" aufrappeln, doch es gelingt ihm nicht, er fällt auf den Sitz zurück und wird bewusstlos. Mehr werden die LKW-Fahrer nicht erfahren. Günther Stoll erlangt das Bewusstsein nicht wieder. Noch im Krankenwagen stirbt er.

Sowohl Holger Meffert als auch Georg Konzler sagen später aus, dass sie außer dem jungen Mann mit der hellen Jacke keine weiteren Personen in der Nähe des Autos gesehen haben. Kurz nach dem Auffinden von Günther Stoll wird in der Gegenrichtung ein Anhalter gesichtet. Bis heute weiß niemand, ob dieser etwas mit der schrecklichen Tat zu tun hat.

Die Obduktion ergibt später eindeutig, dass Günther Stoll nicht an der Unfallstelle auf der A 45 verletzt wurde. Jemand muss den nackten Mann woanders mit einem anderen Auto überfahren haben. Danach hat man den Schwerverletzten in seinem *Golf* zur Fundstelle gebracht. Doch wer hat seinen *Golf* gefahren? Und wie ist sein Auto von der Fahrbahn abgekommen?

„Heute Nacht wird etwas ganz Fürchterliches passieren", hat Günther Stoll zwei Stunden vorher zu Erna Hellfritz gesagt.

Hat er seinen Tod vorhergesehen? Wusste er, wovor er solche Angst haben musste?

Ein nackter Mann wird überfahren

Schnell sind die Ermittler vor Ort. Nach und nach offenbart sich das Ausmaß des Problems ... Günther Stoll wurde von

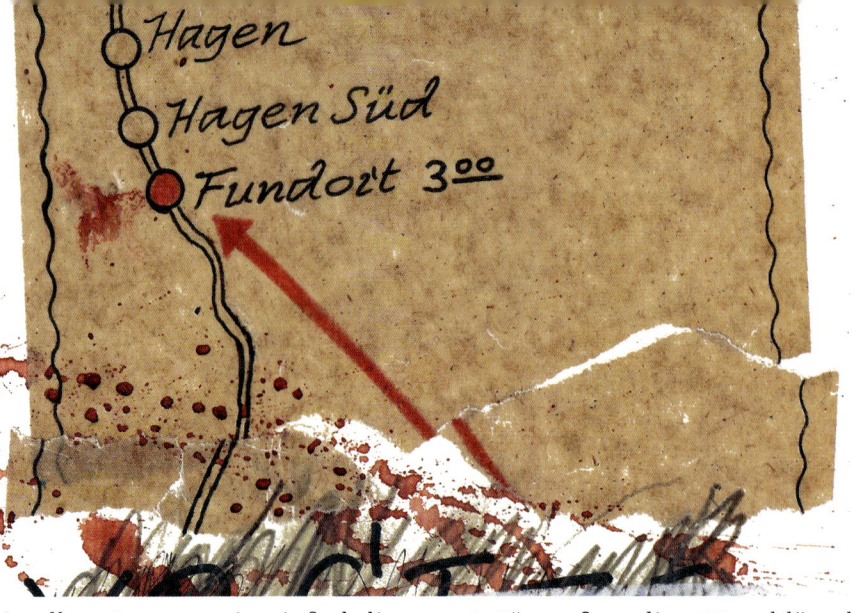

einem Auto über-
fahren – sein *Golf*
war es jedoch nicht.
Die schreckliche Tat
geschah auch nicht
an der Auffindestel-
le an der Autobahn,
sie muss irgendwo
anders passiert sein.

Warum hat man
ihn vor dem Über-
rollen entkleidet?
Oder hat Stoll sich
selbst ausgezogen?
Würde ein Mensch bei vollem Bewusstsein einfach lie-
genbleiben und warten, dass man ihn überfährt? Wie ge-
langte das schwerverletzte Opfer an den Fundort? Wer hat
den *Golf* dorthin gefahren? Und was meinte Stoll mit: „Es
waren vier?"

Der Anhalter, den Autofahrer in der Nähe des Fundor-
tes bemerkten, meldet sich nicht bei der Polizei, auch der
Mann, den die LKW-Fahrer am *Golf* gesehen haben, wird
nie gefunden.

Was Günther Stolls Vorahnungen betrifft: Niemand kann
erklären, was er damit gemeint haben könnte. Auch Stolls
Ehefrau trägt nicht wesentlich zu den Ermittlungen bei. Die
mysteriöse Notiz mit den Buchstaben „YOG'TZE", die Stoll
am Abend seines Todes auf einen Zettel geschrieben und
sofort wieder durchgestrichen hat, kann nie begutachtet
werden. Stolls Frau erzählt erst Monate später davon. Da
ist der Zettel längst entsorgt, sie hat ihn weggeworfen.

Die Beamten ermitteln auch in der niederländischen
Drogenszene. Monate vor seinem Tod soll Günter Stoll
mehrfach auf Urlaub in den Niederlanden gewesen sein
und dort Kontakte mit Leuten geknüpft haben, die mit
Rauschgift zu tun hatten. Doch auch diese Untersuchungen bleiben erfolglos.

YOG'TZE

Laut Stolls Frau schrieb er die Buchstabenkombination
„YOG'TZE" auf einen Zettel. Was bedeutet diese Nachricht? Hat sie sie überhaupt richtig in Erinnerung? Das
„G" könnte auch die Zahl 6 gewesen sein. Ihr Mann hatte
schließlich die Buchstaben gleich wieder durchgestrichen.

Die Ermittler recherchieren und finden heraus, dass
solch ein Wort in keiner Sprache der Welt existiert. Ist es
dann womöglich ein Kurzwort? Ein Code? Eine verschlüsselte Nachricht?

Wilde Spekulationen entstehen. „YO6'TZE" soll für ein ru-
mänisches Funkzeichen stehen. Wozu aber hat Stoll gerade so etwas notiert?

Steht „YOG" für Jo-
ghurt? Der Tote war
Lebensmittelchemi-
ker ... Was aber be-
deutet dann „TZE"?

Sind es die An-
fangsbuchstaben
eines Satzes? Aller-
dings ist im Deut-
schen das Y als An-
fangsbuchstabe für
Wörter sehr selten.
Vielleicht ist es ein
Name? Ein Spitzna-
me? Für aufwendige Verschlüsselungstechniken fehlte
Günther Stoll die Zeit, schließlich hat er die Buchstabenfolge recht schnell notiert.

Dreht man die Schrift um, so könnten einige der Buchstaben auch Zahlen und der Apostroph ein Komma sein.
Hat Günther Stolls Frau den Zettel etwa verkehrt herum
gehalten?

Aktenzeichen XY ungelöst

Am 12. April 1985, ein knappes halbes Jahr nach dem mysteriösen Tod von Günther Stoll, wendet sich die Polizei in
der Sendung *Aktenzeichen XY ungelöst* an die Bevölkerung.

„Man hört zuweilen von Menschen, die gewisse Vor-ahnungen haben ..."

Eduard Zimmermann kündigt den Fall mit den Worten:
„Man hört zuweilen von Menschen, die gewisse Vorahnungen haben ..." an. Es sei allerdings offen, ob der Mann
konkret wusste, was er zu fürchten hatte, oder ob seine
Ängste aus dem Unterbewusstsein kamen.

Der Film beginnt, es ist zwischen zwanzig und einund-
zwanzig Uhr, man sieht Günther Stoll mit seiner Frau am
Tisch sitzen, sie trinken Bier und essen.

„Ich halte das nicht mehr aus." Stoll wirft bei diesen Worten das Besteck hin und fügt hinzu: „Alle sind sie gegen
mich."

Seine Frau erwidert, er solle sich nichts einreden, doch
er bekräftigt, dass er Angst habe, dass „die" ihm etwas an-

tun werden. Wer „die" sind, wird nicht geklärt. Stolls Frau versucht, ihn damit zu beruhigen, dass er „down" sei und dass dies vorbeigehen werde, obwohl er ihr in den Wochen davor schon öfters von seinen Ängsten erzählt hat. Details hat er allerdings nie genannt.

Später schaut das Ehepaar fern, als Günther Stoll plötzlich die ominösen Worte: „Jetzt geht mir ein Licht auf!" ruft, sich einen Zettel nimmt, etwas notiert und sofort wieder durchstreicht. Gleich darauf erklärt er, dass er nochmal weg müsse und hier nicht ruhig sitzenbleiben könne. So sagt es jedenfalls seine Frau später aus. Noch einmal wiederholt Stoll, dass er „unheimliche Angst" habe, umgebracht zu werden.

„Wer soll dich denn umbringen?", antwortet seine Frau und als Günther Stoll ihr sagt, dass er ins *Papillon* auf ein Bier fahren wolle, gibt sie sich damit zufrieden. Der Zettel – so Stolls Frau – bleibt auf dem Tisch liegen.

YOG'TZE soll darauf gestanden haben. Stolls Frau vernichtet ihn, noch bevor die Polizei ihn begutachten kann.

Die nachfolgenden Szenen in der Gaststätte *Papillon* in Wilnsdorf hingegen sind durch mehrere Zeugen belegt. Günther Stoll bestellt sich ein Bier, stürzt vom Hocker, man hilft ihm auf, die Wunde unter dem linken Auge wird entdeckt, er bekommt den Schnaps und ein Pflaster. Nachdem im Film die beiden LKW-Fahrer vorgestellt wurden, sieht der Zuschauer nun, wie Stoll bei Erna Hellfritz klingelt und diese aus dem Fenster im ersten Stock schaut und mit ihm redet.

„Niemand kann sich später einen Reim auf Günther Stolls ungewöhnlichen nächtlichen Hilferuf machen", kommentiert der Sprecher das Geschehen. Nun kommen wieder die beiden LKW-Fahrer ins Spiel, Holger Meffert und Georg Konzler nähern sich nacheinander der Ausfahrt Hagen Süd, sehen den zerbeulten *Golf* im Graben und den um das Auto herumlaufenden Mann im hellen Anzug. Nachdem sie Günther Stoll im *Golf* entdeckt haben, deckt einer von ihnen den nackten Mann im Auto mit dessen Wildlederjacke zu.

Jetzt ist Eduard Zimmermann an der Reihe. Er erklärt den Zuschauern, dass die nachfolgenden Ermittlungen weitere Ungereimtheiten ergaben. Die Kriminalpolizei weiß weder, wer Stoll nackt überfahren hat, noch wer ihn mit seinem Auto zum Fundort gebracht hat. Stolls blauer *Golf* wurde erst beim Aufprall neben der Autobahn beschädigt. Der eigentliche Tatort ist der Kripo nicht bekannt. Man ruft mögliche Zeugen und den unbekannten Anhalter von der Gegenseite der Autobahn auf, sich zu melden.

Zum Schluss weist Eduard Zimmermann noch einmal auf die Buchstabenkombination auf dem Zettel hin. Und: Angeblich soll der Ermordete in den Niederlanden Kontakt zur Rauschgiftszene gehabt haben, die ihm zum Verhängnis geworden sein könnten. 1984 sei er mehrfach in Holland im Urlaub gewesen und habe dort Leute kennengelernt, die „auf diesem Gebiet eine gewisse Vergangenheit haben", so der Kommissar von der Kripo Hagen.

Vergessen wir nicht, dass es sich bei dem Film um eine Rekonstruktion des Geschehens handelt. Die Szenen daheim basieren allein auf den Aussagen von Stolls Frau und auch den mysteriösen Zettel mit den Buchstaben YOG'TZE hat nie jemand gesehen.

Letztendlich verhilft auch die Ausstrahlung bei *Aktenzeichen XY ungelöst* nicht zur Aufklärung – trotz rund 170 Hinweisen. Und 3.000 Mark Belohnung.

Der Fall „YOG'TZE" kommt nicht zu den Akten

Bis heute gibt es zu Günther Stolls rätselhaftem Tod so gut wie keine weiteren gesicherten Erkenntnisse.

Jedoch: Mord verjährt nie. Bis heute hoffen die Ermittler, den mysteriösen Fall noch aufklären zu können. Ab und an geschieht es durch neue Beweisverfahren, dass Täter doch noch gefasst werden können.

Günther Stolls Körper wurde nach dem Tod mit Klebefolie abgeklebt. Und auch in seinem blauen *VW-Golf* wurde ein blutiges Stück Kunststoff mit DNA-Material sichergestellt. Sollte die DNA bei anderen Ermittlungen auftauchen, könnte durch einen Computerabgleich eine Übereinstimmung festgestellt werden. Zudem befassen sich unzählige Hobbyermittler mit dem Fall … Bei der Mordkommission in Hagen meldet sich immer wieder irgendjemand, der die ominöse Inschrift entschlüsselt haben will. Bis heute war noch kein Treffer dabei.

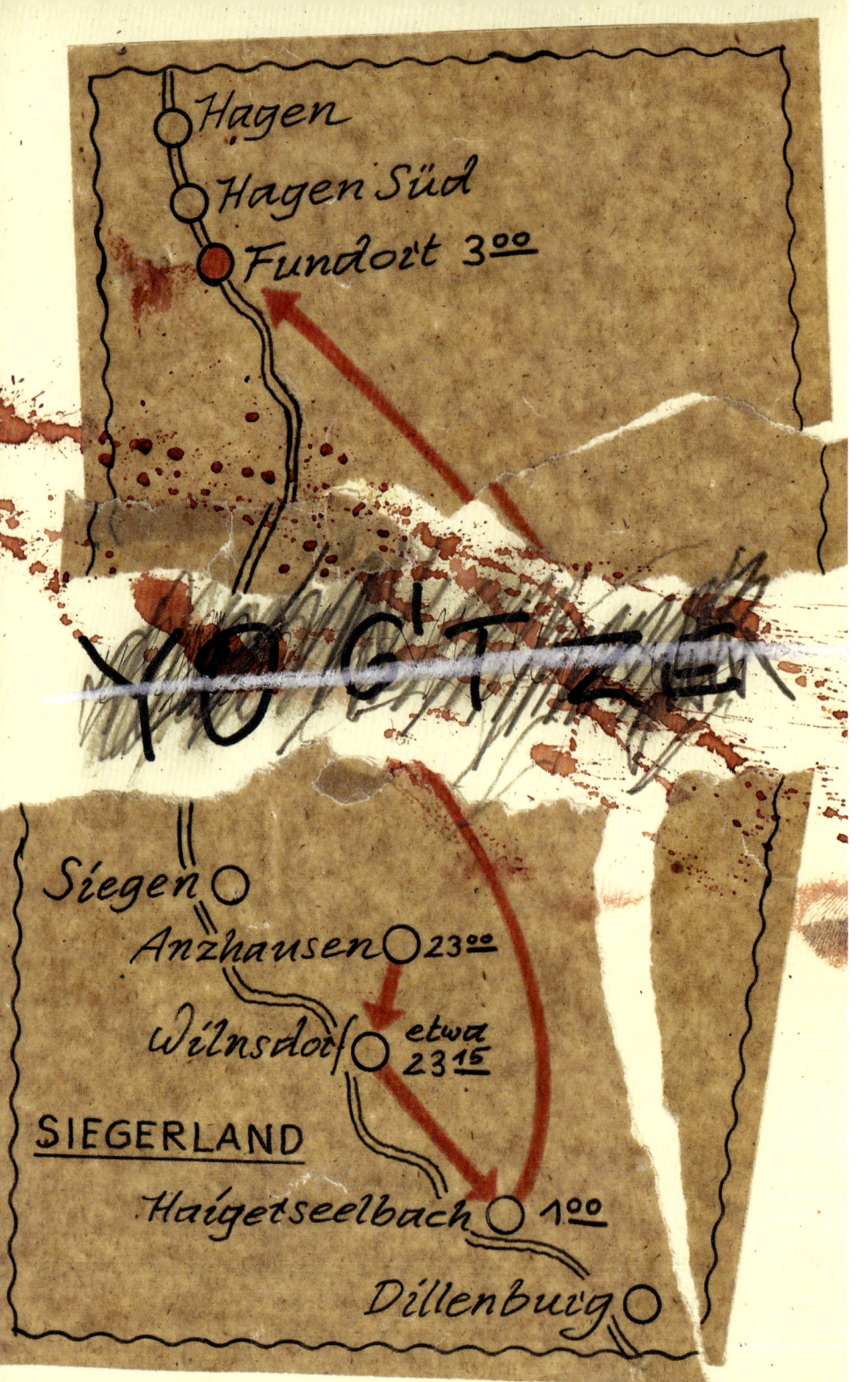

Selbstmord

Günther Stoll war arbeitslos. Und er schien sich vor irgendetwas zu fürchten. Existenzangst? Gab es vielleicht eine Lebensversicherung, die seiner Frau ein sorgenfreies Leben nach seinem Tod ermöglichte? War er deswegen am Abend seines Todes so antriebslos, bis ihm die Lösung all seiner Probleme aufging? Womöglich wollte er mit der rätselhaften Buchstabenfolge die Ermittler und seine Frau in die Irre führen?

Im *Papillon* wird er ohnmächtig … Aufgrund der seelischen Belastung?

Zwei Stunden vergehen, Stoll fährt herum, überdenkt seinen Entschluss. Zwischendurch besinnt er sich und sucht Rat bei Erna Hellfritz, doch diese kann und will ihm nicht helfen. Also fährt er weiter durch die Nacht. Er beschließt, den Selbstmord auszuführen. Jemand soll ihn überfahren. Dazu legt er sich an einer unbekannten Stelle auf die Straße. Warum aber zieht er sich vorher aus?

Tatsächlich geschieht, was Stoll geplant hat – ein anderes Fahrzeug überrollt ihn. Die Insassen sind vielleicht betrunken, sie beschließen, den Unfall nicht zu melden. Oder wollen sie Günther Stoll zu einem Krankenhaus bringen? Einfach Hilfe rufen geht nicht – Handys sind noch in weiter Ferne. Man setzt den Verletzten in sein eigenes Auto, das am Fundort abgestellt ist, einer der Insassen des anderen Wagens fährt mit Stolls *Golf* voraus, der andere folgt ihm mit dem eigenen Auto. Angetrunken verursachen sie nun selbst auf der Autobahn einen Unfall, lassen Stolls Wagen im Graben stehen und flüchten.

Vieles jedoch spricht gegen die Selbstmordtheorie. Menschen, die ihrem Leben ein Ende setzen wollen, bevorzugen dabei Orte, die sie gut kennen. Günther Stoll wurde 100 Kilometer nördlich seines Heimatortes gefunden. Sollte ihn tatsächlich jemand aus Versehen überfahren haben – warum hat derjenige dann nicht provisorische Erste-Hilfe geleistet? Wenn mehrere Personen im Unfallauto saßen, steigt die Wahrscheinlichkeit, dass irgendeiner von ihnen im Lauf der Jahre „auspackt", um sein Gewissen zu erleichtern. Selbstmörder ziehen sich nicht vor ihrer Tat nackt aus, es sei denn, sie gehen ins Wasser.

Selbst ernannte Hobbydetektive am Werk …

In Internetforen wird – genau wie bei anderen rätselhaften Fällen – bis heute diskutiert. Ob auf *allmystery.de* oder in zahlreichen englischsprachigen Foren spekuliert man über mögliche Ursachen, entwickelt Theorien zum Tathergang oder versucht, die Buchstabenfolge zu dekodieren. Hier sind einige dieser Theorien …

Mord

Günther Stoll hatte Bekannte im Drogenmilieu. Dies sind zumindest die Erkenntnisse der Kriminalpolizei. Vielleicht nutzte Stoll seine Kenntnisse als Lebensmittelchemiker auch, um selbst Drogen herzustellen. Stillschweigen gegenüber Ehefrau und Familie ist hierbei natürlich angebracht. Dies könnte auch erklären, warum er zu Erna Hellfritz sagte, man verstehe sein Problem daheim nicht. Womöglich wird Stoll in den Wochen vor seinem Tod schon bedroht und hat deswegen Angst. Seine Verfolger erwischen ihn, ziehen ihn aus – vielleicht um später die Identifizierung zu erschweren und überfahren ihn.

In dem Glauben, er sei tot, setzen sie Günther Stoll auf den Beifahrersitz seines Wagens. Einer der Täter fährt mit Stolls *Golf* auf die Autobahn, der andere folgt ihm im eigenen Wagen. Irgendwo weitab vom eigentlichen Tatort sollt der Tote mitsamt seinem Auto dann „entsorgt" werden. Doch es kommt anders. Entweder kam Stoll wieder zu sich, griff ins Lenkrad oder verursachte anderweitig den Unfall auf der A 45, oder der Fahrer des *Golfs* verlor die Kontrolle über den Wagen und raste in den Graben. Um nicht entdeckt zu werden, muss der Mörder nun schnell verschwinden ... die beiden LKW-Fahrer sahen einen Mann mit blutbeschmiertem Ärmel am Auto.

Auch gegen die Mordtheorie spricht einiges... Leute, die Günther Stoll direkt bedroht haben, wurden nie gefunden. Außerdem konnten sich der/die „Bedroher" nicht sicher sein, dass Stoll sich nicht doch jemandem offenbarte. Auch für Stolls Tätigkeit im Drogenmilieu gibt es bis heute keine Beweise. Dafür hätte er regelmäßig tage- oder nächtelang unterwegs sein müssen, was in einer kleinen Gemeinde wie Anzhausen sicher aufgefallen wäre.

Dazu kommt: Überfahren ist eine sehr ungewöhnliche Methode, jemanden umzubringen. Es hinterlässt Spuren am Opfer aber auch am PKW. Würde ein Mörder einen nackten Schwerverletzten kilometerweit durch die Gegend kutschieren, ja mit ihm sogar auf die Autobahn fahren? Die Gefahr der Entdeckung wird dadurch erhöht.

Psychose und Unfall

Hat sich Günther Stoll die Bedrohung nur eingebildet? Hatte er eine Psychose? Unter dem Begriff wird eine Reihe psychischer Störungen zusammengefasst, bei denen die Betroffenen die Realität verändert wahrnehmen oder verarbeiten. Typisch sind Halluzinationen wie das Hören von Stimmen, Wahnvorstellungen wie das Gefühl, verfolgt zu werden und Denkstörungen, welche oft von starken Ängsten begleitet werden. Denken, Gefühle, Wahrnehmungen und das Empfinden des eigenen Körpers können verändert sein.

Viele Formen der Psychosen beginnen zwischen der Pubertät und dem 35. Lebensjahr. Günther Stoll war vierunddreißig. Auch Drogen können Auslöser von Psychosen sein.

Eine plötzlich auftretende Psychose könnte auch das seltsam teilnahmslose Gebaren seiner Frau erklären. Da sich ihr Mann all die Jahre vorher nicht merkwürdig verhalten hat, schiebt sie seine Ängste nun darauf, dass er einfach erschöpft ist und glaubt, ein Bier im *Papillon* würde ihn beruhigen. Auch die Buchstabenkombination YOG'TZE könnte einfach nur sinnloses Gekritzel sein, das Stoll im Wahn für bedeutsam hielt.

Der Sturz vom Barhocker, das ziellose Umherfahren, der nächtliche Besuch bei Erna Hellfritz, seine Äußerungen, verfolgt zu werden, und dass noch etwas Furchtbares passieren werde – all das lässt sich mit einer Psychose gut erklären.

Könnte er sich in seinem Wahn dann irgendwo nackt ausgezogen haben und ist dann einem Unbeteiligten vors Auto gelaufen? „Hot Flashes" – Hitzewallungen nennt man spontane heftige Hitzeempfindungen, die durch bestimmte Medikamente entstehen. Medikamente, die zum Beispiel gegen Psychosen eingesetzt werden. Nahm Stoll heimlich solche Mittel?

Bis hierhin lässt sich Günther Stolls Verhalten mit der Krankheit begründen. Warum aber sollte der Fahrer des anderen Wagens den schwerverletzten nackten Mann nun in dessen Auto durch die Gegend fahren? Die gleichen Argumente, die gegen die Selbstmordtheorie sprechen, greifen auch hier.

Nachahmer von Schimanski?

Auch, wenn es weit hergeholt klingt: Ein *Tatort* mit Schimanski aus dem Jahr 1982 weist einige Parallelen zum YOG'TZE-Fall auf …

Was passiert in dem Fernsehkrimi, der „Kuscheltiere" heißt?

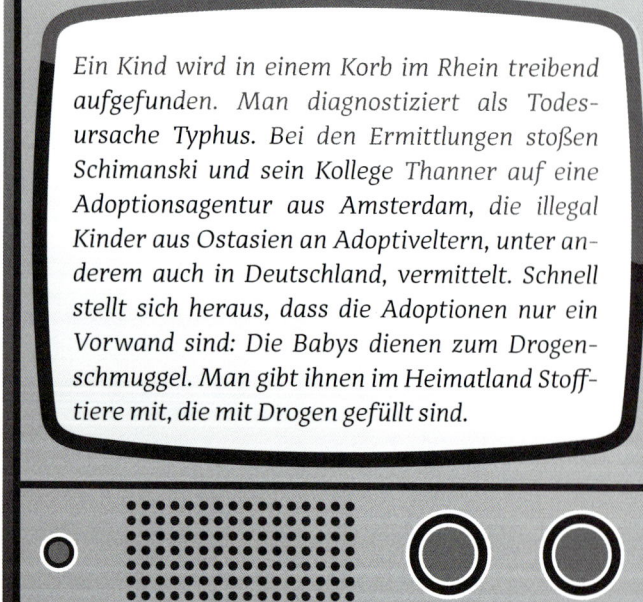

Ein Kind wird in einem Korb im Rhein treibend aufgefunden. Man diagnostiziert als Todesursache Typhus. Bei den Ermittlungen stoßen Schimanski und sein Kollege Thanner auf eine Adoptionsagentur aus Amsterdam, die illegal Kinder aus Ostasien an Adoptiveltern, unter anderem auch in Deutschland, vermittelt. Schnell stellt sich heraus, dass die Adoptionen nur ein Vorwand sind: Die Babys dienen zum Drogenschmuggel. Man gibt ihnen im Heimatland Stofftiere mit, die mit Drogen gefüllt sind.

Aber wo liegen nun die Gemeinsamkeiten mit dem YOG'TZE Fall?

Asiatische Vornamen haben einige Besonderheiten. Im *Tatort* „Kuscheltiere" wird eine Karteikarte mit dem vermeintlichen Namen des toten Kindes gezeigt: Yong+Lan TSAI. Später stellt sich heraus, dass es sich um Zwillinge handelt, die YONG TSAI und LAN TSAI heißen. Klingt das nicht so ähnlich wie YOG'TZE?

Auch der Bezug zu Drogen und Holland im *Tatort* passt zum Tod von Günther Stoll. Und: Nach der Obduktion des toten Kleinkindes erzählt ein Ermittler etwas über die Verknüpfung von Typhus und jemandem, der „in der Lebensmittelbranche" arbeitet. Stoll war Lebensmitteltechniker …

Der Cthulhu-Mythos

Hat Günther Stoll das Necronomicon gelesen und ist dabei verrückt geworden?

Erschaffen wurde der Cthulhu-Mythos vom amerikanischen Schriftsteller H. P. Lovecraft, er taucht unter anderem im Buch *Necronomicon* auf. Später griffen andere Autoren den Mythos auf und fügten Dinge und Episoden hinzu.

Lovecrafts *Necronomicon* ist ein mysteriöses Buch, das Geheimnisse über die Hintergründe verschiedener Wesen enthält, dessen Lektüre aber – so wird behauptet, gefährlich ist, denn der Inhalt reiche an die Grenzen des Verstandes und das Wissen, das es vermittelt, könne den Leser in den Wahnsinn treiben.

Für den YOG'TZE-Fall interessant sind die vielen Bezeichnungen mit Großbuchstaben und Apostrophen.

- **K'n-Yan**
  ein weitläufiges Höhlensystem unter dem nordamerikanischen Kontinent

- **R'lyeh**
  eine versunkene Stadt, die tief unter dem Pazifischen Ozean liegt

- **Y'ha-nthlei**
  ebenfalls eine Stadt unter der Meeresoberfläche

- **K'thun**
  einer der „Äußeren Götter"

- **Yog-Sothoth**
  ein Äußerer Gott, der Schlüssel und Tor gleichermaßen ist

Hat Günther Stoll das *Necronomicon* gelesen und ist dabei verrückt geworden?

Stoll war homosexuell

Kann es sein, dass Günther Stoll insgeheim schwul war? In den Achtzigern ging man noch nicht so offen mit Homosexualität um. Vielleicht traf er sich bei seinen Touren ins Ausland nicht mit Drogenhändlern sondern mit anderen Schwulen? Familie und Freunde durften davon nichts erfahren. Dies könnte eine Erklärung dafür sein, dass Stoll bei Erna Hellfritz davon redete, dass ihn daheim niemand verstehen würde. Autobahnparkplätze werden oft als Treffpunkte für Homosexuelle genutzt. Was, wenn Stoll sich dort mit jemandem traf und nackt flüchten musste, wobei er überfahren wurde? Um die Tat zu vertuschen, wollte man ihn und sein Auto dann an einen anderen Ort bringen, wobei der *Golf* verunglückte?

Stolls Wahnvorstellungen und den Verfolgungswahn erklärt diese Theorie jedoch nicht.

YOG und TZE

Trennt man die Buchstabenkombination „YOG'TZE", können beide Bestandteile separat eine Bedeutung haben. Hier ein paar Beispiele:

YOG

- YOG – **Youth Olympic Games**

- YOG – **ein Monster aus dem All in einem Film von 1970**

- YOG – **eine GmbH in Tschechien, die Milchpulver herstellt (allerdings erst seit 2000)**

- YOG – **Yog Temple ist eine Yogaschule und Heilzentrum in Österreich**

- YOG – **Hotel Yog in der indischen Stadt Rishikesh**

TZE

- TZE – **Technisches Zentrum Eschborn**

- TZe – **Original Brother TZe-231 Schriftband mit schwarzer Schrift auf weißem Hintergrund**

- TZE – **Theater zum Einsteigen**

- TZE – **In der chinesischen Astrologie steht TZE für die Ratte. Die Ratte ist das erste Tierkreiszeichen im Zyklus. Sie ist die Herrscherin des Unterirdischen, das Symbol nächtlicher, heimlicher Aktionen, in ständiger innerer Bewegung.**

- **CH TZE** – Utzenstorf Schweiz
- **CN TZE** – Tianzhen China
- **DE TZE** – Wietzen Deutschland
- **FR TZE** – Theziers Frankreich
- **IT TZE** – Tezze Italien
- **PT TZE** – Carvalhais Portugal
- **TN TZE** – Al Marsa Tunesien
- **US TZE** – Trent USA

In einigen Internetforen wird behauptet, die Abkürzung „TZE" stehe für einen Lebensmittelinhaltsstoff. YOG könnte die Abkürzung für Joghurt sein. Günther Stoll war Lebensmitteltechniker. Beweise für all diese Verknüpfungen mit „YOG" und „TZE" gibt es nicht.

Und so können die Spekulationen weiter ins Kraut schießen. Niemand außer der Ehefrau hat den Originalzettel je gesehen.

DARK WATER

Der mysteriöse Tod
von Elisa Lam im
»Hotel des Schreckens«

Widerliches Trinkwasser

Februar 2013.

Gäste beschweren sich seit Tagen: Das Wasser im *Hotel Cecil* in Los Angeles schmecke eigentümlich süßlich und sei dunkel gefärbt. Auch der Wasserdruck ließe zu wünschen übrig, manchmal tröpfele es nur aus dem Hahn ... Doch die Geschäftsleitung nimmt die Beschwerden nicht ernst.

Erst nach zwei Wochen wird ein Angestellter aufs Dach geschickt, um die Zisternen zu überprüfen. Er macht einen grausigen Fund. Im Wasser treibt die bereits verweste unbekleidete Leiche einer jungen Frau ...

Elisa Lam begibt sich auf den Weg – Städte-Tour entlang der Westküste

ELISA LAM – IHR KANTONESISCHER NAME LAUTET „LAM HO YI", ist eine 21-jährige Studentin chinesischer Abstammung aus dem kanadischen Vancouver, die fließend englisch und kantonesisch spricht. Mit ihren schwarzen halblangen Haaren und dem hübschen Gesicht wirkt die zierliche kleine Frau attraktiv. Elisa postet fleißig in den sozialen Netzwerken – sie hat ein *Facebook*-Profil und einen *Tumblr*-Account, auf dem sie bloggt.

University of
Britisch Columbia

Seattle

WASHINGTON

Portland

OREGON

Sacramento

San Francisco

Santa Cruz

KALIFORNIEN

Los Angeles

San Diego

Dennoch

gibt es erstaunlich wenige Informationen zu ihrer Reise

Hier erfährt man, dass sie die *University Hill Secondary School* in Vancouver besucht hat, und 2016 an der *University of British Columbia* graduieren will. Auch, dass Elisa Lam an psychologischen Dingen aller Art interessiert ist, kann man nachlesen.

In den zurückliegenden drei Jahren hat die Studentin einige Vorlesungen verpasst – angeblich aufgrund von Depressionen. Sie nimmt Medikamente dagegen, und die lange geplante Reise soll sie nun auf andere Gedanken bringen. Elisa Lams Eltern – Immigranten aus Hongkong – sind dagegen, doch sie lässt sich nicht beeinflussen.

Im Januar 2013 begibt sich die junge Frau auf eine Reise. Sie will Metropolen entlang der Westküste der USA besuchen und benutzt dabei hauptsächlich öffentliche Verkehrsmittel wie *Amtrak*-Züge und Überlandbusse. Zuerst ist San Diego an der Reihe. Elisa besucht den Zoo, fotografiert, scheint guter Dinge. Sie verliert ihr Handy, lässt sich jedoch davon nicht beeinflussen und borgt sich eines von einem Freund. Täglich meldet sich Elisa bei ihren Eltern im heimischen Kanada.

Dennoch gibt es erstaunlich wenige Informationen zu ihrer Reise, obwohl sie sonst viel im Internet postet. Lediglich, dass eine Reise an die Westküste geplant sei, schreibt sie, und dass sie später in Santa Cruz auf einer Farm arbeiten wolle. Weitere Informationen zu Reisedaten, Erlebnissen und Begegnungen fehlen komplett.

Am 26. Januar fährt Elisa Lam von San Diego weiter nach Los Angeles. Dort checkt sie im *Hotel Cecil* ein. Fünf Tage will sie bleiben, viele Sehenswürdigkeiten aufsuchen, bevor ihre Reise sie weiter nach Santa Cruz und San Francisco führt.

Ursprünglich wohnt Elisa in einem Gemeinschaftszimmer im fünften Stock, verlässt dieses jedoch nach zwei Tagen, um in ein Einzelzimmer umzuziehen, da sich ihre Mitbewohner über ihr „ungewöhnliches Verhalten" beschweren.

Von ihrem Aufenthalt in L.A. ist nicht viel bekannt, außer dass sie zu einer TV-Show von *Conan O'Brien* geht und am Nachmittag des 31. Januars zu einer Buchhandlung spaziert, wo sie Bücher kauft, die sie als Geschenk nach Hause mitnehmen will, wie sie einer Hotelangestellten erzählt.

Doch auch in Los Angeles: Keine Informationen in ihrem Blog. Lediglich dass sie in „La-Land" angekommen sei und in einer „Monstrosität von Gebäude" wohne, das 1928 gebaut wurde.

Elisa Lams vorerst letzter Eintrag stammt vom 27. Januar 2013 und lautet lapidar: „Speakeasy".

Speakeasy, „Flüsterkneipe" oder „Flüsterstube" werden illegale Bars zur Zeit der Prohibition von 1919 bis 1933 genannt, in denen Alkohol ausgeschenkt wird. Eine dieser Bars, das *The Varnish,* liegt direkt hinter dem *Hotel Cecil.* Ob Elisa diese oder eine andere Kneipe besucht hat, oder ob mit dem Begriff gar keine Bar gemeint war, ist nicht bekannt.

Nach dem Speakeasy-Eintrag gibt es keine weiteren Hinweise auf ihren Aufenthaltsort. Unerklärlicherweise wird Elisas Blog auch nach ihrem Verschwinden fortgeführt.

Am 31. Januar 2013 will Elisa Lam das Hotel verlassen. Santa Cruz wartet. Doch sie tritt die Weiterreise nie an.

Hotel des Schreckens

Das *Hotel Cecil* hat einen unheimlichen Ruf. Serienmörder haben in den Zimmern residiert, Selbstmörder ihrem Leben ein Ende gesetzt. Viele unerklärliche Dinge sind hier in den zurückliegenden Jahren geschehen.

1924 eröffnet das Hotel auf der 640 South Main Street in Downtown Los Angeles. Nur wenige Jahre vorher ist die Stadt von Filmproduzenten entdeckt worden und bald darauf beginnt der Aufschwung Hollywoods. Anfangs gibt es im Hotel 700 Gästezimmer auf insgesamt 14 Stockwerken. Ursprünglich als Unterkunft für Geschäftsreisende gedacht, wird das *Cecil* später zunehmend ein Quartier zur günstigen Dauermiete.

Schon wenige Jahre nach der Eröffnung beginnen die schaurigen Vorfälle im „Hotel des Schreckens": Morde, Mystery, Horror, Selbstmörder... Serienkiller und Psychopathen geben sich die Klinke in die Hand.

Selbstmorde:
Gift, Schusswunden, Fensterstürze

Der früheste bekannte Selbstmord im *Hotel Cecil* ereignet sich am 19. November 1931.

W. K. Norton aus Chicago, 46 Jahre alt, hat unter falschem Namen als „James Wyllis" eingecheckt und über eine Woche im Hotel gewohnt, bevor er sich in seinem Zimmer mit mehreren Giftkapseln das Leben nimmt.

vergiftet

Nur ein Jahr später findet ein Hausmädchen die Leiche von **Benjamin Dodich.** Er hat sich eine Kugel in den Kopf gejagt. Ein Abschiedsbrief wird nicht gefunden.

erschossen

zerquetscht

1933 stirbt ein **LKW-Fahrer** einen grausamen Tod, als er zwischen seinem Fahrzeug und der Fassade des Hotels eingeklemmt und zerquetscht wird.

aufgeschlitzt

1934 wird das *Cecil* zur letzten Unterkunft des Armeearztes **Louis D. Borden.** Der 53-Jährige lebt sehr zurückgezogen und redet mit niemandem. Man findet ihn mit aufgeschlitzter Kehle in seinem Zimmer, die Tatwaffe ist ein Rasiermesser. Nachdem die Polizei zuerst von einem Mord ausgegangen ist, korrigiert sie den Tod auf „Selbstmord", nachdem ein dramatischer Abschiedsbrief von Louis Borden gefunden wird.

gestoßen?

Im März 1937 stürzt eine junge Frau aus einem Fenster im neunten Stock des Hotels. **Grace Margo** verfängt sich im Fallen in einer Telefonleitung und es dauert sehr lange, bis die Helfer sie befreit haben. Bis heute ist ungeklärt, ob Grace Selbstmord begehen wollte und mit Anlauf aus dem Fenster gesprungen ist, oder von jemandem gestoßen wurde.

gesprungen

Schon ein Jahr später, im Januar 1938, folgt der Feuerwehrmann **Roy Thompson** ihrem Beispiel, nachdem er mehrere Wochen im Hotel gewohnt hat, und springt vom Dach.

Die Serie ungewöhnlicher Selbstmorde setzt sich nahtlos fort …

vergiftet
vergiftet
weggeworfen

1939 nimmt sich der 39-jährige Seemann **Erwin C. Neblett** das Leben, weil er nicht in den Krieg ziehen will, er schluckt Gift.

Im Januar 1940 tut die 45-jährige Lehrerin **Dorothy Sceiger** es ihm nach. Die Legende besagt, dass beide dasselbe Zimmer im *Hotel Cecil* bewohnten.

September 1944 wacht die 19-jährige **Dorothy Jean Purcell** in ihrem Hotelzimmer mit Magenschmerzen auf. Ohne ihren Partner Ben Levine – einen verheirateten Mann – zu wecken, begibt sie sich zur Toilette, wo sie einen Jungen gebiert. Anscheinend hat Dorothy die Schwangerschaft verdrängt. Sie wirft das Baby in Panik aus dem Fenster – der winzige Körper wird später auf dem Dach eines angrenzenden Gebäudes gefunden. Dorothy Jean Purcell wird wegen Totschlags angeklagt, ein Jahr später jedoch wegen „Wahnsinns", und weil man nicht nachweisen kann, dass das Kind noch gelebt hat, als sie es aus dem Fenster geworfen hat, für nicht für schuldig erklärt.

gesprungen

Helen Gurnee, eine arbeitslose Sekretärin, checkt als „Margaret Brown" im Oktober 1954 im *Hotel Cecil* ein, wohnt eine Woche hier, springt dann aus dem 7. Stock und findet ihren Tod auf der Markise über dem Hoteleingang.

gesprungen

Jetzt vergehen einige Jahre ohne spektakuläre Selbstmorde. Doch 1962 setzt sich die Unglücksserie fort.

Im Februar springt **Julia Frances Moore** aus dem 8. Stock. Die 50-jährige Frau aus St. Louis hat eine ganze Zeit sehr zurückgezogen im *Hotel Cecil* gewohnt. Eines Tages klettert sie aus dem Fenster und springt in die Tiefe. Ihr Sparbuch weist eine Summe von 1.800 Dollar auf. Ein Abschiedsbrief wird nicht gefunden.

gesprungen
erschlagen

Besonders tragisch verläuft der Selbstmord der 27-jährigen **Pauline Otton** am 12. Oktober 1962. Nach einem Streit mit ihrem Ehemann, von dem sie getrennt lebt, entscheidet er sich, zu Mittag auszugehen. Sie bleibt im Hotel und entscheidet sich, aus dem Fenster zu springen. Pauline Otton landet auf dem einzigen Fußgänger weit und breit, dem 65-jährigen George Gianinni. Beide sind sofort tot. Paulines Mann, der gerade aus dem Hoteleingang getreten ist, wird Zeuge des grausigen Schauspiels.

gesprungen?

Am 20. Dezember 1975 wird die Leiche einer **Unbekannten** auf dem Vordach des Hotels entdeckt. Die Frau ist zwischen 20 und 30 Jahre alt, 1,62 Meter groß, hat braunes Haar und braune Augen und Narben an beiden Handgelenken. Bekleidet ist sie mit einem blauen und darüber einem zweiten Pullover in lila und schwarz, einer marineblauen Hose, dunkelblauem Mantel und schwarzen Schuhen. Auch ihre Geldbörse wird bei der Toten gefunden. Vier Tage vorher hat die Unbekannte im Hotel eingecheckt und ein Zimmer im 12. Stock bewohnt. War es Selbstmord? Wurde sie hinausgestoßen?

Ein Mörder kommt selten allein …

1947 wird die Schauspielerin **Elisabeth Short** in Los Angeles ermordet. Man kennt den mysteriösen Fall als „Schwarze Dahlie" (s. S. 129). Elisabeth Short weilte am Tag ihres Todes als Gast im „Hotel des Schreckens". Stunden nach ihrem letzten Drink findet man ihre grausam verstümmelte Leiche in der Nähe des Hotels. Auch ihr Fall wurde nie gelöst.

Jahre später ereignet sich der nächste Mord. Diesmal *direkt* im Hotel. **Goldie Osgood** ist eine ältere Dame, die regelmäßig die Tauben in der Gegend rund um das *Hotel Cecil* füttert und deshalb als „Tauben-Goldie" bekannt ist. Ihr Markenzeichen ist eine Baseballkappe der *Dodgers.*

Am 4. Juni 1964 findet man Goldies Leiche in ihrem Hotelzimmer. Sie wurde vergewaltigt, stranguliert und anschließend erstochen – das Zimmer wurde durchwühlt, auf der Bettdecke neben ihrem Körper liegen ihre Kappe und ein paar Körner Vogelfutter. Bis heute ist unklar, wer die alte Dame tötete.

strangulieret und erstochen

1984 checkt ein Serienmörder ein. Der selbst ernannte Satanist wird später als „Night Stalker" bekannt.

Richard Ramirez bewohnt ein Zimmer im 14. Stock, für das er ein paar Dollar die Nacht bezahlt. Er bleibt sechs Wochen. Vom *Hotel Cecil* aus macht er sich zu diversen Mordstreifzügen auf den Weg.

Ramirez bricht in Häuser von Paaren ein, tötet zuerst den Mann, vergewaltigt und verstümmelt anschließend die Frau und nimmt Wertgegenstände mit. Seine blutverschmierte Kleidung wirft er nach der Tat in die Mülltonnen des Hotels. Insgesamt werden Ramirez nach seiner Festnahme 13 Morde und elf Vergewaltigungen vorgeworfen.

vergewaltigt und verstümmelt

1991 taucht der nächste Serientäter im *Hotel Cecil* auf: **Johann „Jack" Unterweger** aus Österreich. Die „Bestie vom Wienerwald" ist ein verurteilter Frauenmörder. Unterweger, unehelicher Sohn einer österreichischen Prostituierten und eines amerikanischen Soldaten, fiel schon früh wegen Raubes, Gewaltdelikten gegen Frauen und Zuhälterei auf.

Im Dezember 1974 ermordet Unterweger die 18-jährige Margaret Schäfer aus dem hessischen Dillenburg in einem Waldstück. Er schlägt mit einer Stahlrute auf sie ein und stranguliert die Frau anschließend mit dem Draht ihres Büstenhalters. Dafür wird Unterweger zu einer lebenslangen Freiheitsstrafe verurteilt.

15 Jahre sitzt er in der *Strafanstalt Stein,* gibt den Schriftsteller; verfasst Gedichte, autobiografische Romane und Gute-Nacht-Geschichten für den *ORF,* bevor man ihn 1990 nach der Fürsprache vieler Prominenter wie Günter Grass, Elfriede Jelinek oder Milo Dor vorzeitig als resozialisiert freilässt.

Ohne lange zu zögern, setzt „Jack" Unterweger sein Werk fort, tötet sieben Prostituierte in Prag, Wien, Bregenz und Graz und begibt sich dann nach Los Angeles, wo er ins *Hotel Cecil* eincheckt. Während seines Aufenthalts verge-

vergewaltigt und getötet

waltigt und tötet er drei weitere Frauen. Unterweger erwürgt sie mit ihren Büstenhaltern. 1994 wird der Serienmörder festgenommen. Ein Prozess findet nie statt. „Jack" Unterweger nimmt sich vorher in seiner Zelle das Leben.

Elisa Lam verschwindet im Hotel Cecil

Nach dem 31. Januar 2013 wird Elisa Lam nicht mehr gesehen. Als sie am 1. Februar nicht wie gewohnt anruft, werden ihre Eltern unruhig. Nachdem ihre Tochter sich auch am nächsten Tag nicht meldet, beschließen die Lams, nach Los Angeles aufzubrechen, um sich auf die Suche nach Elisa zu machen. Als sie erfolglos bleiben, informieren sie die kanadischen Behörden, welche das *Los-Angeles-Police-Departement – LAPD*, einschalten.

Elisas Schwester Sarah, Stylistin in Vancouver, postet einen Hilferuf auf Twitter und bittet um Information zum Verbleib ihrer Schwester, doch vergeblich. Niemand hat die junge Frau nach dem 31. Januar gesehen.

Die letzte Nachricht von Elisa stammt aus dem *Hotel Cecil,* also wird dort zuerst nach ihr geforscht. Polizisten befragen Hotelgäste und Mitarbeiter und verteilen Fahndungszettel – ohne Ergebnis. Schließlich lassen sie das Hotel von Spürhunden durchsuchen, finden jedoch nichts. Besonders gründlich scheinen sie nicht vorgegangen zu sein. Elisas Sachen sind noch in ihrem Zimmer: Personalausweis und Geld; ausgecheckt hat die junge Frau auch nicht. Spricht das nicht dafür, dass sie noch im Hotel ist?

Es werden auch nicht alle Gäste befragt oder Zimmer gecheckt, die Polizei behauptet später, dass auch das Dach von Spürhunden abgesucht worden sei, ob man allerdings in die Tanks geschaut habe, kann sie nicht sagen.

Am 6. Februar gibt die Abteilung für Raub und Mord des *LAPDs* eine Pressekonferenz und bittet die Bevölkerung um Mithilfe. Das Verschwinden von Elisa Lam werde als „verdächtig" angesehen und es könne „Fremdbeteiligung" vorliegen. Auf Nachfragen weigert sich die Polizei jedoch, zu erklären, warum sie dies annimmt, nennt als Begründung nur, es sähe Elisa nicht ähnlich, einfach den Kontakt zur Familie abzubrechen.

Über den Zustand ihres Hotelzimmers oder darüber, welche persönlichen Dinge hier gefunden wurden, gibt es keine Auskunft. Man werde nun Elisas Sachen untersuchen und mögliche Geldbewegungen ihrer Kreditkarten prüfen.

Im *Hotel Cecil* sind an manchen Stellen Überwachungskameras angebracht. Diese Aufzeichnungen will sich die Abteilung für Raub und Mord nun als nächstes vornehmen.

Wie gründlich

ist die Polizei bei ihren Nachforschungen vorgegangen?

Fahrstuhl des Grauens?

14. Februar 2013. Die Ermittler haben noch immer keine Spur von Elisa gefunden. Das Video einer Überwachungskamera aus einem der Fahrstühle des Hotels jedoch, in dem man die Studentin sieht, ist so verstörend, dass die Polizei beschließt, es zu veröffentlichen. Auch heute noch kann man es im Internet ansehen.

Die Fahrstuhltür öffnet sich. Elisa betritt den Aufzug. Sie trägt eine rote Jacke, ein graues T-Shirt und einen dunklen Rock. Ihre Brille hat sie nicht auf.

Die junge Frau geht zielstrebig zum Bedienfeld des Fahrstuhls, wirkt gelassen, als sie den Kopf den Tasten nähert, bis ihr Gesicht dicht davor ist.

Elisa Lam ist kurzsichtig, vielleicht hat sie wegen der fehlenden Brille Schwierigkeiten, den richtigen Knopf zu finden. Sie scheint mehrere Knöpfe zu drücken, richtet sich dann auf, schaut nach draußen.

Sekunden vergehen, Elisa geht in eine Ecke des Aufzugs und wartet darauf, dass er losfährt, doch nichts rührt sich. Dennoch wirkt ihre Körperhaltung entspannt, die Arme hängen locker herab.

Ein paar Sekunden später scheint sie zu realisieren, dass etwas nicht stimmen kann, denn die Fahrstuhltüren sind noch immer offen. Zögernd macht Elisa ein paar Schritte, es wirkt, als habe sie draußen etwas Ungewöhnliches gehört. An der Tür angekommen, vollführt sie einen hastigen Ausfallschritt, lehnt sie sich sehr weit vor, streckt den Kopf hinaus und schaut schnell von links nach rechts.

Wollte sie prüfen, woher das Geräusch kam? Sollte der Verursacher sie nicht bemerken?

Im Anschluss stellt sich Elisa in die Mitte des Fahrstuhls und scheint nachzudenken, bevor sie sich nach rechts begibt und mit dem Rücken an die Wand stellt. Eine Hand umklammert die andere, ihr Körper zeigt leichte Zeichen von Anspannung. Gleich darauf tritt Elisa ganz nach rechts, als wolle sie sich in der Ecke neben dem Bedienfeld verstecken.

Nach ein paar Sekunden des Wartens entschließt sich die junge Frau noch einmal nachzusehen, dieses Mal geht sie bis zur Schwelle, lehnt sich mit der rechten Schulter an die noch immer offene Fahrstuhltür, wartet kurz, schleicht dann langsam aus dem Fahrstuhl und vollführt plötzlich einen Hopser mit beiden Beinen, als wolle sie mit dem Geräusch jemanden erschrecken.

Danach bleibt Elisa stehen, schaut nach links. Zimmertüren gibt es hier nicht, jedoch eine zweite Fahrstuhltür und einen Spiegel. Gleich im Anschluss macht sie einen Schritt zur Seite, hält dann kurz inne, kehrt rückwärts laufend zum Aufzug zurück, geht einen Schritt hinein und sofort wieder heraus. Man sieht, wie Elisa sich links vor die Fahrstuhltür stellt.

Mindestens dreißig Sekunden lang steht die junge Frau an dieser Stelle mit dem Rücken zur Fahrstuhltür. Nur ein Arm und ein Teil ihres Rocks sind zu sehen – kurz verschwindet sie ganz. Rock und Arme bewegen sich, es entsteht der Eindruck, dass sie sich unterhält, ja sogar flirtet: zuerst hängen ihre Arme locker an den Hüften herunter, dann beginnt sie sich mit seitlich abgespreizten Ellenbogen die Haare glattzustreichen. In der Körpersprache sind das zwei typische Flirtsignale, einmal das – unbewusste – Zeigen der Achsel, zum anderen das Berühren der Haare.

Diese Interaktion mit einer unsichtbaren Person dauert vielleicht sogar länger als eine halbe Minute – Anzeichen dafür, dass das Überwachungsvideo bearbeitet und gekürzt wurde – werden später diskutiert.

Jetzt kehrt Elisa mit erhobenen Armen zurück in den Fahrstuhl, berührt beide Seiten der offenen Tür, begibt sich energisch zum Bedienfeld und drückt viele Sekunden lang scheinbar ziellos sämtliche Knöpfe. Manche betätigt sie gleich zweimal – hat es beim ersten Mal nicht funktioniert? Zwei Knöpfe untersucht sie genauer.

Anschließend verlässt sie den Fahrstuhl wieder. Erneut positioniert sie sich an der Stelle links vor der Fahrstuhltür. Plötzlich scheint sie von rechts etwas zu hören, schaut kurz in den Fahrstuhl, beginnt dann mit seltsam abgespreizten Fingern zu gestikulieren.

Das Überwachungsvideo dauert nun bereits zwei Minuten. Die junge Frau steht noch immer draußen, fuchtelt herum, bewegt ihre Finger. Gleichzeitig federt Elisa auch in den Knien, es wirkt als zähle sie etwas auf.

Kurz vor dem Ende des Videos hebt sie wieder die Arme und greift sich in die Haare. Dann dreht sie sich nach links, läuft los und verschwindet aus dem Blickwinkel der Überwachungskamera im Hotelflur. Danach wird Elisa Lam nicht mehr gesehen.

Dreißig Sekunden vergehen, bis sich endlich die Fahrstuhltüren schließen, er fährt los. In der letzten Minute filmt die Kamera das leere Innere des Aufzugs, die Türen öffnen sich, schließen sich wieder, erneut sieht man das leere Innere, dann öffnen sich die Türen noch einmal, dieses Mal in einem anderen Stockwerk, was an der Farbe der gegenüberliegenden Wand deutlich wird.

Obwohl seit dem 14. Februar 2013 mehr als 20 Millionen Menschen den Film aus der Fahrstuhlkamera im Internet ansehen und unzählige Male kommentieren, erbringt die Veröffentlichung außer Verschwörungstheorien und kruden Spekulationen keine konkreten Hinweise auf Elisas Verschwinden.

Der Blog einer Verschwundenen

Seit 31. Januar wurde Elisa Lam von niemandem mehr gesehen. Und doch tauchen in ihrem Blog neue Einträge auf: Bis zum 15. Februar erscheinen täglich Fotos, Zitate und animierte Bildchen. Danach gibt es eine Lücke von mehreren Tagen, im Anschluss werden noch ab und an einzelne Fotos eingestellt, zuletzt am 10. Dezember 2013. Da Elisas Leiche am 19. Februar 2013 gefunden wird, können spätestens ab dann die Posts nicht mehr von ihr sein.

Ein Softwarefehler? Hatte jemand Zugang zu ihrem Account? Hat Elisa selbst den Zeitpunkt einer späteren Veröffentlichung in der sogenannten Zeitschleife eingegeben? Andererseits wurde ihr Handy nie gefunden. Ein unbekannter Mörder könnte es an sich genommen und später Posts veröffentlicht haben.

Leichenfund im Wassertank

19. Februar 2013: Klagen der Hotelgäste häufen sich. Aus den Leitungen käme „schwarzes Wasser", das seltsam schmecke. Am 19. Februar kann die Hotelleitung die Beschwerden nicht mehr länger ignorieren und schickt den Haustechniker Santiago Lopez auf das Dach, wo sich die Wassertanks befinden.

Der Zugang zum Dach des Hotels ist durch eine Spezialtür aus Stahl gesichert. Wenn jemand Unbefugtes diese öffnet, wird Alarm ausgelöst. Als Santiago Lopez nach oben kommt, ist der Alarm noch immer eingeschaltet. Auch wurde die Alarmfunktion in den zurückliegenden Tagen nie ausgelöst.

Vier Zisternen stehen auf dem Dach, jede drei Meter hoch und anderthalb Meter im Durchmesser, jeder Behälter fasst knapp 4.000 Liter Wasser. Die zylindrischen Wassertanks stehen auf Betonblöcken, sind an der Oberseite mit schweren quadratischen Deckeln verschlossen, die sich nur mit großer Muskelkraft öffnen lassen. Ohne Leiter gelangt man nicht hinauf.

Und doch: In einem der Tanks findet Lopez die nackte Leiche einer jungen Frau. Es ist Elisa Lam. Ihre Kleidung schwimmt auch im Tank, behaftet mit kleinen Sandpartikeln. Wer hat die junge Frau ausgezogen?

Die Leiche wird obduziert. Elisas Leichnam ist mäßig verwest und aufgebläht, die Haut typisch grünlich marmoriert.

Der Körper ist unversehrt. Man findet keine Spuren von Drogen oder Alkohol, allerdings unbedeutende Restmengen einiger ihrer Medikamente. Zeichen von Gewalteinwirkung wie Blutergüsse, Anzeichen für eine Vergewaltigung, Schussverletzungen oder Messerstiche fehlen. Würgen kann nicht nachgewiesen werden, alle Knochen sind intakt. Auch der Mageninhalt lässt keine Rückschlüsse darauf zu, was geschehen ist.

In ihrer Lunge findet sich Wasser – Elisa ist ertrunken.

Schließlich gibt Ed Winter, der stellvertretende Leiter der Gerichtsmedizin, als Todesursache „versehentliches Ertrinken" an.

Die Leiche

ist mäßig verwest und aufgebläht

Um 10:13 Uhr wird das Auffinden der Leiche im *Hotel Cecil* von der Polizei gemeldet. Kurz darauf erscheint die herbeigerufene Feuerwehr und beginnt mit der Bergung.

Die Öffnung der Tanks an der Oberseite – etwa 60×60 Zentimeter – ist zu klein, als dass Feuerwehrmänner oder ihre Ausrüstung hindurchpassen und so wird seitlich ein Loch in den Behälter geschnitten, um die Leiche bergen zu können.

Die Wasserleitungen des Hotels werden abgestellt, für die Hotelgäste wird in Flaschen abgefülltes Wasser zur Verfügung gestellt. Noch am gleichen Abend bestätigt das *LAPD*, dass es sich bei der Toten um die vermisste Kanadierin aus Vancouver handelt.

Ein rätselhafter Selbstmord?

Offizielle Stellen gehen von einem Suizid aus. Elisa Lam soll sich irgendwie Zugang zum Dach verschafft, den Deckel des Wassertanks geöffnet haben und hineingeklettert sein. Dann hat sie den Deckel wieder verschlossen und ist in dem etwa dreiviertelvollen Behälter ertrunken. Doch wie ist sie durch die alarmgesicherte Tür gekommen und wie konnte sie – einmal im Wasser schwimmend – den aufgeklappten Deckel wieder schließen? Hat sie sich danach im Wasser komplett ausgezogen?

Die Ungereimtheiten häufen sich …

Um zu den Tanks zu gelangen, muss man sich in das oberste Stockwerk des Hotels begeben, dann eine Treppe hinauf bis zu der gesicherten Tür steigen, hindurchgehen ohne den Alarm auszulösen, sich eine Leiter beschaffen, über diese zu der drei Meter hohen Plattform, auf der die Zisternen stehen hinaufklettern, schließlich mit der Leiter seitlich am Tank empor klettern und den schweren Deckel öffnen. Eine Leiter wurde am Tank nicht gefunden.

Ende 2015 werden die Ermittlungen ohne Ergebnis eingestellt – Elisa Lams Tod gilt bis heute als Unglücksfall.

Verschwörungstheorien?

Um den rätselhaften Tod von Elisa Lam ranken sich bis heute zahlreiche Erklärungsversuche, in Internetforen werden mögliche Ursachen diskutiert und Analogien ausgebreitet. Mysteriöse Parallelen gibt es einige.

„Dark Water" – der Film

Im Jahr 2005 – mehrere Jahre vor Elisa Lams mysteriösem Tod – erscheint ein Film namens *Dark Water.*

Dark Water – Dunkle Wasser wurde von dem brasilianischen Regisseur Walter Salles gedreht und ist eine Neuverfilmung des 2002 erschienenen japanischen Horrorfilms „dark water" von Hideo Nakatas, der auf einer Kurzgeschichte von Kōji Suzuki basiert.

Die Hauptdarstellerin heißt „Dahlia" – eine Anspielung auf die *Schwarze Dahlie?* – und ist psychisch labil.

Gemeinsam mit ihrer Tochter „Cecilia" – eine Analogie zum *Hotel Cecil?* – zieht sie nach der Scheidung in ein Appartementhaus. Obwohl die Wohnung recht heruntergekommen wirkt, mieten Mutter und Tochter diese.

Schon kurz danach beginnen mysteriöse Ereignisse: Der Aufzug zeigt ein merkwürdiges Eigenleben, schwarzes Wasser tropft von der Decke.

Dahlia forscht nach und findet heraus, dass in einem Wasserbehälter auf dem Dach des Gebäudes ein Mädchen ertrunken ist und ihre Leiche das Wasser dunkel gefärbt hat. Die Zisternen gleichen fatal denen auf dem Dach des Hotels *Cecil.*

Schließlich ertrinkt auch Dahlia – im Badezimmer. Cecilia trägt von diesem Erlebnis einen Schock davon und wird von ihrem Vater aufgenommen. Als sie ein letztes Mal zum Haus fährt, um ihre Sachen zu holen, begegnet sie im Fahrstuhl dem Geist ihrer Mutter, der ihr verspricht, immer für sie da zu sein.

Acht Jahre nach Erscheinen des Films wird Elisa Lams Leiche im Wassertank gefunden ...

Ein Tuberkulosetest namens „LAM-ELISA"

So unglaublich es klingt, es gibt tatsächlich einen Test, mit dem Tuberkulosebakterien nachgewiesen werden können, der „LAM-ELISA" heißt. ELISA steht für „**e**nzyme-**l**inked **i**mmuno**s**orbent **a**ssay" und LAM für „**l**ipo**a**rabino-**m**annan".

Laut Wikipedia wurde „Der ELISA ... als diagnostisches Werkzeug in der Medizin und in der Pflanzenpathologie sowie als Qualitätskontrolle in verschiedenen Branchen eingesetzt."

Bei Patienten mit Verdacht auf Lungentuberkulose kann der Test das Vorhandensein des Tuberkulosebakteriums *Mycobacterium tuberculosis* in Proben von Urin, Blut oder Sputum (Auswurf) nachweisen.

Kurz nach der Entdeckung von Elisas Lams Leiche bricht in der der Skid Row, nahe beim *Hotel Cecil,* Tuberkulose aus. Reiner Zufall?

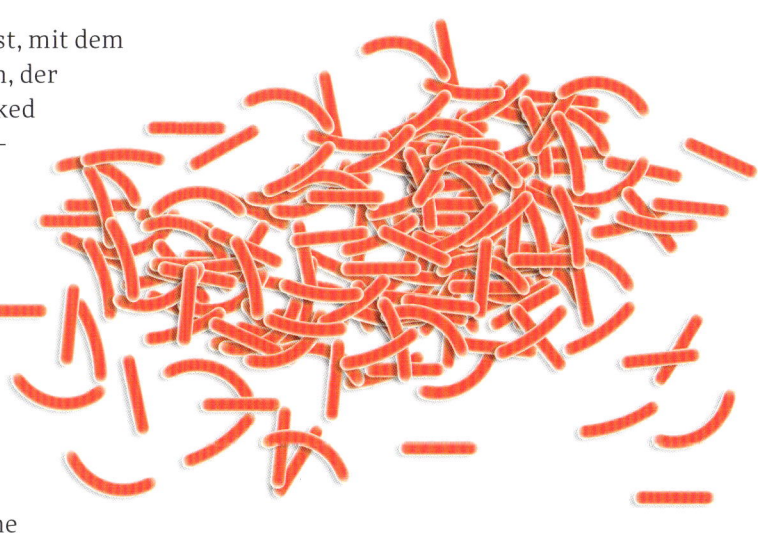

Ein Serientäter

treibt womöglich sein Unwesen, der junge Frauen in Hotels mit Drogen verwirrt und dann „Selbstmorde" inszeniert ...

Ein Serienmörder?

In Chicago verschwindet im September 2017 eine 19-Jährige nach einer Party in einem Hotel. Die Familie meldet sie vermisst, am nächsten Tag wird die junge Frau im Kühlraum des Hotels gefunden – tot.

Kenneka J. ist gemeinsam mit Freunden im *Crowne Plaza Chicago O'Hare Hotel.* Auf den Aufnahmen der Überwachungskameras sieht man die junge Frau um 1:13 Uhr in Begleitung einiger Leute im Hotel – sie wirkt völlig normal.

Eine spätere Aufnahme zeigt die junge Frau um 3:25 Uhr – sie ist allein, stolpert durch die Gänge, kann sich kaum auf den Beinen halten. Die letzten Bilder von ihr stammen aus der Hotelküche. Was man hingegen nicht sieht ist, wie sie den Kühlraum betritt. Am nächsten Morgen wird Kennekas Leiche im Kühlraum gefunden, nachdem ihre Freunde ihr Verschwinden bemerkt und ihre Mutter und die Polizei verständigt haben.

Die Tür des Kühlraumes konnte auch von innen geöffnet werden, Kenneka hätte also den Raum jederzeit verlassen können. Ist die 19-Jährige von allein hineingegangen? Hat jemand sie gezwungen? Warum verhielt sie sich so seltsam, war sie betrunken oder hat Drogen genommen? Kennekas Freunde sagen aus, sie habe nur ein einziges Glas Alkohol getrunken.

Die Polizei versucht, anhand der Überwachungsvideos und Zeugenaussagen herauszufinden, was passiert ist, kann den Fall jedoch nie aufklären.

Treibt womöglich ein Serientäter sein Unwesen, der junge Frauen in Hotels mit Drogen verwirrt und dann „Selbstmorde" inszeniert?

Manipulationen am Videomaterial?

Die Zeitspanne, die Elisa Lam insgesamt im und vor dem Fahrstuhl zugebracht hat, beträgt fast vier Minuten. Vom veröffentlichten Video fehlen jedoch 54 Sekunden. Eine Erklärung dafür hat niemand je abgegeben. Außer einer nachträglichen Bearbeitung – durch einen Hotelmitarbeiter? durch die Polizei? – käme noch ein Bewegungssensor infrage, der die Kamera immer dann abschaltet, wenn sich nichts bewegt.

Die Zeitangaben im Originalvideo wurden zudem unkenntlich gemacht – warum? Dazu kommt, dass das das veröffentlichte Video bei *Youtube* schneller abläuft als das Original, was Elisas Bewegungen hektischer scheinen lässt. Nutzer haben sich die Mühe gemacht, beide Versionen nebeneinander zu stellen und auf Fehler/Manipulationen hinzuweisen.

Ein Hotelangestellter als Mörder?

Ausgehend von der alarmgesicherten Tür zum Dach des Hotels und davon, dass ein eventueller Gesprächspartner vor dem Fahrstuhl geschickt im toten Winkel der Kamera agierte, könnte man schlussfolgern, dass ein möglicher Täter sich bestens ausgekannt haben muss, vielleicht sogar im *Hotel Cecil* arbeitet. Würde aber ein Hotelangestellter die Leiche im Wassertank versenken, wohl wissend, dass er sie dort nicht wieder herausbekäme und der verwesende Körper irgendwann das Trinkwasser im Hotel beeinträchtigen würde?

Das ergibt nur dann Sinn, wenn der Täter nach dem Mord schnell verschwunden ist. Ob die Polizei nach einem solchen Angestellten gesucht hat, ist nicht bekannt. Eher noch käme für diese Theorie ein Hotelgast infrage, der nach dem 31. Januar 2013 „ganz normal" ausgecheckt hat. Beweise für diese Theorie wurden nicht gefunden oder nicht gesucht. Schließlich gilt Elisas Tod offiziell als „versehentliches Ertrinken".

Halluzinationen?

Elisa Lam litt an Depressionen. Sie nahm verschiedene Medikamente, die Nebenwirkungen haben können:

- **Wellbutrin:** wird gegen Depressionen eingesetzt. Als Nebenwirkung werden vor allem Krampfanfälle genannt.

- **Lamotrigin:** wirkt gegen Epilepsie und bekämpft affektive Störungen.

- **Quetiapin:** ist ein Neuroleptikum, das unter anderem zur Behandlung von Schizophrenie sowie von manischen und depressiven Episoden eingesetzt wird.

- **Dexedrine:** ein Mittel mit Amphetamin, das stark stimulierend und aufputschend wirkt und Verhaltensstörungen und Psychosen auslösen kann.

- **Venlafaxin:** wird als Angstlöser und gegen Depressionen eingenommen.

Auch wenn bei der Autopsie im Magen von Elisa Lam keinerlei Reste von Tabletten und im Blut keine Überdosis irgendeines Medikaments gefunden wurden, und auch nicht bekannt ist, ob und welche der verschriebenen Mittel sie in Los Angeles eingenommen hat, könnte ein Dauergebrauch doch Auswirkungen auf ihre Psyche gehabt haben.

Außerhalb des Aufzuges, im toten Winkel der Kamera befindet sich auf dem Hotelflur ein großer Wandspiegel. Hat Elisa unter Medikamenteneinfluss womöglich ihr Spiegelbild für eine fremde Person gehalten? Schließlich war sie kurzsichtig und trug ihre Brille nicht.

Das „Fahrstuhlspiel"

Eine – zugegeben – ein wenig paranormale Erklärung für Elisas Tod ist „Das Fahrstuhlspiel". In Japan entstanden, wird eine virtuelle Reise im Aufzug dargestellt, bei der sich die Spieler mit dem Fahrstuhl in verschiedene Dimensionen begeben.

Der Mythos um dieses Spiel besagt, man könne mit dem Aufzug in eine andere Welt gelangen, wenn man gewisse Anweisungen befolgt: Der Spieler muss ein Gebäude mit mindestens zehn Stockwerken aufsuchen und die Knöpfe im Fahrstuhl in einer bestimmten Reihenfolge drücken. Dabei muss der Spieler allein sein.

Das Ziel des Fahrstuhlspieles ist es, in einer Parallelwelt zu landen, einer Welt, die eine Kopie der realen Welt ist. Um wieder in die reale Welt zurückzukehren, muss das Ritual rückwärts ausgeführt werden. Dabei können angeblich unsichtbare Mächte Gedächtnis- und Orientierungsverlust hervorrufen, welche die Rückreise erschweren.

Bei der Rückkehr in die eigene Dimension – in Elisas Fall in den Hotelflur – könnte sie also desorientiert und verwirrt über ihren Aufenthaltsort gewesen sein.

Die Spekulationen reißen nicht ab …

Jede dieser Theorien birgt interessante Aspekte, aber auch Punkte, die dagegen sprechen. Sicher ist, dass Elisa Lam ertrank, im Wassertank also noch gelebt hat. Wäre sie „aus Versehen" aufgrund von Verwirrtheit, dort hineingelangt, hätte sie dann nicht um Hilfe geschrien? Oder wurden ihre Schreie nicht gehört? Und wie ist es ihr gelungen, die schwere Luke zu schließen, nachdem sie in den Tank gesprungen ist? Woher wusste sie überhaupt von den Wassertanks auf dem Dach des Hotels?

Wieso war sie unbekleidet? Hat sie sich selbst im Tank ausgezogen? Hat ein Mörder die Bewusstlose in den Wasserbehälter geworfen? Warum dann aber die Frau vorher erst entkleiden?

Wollte sie Selbstmord begehen? Dazu hätte sie auch einfach vom Dach oder aus dem Fenster ihres Hotelzimmers springen können.

Das Unheil ist noch immer vor Ort…

Am 13. Juni 2015 berichtet die *Los Angeles Times,* dass vor dem *Hotel Cecil* die Leiche eines 28-Jährigen gefunden wurde. Vermutungen, dass der Mann aus einem der Fenster gesprungen sein könnte, werden nicht kommentiert, ein Sprecher des County Coroners teilt lediglich mit, dass die Todesursache nicht festgestellt werden konnte.

Gäste behaupten immer wieder, im *Hotel Cecil* die Geister der Verstorbenen zu sehen. Dunkle Gestalten zeigen sich angeblich in Zimmern und Hotelfluren. Ein Mann namens Koston Alderete hat sogar ein Foto von einer dieser Erscheinungen gemacht: Ein Wesen kommt aus dem Fenster eines Zimmers im vierten Stock.

Das „Hotel des Schreckens" existiert auch heute noch.

Falls Sie nach Los Angeles reisen – und ein bisschen  Nervenkitzel brauchen: das Cecil heißt jetzt Stay on Main …

Jahrhundertmörder
Jack the Ripper

LONDON 1888

Vier Millionen Einwohner –
Die größte Stadt der Welt.

Obdachlosenasyle und Armenhäuser –
Das größte Elendsviertel der Welt.

Enge dreckige Gassen, Gestank, verfallene Häuser,
Entbehrungen, Hunger. Dirnen und ihre Kunden.

VON AUGUST BIS NOVEMBER 1888 ist hier der wohl bekannteste Serienmörder aller Zeiten auf Jagd: Jack the Ripper. Mindestens fünf Frauen schlachtet er ab, schneidet ihnen den Hals durch, schlitzt ihren Unterleib auf, entfernt Organe, legt sie auf und neben die Leiche.
Schnell bricht Hysterie aus, Polizeistreifen werden verstärkt, Geheimpolizei durchkämmt die Gassen, Bürger patrouillieren im Stadtteil Whitechapel. Vergebens.
Jack the Ripper wird nie gefasst.

Whitechapel – die dunkle Seite von London

1888, East End – Londons größtes Armenviertel. Alles wirkt grau. Backsteinhäuser, verwinkelte Gassen, Kopfsteinpflaster, Bretterverschläge, eingeworfene Scheiben. Pferdefuhrwerke fahren durch die engen Straßen. Kein Baum, kein Strauch, kein Gras. Wäscheleinen in Hinterhöfen. Gewalt. Es stinkt. Überall Menschen. Frauen und Kinder sitzen am Straßenrand. Viele von ihnen ohne feste Unterkunft. Wenn es dunkel wird, erhellen die wenigen Laternen die Finsternis nur dürftig. Spelunken bieten billigen Alkohol feil; Allheilmittel, um das Elend für ein paar Stunden zu vergessen.

Ein großes Glas Gin: drei Pence. Ein Laib altes Brot: zwei Pence. Dienste einer Prostituierten in Anspruch nehmen: drei Pence.

Whitechapel: Hier ist es leicht, Opfer zu finden. Frauen, die sich fast jedem feilbieten. Niemand vermisst sie, sie sind austauschbar. Fehlt eine, nimmt eine andere ihren Platz ein. Prostituierte dürfen nicht lange an einer Stelle verweilen, nicht stehenbleiben. So umrunden sie Kirchen und Plätze, wieder und wieder, immer auf der Suche nach einem Freier, der ihnen das nächste Essen, das nächste Bier sichert.

Nummer
1

Mary Ann Nichols – „Polly"

Blutspritzer: designed by Starline - Freepik.com

Buck's Row, die heute Durward Street heißt, ist eine finstere schmale Straße. Die einzige Beleuchtung stammt von einer Gaslampe am anderen Ende der Gasse. Nachts sieht man die Hand vor Augen kaum. Am 31. August 1888 läuft gegen 3:40 Uhr der Kutscher Charles Allen Cross (s. S. 221) die Buck's Row entlang. Obwohl es noch mitten in der Nacht ist, muss er zu seiner Arbeit bei *Pickford's,* von wo aus er Metzgereien mit Fleisch beliefert.

Ein zweiter Mann, Robert Paul, ist ebenfalls schon auf dem Weg zu seinem Arbeitgeber. In der Buck's Row

sieht er um 3:45 Uhr laut seiner späteren Aussage in der Zeitschrift *Lloyds Weekly News* „a man standing where the woman was." Der Mann ist Charles Allen Cross, welcher ihn anspricht und auf eine am Boden liegende Frau mit gespreizten Beinen und hochgezogenen Röcken hinweist, die seiner Meinung nach tot ist. Sie liegt in einem Toreingang eines zweistöckigen Ziegelsteingebäudes, in dem eine Witwe namens Emma Green mit ihren beiden Söhnen und einer Tochter wohnt.

Robert Paul berührt ihr Gesicht, die Hände und die Brust und glaubt, einen schwachen Herzschlag zu fühlen. Für ihn sieht es eher nach einer Vergewaltigung aus. Die beiden Männer ziehen laut eigenen Aussagen den hochgeschobenen Rock herunter, um den Unterleib zu verdecken und beschließen, einen Polizisten zu suchen. Vielleicht ist die Frau ja nur bewusstlos oder sturzbetrunken.

An der Kreuzung Hanbury Street/Baker's Row treffen sie gegen 4:15 Uhr auf Police Constable Jonas Mizen, der sich sofort in die Buck's Row aufmacht, während Cross und Paul zu ihrer Arbeitsstätte eilen.

In der Buck's Row hat inzwischen der Polizist John Neil die Frau entdeckt. Sein Kollege, Constable John Thain, dessen Streife ihn alle dreißig Minuten an der Buck's Row entlangführt, kommt ihm zu Hilfe und schließlich stößt auch Jonas Mizen zu den beiden Polizisten.

John Neil schickt Thain zu Dr. Rees Ralph Llewellyn, einem Arzt in der Nähe, und beauftragt Mizen, einen Krankenwagen zu rufen.

Kurz vor vier Uhr trifft Dr. Llewellyn ein und untersucht die Tote. Die Frau liegt mit ausgestreckten Beinen auf dem Rücken, ihre Hände und Handgelenke sind bereits kalt, der Körper und die Beine jedoch noch warm. An der Kehle finden sich schwere Verletzungen, jedoch nur wenig Blut.

Kampfspuren gibt es nicht und auch keine Anzeichen dafür, dass die Leiche von irgendwo anders hierher geschleift wurde – der Auffindeort muss auch der Tatort sein. Im Rinnstein findet sich Blut, laut Aussage des Arztes etwa anderthalb Weingläser.

Dr. Llewellyn datiert den Eintritt des Todes auf 3:30 Uhr, also eine halbe Stunde, bevor die Tote gefunden wurde, und ordnet an, sie für weitere Untersuchungen in die Leichenhalle bringen zu lassen.

Constable John Thain hilft, den Leichnam auf den Krankenwagen zu legen.

Buck's Row

Dabei fällt ihm auf, dass die Rückseite der Bekleidung mit Blut getränkt ist. Nach dem Abtransport wartet er an der Fundstelle und wird Zeuge, wie einer von Emma Greens Söhnen das Blut auf der Straße wegspült.

In der Leichenhalle erstellt Detectiv-Inspector John Spratling zuerst eine Inventarliste der Kleidung, die er insgesamt als „schäbig und fleckig" charakterisiert. Die Etiketten in den beiden Unterröcken sind von „Lambeth Workhouse" – einem Arbeitshaus – und werden später für die Identifizierung der Toten nützlich sein.

Dr. Llewellyn beginnt mit der Obduktion. In seinem Bericht schreibt er, dass es sich um eine Frau von etwa 40 Jahren handelt, der fünf Zähne fehlen. Außerdem ist die Zunge leicht verletzt. Am unteren Teil des rechten Kiefers gibt es eine Prellung, die durch einen Schlag mit der Faust oder Druck mit den Daumen entstanden sein könnte.

Auf der linken Halsseite unter dem Ohr findet sich ein zehn Zentimeter langer Einschnitt, darunter ein weiterer, zwanzig Zentimeter langer halbkreisförmiger Schnitt, der bis zur rechten Halsseite führt und das Gewebe, die Adern, die Luftröhre und die Speiseröhre zu beiden Seiten bis zu den Wirbeln durchtrennt hat. Der Arzt beschreibt das Tatwerkzeug als Messer mit langer, nicht besonders scharfer Klinge, das mit großer Heftigkeit geführt wurde.

Brust und Oberkörper sind unverletzt. Doch am Bauch befinden sich weitere Schnitte. Links klaffte eine gezackte, sehr tiefe Wunde, auf der rechten Seite gibt es gleich mehrere ähnlich aussehende, jeweils 15 bis 20 Zentimeter lange Messerverletzungen. Auch quer über den Bauch hat der Mörder geschnitten. Alle Verletzungen wurden der Frau mit demselben Instrument von links nach rechts in einer Abwärtsbewegung beigebracht. Dr. Llewellyn schlussfolgert, dass der Täter Linkshänder sein muss.

Obwohl sie keine Ausweispapiere bei sich trägt, gelingt es wenig später mithilfe der Wäscheetiketten, die Tote zu identifizieren. Es handelt sich um Mary Ann Nichols, die von allen nur „Polly" genannt wird. Polly hat bis vor kurzem ab und an im „Lambeth Workhouse" gewohnt, eine Arbeiterin von dort erkennt, dass die Sachen ihr gehören. William Nichols, Pollys Mann, bestätigt die Identifizierung.

Polly – Trinkerin, Prostituierte, Obdachlose

Mary Ann Nichols ist eine dieser bedauernswerten Gestalten im Armenviertel Londons. Geboren 1945 als Mary Ann Walker, verlässt sie ihr Viertel und die Stadt nie. Die kleine zierliche Frau mit den braunen Augen und den hohen Wangenknochen hat es nicht leicht. Fast alle Kinder

im *East End* verbringen den größten Teil des Tages auf der Straße, sind unterernährt und schlecht gekleidet. Trotzdem versucht Mary Ann, sich sauber zu halten und achtet auf sich.

Im Januar 1864 heiratet sie den Druckmaschinenbauer William Nichols und im Lauf der Jahre kommen drei Söhne und zwei Töchter zur Welt. 1880 zerbricht die Ehe. William Nichols geht fremd und Mary Ann trinkt.

Pflichtgemäß berappt der Ehemann noch zwei Jahre lang wöchentlich fünf Schillinge an seine Exfrau, stellt die Zahlungen jedoch ein, als er erfährt, dass Polly sich als Prostituierte verkauft und mit einem anderen Mann zusammen lebt. Zwar versucht das örtliche Pfarramt, ihn zu Unterhaltszahlungen zu verpflichten, doch William Nichols kann dem mit einem Hinweis auf den Lebenswandel seiner Frau entgehen.

Und so wird das Überleben zunehmend schwieriger. Mary Ann Nichols verbringt nun die meiste Zeit in Arbeitshäusern und Pensionen und verdient Geld, indem sie sich an Männer verkauft.

Nachdem sie für eine kurze Zeit bei ihrem Vater gewohnt und diesen im Streit wegen ihrer Trinkerei verlassen hat, versucht sie sich als Hausbedienstete, ist jedoch mit der Bezahlung unzufrieden und kündigt zwei Monate später, wobei sie Kleidung im Wert von drei Pfund und zehn Schillingen mitgehen lässt.

An ihrem Todestag wird Mary Ann Nichols noch mehrfach gesehen. Gegen 23:00 Uhr geht sie die Whitechapel Road entlang und eine Stunde später wird sie beim Verlassen des *Frying Pan Pubs* in der Brick Lane beobachtet. Dieser Sommer ist einer der kältesten und feuchtesten in der Geschichte Londons. In der Nacht zum 30. August regnet es heftig – Polly braucht eine Unterkunft.

Gegen 0:20 Uhr fragt sie in einer Pension in der Thrawl Street nach einem Zimmer für die Nacht, muss jedoch wieder gehen, weil sie nicht zahlen kann. Sie kündigt an, mit genügend Geld wiederzukommen und bittet, man solle ihr ein Bett freihalten.

Fast zwei Stunden später trifft Mary Ann auf eine Bekannte: Emily Holland. Diese berichtet später, Mary Ann sei stark betrunken gewesen und habe nicht mehr richtig laufen können. Emily weist die Freundin auf die fortgeschrittene Zeit hin und die erzählt ihr, dass sie das Geld für die Übernachtung schon dreimal zusammengehabt, jedoch jedes Mal wieder vertrunken habe. Nun wolle sie einen letzten Versuch starten. Dann geht Mary Ann Nichols die Whitechapel Road in Richtung Osten hinunter. Irgendwo hier läuft sie ihrem Mörder in die Arme.

Verdacht auf Serienmord

Im letzten Drittel des 19. Jahrhunderts ist die Polizei Londons deutlich unterbesetzt, und den Kriminellen in den Elendsvierteln erschreckend unterlegen. Das East End mit dem Stadtteil Whitechapel ist das schlimmste Pflaster in ganz London.

Zwei Verwaltungsgebiete behindern außerdem die Zusammenarbeit der Polizisten. Die besser besetzte *City Police* – auf 90 Bürger kommt ein Polizist – kümmert sich nur um die Innenstadt. Der gesamte Rest von London wird von der *Metropolitain Police* kontrolliert, bei der ein Polizist sich im Durchschnitt um 450 Bewohner zu kümmern hat. Kompetenzgerangel und Streit um Zuständigkeiten erschweren die Arbeit zusätzlich. Hinzu kommt, dass die „Detectiv-Inspectors" keine kriminologische Ausbildung haben. Das geringe Gehalt trägt auch nicht zu besonderem Diensteifer bei. Ihre Aufgabe besteht darin, auf Streife zu gehen, am Tag etwa 30 Kilometer, nachts um die zwanzig. Bewaffnet sind die Polizisten nicht, sie tragen lediglich eine Lampe, eine Trillerpfeife und einen Knüppel bei sich. Bei Mordfällen beschränken sich die Tätigkeiten eines Polizisten auf die Absperrung des Tatorts, das Befragen von Zeugen und das Anfertigen von Skizzen und Berichten.

Die Verfolgung vermeintlicher Täter wird auch dadurch erschwert, dass die meisten Haustüren nicht verschlossen sind, und ein Verbrecher so ohne großes Aufsehen in die Hinterhöfe fliehen kann. Fingerabdrücke werden noch nicht verwendet, Fotoapparate sind nicht transportierbar und die schwarz-weiß-Aufnahmen körnig und unscharf.

Der Mord an Mary Ann Nichols findet im Gebiet der *Bethnal Green Division* der *Metropolitan Police* statt und so nehmen sich zuerst die örtlichen Detectiv-Inspectors John Spratling und Joseph Helson der Sache an. Viel Erfolg haben sie nicht.

Inzwischen berichten die Zeitungen über den bizarren Mord. Gerüchte machen die Runde: Der Mord an Polly gleiche denen an Emma Elizabeth Smith und Martha Tabram (s. S. 213).

Emma Elizabeth Smith, eine Prostituierte, wird am 3. April 1888 in Whitechapel angefallen. Sie überlebt den Angriff, schleppt sich schwer verletzt in ihr Quartier und berichtet dort, dass mehrere Männer über sie hergefallen wären. Zwei Frauen aus dem Quartier bringen Emma Smith ins *London Hospital,* wo sie trotz der Behandlung ins Koma fällt und am nächsten Morgen stirbt. Ähnlichkeiten zum Mord an „Polly" finden sich in der Art der Wunden: die Täter haben mit einem stumpfen Gegenstand Emma Smiths Vagina verletzt.

Der Fall wird als erster der sogenannten Whitechapel-Morde aufgeführt. Dennoch gilt es später als unwahrscheinlich, dass es eine Verbindung zu den Jack-the-Ripper-Taten gibt. Wahrscheinlicher ist, dass es sich um das Werk einer der kriminellen Banden handelt, die in London auch oft Prostituierte kontrollieren.

Die 30-jährige Martha Tabram hingegen gilt manchen „Ripperologen" tatsächlich als erstes Opfer des Killers. Genau wie Polly arbeitet sie als Prostituierte und trinkt. Nach einem Kneipenbesuch am 6. August 1888 zieht Martha Tabram mit einem Soldaten los, der sie später verlässt. Ihre Leiche wird am frühen Morgen in einem Hauseingang gefunden, der Mörder hat 39-mal auf Hals, Lunge, Herz, Leber und Bauch eingestochen. Auch der Unterleib und die Genitalien sind verletzt. Martha liegt auf dem Rücken, ihre Röcke wurden hochgeschoben. Vieles ähnelt der Tat an Mary Ann Nichols und die Polizei kann sich diesen Parallelen nicht entziehen.

Ein Serienmord kann nicht mehr ausgeschlossen werden und so schaltet sich nun der *Metropolitan Police Service* ein. Gleich drei Detective-Inspectors werden mit dem Fall betraut: Frederick Abberline, Henry Moore und Walter Andrews.

Gerüchte, dass ein Typ namens „Lederschürze", auf englisch *leather apron,* der Prostituierte misshandelt, für den Mord an Mary Ann Nichols verantwortlich ist, verbreiten sich, doch noch wird kein passender Verdächtiger gefunden.

Mehr kann auch der *Metropolitan Police Service* nicht ausrichten. Der grausige Mord an Polly bleibt ungeklärt.

Nummer
2

Annie Chapman – „Dark Annie"

Hanbury Street wird von drei- bis vierstöckigen Backsteinhäusern gesäumt. Wie fast überall in Whitechapel ist es schmutzig, Pferdeäpfel liegen auf dem Pflaster, nur wenige Laternen erhellen die Dunkelheit der Nacht. Die Eingangstüren der Häuser öffnen sich zu schmalen Durchgängen, von denen aus man ins Treppenhaus aber auch in die jeweiligen Hinterhöfe gelangt. Da viele der Bewohner zu den unterschiedlichsten Zeiten – oft auch nachts – arbeiten, bleiben die Türen zur Straße fast immer unverschlossen, sodass jeder hindurchgehen kann. Die Prostituierten wissen dies und benutzen Flure, Durchgänge und Hinterhöfe, um ihre Kunden zu „bedienen", ohne dass die Polizei auf sie aufmerksam wird.

Hanbury Street Nummer 29 ist ein schmales Gebäude. Hier leben in ganzen acht Räumen siebzehn Leute, einige von ihnen in den Hinterzimmern, von wo aus sie auf den Hof schauen können.

John Richardson, dessen Mutter im ersten Stock wohnt, muss am 8. September 1888 mitten in der Nacht aufstehen. Kurz nach vier Uhr begibt er sich nach unten. Weil vor einigen Monaten jemand das Vorhängeschloss an der Kellertür im Hinterhof aufgebrochen hat, schaut John jeden Morgen nach, ob es noch intakt ist. Sein Stiefel drückt und er setzt sich kurz auf die Stufen, um mit dem Messer ein Stück Leder abzuschneiden, das aus seinem Stiefel ragt. Von hier aus checkt er das Kellerschloss – es ist in Ordnung. Ansonsten bemerkt er nichts Außergewöhnliches.

Gegen halb sechs Uhr morgens biegt eine Frau von der Brick Lane in die Hanbury Street ab. Elizabeth Long, die auf dem Weg zum *Spitalfields Markt* ist, bemerkt kurz vor der Tür zum Haus Nummer 29 einen Mann und eine Frau, die ziemlich laut miteinander sprechen. Später sagt sie aus, dass der Mann die Frau gefragt habe, ob sie „wolle" und sie dies bejaht hätte.

Hunbury Street

Hunbury Street – Hofseite

Im Vorübergehen mustert Elizabeth Long die beiden, sieht jedoch von dem Mann nur die Rückseite. Er ist etwa vierzig, wirkt schäbig, trägt einen dunklen Mantel und einen braunen *deerstalker* – das ist ein Hut, wie er von Sherlock Holmes bekannt ist. Da es nicht ungewöhnlich ist, dass morgens dort „Paare" stehen, setzt sie ihren Weg fort.

Einige Minuten später betritt der Zimmermann Albert Cardosch den Hinterhof seines Wohnhauses Hanbury Street 27, um die Toilette zu benutzen. Als er an dem Zaun vorbeigeht, der den Hof von Haus Nummer 29 trennt, hört er Stimmen, versteht ein „Nein". Anschließend scheint etwas Schweres gegen den Zaun zu fallen. Albert Cardosch ist schlaftrunken und kümmert sich nicht weiter darum.

Eine halbe Stunde danach, um sechs Uhr, erscheint John Davis, der Mieter aus dem dritten Stock auf der Bildfläche. Er kommt die Treppe herunter und geht durch den Durchgang zur Hintertür. Der Anblick, der sich ihm bietet, lässt den älteren Mann entsetzt zurückfahren. Schockiert rennt John Davis zurück in den Hausflur, nach vorn auf die Hanbury Street, wo er auf zwei vorbeilaufende Arbeiter trifft. James Kent und Henry Holland folgen ihm in den Hinterhof und erblicken die schrecklich zugerichtete Leiche einer Frau.

Aufgeschlitzt und drapiert

Die Tote liegt nahe der Hintertür zwischen den Stufen und dem Holzzaun auf dem Boden, ihr Kopf ist dem Haus zugewandt. Gesicht und Hände sind blutbeschmiert, die Röcke sind bis zur Körpermitte hochgezogen, sodass die rot-weißen Strümpfe sichtbar sind. James Kent hat den Eindruck, die Frau habe um ihr Leben gekämpft. Ihre Hände befinden sich unter dem Kinn, so als hätte sie versucht, ihren Hals zu schützen, an den Beinen sieht man verschmiertes Blut.

Fassungslos starren die Männer auf die Leiche, dann rennen sie davon – James Kent in die nächste Kneipe, um einen Brandy auf den Schreck zu trinken, Henry Holland in Richtung Commercial Street, um einen Police Constable auf Streife zu suchen. Auch John Davis hat sich inzwischen auf den Weg gemacht. Er stürmt zur Polizeiwache in der Commercial Street.

Wenige Minuten später wimmelt es auf dem Hinterhof von Hanbury Street Nummer 29 von Police Constables und Detectives der Kriminalabteilung mit ihren braunen Anzügen und den „Bowler" genannten Melonenhüten.

Inspector Joseph Chandler, der gerade auf seinem Rundgang in der Commercial Street unterwegs ist, bemerkt einige Männer, die ihm entgegengerannt kommen. Sie informieren ihn von dem Leichenfund. Hastig begibt er sich zum Fundort. Inzwischen haben sich bereits zahlreiche Schaulustige in der Hanbury Street versammelt und Chandler muss sich einen Weg durch die Meute zum Eingang von Haus Nummer 29 bahnen. Er schickt einen Polizisten zur Polizeistation in der Commercial Street, um Verstärkung anzufordern.

Innerhalb weniger Minuten erhöht sich die Zahl der Gaffer auf über hundert und die Anwohner der angrenzenden Häuser verlangen inzwischen Eintritt, um die Neugierigen durch ihre Fenster in den Hinterhof schauen zu lassen.

Inspector Chandler befiehlt, die Leiche abzudecken und ordnet an, den Polizeiarzt Dr. George Bagster Phillips zu holen.

Dr. Phillips erscheint gegen 6.30 Uhr. Ein Blick auf die übel zugerichtete Leiche genügt ihm – hier ist keine medizinische Hilfe mehr nötig. Er untersucht die Tote vor Ort, bevor er ihren Abtransport anordnet. Die Leichenstarre beginnt gerade erst, sie kann noch nicht lange tot sein. Anzeichen für einen Kampf gibt es nicht, anscheinend hat die Frau den Hinterhof selbst betreten und wurde erst hier getötet.

Ihre Beine sind angezogen, die Knie nach außen gedreht, die Füße liegen auf dem Boden. Das Gesicht ist geschwollen, die Zunge ragt zwischen den Vorderzähnen hervor. Am Hals findet Dr. Phillips einen tiefen gezackten Schnitt, der von einem Ohr bis zum anderen reicht. Auch der Bauch weist tiefe Schnittwunden auf – ein Stück der Bauchdecke um den Bauchnabel herum fehlt, anscheinend hat der Täter Organe mitgenommen. Einen Teil der Eingeweide hat er über die rechte Schulter der Toten gelegt.

Nach der Vor-Ort-Besichtigung wird die Leiche nun zur Obduktion in einen als provisorische Leichenhalle eingerichteten Schuppen gebracht.

Die Gebärmutter, Teile der Vagina und der Harnblase fehlen

Dr. George Bagster Phillips ist verärgert, als er bei seiner Ankunft feststellen muss, dass man die Tote – die als Annie Chapman identifiziert wird – bei seiner Ankunft bereits ausgezogen und gewaschen hat. Doch dies kann nun nicht mehr rückgängig gemacht werden und so beginnt der Arzt mit der Obduktion.

Die äußere Inspektion ergibt einen ausgemergelten Zustand, den Dr. Phillips nach Besichtigung der Lunge auf eine Tuberkulose zurückführt. Über der rechten Schläfe und auf dem rechten Augenlid hat Annie Prellungen mit Blutergüssen, genau wie auf der Brust und über dem mittleren Teil der rechten Hand, wobei die Gesichtsverletzungen im Gegensatz zu denen an der Brust frisch sind.

Annies Kehle hat der Mörder bis zu den Nackenwirbeln durchtrennt, der Arzt glaubt an eine versuchte Enthauptung. Der Täter muss die Frau von hinten am Kinn gepackt und dann ihren Hals von links nach rechts aufgeschlitzt haben. Gesicht und Zunge sind angeschwollen – ein deutliches Zeichen für starkes Würgen.

Nun geht es an die „innere Besichtigung" der Leiche. Schreckliches wird offenbar ...

Der Bauch ist durch einen scharfen Schnitt vollständig geöffnet, Eingeweide sind herausgetrennt und auf der Schulter der Toten drapiert worden. Die Gebärmutter, der obere Teil der Vagina und die hinteren zwei Drittel der Harnblase fehlen – der Täter muss sie mitgenommen haben. Dr. Phillips sieht gleich, dass die Organe fachmännisch entfernt wurden, anscheinend hat der Mörder anatomische Kenntnisse.

Auch der Halsschnitt wurde von der gleichen, sehr scharfen Klinge verursacht; Dr. Bagster Phillips gibt an, dass es sich um ein Schlachtermesser oder ein Skalpell handeln könnte.

Anzeichen für einen Kampf finden sich nicht, der Mörder muss Annie Chapman überrascht haben. Wahrscheinlich ist sie vor ihm her durch den Durchgang zum Hof gegangen, wo er sie gepackt und ihr als Erstes die Kehle aufgeschlitzt hat. Ein Schreien ist dann nicht mehr möglich – das erklärt, dass niemand etwas von Annies Todeskampf gehört hat.

Dr. Phillips führt aus, dass er selbst als ausgebildeter Chirurg mindestens zwanzig Minuten, wenn nicht sogar mehr gebraucht hätte, um die Schnitte auszuführen und die Organe herauszutrennen. Zudem war es im Hof stockfinster, was die Zeit wahrscheinlich verlängert hat.

Der unbekannte Mörder ist ein hohes Risiko eingegangen. Siebzehn Menschen wohnen in Hanbury Street 29, zur vermutlichen Tatzeit waren einige von ihnen bereits wach, etliche von ihnen können durch ihre Fenster den Hof sehen und der einzige Fluchtweg führt direkt durch das Gebäude. Und dennoch hat niemand etwas bemerkt.

Dark Annie – eine Nomadin

Zum Zeitpunkt ihrer Ermordung ist Annie Chapman 47 Jahre alt, mittellos und in schlechter gesundheitlicher Verfassung. Die kleine dickliche Frau mit den brünetten Haaren wirkt nicht sonderlich attraktiv. Häkelarbeiten und die Herstellung und der Verkauf von Kunstblumen reichen nicht aus, um Annies Lebensunterhalt zu finanzieren und so geht auch sie wie viele Frauen in Whitechapel der Prostitution nach.

Annie wird 1841 als Eliza Anne Smith in Paddington geboren, 1856 zieht ihre Familie nach Windsor. Im Mai 1869 heiratet sie den Kutscher John Chapman und die beiden gehen nach West-London. Kurz darauf wechseln sie nach Bayswater. Schon ein Jahr später kommt die erste Tochter zur Welt, drei Jahre später eine zweite. Unterdessen ist die Familie wieder umgezogen – dieses Mal an den Berkeley Square in London. 1880 kommt ein Sohn zur Welt. Da dieser verkrüppelt ist, gibt man ihn kurzerhand in ein Heim. 1881 zieht die Familie aufs Land nach Berkshire, wo John eine Stelle als Kutscher angenommen hat.

Als die ältere Tochter kurz nach ihrem zwölften Lebensjahr an Hirnhautentzündung stirbt, beginnen sowohl Annie als auch John zu trinken. Irgendwann zwischen 1884 oder 1885 trennen sie sich und Annie geht zurück nach London.

Drei Jahre lang bekommt sie von ihrem Ehemann eine wöchentliche Unterstützung in Höhe von zehn Schilling. Als John Chapmann 1886 stirbt, ist Schluss damit – Annie muss nun allein für sich sorgen. Seit 1886 hat sie einen neuen Mann, einen Siebhersteller, der sie jedoch verlässt, als die Zahlungen von John ausbleiben. Freunde sagen später, dass Annie depressiv geworden und es von nun an mit bergab gegangen sei.

Im Jahr ihres Todes lebt Annie Chapman – ihr Spitzname ist „Dark Annie" – mit 300 anderen Leuten in einem *common lodging house* – einem Quartier für die Ärmsten in Whitechapel, ihr achtjähriger Sohn befindet sich in einer karitativen Schule und die Tochter reist mit einem Zirkus durch Frankreich. Von Juni bis September geht Annie eine sporadische Beziehung mit dem Maurergehilfen Edward Stanley ein, mit dem sie die Wochenenden verbringt. Das gefällt ihrer Freundin Eliza Cooper, die auch ein Auge auf Edward geworfen hat, gar nicht. Es soll sogar kurz vor Annies Ermordung körperliche Auseinandersetzungen zwischen den beiden Frauen gegeben haben, aus denen das blaue Auge und die älteren Blutergüsse an Annies Brust stammen könnten.

In der Nacht ihrer Ermordung erscheint Annie gegen neunzehn Uhr im *Crossingham's Quartierhaus* und fragt nach, ob sie ein wenig in der Küche sitzen könne. Kurz nach Mitternacht verschwindet sie, um gegen halb zwei zurückzukommen. Doch jetzt wird sie fortgeschickt, weil sie kein Geld für ein Bett hat. Dark Annie geht, nicht ohne jedoch anzukündigen, dass sie wiederkommen werde. Sie wird beobachtet, wie sie die Little Paternoster Row in Richtung Brushfield Street und dann in Richtung *Spitalfields Market* hinabgeht.

Ihr Aufenthalt in den nächsten Stunden ist ungeklärt. Erst 5:30 Uhr will die Zeugin Elizabeth Long Annie Chapman mit einem unbekannten Mann in der Hanbury Street gesehen haben. Eine halbe Stunde später ist Dark Annie tot – ihre verstümmelte Leiche liegt im Hinterhof von Hanbury Street 29.

„Herbst des Schreckens"

Nun kann man es kaum mehr leugnen: Ein irrer Mörder treibt sein Unwesen in Whitechapel. Und er ist noch nicht fertig. Doch das wird sich erst Ende September herausstellen …

In den Tagen nach dem 8. September reißen die Gerüchte nicht ab. Die Presse heizt das Treiben zusätzlich an und Spinner, die sich selbst der Morde bezichtigen, gieren nach Aufmerksamkeit. Vor allem Arbeiter, die Lederschürzen tragen, geraten in Verdacht, der „Aufschlitzer" zu sein, gab es doch schon beim ersten Opfer Aussagen, dass ein Typ namens „Lederschürze" für den Mord verantwortlich sei. Schuster und Metzger bekommen die Hysterie zu spüren, die Polizei durchsucht über 200 „Logierhäuser" und verhaftet dabei Bettler, Ausländer und andere scheinbar verdächtige Personen – bis zu 1.000 sollen es gewesen sein. Der Mörder von Annie Chapman und Mary Ann Nichols ist nicht dabei.

Am 10. September erreicht die Hysterie ihren ersten Höhepunkt: „Lederschürze" scheint gefunden. John Pizer, ein polnischer Jude, ist von Beruf Schuster. Man kennt ihn der Nachbarschaft als *leather apron*, Kinder hänseln ihn wegen seiner Plattfüße und weil er hässlich ist. Bei der Durchsuchung seines Zimmers werden fünf scharfe Messer gefunden – nichts Ungewöhnliches jedoch für einen Mann, der Leder bearbeitet. Zum Glück für ihn hat John Pizer ein wasserdichtes Alibi. Und auch die Frauen, die angeblich von „Lederschürze" angesprochen worden waren, können ihn nicht identifizieren. Aus Angst vor Lynchjustiz verbringt John Pizer freiwillig einen Tag in Haft, später verklagt er die Presse wegen der Hetzjagd auf Schadensersatz und erhält eine Entschädigung.

Schlimmer ergeht es dem jüdischen Metzger Jacob Isenschmidt. Nachdem ihn seine Wirtin mit blutbefleckter Kleidung gesehen haben will, jagt eine wütende Meute den Mann durch Whitechapel. Isenschmidt kann sich schließlich in eine Polizeiwache retten, doch die Ereignisse führen dazu, dass der psychisch vorbelastete Mann „den Verstand verliert". Man liefert ihn in eine psychiatrische Anstalt ein.

William Henry Piggott, ein Schiffskoch wird festgenommen, weil er frauenfeindliche Bemerkungen macht. Zudem findet man ein blutbeschmiertes Hemd in seinem Besitz. Piggott, der behauptet, eine Frau habe ihn gebissen und das Blut stamme von ihm, wird befragt und festgenommen, doch bald darauf wieder freigelassen. Charles Ludwig, ein deut-

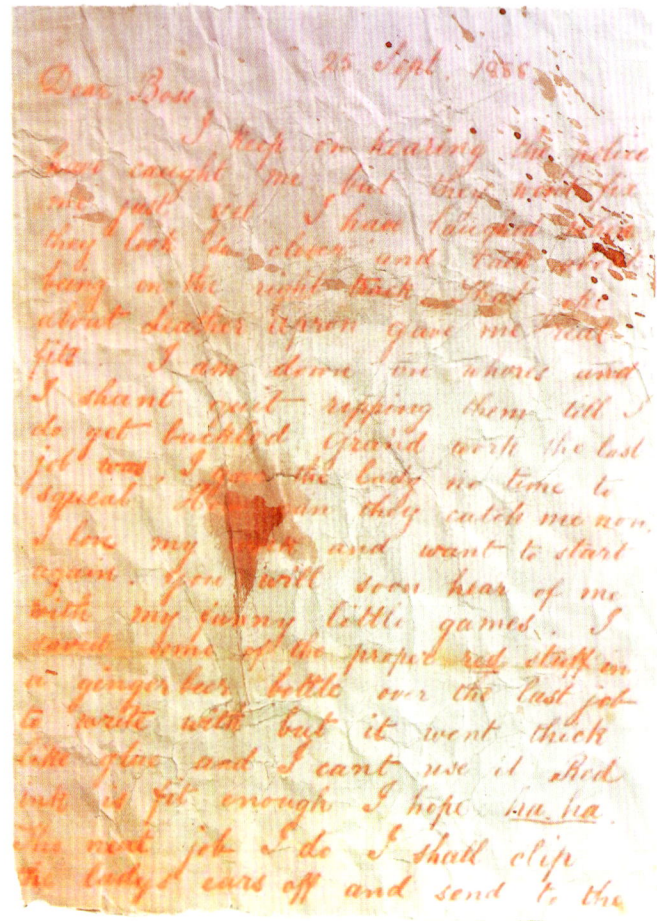

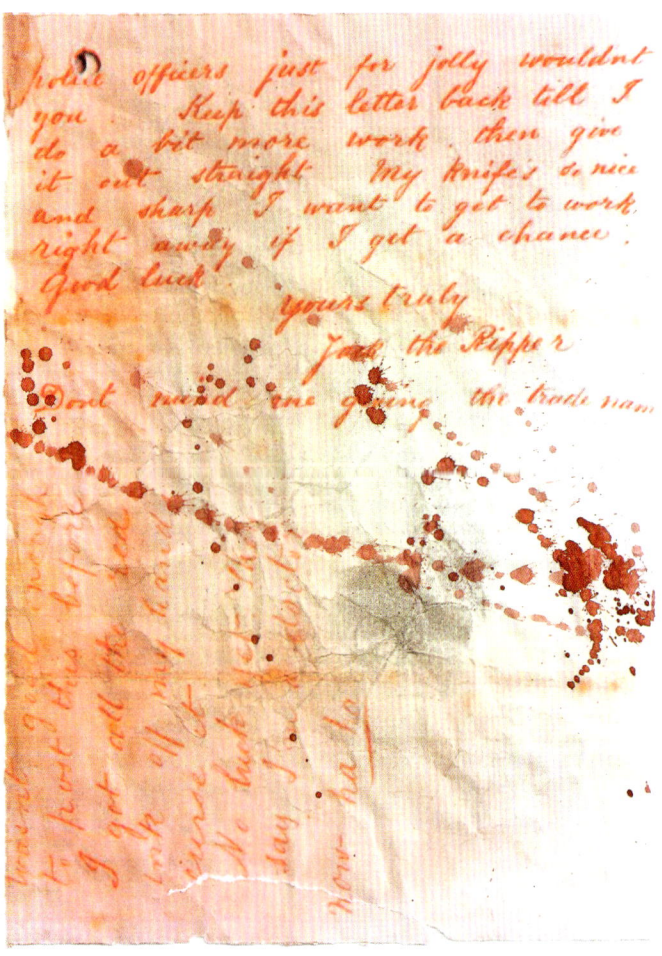

scher Friseur wird ebenfalls verhaftet – er hat kurz nach der Tat einen Mann mit einem Messer bedroht. Doch auch Ludwig ist nicht der Täter …

Sogar Edward Stanley, mit dem Annie Chapmann eine kurze Beziehung hatte, wird der Taten verdächtigt, hat jedoch für beide Morde ein Alibi.

Eine Woche nach der Ermordung Annie Chapmans stellen Geschäftsleute eine Bürgerwehr auf. Ein Dutzend Arbeitslose, die durch Spenden bezahlt werden, patrouilliert nun zwischen 2:00 und 5:00 Uhr nachts durch die Straßen von Whitechapel. Außerdem fordern die Anwohner mehr Polizeipräsenz und zusätzliche Gaslaternen.

„Dear boss" – der Mörder meldet sich

Haben die Spinner, die sich der Tat bezichtigen und die zahlreichen falschen Verdächtigen den wahren Täter wütend gemacht? Will er den „Ruhm" für sich einheimsen? Die genaue Ursache ist nicht bekannt, aber am 27. September 1888 trifft bei der *Central News Agency* – einer der Zentralen Nachrichtenagenturen Londons ein Brief ein, der am 25. September verfasst wurde und an „The Boss of Central News Office City London" gerichtet ist. Da dies nicht das erste Bekennerschreiben ist, schenken die Redakteure dem Brief zuerst keine Beachtung. Dennoch wird die Nachricht zwei Tage später an die *Metropolitan Police* übergeben.

Lieber Chef,   *25. Sept. 1888*

Ich habe gehört, die Polizei hätte mich erwischt, aber sie kriegen mich nicht. Ich musste lachen, als sie so clever taten und dachten, sie seien auf der richtigen Spur. Der Witz mit „Lederschürze" hat mich echt zum Lachen gebracht.

Ich bin hinter den Huren her und werde nicht aufhören, sie aufzuschlitzen, bis ich geschnappt werde. Der letzte Job war großartige Arbeit. Ich habe der Lady keine Chance gelassen, zu schreien. Wie können Sie mich nun schnappen? Ich liebe meine Arbeit und werde weitermachen. Sie werden bald wieder von mir und meinen lustigen kleinen Spielen hören. Ich hatte von meiner letzten Tat etwas von dem richtigen roten Stoff in einer Flasche Ginger Beer aufgehoben, um damit zu schreiben, aber es wurde dick wie Klebstoff und ich konnte es nicht verwenden. Ich hoffe, rote Tinte tut es auch. Ha ha.

Beim nächsten Mal schneide ich der Lady die Ohren ab und schicke sie nur so zum Spaß an die Polizei.

Halten Sie den Brief zurück, bis ich ein bisschen mehr vollbracht habe, dann geben Sie ihn schnell heraus. Mein Messer ist so hübsch und scharf. Sobald ich eine Möglichkeit sehe, werde ich wieder zuschlagen.

Viel Glück.

Hochachtungsvoll
Jack the Ripper
Es macht mir nichts aus, diese Berufsbezeichnung zu tragen.

Ich war nicht geschickt genug, das aufzuschreiben, bis ich die ganze verfluchte rote Tinte von meinen Händen hatte. Kein Glück dabei. Sie sagen nun, ich wäre ein Arzt ha ha

Von nun an hat der unbekannte Mörder einen Namen: „Jack the Ripper". Doch stammt das Schreiben tatsächlich von dem Täter, der Mary Ann Nichols und Annie Chapmann umgebracht hat?

Angesichts der Tatsache, dass der Brief vor den beiden Morden am 30. September verschickt wurde, bei denen der „Aufschlitzer" tatsächlich versucht, Catherine Eddowes' rechtes Ohr abzutrennen, ist es wahrscheinlich, dass der Unterzeichner „Jack the Ripper" augenscheinlich der echte Killer ist.

Nummer
3

Elizabeth Stride – „Long Liz"

Die Berner Street ist eine Seitenstraße der Commercial Road. 1888 findet man hier eine Vielzahl von Gebäuden, meist ein- oder zweistöckig, die Backsteinfassaden sind unverputzt, Tore und Durchgänge mit einfachen Bretterkonstruktionen verschlossen. Zwischen einem Arbeiter-

Berner Street

treff an der Ecke – dem *International Working Men's Educational Club,* und einem dreistöckigen Wohnhaus befindet sich ein schmaler Durchgang, der in den sogenannten *Dutfield's Yard* führt.

In der Nacht zum 30. September 1888 kommt der Schmuckverkäufer Louis Diemschutz gegen ein Uhr vom Markt zurück. Von Mittag an hat er dort gestanden und nun ist er müde und möchte nur noch ins Bett. Die nicht verkaufte Ware will er vorher im Arbeitertreff in der Berner Straße deponieren – Diemschutz ist der Vorsitzende des Klubs – und dann sein Pony und den Karren wegbringen.

Beim Einbiegen in den *Dutfield's Yard* bemerkt er, dass beide Tore weit offen stehen – seltsam mitten in der Nacht. Dann scheut das Pony und bleibt stehen. Es ist so dunkel, dass Louis Diemschutz nur die Umrisse eines großen Objektes wahrnehmen kann. Er stößt den Gegenstand mit der Peitsche an, doch nichts bewegt sich. Ein Streichholz erleuchtet die Szenerie soweit, dass der Schmuckverkäufer eine Frau erkennt. Ist sie betrunken?

Hastig begibt er sich in den Klub und kehrt mit zwei Männern und einer Kerze zurück. Die drei Männer sehen die große Blutlache auf den Pflastersteinen und wissen Bescheid. Ohne die Leiche zu berühren, machen sie sich in verschiedene Richtungen auf, um Polizisten zu suchen.

Später behauptet Diemschutz, dass der Mörder wohl noch im Hof gewesen sein muss, als er ankam, weil sein Pferd sich so merkwürdig verhalten habe. Kurz nach dem Auffinden ist die Leiche zudem noch warm. Der Täter hat ihr die Kehle durchtrennt.

Elizabeth Stride – von Schweden nach England

Elizabeth wird als Elisabeth Gustafsdotter auf einem Bauernhof nördlich von Göteborg geboren. Mit sechzehn tritt sie in Göteborg eine Stelle als Hausmädchen an und irgendwann in den darauffolgenden Jahren beginnt die junge Frau, sich an Männer zu verkaufen. Im März 1865 registriert die Polizei von Göteborg Elisabeth als Prostituierte. Ende April desselben Jahres gebiert sie ein totes Mädchen, im Oktober und November wird sie in einer Klinik gegen Geschlechtskrankheiten behandelt.

Ein halbes Jahr später, Anfang Februar 1866 beantragt Elisabeth Gustafsdotter den Umzug nach London, wo sie sich in der dortigen schwedischen Gemeinde anmeldet.

1869 heiratet die Schwedin John Stride. Gemeinsam betreiben sie ein Café im Londoner Stadtteil Poplar. Weil sie deutlich größer als viele andere Frauen in Whitechapel ist, hat Elisabeth schnell ihren Spitznamen weg: „Long Liz".

Als 1878 das Schiff *Prinzessin Alice* auf der Themse mit einem Dampfer zusammenstößt, behauptet Elisabeth, dass ihr Mann und ihre Kinder bei dieser Katastrophe getötet worden seien – eine Lüge, wie sich später herausstellen soll. John Stride stirbt 1884 an einer Herzkrankheit.

Ein Jahr später zieht Liz mit dem sieben Jahre jüngeren Hafenarbeiter Michael Kidney zusammen. Die Liaison wird als „stürmisch" beschrieben. Liz trinkt, Michael ebenso. Ab und an schlägt er sie, ab und an geht sie der Prostitution nach, ab und an versucht sie, ihren Lebensunterhalt als Näherin oder mit Putzen zu bestreiten. Manchmal bekommt Elizabeth Unterstützung von der schwedischen Kirche, doch es reicht kaum zum Überleben. Achtmal wird sie wegen Trunkenheit und „obszöner Sprache" festgenommen. Dennoch sagen Freunde, dass sie ein ruhiges, freundliches Wesen gehabt habe.

Am Dienstag, dem 25. September 1888, sieht Michael Kidney seine Gefährtin zum letzten Mal. Als er von der Arbeit nach Hause kommt, ist Liz verschwunden. Angeblich hat

te es im Vorfeld wieder eine dieser Auseinandersetzungen gegeben, man berichtet später von einem Streit.

Am 26. September quartiert sich Elizabeth in einer Herberge in der Flower and Dean Street ein, wo sie auch die nächsten Tage verbringt. Mit Putzarbeiten verdient sie sich ein paar Pence.

Am Abend ihres Todes wird Liz noch mehrfach gesehen. Sie verlässt die Herberge, wobei sie fröhlich wirkt. Zwei Männer, die gegen 23:00 Uhr das Gasthaus *Bricklayer's Arms* gegenüber Berner Street betreten, sehen Liz, wie sie das Lokal in Begleitung eines kleinen Mannes mit Anzug und Melone verlässt. Ihrer Schilderung nach küssen die beiden sich mehrfach, der Mann bedrängt Elizabeth und sie rufen ihr zu, dass dies „Lederschürze" sei.

Eine Dreiviertelstunde später bemerkt ein Arbeiter Liz in der Berner Street. Wieder steht sie mit einem Mann mit Hut und Mantel beisammen. Ist es der gleiche wie vor dem *Bricklayer's Arms*?

Kurz nach halb eins fällt Elizabeth dem Polizisten William Smith auf. Sie steht gegenüber dem *International Working Men's Educational Club* zusammen mit einem jungen Mann im dunklen Mantel.

Zehn Minuten später taucht der wichtigste Zeuge auf dem Schauplatz auf: Israel Schwartz, ein ungarischer Jude. Als Schwartz gegen 0:45 Uhr in die Berner Street einbiegt, bemerkt er einen Mann, der vor ihm läuft. Als der Unbekannte stehenbleibt, um mit einer Frau zu sprechen, die im Tor zu *Dutfield's Yard* steht, will Israel Schwartz in ihr Elizabeth Stride erkannt haben.

Später sagt Schwartz aus, dass der Fremde etwa 30 Jahre alt gewesen sei, ein volles Gesicht, dunkles Haar und einen Schnurrbart gehabt habe. Als der Unbekannte die Frau in die Durchfahrt ziehen will, habe sie dreimal geschrien. Dann will Schwartz noch einen zweiten Mann mit einer Pfeife bemerkt haben, dem der andere das Wort „Lipski" [1] zugerufen haben soll. Nun gerät Israel Schwartz in Panik. Er läuft davon, beginnt zu rennen und verschwindet von der Szenerie.

Hat der Ungar tatsächlich den Mörder von Elizabeth Stride gesehen? Und wer war der mysteriöse zweite Mann? Die Polizei findet später keinen passenden Verdächtigen.

Nicht einmal fünfzehn Minuten später entdeckt Louis Diemschutz Elizabeth Strides Leiche.

Keine Verstümmelungen

Wenige Minuten nach der Entdeckung der Leiche treffen zwei Mitglieder des Arbeiterklubs in der Commercial Road auf Police Constable Henry Lamb, der seinen Kollegen Edward Collins herbeiruft. Gemeinsam kehren sie in

---

[1] *Israel Lipski hatte am 28. Juni 1887 seine Mitbewohnerin Miriam Angel umgebracht. Der Prozess erregte großes Aufsehen in London. Seitdem wurde das Wort „Lipski" als Schimpfwort für Juden benutzt.*

die Berner Street zurück. Am *Dutfield's Yard* ist die Menge der Schaulustigen bereits auf über zwanzig angewachsen. Lamb schickt seinen Kollegen zu dem Arzt Dr. Frederick William Blackwell, der nicht weit entfernt in der Commercial Street wohnt. Dann berührt er das Gesicht der Toten – es ist noch warm – und versucht vergeblich, ihren Puls zu ertasten. Bis auf die klaffende Halswunde scheint die Frau unverletzt zu sein.

Um 1:15 Uhr kommt Dr. Frederick Blackwell am Fundort an. Er untersucht die Leiche und legt fest, dass der Todeszeitpunkt nicht länger als 20 bis 30 Minuten her ist. Ein karierter Seidenschal, der straff um den Hals des Opfers geschlungen ist, muss laut Dr. Blackwell dazu gedient haben, die Frau nach hinten zu ziehen. Danach hat ihr der Mörder den Hals mitsamt der Luftröhre durchtrennt, sodass sie nicht mehr schreien konnte.

Police Constable Henry Lamb untersucht inzwischen das Gelände und lässt sich Hände und Kleidung der Anwesenden zeigen, um Blutflecken zu finden. Etwas Verdächtiges fällt ihm nicht auf. Danach weckt er die Bewohner an der Rückseite der Berner Street 42, deren Fenster auf den Hof zeigen, um sie zu befragen, doch keiner von ihnen hat etwas von der Tat bemerkt.

Bei seiner Rückkehr sind weitere Polizisten am Tatort eingetroffen, darunter auch Inspector Edmund Reid und Dr. Bagster Phillips, der bereits die Leiche von Annie Chapman untersucht hat.

Nachdem alle umliegenden Häuser durchsucht, die Anwohner befragt und mögliche Spuren gesucht wurden, wird Elizabeth Strides Leiche gegen 4:30 Uhr die St. George's Leichenhalle in der Cable Street gebracht. Um fünf Uhr früh wäscht ein Polizist das Blut vom Hof.

Doch noch bevor Dr. Phillips die Tote obduzieren kann, bevor alle Befragungen abgeschlossen sind, geschieht nicht einmal eine Stunde nach dem Mord an Elizabeth Stride eine weitere grausige Tat.

Doppelmord

Mitre Square ist ein kleiner, fast quadratischer Platz im westlichen Teil von East End. Geschäfte, Kontore und Lagerräume umsäumen das bucklige Pflaster. Ein breiter Durchgang führt im Südwesten von der Mitre-Street hinein, gegenüber liegt die schmale Church-Passage. Von der Berner Street ist *Mitre Square* reichlich einen Kilometer entfernt, ein schneller Fußgänger kann solch eine Strecke in zwanzig bis dreißig Minuten bewältigen.

Eine Dreiviertelstunde nach dem Mord an Elizabeth Stride gelangt Police Constable Edward Watkins auf seiner nächtlichen Kontrolltour zum *Mitre Square*. Der Platz ist wie immer finster, zwei einsame Gaslaternen – eine in der nordwestlichen Ecke und die andere am Eingang zur Church Passage – können die Dunkelheit nicht erhellen.

In der südwestlichen Ecke des Platzes, vor einem mannshohen Holztor, das den Durchgang zu einem Innenhof verschließt, liegt etwas. Edward Watkins nähert sich, leuchtet die Gestalt an und weiß sofort, dass der Ripper wieder zugeschlagen hat. Schnell benachrichtigt er den Nachtwächter der gegenüberliegenden Teegroßhandlung *Kearley&Tonge,* welcher sich aufmacht, weitere Polizisten herbeizuholen.

Mitre Square

Kurz darauf trifft auch der Arzt Dr. William Sequeira aus der nahegelegenen Jewry Street am Leichenfundort ein und wenig später wird der Gerichtsmediziner Dr. Frederick Gordon Brown informiert.

„Ripper's Corner" am Mitre Square

Die tote Frau ist schrecklich zugerichtet. Sie liegt auf dem Rücken, die Arme neben dem Körper, das linke Bein ist ausgestreckt, das rechte angewinkelt. Ihre Kehle ist durchtrennt. Trotz der schlechten Lichtverhältnisse sieht man, dass der Mörder das Gesicht der Frau verstümmelt hat. Ohrläppchen und Ohrmuschel des rechten Ohrs wurden durchgeschnitten, die Nasenspitze abgetrennt, die Augenlider weisen Schnitte auf. Noch grausiger: Den Unterleib hat der Ripper entblößt, um den Bauch aufzuschneiden und Gedärme herauszuziehen, die er über die Schulter der Toten drapiert hat. Dass er auch Organe mitgenommen hat, wird sich erst bei der Obduktion herausstellen. Eine riesige Blutlache fließt in Richtung Rinnstein. Der Körper ist noch warm – die Tat muss kurz vor dem Eintreffen von Police Constable Edward Watkins geschehen sein. Gesehen hat der Polizist niemanden.

Niere und Gebärmutter fehlen ...

Elizabeth Stride und Catherine Eddowes werden noch am 30. September 1888 obduziert. Dr. George Bagster Phillips, der bereits die Leiche von Annie Chapman untersucht hat, führt gemeinsam mit Dr. William Blackwell, der beim Leichenfund vor Ort war, die Autopsie von Elizabeth Stride durch. Mittlerweile ist die Leichenstarre voll ausgeprägt. Am Hals hat Elizabeth einen 15 Zentimeter langen „sauber geführten Einschnitt", der die linke Halsschlagader durchtrennt hat. Nach rechts wird der Schnitt oberflächlicher, die rechte Arterie ist unverletzt. Weitere frische Verletzungen in der Halsregion gibt es nicht, auch der restliche Körper ist unversehrt. Als Todesursache geben die beiden Ärzte Verbluten durch Durchtrennung der linken Halsschlagader an.

War Jack the Ripper auch hier am Werk? Warum aber hat er Elizabeth Stride nicht wie die anderen verstümmelt? Wurde er gestört und hat sich dann von Whitechapel in Richtung East End aufgemacht, um ein weiteres Opfer zu suchen? Die Antwort auf diese Fragen wird sich schon bald finden.

Gegen 14:30 Uhr wird die Leiche von Catherine Eddowes obduziert. Dr. Frederick Gordon Brown, der die Tote schon am Fundort untersucht hat, leitet die Autopsie, auch Dr. William Sequeira ist anwesend. Dr. Bagster Phillips und ein weiterer Arzt sind ebenfalls vor Ort.

Auch bei Catherine Eddowes ist die Leichenstarre voll ausgeprägt. Bei der äußeren Besichtigung werden zahlreiche Wunden aufgelistet:

· eine Quetschung zwischen Daumen und Zeigefinger auf dem linken Handrücken,

· ein Schnitt durch das linke untere Augenlid, ein Kratzer auf dem oberen Lid,

· ein Schnitt der das rechte Augenlid spaltete,

· ein tiefer Einschnitt auf dem Nasenrücken vom linken Nasenbein bis zum Kieferknochen auf der rechten Wange, der das komplette Gewebe und die Muskelfasern der Wange zerteilte,

· ein schräg verlaufender Schnitt vom unteren Ende des Nasenbeins hin zu den Nasenflügeln, der die Nasenspitze abtrennte, die Oberlippe teilte und durch den Gaumen bis zu den Schneidezähnen führte,

· weitere Einschnitte über der Nasenspitze und im rechten Mundwinkel parallel zur Unterlippe,

· Einschnitte auf beiden Wangen, die eine dreieckige Form ergaben, in der die Haut abgeschält war.

Den Hals hat der Ripper mit einem etwa 18 Zentimeter langen Schnitt beginnend am linken Ohrläppchen durchtrennt, dabei wurden der große Halsmuskel auf der linken Seite und die großen Venen und Arterien durchgeschnitten. Auch der Kehlkopf hat etwas abbekommen, unter den Stimmbändern befindet sich ein weiterer tiefer Einschnitt am Hals, das Gewebe wurde vom Knochen gelöst.

Die Todesursache ist jetzt schon klar: Verbluten durch Durchtrennung der linken Halsschlagader. Doch das ist lange noch nicht alles ...

Den Unterleib hat der Mörder von den Rippen bis zum Schambein aufgeschlitzt. Dabei hat er das Messer zuerst von unten nach oben, dann quer und schließlich kreisförmig um den Nabel herum geführt, sodass der Nabel danach nur noch an einem Hautfetzen hing. Danach hat der Ripper das Messer nach unten geführt, dabei die Vagina und den Enddarm freigelegt.

Auch ein spitzes Instrument kam zum Einsatz – die Spitze eines Messers? Im Bereich der linken Leiste findet sich ein Einstich, daneben wurde wieder durch alle Blutgefäße bis zum Bauchfell geschnitten. Ein schräger Schnitt vom Steißbein zur Innenseite des linken Oberschenkels hat die linke Schamlippe abgetrennt, auf der rechten Seite des Unterleibs sind sämtliche Muskeln vor den vorderen Mutterbändern durchschnitten.

Da sich kaum Blutungen in den genannten Bereichen finden, schlussfolgern die Ärzte, dass dem Opfer die Verletzungen im Bauchbereich erst nach dem Tod zugefügt wurden. Die Schnittführung lässt zudem erkennen, dass der Täter an der rechten Seite der Frau gekniet hat. Daher hat sich wahrscheinlich auch nicht viel Blut auf der Kleidung des Mörders befunden.

Im Innern des Körpers zeigt sich, dass die Gedärme von ihrer Aufhängung – dem „Gekröse" – abgetrennt wurden, etwa 60 Zentimeter des Dickdarms wurden weggeschnitten. In der Leber und in der Bauchspeicheldrüse finden sich Einschnitte, die Milz ist nur noch an einer Stelle mit dem Bauchfell verbunden.

Das linke Bauchfell hat der Ripper komplett durchtrennt, die linke Niere fehlt, genauso wie die Gebärmutter und ein Teil der Mutterbänder. Der Mörder hat sie mitgenommen.

Die Ärzte sind sich sicher, dass der Täter profunde anatomische Kenntnisse gehabt haben muss, um zu wissen, wo die entsprechenden Organe liegen und wie man sie fachgerecht entfernt. Einen Grund für die Mitnahme einer Niere und der Gebärmutter können sie nicht nennen, in ihren Augen gibt es keinen sinnvollen Nutzen dafür.

Zusammenfassend sagt der Bericht, dass Catherine Eddowes durch einen raschen Kehlschnitt überwältigt wurde und ihr die weiteren Verletzungen zugefügt wurden, als sie am Boden lag, wobei ein scharfes, spitzes Messer von etwa 15 Zentimetern Länge zum Einsatz gekommen ist. Die Verletzungen im Gesicht sind nach Auffassung der Ärzte entstanden, um die Leiche zu entstellen.

Wie lange kann solch ein Gemetzel gedauert haben – Minuten? Und warum hat niemand den Mörder gesehen?

Nummer 4

Catherine Eddowes – „Kate Kelly"

Catherine Eddowes wird 1842 in Wolverhampton geboren. Kurz darauf zieht die Familie nach London. Sie wächst mit ihren zwei Schwestern in ärmlichen Verhältnissen auf – ihr Vater ist Lackierer, die Mutter Köchin. Als die Mutter bereits 1855 an Tuberkulose stirbt, ist Catherine gerade

mal dreizehn. Auch der Vater stirbt zwei Jahre später und Catherines ältere Schwester schickt sie zurück nach Wolverhampton zu einer Tante. Catherine Eddowes will sich jedoch nicht fügen und flüchtet zu einem Onkel nach Birmingham, wo sie einige Zeit lebt.

Zwischen 1861 und 1863 lernt Catherine Thomas Conway, ein ehemaliges Armeemitglied kennen und zieht mit ihm zusammen. Die beiden bekommen drei Kinder, heiraten jedoch nie.

Catherine ist unglücklich: Thomas schlägt sie und versäuft regelmäßig seine Armeerente und irgendwann beginnt auch sie, ihren Kummer in Alkohol zu ertränken. 1880 zieht das Paar wieder nach London. Kurz darauf trennen sich die zwei, die beiden Söhne bleiben beim Vater, die Tochter Annie geht mit der Mutter mit.

1881 trifft Catherine in Whitechapel den Gelegenheitsarbeiter John Kelly und zieht mit ihm zusammen. Von nun an nennt sie sich „Kate Kelly". Zeugen berichten, dass das Paar eine freundschaftliche Beziehung pflegt, obwohl sie weiter trinkt. „Kate" verdient ihren Lebensunterhalt als Reinigungskraft oder verkauft billigen Schmuck. Ab und an bessert sie ihre mageren Einkünfte durch Prostitution auf.

Zwei Tage vor Catherines Tod kehren sie und John aus Kent zurück, wo sie bei der Hopfenernte gearbeitet haben. Viel Geld scheint dabei nicht übrig geblieben zu sein, denn das Paar muss Schuhe verpfänden, um Essen zu kaufen. Als John am 29. September auf Arbeitssuche gehen will, behauptet Catherine, ihre inzwischen verheiratete Tochter besuchen zu wollen, um sich bei ihr Geld zu leihen und dass sie gegen sechzehn Uhr zurückkäme. Wahrscheinlich jedoch ist der Besuch nur vorgeschoben. Bei Annie taucht sie jedenfalls nicht auf. Irgendwoher muss Catherine jedoch Geld bekommen haben, denn nachdem sie sich am zeitigen Nachmittag von John verabschiedet hat, findet man sie gegen 20:30 Uhr sturzbetrunken, schlafend mitten auf der Straße.

Die Polizei nimmt Catherine Eddowes in Gewahrsam und sperrt sie zur Ausnüchterung in eine Zelle. Kurz nach Mitternacht erwacht sie, beginnt zu singen und fragt schließlich, wann man sie entlassen werde. Der diensthabende Sergeant erklärt die Frau, die ihren Namen mit „Mary Ann Kelly" [2] angibt, für nüchtern. Nach einem Wortwechsel, bei dem Catherine kundtut, sie werde bei ihrer Rückkehr eine Tracht Prügel bekommen, und der Polizist erwidert, dies geschiehe ihr recht, verlässt sie die Polizeistation mit den Worten „Gute Nacht, alter Sack" und geht in Richtung Aldgate High Street.

An der Ecke Duke's Street/Church Passage, wo es zum *Mitre Square* geht, wird Catherine Eddowes noch einmal von drei Männern gesehen, die gegen 1:30 Uhr einen Klub verlassen. Sie unterhält sich mit einem Unbekannten. Ist es ihr Mörder?

Ein Stück einer Schürze und eine Kreidenachricht

Ist Elizabeth Stride, die eine Dreiviertelstunde vor Catherine Eddowes ermordet wurde, tatsächlich ein Opfer von Jack the Ripper? Schließlich hat ihr Mörder sie nicht wie die anderen verstümmelt. Viele Fakten sprechen dennoch dafür: Uhrzeit, Tatort, Eigenschaften des Opfers und das Aufschlitzen der Kehle. Hat Louis Diemschutz mit seinem Ponykarren den Mörder vertrieben, bevor der sein Werk fortsetzen konnte? Und hat sich der Ripper dann aufgemacht, ein neues Opfer zu finden?

In den frühen Morgenstunden des 30. Septembers wird die Umgebung der beiden Tatorte gründlich durchsucht, um mögliche Zeugen oder Beweisstücke zu finden.

Die Goulston Street liegt etwa sieben Gehminuten von *Mitre Square* entfernt. Eingerahmt von der Wentworth Street liegt hier ein Workhouse, das *Wentworth Dwellings*, in dem Arme und Bedürftige – fast alle jüdisch, wohnen und arbeiten.

Gegen drei Uhr kommt Police Constable Alfred Long hier vorbei. Vor der Tür, die zu den Treppenhäusern führt, bemerkt er ein Stück Stoff, das bei genauerem Hinsehen mit etwas beschmiert ist, was wie Blut und Kot aussieht, so als hätte jemand ein Messer daran abgewischt. Der Stofffetzen stellt sich später als ein Stück der Schürze von Catherine Eddowes heraus.

Alfred Long glaubt zuerst, dass jemand angegriffen wurde, der jetzt tot oder verletzt auf einer der Treppen liegt und will nachsehen. Im Aufrichten entdeckt er an der Wand über dem Stück Stoff eine mit Kreide hingekritzelte Botschaft.

The Juwes are the men that will not be blamed for nothing.

Die Juwes [3] *sind die Männer, die nicht umsonst beschuldigt werden.*

Superintendent Thomas Arnold, der gleich darauf in der Goulston Street auftaucht, bestätigt den Wortlaut des Textes. Detective Constable Daniel Halse hingegen, der die Inschrift auch gesehen hat, sagt, sie hätte „The Juwes are not the men who will be blamed for nothing" gelautet. Schließlich wird eine Kopie von Longs Version einem Bericht an das Innenministerium beigefügt.

Sir Charles Warren, der Chief Commissioner der *Metropolitan Police* befiehlt, das Gekritzel unverzüglich zu entfernen. Da das Gebäude fast nur von Juden bewohnt wird und die Ausschreitungen gegen diese in den letzten Monaten stark zugenommen haben, fürchtet er eine Eskalation, wenn die Inschrift im Zusammenhang mit dem Fund des Stofffetzens bekannt wird. Trotz Protesten der städtischen Polizei, die hier jedoch kein Mitspracherecht hat, wird die Kreideschrift abgewischt.

Stammt die Nachricht überhaupt vom Ripper, oder hat er den Stofffetzen nur zufällig an dieser Stelle fallen lassen? Oder wollte er die Polizei in die Irre führen, indem er den Verdacht auf die jüdische Bevölkerung richtete? Ist die Inschrift von einem Judenhasser? Bis heute sind die wahren Gründe nicht bekannt. Das Stückchen Schürze hingegen stammt eindeutig vom letzten Opfer.

Bei Alfred Longs Patrouillengang um 2:20 Uhr waren weder das blutbeschmierte Stück Stoff noch die Botschaft an der Wand da. Und auch Detective Constable Daniel Halse, der kurz darauf vom *Mitre Square* kommend hier entlanggeht, bemerkt nichts.

Catherine Eddowes' Leiche wird um 1:45 Uhr gefunden. Das Stück ihrer Schürze in der Goulston Street ist eine halbe Stunde später nachweislich noch nicht hier. Erst eine anderthalbe Stunde nach dem Mord findet Police Constable Alfred Long den Stofffetzen.

Berechnet man die Zeit, die ein Fußgänger vom *Mitre Square* bis zur Goulston Street braucht, fällt auf, dass der Täter sich deutlich länger in der Gegend aufgehalten haben muss, als nötig. Natürlich gibt es mehrere mögliche Routen, aber keine dauert länger als zehn Minuten. Was hat Jack the Ripper so lange gemacht?

---

[2] *Dass Catherine Eddowes ausgerechnet den Namen des nächsten Opfers angibt, ist ein unglaublicher Zufall.*

[3] *Das Wort „Juwes" gibt es im Englischen nicht. Gemeint sind wahrscheinlich Juden – „Jews"*

Musste er nicht seine Entdeckung fürchten? Schon kurz nach dem Auffinden von Catherine Eddowes Leiche wimmelt es in der Umgegend von Polizisten, die jeden Mann, den sie antreffen, befragen. Keiner von ihnen hat einen Verdächtigen bemerkt. Wo hat sich der Mörder aufgehalten? In einem der leerstehenden Lagerhäuser? Warum geht er genau in die Richtung, wo in dieser Nacht die meisten Polizeikräfte patrouillieren? Wohnt er gar in der Nähe?

Dass er nicht blutbefleckt war, könnte sich mit einem langen Mantel erklären lassen. Ein Mann, der die Dienste einer Prostituierten in Anspruch nehmen will, würde den Mantel öffnen. Nach der Tat könnte dieser dann die befleckte Kleidung darunter verdecken.

Die Bürger werden unruhig

Anfangs hat die Polizei von Whitechapel die Verantwortung für die Ermittlungen. Nach dem Mord an Mary Ann Nichols entsendet der *Metropolitan Police Service* Inspektoren, darunter Frederick Abberline. Doch erst als Catherine Eddowes ermordet wird, schaltet sich *Scotland Yard* – der normalerweise keine Befugnisse für die Stadt London besitzt – ein. Schließlich ernennt Sir Charles Warren Donald Swanson zum Leiter der Ermittlungen.

Aus den Ermittlungsakten geht hervor, dass die Polizei zuerst Schlachter, Chirurgen und Ärzte überprüft. Hintergrundwissen über Serienmörder gibt es nicht, die Forensik steckt noch in den Kinderschuhen, man glaubt an sexuelle Beweggründe.

Insgesamt werden über 2.000 Leute befragt, 300 von ihnen erscheinen verdächtig, 80 verhaftet man sogar. Jack the Ripper ist nicht darunter.

Auch die Bevölkerung des East Ends ist nicht untätig. Unter der Leitung von George Lusk gründen die Bewohner eine Bürgerpolizei, das *Whitechapel Vigilance Committee,* dessen Mitglieder in den Straßen auf Streife gehen, Verdächtige beschatten und Petitionen bei der Regierung einreichen, in denen sie um Informationen bitten.

Letters from Hell – Briefe aus der Hölle

Am 1. Oktober – einen Tag nach dem Doppelmord an Catherine Eddowes und Elizabeth Stride – trifft eine blutbefleckte Postkarte in der *Central News Agency,* an die der Ripper schon den „Dear-Boss-Brief" geschickt hat, ein. Die Zeitung *Star* druckt sie in ihrer Abendausgabe. Mit roter Tinte hat „Jack the Ripper" eine weitere Nachricht geschrieben und verschmierte Fingerabdrücke hinterlassen.

I wasnt codding dear old Boss when I gave you the tip youll hear about Saucy Jackys work tomorrow double event this time number one squealed a bit couldnt finish straight off. had not got time to get ears for police thanks for keeping last letter back till I got to work again.
Jack the Ripper

Als ich Ihnen den Hinweis gab, dass Sie morgen von Saucy Jackys Arbeit hören werden, habe ich keine Witze gemacht lieber alter Boss. Dieses Mal war es ein doppeltes Ereignis. Nummer Eins hat ein bisschen gequiekt, ich konnte es nicht beenden. Ich hatte nicht genug Zeit, um Ohren für die Polizei zu besorgen.
Danke, dass Sie den letzten Brief zurückgehalten haben, sodass ich weitermachen konnte.
Jack the Ripper

Doch stammt die Nachricht wirklich vom Mörder? Das Argument mancher Zweifler, der Verfasser müsse die Post mindestens einen Tag vorher, also *vor* den Morden eingeworfen haben, trifft nicht zu. Bei der später „Saucy Jack" genannten Karte handelt es sich erstens um eine vorab gestempelte Postkarte, wie sie zu dieser Zeit üblich sind.

Zweitens arbeitet die Post zu dieser Zeit deutlich effizienter und schneller als in der heutigen Zeit, es gibt Sonntagszustellungen und mehrmals täglich werden Briefe eingesammelt und zugestellt. Ohne Probleme hätte der Mörder seine Nachricht am 30. September schreiben und einwerfen können.

Auch das Schriftbild gleicht dem des „Dear-Boss-Briefes" auffallend.

Ein Leser der *Times,* Fred Jago, schlägt vor, das Blut und den Fingerabdruck, bei dem es sich höchstwahrscheinlich um einen Daumen handelt, zu untersuchen. Er weist darauf hin, dass die „Oberflächenmarkierungen" auf Daumen gleich sind und man dies mit einem Mikroskop zeigen könne. Die Daumen verdächtiger Männer könnten so mit dem Abdruck verglichen werden.

Dass Fingerabdrücke eines Menschen einzigartig sind, und damit zur Identifizierung einer Person dienen können, wird schon dreißig Jahre vorher erkannt. Sir William James Herschel, ein britischer Kolonialbeamter in Bengalen, registriert seit 1860 Pensionsempfänger der britischen Kolonialarmee mit dieser Methode, um Mehrfachzahlungen zu verhindern. Unabhängig von Herschel kommt der in Japan lebende Schotte Henry Faulds zu ähnlichen Ergebnissen, nachdem er die Papillarlinien vieler Menschen miteinander verglichen hat. Faulds schlägt vor, Fingerabdrücke an Tatorten zu sichern und sie danach zur Überprüfung von Verdächtigen zu benutzen. Der *Metropolitan Police* wird das Verfahren 1886 angeboten, jedoch abgelehnt [*4].

Fred Jagos Vorschlag läuft ins Leere. Niemand nimmt ihn ernst, niemand untersucht den Daumenabdruck auf der „Saucy-Jack-Karte". Schlimmer noch: Die Postkarte verschwindet irgendwann aus den Akten. Bis heute gilt sie als verschollen.

Vielleicht ist dem Täter die Aufmerksamkeit nicht groß genug. Womöglich möchte er mehr „Ruhm". Niemand weiß es.

Zwei Wochen nach der „Saucy-Jack-Karte", am 16. Oktober 1888, bekommt der Vorsitzende der Whitechapeler Bürgerwehr Post, einen kleinen Karton, verpackt in braunem Papier mit undeutlichem Poststempel. George Lusk war in den letzten Tagen ständig Thema in den Zeitungen: Er hat an öffentlichen Treffen teilgenommen und Belohnungen für Informationen über den Ripper gefordert. Nun scheint er in den Fokus des Mörders geraten zu sein. Mehrfach sind ihm „seltsame Männer" begegnet, mehrfach hat er Briefe bekommen, die angeblich vom Mörder stammen. Doch dieses Mal ist etwas anders ... Der Absender hat zusätzlich zu seinem Brief eine echte Niere beigelegt.

George Lusk hält das Ganze für einen schlechten Scherz und beachtet das Schreiben nicht weiter. Erst als er zwei Tage später den Mitgliedern der Bürgerwehr davon berichtet, raten ihm diese, die Niere einem Arzt zu zeigen. Es stellt sich heraus, dass es sich tatsächlich um ein menschliches Organ handelt. Stammt die Niere etwa von Catherine Eddowes? Oder hat sich jemand einen schlechten Scherz erlaubt? Medizinstudenten sezieren täglich Leichname und gelangen so leicht an menschliche Organe.

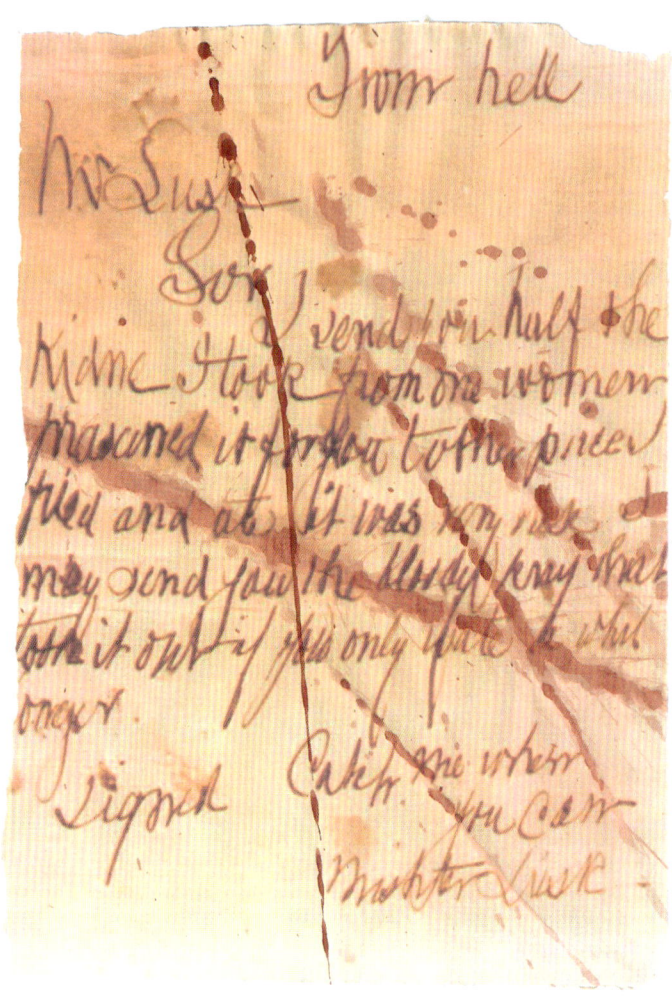

Im Brief wendet sich der Absender direkt an George Lusk. Er schreibt:

From Hell

Mr Lusk,
Sor
I send you half the Kidne I took from one woman and prasarved it for you tother piece I fried and ate it was very nise. I may send you the bloody knif that took it out if you only wate a whil longer.

signed
Catch me when you can Mishter Lusk

---

*[*4] Die erste Verurteilung aufgrund von Fingerabdrücken gab es 1892 in Argentinien.*

Aus der Hölle

Mr. Lusk,
Sir
Ich schicke Ihnen die halbe Niere, die ich aus einer Frau entnommen
und für sie konserviert habe. Das andere Stück habe ich gebraten
und gegessen, es war sehr lecker. Vielleicht schicke ich Ihnen das
blutige Messer, mit dem ich sie herausgeschnitten habe, wenn sie
noch ein Weilchen warten.

gezeichnet
Fangen Sie mich, wenn Sie können Mister Lusk

Hat der Verfasser die Fehler absichtlich eingebaut? Zumindest versucht er, mit bestimmten Worten wie „Sor" oder „Mishter" den Eindruck zu erwecken, er stamme aus Irland. Auch die Handschrift gleicht der auf den ersten Nachrichten nicht sonderlich. Hat er sie verstellt? Bei genauerer Analyse der Niere entdecken die Ärzte, dass sie in Weinbrand eingelegt war und die mikroskopische Untersuchung ergibt, dass es sich um die Hälfte einer linken menschlichen Niere handelt, die etwa vor drei Wochen aus dem Körper entnommen wurde und die Person um die vierzig Jahre alt gewesen ist. Ob das Organ zu einer Frau oder einem Mann gehörte, kann der Arzt Dr. Gordon Brown jedoch nicht mit Sicherheit feststellen. Nach langem Hin und Her, nach heftigen Kontroversen in den Zeitungen, Disputen zwischen Ärzten und leitenden Polizisten einigt man sich schließlich darauf, Brief und Niere als schlechten Scherz eines Medizinstudenten einzustufen, der sich wichtig machen wollte.

Nummer
5

Mary Jane Kelly– „Ginger"

Dorset Street in Whitechapel, nur etwa 120 Meter lang und lediglich sieben Meter breit, hat in den 1880er Jahren den Ruf, die „schlimmste Straße" in ganz London zu sein. In dieser finsteren Gegend hausen verarmte Menschen, finden Obdachlose in den „common lodging houses" Unterkunft in erbärmlichen Zimmern. Mitte des 19. Jahrhunderts hat der Besitzer der Gebäude 26 und 27, John Miller, an der Nordseite der Dorset Street einige billige Häuschen gebaut, die durch einen schmalen Durchgang, den sogenannten *Miller's Court*, erreicht werden können.

1888 gehoren die Zimmer dort einem Mann namens John McCarthy und werden deshalb *McCarthy's Rents* genannt. Nicht immer können die Bewohner ihre Mieten gleich bezahlen und so muss der Besitzer häufig einen seiner Geldeintreiber vorbeischicken, um vor Ort zu kassieren.

Dorset Street

So auch am Morgen des 9. Novembers 1888. John McCarthy hat Thomas Bowyer beauftragt, die seit Wochen ausstehende Miete von Mary Kelly, die ein Zimmerchen in einem seiner Häuser bewohnt, zu kassieren. Thomas Bowyer klopft, doch es öffnet niemand. Um sich zu vergewissern, dass Mary Kelly nicht da ist, greift er durch ein zerbrochenes Fenster, schiebt den Mantel, der als Vorhang dient, beiseite und späht hinein. Was er erblickt, lässt ihn erstarren.

Miller's Court

Bowyer rennt – angeblich laut schreiend – zu John McCarthy und als dieser ebenfalls gesehen hat, was in Marys

Zimmer passiert ist, begibt er sich auf schnellstem Wege zur Polizeistation in der Commercial Street. Gemeinsam mit Police-Inspector Walter Beck kehrt McCarthy dann zum Miller's Court zurück. Hier warten sie vor der Tür auf das Eintreffen weiterer Polizisten.

„Nichts war mehr dort, wo es hingehörte …"

Eine halbe Stunde später erscheinen der Polizeiarzt Dr. George Bagster Phillips und Inspector Frederick Abberline am Tatort. Abberline lässt seinen Vorgesetzten Sir Charles Warren per Telegramm anfragen, ob die berühmten Bluthunde Barnaby und Burgho zum Einsatz kommen sollen. Charles Warren bejaht dies und erlässt zudem die Order, dass niemand den Tatort betreten dürfe.

Erst gegen 13:30 Uhr trifft Superintendent Thomas Arnold am Tatort ein. Er widerruft Warrens Anweisung und teilt den Anwesenden mit, dass sie nicht länger auf die Bluthunde warten sollen, da er ihren Einsatz als unpraktisch ansieht.

Zuerst wird durch eines der beiden Fenster ein Foto vom Inneren des Zimmers gemacht, danach fordert Thomas Arnold einen Constable auf, die verschlossene Tür zu Mary Kellys Zimmer zu öffnen. Mit einer Axt wird das Holz zertrümmert. Das Zimmer ist nur zwölf Quadratmeter groß und mit einem Bett, zwei kleinen Tischen und einem Stuhl spärlich möbliert. Da Mary Kelly ihren Schlüssel verloren hat, öffnet und schließt sie ihre Tür, indem sie durch das daneben befindliche Fenster greift, dessen Scheibe zerbrochen ist.

Mary Jane Kellys Kleidung liegt ordentlich zusammengelegt auf einem Stuhl, ihre Stiefel stehen vor dem Kamin, in dem mehrere verbrannte Kleidungsstücke des Opfers liegen.

Mary selbst trägt nur noch ein Hemd, ihre Leiche liegt auf dem Bett und ist kaum noch zu erkennen. „Nichts war mehr dort, wo es hingehörte, und das Herz war verschwunden" soll einer der Anwesenden später geäußert haben.

Bis zur Unkenntlichkeit verstümmelt

Dr. Thomas Bond und Dr. George Bagster Phillips untersuchten die Leiche vor Ort. Die Totenstarre setzt bereits ein und so legen die beiden Ärzte den Todeszeitpunkt zwischen zwei und acht Uhr morgens fest. Später, bei der offiziellen Leichenschau, wird er auf vier Uhr morgens datiert.

Mary Kellys Körper ist zerfetzt. Organe liegen im Raum verstreut, Muskelfleisch wurde abgeschnitten, das Herz fehlt. Dr. Thomas Bond schreibt in seinem Bericht:

Der Körper lag nackt in der Mitte des Bettes, die Körperachse neigte sich zur linken Seite, der Kopf war auf die linke Seite gedreht. Der linke Oberarm befand sich nah am Körper, der Unterarm war rechtwinklig gebeugt und lag über dem Bauch. Der rechte Oberarm ruhte auf der Matratze, der Ellbogen war gebeugt, der Unterarm fand sich mit geballten Fingern auf dem Rücken. Die Beine waren gespreizt, der linke Oberschenkel im rechten Winkel zum Rumpf, der rechte bildete mit dem Schambein einen stumpfen Winkel.

Die gesamte Haut des Bauches und der Oberschenkel wurde entfernt und die Eingeweide wurden aus der Bauchhöhle herausgeschnitten. Die Brüste wurden abgeschnitten, die Arme durch mehrere gezackte Wunden verstümmelt, das Gesicht bis zur Unkenntlichkeit verstümmelt. Das Halsgewebe wurde rundum bis zu den Knochen der Halswirbelsäule durchtrennt.

Die Eingeweide fand man an verschiedenen Stellen: Gebärmutter und Nieren sowie eine Brust lagen unter dem Kopf, die zweite Brust lag am rechten Fuß. Die Leber fand sich zwischen den Füßen, der Darm auf der rechten Seite und die Milz an der linken Seite des Körpers. Die von Bauch und Oberschenkeln entfernten Hautstücke lagen auf einem Tisch.

Das Bett und die Bezüge und Decken waren an der rechten Ecke mit Blut durchtränkt, auf dem Boden darunter befand sich eine etwa zwei Quadratfuß*5 große Blutlache. Auch an der Wand hinter dem Bett waren zahlreiche blutbefleckte Stellen.

Das Gesicht war in allen Richtungen zerschnitten, Nase, Wangen, Augenbrauen und Ohren waren teilweise abgetrennt, die Lippen durch mehrere Einschnitte geteilt. Die Einschnitte am Hals sind so tief, dass sogar der fünfte und sechste Halswirbel tief eingekerbt sind. Auch die Luftröhre ist durchtrennt. Beide Brüste sind mittels kreisförmiger Schnitte entfernt worden, die Muskeln zwischen der vierten, fünften und sechsten Rippe zerschnitten, sodass der Innenraum des Brustkorbes freiliegt. Der Herzbeutel ist geöffnet, das Herz fehlt. Am Bauch hat der Mörder drei große Haut- und Gewebelappen vom Rippenbogen bis hinunter zu den Schamlippen entfernt, dazu einen Teil des Gesäßmuskels. Der rechte Oberschenkel ist bis auf den Knochen aufgeschnitten, am linken fehlt Muskelgewebe bis zum Knie. Auf der linken Wade zeigt sich ein langer Schnitt durch Haut und Gewebe bis zu den tiefen Muskeln bis fast zum Knöchel. Beide Arme weisen ausgedehnte gezackte Wunden auf.

Nach der Vor-Ort-Besichtigung wird Mary Kellys Leiche in die Leichenhalle in Shoreditch gebracht. Joseph Barnett (s.S. 217), mit dem sie zusammengelebt hat, identifiziert die Leiche anhand der „Ohren und Augen".

---

*5 das entspricht etwa 1,2 m²

Dr. Thomas Bond und Dr. George Bagster Phillips obduzieren die Tote. Bis heute hält sich das Gerücht, dass sie dabei bei Mary Kelly eine frühe Schwangerschaft feststellen. Dies ist jedoch durch keinerlei Aufzeichnungen belegt. Zudem hat der Mörder die Gebärmutter mitgenommen. Ein Beweis fiele also schwer.

Die Ärzte fassen zusammen, dass der Mörder Mary Kelly zuerst durch den Halsschnitt getötet hat, als sie auf der rechten Bettseite lag, und dann den Körper verstümmelt hat. Die Blutspuren an der Wand über dem Bett, die große Blutmenge unter dem Bettgestell und das durchtränkte Bettzeug weisen eindeutig darauf hin. Als Tatwaffe kommt ein etwa 15 Zentimeter langes und etwa 2,5 Zentimeter breites, scharfes Messer infrage. Die Tat hat einige Zeit in Anspruch genommen; man schätzt bis zu zwei Stunden.

Inspector Abberline nimmt an, dass der Mörder die Kleidung im Kamin verbrannt hat, um das Zimmer zu erhellen. Dennoch haben weder die anderen Mieter noch Passanten etwas von dem Feuerschein bemerkt.

Nach der Obduktion bemühen sich mehrere Mitarbeiter darum, die Leiche so herzurichten, dass sie bei der gerichtlichen Leichenschau gezeigt werden kann. Am 19. November 1888 wird Mary Jane Kelly auf dem römisch-katholischen Friedhof von Saint Patrick beerdigt.

„Black Mary" – ein erfundenes Leben?

Mary Jane Kelly, auch bekannt als Marie Jeanette Kelly ist eine großgewachsene, hübsche junge Frau mit blauen Augen und rotblonden Haaren, die ihr den Spitznamen „Ginger" einbringen.

Fast alles, was man über sie weiß, stammt von Joseph Barnett, der eine Zeitlang mit ihr lebte. Da alle Informationen von Mary Kelly selbst stammen, und einige von ihnen widersprüchlich sind, ist anzunehmen, dass sie etliches erfunden oder geschönt hat.

Laut Barnett wird Mary 1863 in Limerick in Irland geboren. Ob sie damit die Stadt oder die Grafschaft Limerick in der Provinz Munster meint, ist nicht bekannt. Als Mary ein Kind ist, zieht die Familie nach Wales. Da sie fließend walisisch spricht, scheint zumindest diese Angabe zu stimmen.

Marys Vater – so Joseph Barnett – hieß John Kelly und arbeitete in einer Eisenfabrik. Zudem behauptet Mary John und auch Bekannten gegenüber, sie stamme aus einer wohlhabenden Familie. Angeblich heiratet Mary Jane Kelly 1879 mit sechzehn einen Bergarbeiter namens „Davies", der zwei Jahre später bei einer Explosion in einer Mine getötet wird. Danach zieht sie nach Cardiff, wo sie bei einem Cousin wohnt. Bereits hier hat Mary wahrscheinlich als Prostituierte gearbeitet. Aktenkundige Vermerke der Polizei gibt es allerdings dazu keine. 1884 zieht die junge Frau nach London, wohnt ihren Angaben nach im *Providence Row Convent,* einer wohltätigen Einrichtung, die von Nonnen geführt wird.

Joseph Barnett sagt später aus, Mary habe in einem Bordell im West End gearbeitet, gern und reichlich Alkohol getrunken und im Suff Streit angezettelt, weswegen sie sich schnell unbeliebt machte. Ihre zanksüchtige und handgreifliche Art soll ihr auch den Beinamen „Black Mary" eingebracht haben.

Mary Kelly erzählt später, ein Kunde des Bordells habe sie nach Frankreich eingeladen und sie sei dieser Einladung gefolgt. Da sie das Leben dort „nicht mochte" sei sie jedoch bald wieder zurückgekehrt. Als Erinnerung an diese Zeit lässt sich Mary danach gern „Marie Jeanette" nennen.

Im April 1887 lernt Mary Jane Kelly schließlich Joseph Barnett kennen. Vorher hat sie mit mehreren Männern zusammengelebt, zuerst mit einem Bauarbeiter namens Morganstone, danach mit Joseph Fleming, einem Steinmetz.

Mit Joseph Barnett schließlich zieht sie zusammen und in der Folgezeit wohnt das Paar in verschiedenen Unterkünften, zuletzt in der Dorset Street, wo sie jedoch wegen Trunkenheit und Mietschulden zum Auszug gezwungen werden. Danach nehmen sich Joseph und Mary das Zimmerchen im *Miller's Court.* Die Miete beträgt 22,5 Pence die Woche. In ihrem Wohnumfeld sind die zwei als freundliches und liebenswürdiges Pärchen bekannt – es sei denn sie trinken, dann gibt es Ärger. Dass Mary eines Tages in betrunkenem Zustand das Fenster neben der Tür zerbricht, erweist sich als Glücksfall, denn so können die zwei hindurchlangen und die Tür trotz des verlorenen Schlüssels öffnen und schließen.

Ende Oktober 1888 verlässt Joseph Barnett Mary, vielleicht weil sie wieder begonnen hat, ihren Körper zu verkaufen, vielleicht, weil sie einer „Freundin", einer anderen Prostituierten, Unterkunft im gemeinsamen Zimmer gewährt. Er bleibt ihr jedoch verbunden und gibt ihr gelegentlich ein paar Pence.

„Mord!"

Am Abend vor ihrer Ermordung besucht Joseph Barnett Mary gegen 19:30 Uhr. Dass dies seine letzte Begegnung mit ihr sein wird, ahnt er nicht. Aufgrund sich widersprechender Zeugenaussagen ist ungewiss, was Mary Jane danach gemacht hat.

Erst gegen 23:45 Uhr wird sie wieder gesehen. Mary Ann Cox, eine Prostituierte, die ebenfalls im *Miller's Court* wohnt, kommt nach Hause, um sich aufzuwärmen. Sie sieht Mary Kelly, die betrunken zu sein scheint, in Begleitung eines schäbig wirkenden Mannes mit langem Mantel und Melone, der einen Eimer Bier bei sich hat. Als Mary Ann Cox an ihnen vorbeigeht, stehen sie vor Mary Kellys Zimmer. Ob der Mann mit hineingegangen ist, kann sie nicht sagen. Wenige Minuten später jedoch hört sie ihre Nachbarin das Lied „A Violet From Mother's Grave" singen. Es ist nicht das erste Mal, dass Mary Kelly in betrunkenem Zustand irische Lieder trällert. Als Mary Ann Cox kurz nach Mitternacht wieder aufbricht, singt die Betrunkene noch immer. Irgendwann zwischen Mitternacht und 0:30 Uhr muss Mary Jane dann gegessen haben, denn bei der Obduktion werden im Magen kaum verdaute Reste von Fisch und Kartoffeln gefunden. Ab halb eins ertönt der laute Gesang wieder. Catherine Picket, die über Mary wohnt, fühlt sich in ihrer Nachtruhe gestört und will hinuntergehen und sich beschweren, wird jedoch von ihrem Mann davon abgehalten.

Da es inzwischen begonnen hat zu regnen, kehrt Mary Ann Cox gegen ein Uhr erneut zurück, um einen Schirm zu holen. Mary Kelly singt noch immer.

Eine Stunde später, um zwei, ist die „Sängerin" wieder auf der Straße. In der Commercial Street trifft sie auf ihren Bekannten George Hutchinson, den sie um ein paar Pence anbettelt. George Hutchinson behauptet, pleite zu sein und beobachtet im Anschluss, wie Mary einen potenziellen Kunden anspricht, und mit ihm in Richtung *Miller's Court* verschwindet. Seiner Aussage nach folgt er den beiden und beobachtet, wie sie in Marys Zimmer gehen.

Etwa um drei Uhr gibt Mary Ann Cox auf und begibt sich endgültig nach Hause. Mary Kellys Zimmer ist dunkel, Geräusche sind nicht zu hören.

Um vier Uhr hören zwei Bewohnerinnen unabhängig voneinander einen schwachen Schrei, der sich wie „Mord!" anhört, messen diesem jedoch keine weitere Bedeutung bei, da so etwas in einer Gegend wie dem *Miller's Court* nichts Besonderes ist. Kam der Schrei tatsächlich von Mary Jane Kelly? Der Zeit nach würde es passen, aber wenn der Mörder ihr zuerst die Kehle durchtrennt hat,

wie die Ärzte es bestätigt haben, hätte sie danach kaum noch schreien können.

Die „kanonischen Fünf"

31. August 1888:
Mary Ann Nichols

8. September 1888:
Annie Chapman

30. September 1888:
Elizabeth Stride

30. September 1888:
Catherine Eddowes

9. November 1888:
Mary Jane Kelly

Als „canonical five", zu deutsch „Kanonische Fünf" oder „anerkannte Fünf" bezeichnet man heute die fünf Morde, die zwischen dem 31. August und dem 9. November 1888 in Whitechapel begangen wurden. Ein großer Teil der Ripper-Experten geht davon aus, dass sie durch dieselbe Person verübt wurden. Zahlreiche Gemeinsamkeiten weisen darauf hin: Alle Opfer sind Frauen, die ab und an als Prostituierte arbeiten. Ihnen wurde die Kehle durchgeschnitten. Die Tatorte liegen alle in der gleichen Gegend, der Mörder bevorzugt öffentliche Plätze, die Tatzeiten liegen nach Mitternacht.

Fast alle Leichen hat er verstümmelt. Sein Vorgehen lässt auf anatomische Kenntnisse schließen. Mit Ausnahme von Elizabeth Stride, bei der der Täter wahrscheinlich gestört wurde, nimmt die Heftigkeit der Taten zu.

Mary Jane Kelly gilt als das letzte Opfer von Jack the Ripper. Das plötzliche Ende der Mordserie wird verschieden erklärt, entweder sei der Mörder verstorben, inhaftiert, in eine psychiatrische Anstalt eingewiesen worden oder habe das Land verlassen. Und doch gibt es im zeitlichen Umfeld der Ripper-Morde weitere Taten, die in das Schema passen könnten.

Waren es mehr?

Schon vor dem Mord an Mary Ann Nichols am 31. August 1888 geschehen in London Taten, die denen von Jack the Ripper ähneln. Ob sie ihm tatsächlich zugeschrieben werden können, ist bis heute umstritten.

Der Rainham Torso

Am 11. Mai 1887 entdeckt ein Arbeiter in der Themse bei Rainham ein Paket, das mit Sackleinen umwickelt und mit einer Kordel verschnürt ist. In der Annahme, es könne sich um etwas Wertvolles handeln, hievt er es ans Ufer, um den Inhalt zu untersuchen. Zum Vorschein kommt der Torso einer Frau, Arme, Beine und Kopf fehlen. Boote der Polizei suchen die Themse und das Ufer nach den restlichen Körperteilen ab, finden jedoch nichts. Die Leiche kann nicht identifiziert werden, auch ein Aufruf an die Bevölkerung um Mithilfe bleibt erfolglos. Das Alter wird auf 27 bis 29 Jahre geschätzt. Bei der Obduktion des Torsos stellt der Arzt Dr. Walter Galloway fest, dass ein Experte am Werk gewesen sein muss, alle Schnitte sind sauber und nach anatomischen Gegebenheiten ausgeführt. Zum Abschluss seiner Untersuchung gibt Dr. Galloway bekannt, dass der Mörder die Leiche mit beachtlicher chirurgischer Präzision zerstückelt hat, um sie besser loswerden zu können.

Und in der Tat gibt es weitere abgetrennte Körperteile: Am 5. Juni wird in der Themse westlich von Rainham erneut ein mit Kordel verschnürtes Leinenbündel gefunden, in dem sich zwei Arme befinden, am 23. Juni werden weitere Leichenteile in Paketen angespült. Beim Vergleich mit dem Torso, der – obwohl inzwischen beigesetzt, nun exhumiert und konserviert wurde – stellt man fest, dass alle Teile zur gleichen Person gehören.

Am 30. Juni schließlich entdeckt man die letzten Leichenteile: menschliche Beine. Der Kopf hingegen taucht nie auf.

Die Leiche der Frau, die später nur als „Rainham-Torso" bezeichnet wird, kann niemals identifiziert werden. Der Fall wird später als „Rainham Mystery" gemeinsam mit drei weiteren in die Reihe der „Thames-Torso-Morde" aufgenommen, die im Zeitraum von 1887 bis 1889 geschehen.

Martha Tabram

Martha Tabram (s.S. 196), die auch als Martha Tabran oder Emma Turner bekannt ist, wird drei Wochen vor Mary Ann Nichols mit insgesamt 39 Stichwunden getötet. Die Alkoholikerin wird am frühen Morgen des 7. Augusts im Treppenhaus der *George Yard Buildings* gefunden, sie liegt in einer großen Blutlache auf dem Rücken, die Kleidung ist bis zur Taille hochgeschoben, die Beine sind gespreizt. Laut Meinung der untersuchenden Ärzte wurde Martha Tabram mit einer Art Dolch massakriert, und hat die meisten Wunden erhalten, als sie noch lebte. Der Mord geschieht kurz vor dem an Mary Ann Nichols. Hat der Ripper auch Martha Tabram auf dem Gewissen? Auffindesituation der Leiche, Uhrzeit und Tatort sprechen dafür. Andererseits hat er ihr nicht wie den anderen Opfern die Kehle durchgeschnitten. Da die Verletzungen und Verstümmelungen

bei den „kanonischen Fünf" von Mord zu Mord zugenommen haben, könnte Jack the Ripper bei Martha Tabram noch „geübt" haben. Bewiesen ist dies jedoch nicht.

Ein weiterer Torso: Whitehall Mystery

Nach der Ermordung Annie Chapmans werden im Zeitraum vom 11. September bis 2. Oktober 1888 an verschiedenen Orten Londons die zerstückelten Überreste einer Frau aufgefunden, wieder wurden Arme, Beine und Kopf abgetrennt, wieder wurden die Körperteile einzeln „entsorgt". Besonders makaber: Der Torso liegt im Keller des gerade fertiggestellten neuen Polizeipräsidiums. Ein rechter Arm samt Schulter, der am 11. September am Themseufer entdeckt wird, gehört laut Polizeiarzt Dr. Thomas Bond eindeutig zu dem Torso aus dem Polizeipräsidium. Ein Bein findet man später nahe beim Torso, die anderen Körperteile und der Kopf werden nicht gefunden und so kann die Leiche nie identifiziert werden.

Nummer Drei

Sommer 1989.

Jack the Ripper hat sein grausiges Tun anscheinend eingestellt. Oder hat er sich nun stattdessen auf das komplette Zerstückeln von Frauen spezialisiert? Am 4. Juni jedenfalls taucht der nächste Torso in der Themse auf … In der darauffolgenden Woche werden nach und nach weitere Körperteile angespült: das linke Bein vor Battersea, ein Teil des Bauches bei Horselydown, die Leber in der Nähe von Nine Elms, Hals und Schultern vor Battersea, der rechte Fuß und Teile des Beins bei Wandsworth, linker Fuß und linkes Bein bei Limehouse, Arme und Hände bei Bankside, der rechte Oberschenkel beim Chelsea Embankment.

Bei der Untersuchung der Leichenteile stellt der Arzt fest, dass der Täter medizinisches Wissen gehabt haben muss, und dass es große Ähnlichkeiten zum Rainham-Torso-Fall gibt. Obwohl der Kopf nie gefunden wird, identifiziert man das Opfer aufgrund einer Narbe am Handgelenk als Elizabeth Jackson, eine obdachlose Prostituierte aus Chelsea. Erst nach der Obduktion wird bekanntgegeben, dass Elizabeth Jackson schwanger war und ihre Gebärmutter entfernt wurde.

Nummer Vier

Drei Monate nach dem dritten Torso-Fall schlägt der Killer wieder zu. Ein Polizist findet am frühen Morgen des 10. Septembers 1889 in der Pinchin Street in Whitechapel unter einem Eisenbahnbogen den verwesenden Körper einer

Toten – Kopf und Beine fehlen. Aufgrund fehlender Blutspuren vermuten die Ermittler, dass die Tat an einem anderen Ort begangen wurde und der Mörder die Körperteile hier nur abgelegt hat.

Der Unterleib des „Pinchin Street Torsos" ist aufgeschlitzt. Augenzeugen berichten, dass die Verletzungen denen der Ripper-Morde fatal gleichen. Zwar sind Arme und Hände noch vorhanden, da jedoch der Kopf fehlt, ist es schwierig, die Leiche zu identifizieren. In der Presse geistert der Name einer vermissten Prostituierte namens „Lydia Hart" herum, die Identität wird jedoch nie nachgewiesen.

Das Todesdatum geben die Ärzte mit 8. September 1889 an – genau ein Jahr vorher ermordete Jack the Ripper Annie Chapman. Pinchin Street liegt in der Nähe der Berner Straße, in der Elizabeth Stride ermordet wurde. Ein Zufall?

Der *New York Herald* bringt jedenfalls am 11. September 1889 unter der Schlagzeile „Mystery of Mysteries" einen Artikel heraus, in dem behauptet wird, Jack the Ripper habe sein neuntes Opfer ermordet.

Die als „Thames-Mystery" in die Geschichte eingegangenen vier Torso-Morde gehören anscheinend zu einer Serie. Keiner der Fälle wird je gelöst, nur eines der Opfer identifiziert. Spekulationen bringen die Thames-Torso-Morde immer wieder mit Jack the Ripper in Verbindung. Die Londoner Polizei hat dies stets bestritten. Dies bedeutet jedoch, dass ein weiterer Serienmörder im gleichen Zeitraum in der gleichen Gegend am Werk gewesen sein muss.

Oder waren es gar noch mehr Serienmörder? Es gibt noch weitere Morde ...

Frances Coles alias „Carotty Nell"

Frances Coles, die auch als Frances Hawkins, Coleman oder Colman bekannt ist, wird am 13. Februar 1891 ermordet. Man findet ihre Leiche unter der Eisenbahnbrücke *Swallow Gardens*.

Frances ist um dreißig, eine kleine, sehr hübsche Frau mit braunen Augen und rotbraunem Haar. Ihr Leben als Prostituierte versucht sie, vor ihrer Familie geheimzuhalten. In der Nacht zum 13. Februar befindet sich Police Constable Ernest Thompson auf seinem üblichen Streifengang, als er kurz nach zwei Uhr verdächtige Geräusche unter der Eisenbahnbrücke *Swallow Gardens* hört. Pflichtbeflissen schaut er nach und findet eine Frau. Blut fließt aus ihrer Kehle, ihre Lider zucken. Frances Coles stirbt vor den Augen des entsetzten Polizisten. Die schnell herbeigerufenen Ärzte stellen fest, dass der Mörder ihr die Kehle von einem Ohr zum anderen durchtrennt hat. Verstümmelungen gibt es keine, auch die Kleidung wurde nicht geöffnet. Ein Tatverdächtiger ist schnell gefunden: Thomas Sadler, ein englischer Seemann, der in den zurückliegenden Tagen mit Frances in verschiedenen Kneipen unterwegs war.

Londons Presse überschlägt sich. Handelt es sich bei Thomas Sadler etwa um Jack the Ripper? Bei der gerichtlichen Voruntersuchung kann der Anwalt des Verdächtigen jedoch mehrere Entlastungszeugen beibringen und so wird die Anklage fallengelassen.

Ist Frances Coles ein Opfer von Jack the Ripper? Dagegen spricht, dass sie nicht gewürgt wurde und auch keine Verstümmelungen aufwies. Andererseits arbeitete sie als Prostituierte und ihr wurde die Kehle aufgeschlitzt. Weil der Police Constable auftauchte, könnte der Mörder gestört worden sein und ist geflüchtet, bevor er sein Werk vollenden konnte. Frances Coles' Mörder wurde jedenfalls nie gefasst.

Viele andere Morde wurden Jack the Ripper zugeschrieben. Bewiesen ist nichts davon. Lediglich die kanonischen Fünf gelten als Opfer des „Aufschlitzers".

Wer war Jack the Ripper?

Schon zu Tatzeiten wurden die Prostituiertenmorde von Whitechapel in der Presse ausführlich dargestellt und diskutiert. Bis heute hat sich an der Faszination der Menschen für die grausigen Taten nichts geändert. Jack the Ripper ging als berühmtester Serienmörder in die Geschichte ein, sein Name ist auch heute noch jedem kriminalistisch Interessierten geläufig. Gewiss trägt auch das Mysterium um die Identität dieses berüchtigten Mörders zum anhaltenden Interesse bei. Zahlreiche Verdächtige gerieten in den Fokus der Ermittlungen und wurden wieder fallengelassen. Hobbykriminologen, Schriftsteller und Journalisten befassen sich noch immer mit den Morden, im Internet wimmelt es von Blogs und Verschwörungstheorien. Eins jedoch ist sicher: Der wahre Jack the Ripper wurde nie gefasst.

Schon 1888 macht man sich bei *Scotland Yard* Gedanken über das Wesen und die Fähigkeiten des Täters. Robert Anderson, der Leiter der Abteilung für Verbrechensaufklärung, beauftragt dazu den Arzt Dr. Thomas Bond aufgrund der Fallakten ein Profil des Mörders zu erstellen. Dr. Bond kommt zu folgenden Erkenntnissen:

· Alle fünf Morde wurden von derselben Person begangen.
· Die Frauen haben gelegen, als sie massakriert wurden.
· Zuerst wurde ihnen stets die Kehle durchgeschnitten, in den ersten vier Fällen von links nach rechts, im letzten Fall kann eine Aussage wegen der tiefgreifenden Verstümmelungen nicht getroffen werden.
· Der Täter war ein Einzelgänger mit „zeitweisen Ausbrüchen von zerstörerischem und sexuellem Wahn".
· Der „zerstörerische Antrieb" muss sich aus einem „rachsüchtigen oder grüblerischen Geisteszustand" entwickelt habe. Alternativ ist religiöser Wahn als Auslöser denkbar.
· Kenntnisse in Anatomie oder Chirurgie waren nicht unbedingt nötig, um die Verletzungen und Verstümmelungen zuzufügen.
· Aufgrund der Art der Verstümmelungen ist von einem abnormen Sexualtrieb auszugehen.

Auch später befassen sich Profiler mit dem Serienmörder. John Douglas, ein berühmter Fallanalytiker aus den USA, beschreibt Jack the Ripper als weißen Mann im Alter von 30 bis 40 Jahren mit irrational asozialem oder launischem Auftreten, der in der Umgebung der Tatorte gelebt hat. In seiner Kindheit muss der Vater entweder abwesend oder passiv gewesen sein.

Der Mörder hatte wahrscheinlich einen Beruf, in dem er seine zerstörerischen Tendenzen legal ausleben konnte. Das Töten hat er wahrscheinlich aufgegeben, weil er entweder wegen eines anderen Verbrechens verhaftet wurde oder fast entdeckt worden wäre.

Zudem hatte er womöglich einen körperlichen Defekt, der zu Frustration oder Ärger führte.

Auf der Basis zeitgenössischer Zeugenaussagen entwerfen Experten der *Metropolitan Police* 2006 ein Phantombild: Demnach war Jack the Ripper 25 bis 35 Jahre alt, etwa 1,65 bis 1,70 Meter groß, trug einen Schnurrbart und hatte einen hohen Haaransatz. Aufgrund dieses Täterprofils kann man die Verdächtigen überprüfen. Könnte einer von ihnen Jack the Ripper gewesen sein?

Montague John Druitt –
ein homosexueller Lehrer

Montague John Druitt, ein 31-jähriger Anwalt und Lehrer entstammt der Mittelklasse. Er arbeitet an einem Jungeninternat und liebt es, Cricket zu spielen. Druitt gilt als homosexuell. Ende November 1888 verliert er seinen Posten,

die Ursache gilt bis heute als ungeklärt. Eine Zeitung zitiert die Aussage seines Bruders William, dass Montague entlassen wurde, weil er „in ernsthafte Schwierigkeiten geraten war".

Einen Monat später begeht Montague John Druitt Selbstmord, er beschwert die Taschen seines Anzugs mit Steinen und springt in die Themse, wo sein Leichnam später gefunden wird. Da sein Tod mit dem Ende der „offiziellen" Rippermorde zusammenfällt, könnte er als Verdächtiger passen. Als Ripper wird Druitt verdächtigt, weil seine eigene Familie ihn der Taten bezichtigt. Inspektor Frederick Abberline jedoch glaubt nicht daran, dass Montague John Druitt der Mörder ist. Zu viel passt nicht zusammen. Der einzige angebliche Beweis – Druitts Selbstmord – hat wahrscheinlich ganz andere Ursachen. Und warum sollte sich Jack the Ripper nach dem fünften Mord umbringen? Bis dahin war ihm schließlich niemand auf die Fährte gekommen.

Michael Ostrog –
der „russische Arzt"

Michael Ostrog, der etwa um 1833 in Russland geboren wird, benutzt viele andere Namen: Bertrand Ashley, Claude Clayton oder Cayton, Dr. Grant, Max Grief Gosslar, Ashley Nabokoff, Orloff, Graf Sobieski oder Max Sobiekski.

Ostrog gibt sich als Arzt aus. Nach London ausgewandert, stiehlt er und betrügt Leute. Mehrfach weist man ihn wegen versuchten Totschlags in ein psychiatrisches Krankenhaus ein. Im Jahr 1863 verbüßt er eine zehnmonatige Haftstrafe wegen Diebstahls, 1864 wird er in Cambridge zu drei Monaten verurteilt, im Dezember des gleichen Jahres zu acht Monaten. Die Folge der Gefängnisstrafen setzt sich fort.

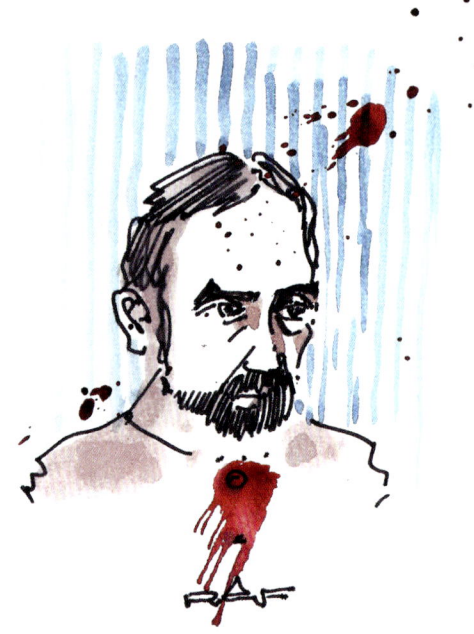

Francis Tumblety wird in Irland geboren. Einige Jahre später emigrieren seine Eltern mit den zehn Geschwistern nach Rochester, einer Stadt im Nordwesten des US-Bundesstaates New York. Schon mit siebzehn soll Tumblety dort Bücher mit „pornografischem Inhalt" verkauft haben. In Folge begibt sich der exzentrisch gekleidete Mann nach Detroit und von dort aus nach New York und Washington. Angeblich hat er in Kanada als Arzt praktiziert, nun verkauft er selbst hergestellte Pillen und behauptet, Abraham Lincoln zu kennen. Er kehrt als offenbar reicher Mann nach Rochester zurück, wird im Mai 1865 in St. Louis als Mittäter an der Ermordung von Abraham Lincoln verhaftet, aus Mangel an Beweisen jedoch schnell wieder freigelassen.

Francis Tumblety, ein großer Mann mit enormem Schnurrbart, hasst Frauen, besonders Prostituierte. Als Grund gibt er seine gescheiterte Ehe mit einer ehemaligen Prostituierten an. In Washington präsentiert er seinen Freunden eine Sammlung von in Konservierungsmittel eingelegten Gebärmuttern, die er in seinem Arbeitszimmer aufbewahrt und rühmt sich, dass diese von Frauen verschiedenster Klassen stammen.

Als Jack-the-Ripper-Verdächtiger kommt Tumblety ins Spiel, als er im November 1888, während eines Aufenthaltes in London, wegen „grober Unanständigkeit" angeklagt und inhaftiert wird. Vorher hat er eine Zeitlang in Whitechapel gewohnt. Francis Tumblety zahlt die hohe Kaution und flieht am 20. November unter dem Namen „Frank Townsend" nach Frankreich. Vier Tage später kehrt er in die Vereinigten Staaten zurück, wo er untertaucht.

Scotland Yard hält Tumblety für einen Verdächtigen für die Ripper-Morde und beantragt seine Auslieferung. Da keine exakten Beweise vorliegen, kommen die Vereinigten Staaten dem Gesuch jedoch nicht nach und Francis Tumblety ist vor einer zwangsweisen Rückführung sicher. Seine letzten Jahre verbringt er bei einer älteren Verwandten in Rochester. Tumblety stirbt 1903 an einer Herzkrankheit.

War Francis Tumblety der Ripper? Zumindest hielt er sich im fraglichen Zeitraum in London auf, hasste Prostituierte und die Mordserie endete nach seiner Flucht. Dies trifft jedoch auf Abertausende andere Männer ebenso zu.

Diebstahl, Betrug, Bedrohung von Polizisten mit einem Revolver. Verurteilung zu Zwangsarbeit. Einweisung wegen „Manie" und Anzeichen von „Wahnsinn" in eine „Irrenanstalt". Im März 1888 als „geheilt" entlassen. Am 18. November 1888 wieder verhaftet. Ostrog begibt sich für zwei Jahre nach Paris. 1891 wird er erneut in eine Irrenanstalt eingewiesen. Weitere Verhaftungen und Aufenthalte in Nervenheilanstalten folgen. Nach 1904 verliert sich seine Spur.

Michael Ostrog gehört eine Zeitlang zu den drei Hauptverdächtigen. Er zeigt angeblich Grausamkeit gegenüber Frauen und trägt laut Augenzeugen chirurgische Instrumente mit sich herum. Da die Polizei nach einem „Wahnsinnigen mit medizinischem Wissen" sucht, kommt Ostrog schnell als Täter infrage. Dagegen spricht, dass er zwar ein Dieb und Trickbetrüger war, jedoch außer dem Angriff auf einen Polizisten nicht gewalttätig geworden ist.

Francis Tumblety –
Quacksalber

James Maybrick –
ein gefälschtes Tagebuch

James Maybrick ist ein Baumwollhändler aus Liverpool. Sein Geschäft zwingt ihn zu regelmäßigen Reisen in die Vereinigten Staaten. 1871 lässt er sich in Norfolk im Bundesstaat Virginia nieder und gründet eine Niederlassung seines Unternehmens. Drei Jahre später erkrankt Maybrick an Malaria und wird mit arsenhaltigen Medikamenten behandelt, was zu einer lebenslangen Sucht führt.

1880 kehrt der Geschäftsmann nach Großbritannien zurück. Auf der Reise lernt er die 24 Jahre jüngere Florence Elizabeth Chandler kennen, und verliebt sich. 1881 heiraten sie. Maybrick pendelt weiterhin zwischen Großbritannien und den USA. Zudem hat er mehrere Geliebte. Als sich sein Gesundheitszustand im April 1889 plötzlich verschlechtert und er zwei Wochen später stirbt, leitet die Polizei von Liverpool eine Untersuchung ein und verhaftet Maybricks Frau Florence. Weil sie ihren Mann mit Arsen vergiftet haben soll, wird sie zu lebenslanger Haft verurteilt, kommt jedoch 1904 nach einer erneuten Untersuchung des Falles frei.

Wie aber gelangt James Maybrick in den Kreis der Verdächtigen?

Erst mehr als ein Jahrhundert später taucht plötzlich ein Tagebuch auf ... Der Autor gibt seinen Namen nicht preis, liefert jedoch genügend Hinweise auf seine Identität und wird so recht schnell als James Maybrick entlarvt. Die Aufzeichnungen enthalten detaillierte Beschreibungen zu den Taten von Jack the Ripper und zwei weiteren ungeklärten Mordfällen.

Angeblich hat ein arbeitsloser Liverpooler Schrotthändler namens Michael Barrett es von seinem Freund Tony Devereux erhalten, der es wiederum von Barretts Frau bekommen haben will. Warum aber hat sie es ihrem Mann nicht direkt übergeben? Die Begründung ist wirr. Ann Barrett behauptet, dass sie Devereux gebeten hat, das Tagebuch ihrem Mann zu geben, weil sie hoffte, er könne ein Buch darüber schreiben. Da Michael Barrett Differenzen mit seinem Schwiegervater hatte, wollte Ann vermeiden, dass er ihn danach fragte. Soweit, so unverständlich.

1993 wird das Buch als „The Diary of Jack the Ripper" veröffentlicht und sorgt sofort für große Kontroversen. Mit verschiedenen Methoden wird Jack the Rippers „Tagebuch" auf seine Echtheit hin überprüft. Insgesamt vier Tests der Tinte sind widersprüchlich: mal enthält sie Eisen, dann wieder nicht, mal ist das Konservierungsmittel Chloracetamid, das erst 1972 kommerziell in Tinten verwendet wird, enthalten, dann wieder nicht, dann findet man einen synthetischen Farbstoff, dann wieder nicht.

Bei der Untersuchung der Handschrift kommen Experten zu dem Schluss, dass der Stil eher dem des 20. Jahrhunderts als dem des viktorianischen Zeitalters entspricht. Das viktorianische Sammelalbum, in das der Verfasser geschrieben hat, ist zwar echt, allerdings sind vorn zwanzig Seiten herausgetrennt worden. Warum hätte der wahre Jack the Ripper dies tun sollen? Letztendlich wird das Tagebuch als Fälschung eingestuft. James Maybrick war mit Sicherheit nicht der Ripper.

Joseph Barnett – Mary Kellys Liebhaber

Joseph Barnett (s. S. 209) hat anderthalb Jahre mit Mary Jane Kelly, dem fünften Ripper-Opfer verbracht.

Aber erst 1995, als der amerikanische Autor Bruce Paley sein Buch „Jack the Ripper: The simple truth" veröffentlicht, gerät Barnett in Verdacht, der Ripper gewesen zu sein. Vom Herausgeber der Zeitschrift *The Whitechapel Society* wird es zum „besten Ripper-Buch" erklärt, das jemals geschrieben wurde. Detailreich und sorgfältig recherchiert listet Paley hier Argumente auf, warum gerade Joseph Barnett der Ripper gewesen sein muss. Laut Paley ist Barnett ernsthaft in Mary Kelly verliebt und hasst es, dass sie sich an andere Männer verkauft. Um sie von der Prostitution abzuhalten, ermordet Barnett zur „Abschreckung" mehrere Frauen in Whitechapel. Sein Plan geht jedoch nicht auf und so eskaliert die Situation, indem Joseph Barnett zuletzt in einer Art Raserei seine Geliebte umbringt und zerfleischt. Weit hergeholt?

Bruce Paley zählt zahlreiche Fakten auf, die für seine Theorie sprechen:

- Joseph Barnett ähnelt dem Mann, den Zeugen im Umfeld der Taten gesehen haben.
- Die Morde hörten nach der Tat an Mary Kelly auf.
- Barnett wusste, wie die Tür zum Zimmer im *Miller's Court* geöffnet werden konnte.
- Joseph Barnett passt gut ins psychologische Profil des Rippers (s.S. 215). Er lebt und arbeitet in Whitechapel, sein Vater starb, als er sechs Jahre alt war und er kennt sich als Fischhändler mit dem Ausweiden von Tieren aus. Laut zeitgenössischen Berichten hat Barnett einen körperlichen Defekt, der zu Frustration und Aggression geführt haben könnte; er leidet an „Echolalie" – das ist das Wiederholen von Sätzen und Wörtern von Gesprächspartnern.
- Nach dem Mord an Mary Kelly wurde er vier Stunden lang von der Polizei verhört. Dieser „Schreckschuss" könnte dazu geführt haben, dass er mit dem Töten aufhörte.

Handfeste Beweise dafür, dass gerade Joseph Barnett Jack the Ripper gewesen ist, gibt es jedoch nicht.

Frederick Bailey Deeming –
Frauen- und Kindermörder

Frederick Bailey Deeming wird 1853 in der englischen Grafschaft Leicestershire geboren. Es heißt, er sei ein schwieriges Kind gewesen. Bereits mit 16 Jahren flieht der Junge aus der Armut und fährt zur See. Schon bald beginnt seine Verbrecherkarriere, er stiehlt und verschafft sich mittels Betrügereien Geld.

1882 wird Deeming sesshaft, nachdem er 1881 Marie James, ein walisisches Mädchen, geheiratet hat. Das Paar wandert nach Australien aus, siedelt sich in Sydney an und Frederick arbeitet für einen Importeur von Sanitärbedarf in Melbourne. Schon bald gibt es Ärger, er stiehlt Messingbeschläge und muss sechs Wochen ins Gefängnis.

Zwei Kinder kommen zur Welt, Bertha und Marie. Als Frederick Deeming im Dezember 1887 wegen betrügerischer Insolvenz angeklagt wird, verschwindet er mitsamt seiner Familie aus Australien. In den Jahren 1888 und 1889 lebt er die meiste Zeit in Südafrika, besucht aber zwischendurch seine Frau und die Kinder in Birkenhead in Großbritannien. Im November 1889 kehrt Deeming als „Harry Lawson" in sein Heimatland zurück und zieht nach Beverley. Obwohl seine Frau Marie mit den inzwischen vier Kindern weiterhin Birkenhead wohnt und Deeming nach wie vor mit ihr verheiratet ist, umwirbt er Helen Matheson, die 21-jährige Tochter seiner Wirtin. Im Februar 1890 findet die Hochzeit in großem Stil statt. Einen Monat später verschwindet Deeming alias „Harry Lawson" und nimmt Schmuck und Hochzeitsgeschenke mit.

Er besucht Marie, gibt ihr mehrere hundert Pfund und kündigt an, nach Südamerika zu gehen. Von dort aus will er sie und die Kinder nachholen, sobald er einen Wohnsitz und Arbeit gefunden hat. Vor seiner Abreise betrügt er einen Juwelier und wird deshalb bei seiner Ankunft in Uruguay in Montevideo festgenommen. Nach neun Monaten Haft erscheint Frederick Deeming als „Albert Williams" in Rainhill nahe Liverpool, wo er eine Villa mietet. Die Frau und mehrere Kinder, die ihn von Zeit zu Zeit besuchen, gibt Deeming als seine Schwester aus. Sehr wahrscheinlich handelt es sich jedoch um seine Ehefrau Marie.

In Rainhill beginnt Frederick Deeming eine Affäre mit Emily Lydia Mather, im September 1891 heiratet sie „Albert Williams". Bereits einen Monat später reist der frischgebackene Bigamist mit seiner neuen Frau nach Australien, wo sie sich in einem Vorort von Melbourne niederlassen.

Am 25. Dezember ermordet Deeming Emily, begräbt sie unter dem Herd in einem der Zimmer und bedeckt die Leiche mit Zement. Danach verschwindet er aus Melbourne.

Erst im März 1892 wird der Mord entdeckt: Ein Mieter beklagt sich über den „unangenehmen Geruch". Polizei wird gerufen und man findet Emily Mathers Leiche. Ihre Kehle wurde durchtrennt, außerdem hat sie mehrere Schläge auf den Kopf bekommen.

In der Zwischenzeit ist Frederick Deeming nach Sydney gereist. Er nennt sich jetzt „Baron Swanston" und umwirbt bereits die nächste Frau, Kate Rounsefell. Nicht lange, und Kate willigt ein, den vermeintlichen Baron zu heiraten und ihm nach Westaustralien zu folgen. Frederick Deeming fährt inzwischen allein voraus nach Southern Cross. Doch die Polizei ist ihm bereits auf den Fersen. Am 12. März 1892 wird Deeming alias „Mr. Duncan" verhaftet. Man bringt ihn nach Melbourne.

Etwa zur gleichen Zeit werden in Großbritannien weitere Morde entdeckt. In der Villa in Rainhill, die Frederick Deeming als „Albert Williams" bewohnt hat, werden unter dem Betonboden fünf verwesende Leichen gefunden: Marie Deeming und ihre vier Kinder, die zehnjährige Bertha, die siebenjährige Mary, der fünf Jahre alte Sidney und die kleine Leala, die gerade mal 18 Monate alt ist. Außer Bertha – sie hat der Mörder erdrosselt – wurde allen die Kehle durchtrennt.

Frederick Deeming hat seine Familie schon lange vor der Abreise nach Australien umgebracht, man schätzt die Leichenliegezeit auf etwa acht Monate. Danach hat er Maries Familie mehrfach aufgesucht, um ihr zu versichern, dass es Marie und den Kindern gut gehe und sie im Ausland seien. Für die Villa in Rainhill hat er im Pachtvertrag festgelegt, dass sie nach seiner Abreise sechs Monate lang nicht verkauft oder vermietet werden dürfe.

Bereits zwei Monate nach seiner Verhaftung wird Frederick Deeming im Mai 1892 in Melbourne hingerichtet. Noch während man in Australien über die Grausamkeit des Mordes an Emily Mather entsetzt ist, tauchen woanders Spekulationen auf, er könne Jack the Ripper gewesen sein. In der zweiten Hälfte von 1888 scheint er in Großbritannien gewesen zu sein. Angeblich hat er sich in London bei einer Prostituierten mit Syphilis angesteckt. Dies soll das Motiv für die Ripper-Morde gewesen sein.

Frederick Bailey Deeming hat sechs Morde begangen. Dass er jedoch Jack the Ripper war, ist zumindest fraglich.

Severin Antonowitsch Kłosowski alias George Chapman – noch ein Frauenmörder

Severin Antonowitsch Kłosowski wird 1865 in einem Dorf nahe Warschau als Sohn eines Tischlers geboren. Schon mit vierzehn Jahren geht er nach Warschau und lässt sich von einem Chirurgen zum „Feldscher" ausbilden. Danach absolviert er ein Praktikum in einem Krankenhaus und arbeitet als Arzthelfer. Mit 21 Jahren beginnt Kłosowski, an der Universität Chirurgie zu studieren, bricht das Studium aber nach zwei Jahren trotz bestandener Prüfungen ab.

Exakte Angaben, wann er nach London übersiedelte, gibt es nicht, jedoch datiert das letzte Dokument aus Warschau auf Februar 1887. Vielleicht sind Probleme mit Frauen der Grund für den Ortswechsel. Eine Unbekannte folgt ihm mit zwei Kindern nach London, verschwindet jedoch nach Kłosowskis Hochzeit mit der Polin Lucie Badewski wieder.

Anfang 1888 ist Severin Kłosowski in London für einen Friseur tätig und eröffnet Mitte 1888 einen eigenen Fri-

seurladen im Osten der Stadt. 1889 heiratet Kłosowski Lucie Badewski, das Paar zieht mehrfach innerhalb Londons um und übersiedelt 1891 schließlich in die Vereinigten Staaten, wo er erneut einen Frisörladen eröffnet. Kłosowski hat Affären und misshandelt seine Frau. Als er die schwangere Lucie würgt und sie ein Messer unter dem Bett findet, kehrt sie nach London zu ihrer Schwester zurück, wo sie die gemeinsame Tochter zur Welt bringt. Severin Kłosowski folgt ihr 1893, Lucie und er ziehen wieder zusammen, doch schon bald trennen sich die Eheleute wegen seiner Untreue erneut.

Die neue Geliebte heißt Annie Chapman – zufällig genauso wie das zweite Ripper-Opfer – und Severin Kłosowski nennt sich fortan „George Chapman". Annie wird schwanger und als Kłosowski einige Zeit später eine neue Frau mitbringt, verlässt sie ihn. Während seiner Arbeit in einem Friseursalon trifft „George Chapman" die Nächste, Mary Isabella Spink, die er ebenfalls heiratet. Zeugen berichten, er habe seine Frau des Öfteren geschlagen, auch sieht man ab und an Blutergüsse und Quetschungen im Gesicht und am Hals von Mary. Der gemeinsame Friseursalon geht bald darauf pleite, Chapman besorgt sich ein arsenähnliches Medikament und vergiftet seine Frau im Dezember 1897. Mary Spink hinterlässt ihm ein Erbe von 500 Pfund Sterling, das entspricht heute etwa 52.000 Pfund.

Es dauert nicht lange und Severin Kłosowski alias George Chapman, der inzwischen einen Pub aufgemacht hat, hat die nächste im Visier. Bessie Taylor, die eingestellt wird, um seinen Pub zu leiten, tut sich mit ihm zusammen. Schon bald schlägt er auch sie, bedroht sie gar mit einem Revolver. Als sich bei Bessie die gleichen Vergiftungssymptome zeigen wie bei Mary, verlässt er mit ihr London, um keine Aufmerksamkeit zu erregen. Bessie Taylors Zustand verschlechtert sich trotz einer Operation. Gemeinsam kehren sie nach London zurück, wo Bessie schließlich im Februar 1901 stirbt.

Als nächste ist Maud Marsh dran. George Chapman stellt sie als Bardame ein, heiratet sie, schlägt und quält sie und vergiftet sie schließlich. Erst jetzt werden die Behörden stutzig und leiten eine polizeiliche Untersuchung ein. Mary Spink, Bessie Taylor und Maud Marsh werden exhumiert, das Gift wird in den Leichnamen nachgewiesen, Chapman wird wegen Mordes verurteilt und im April 1903 hingerichtet.

Erst nach seinem Tod kommt der Verdacht auf, George Chapman könne Jack the Ripper gewesen sein. Frederick Abberline befragt Chapmans erste Ehefrau Lucie und diese erzählt, dass ihr Mann seit der Ankunft in London sehr oft nachts ausgegangen sei. Seine Ankunft passt mit dem Beginn der Ripper-Morde zusammen, er gleicht der Beschreibung des Verdächtigen, er misshandelt Frauen und die Mordserie reißt ab, als er in die Vereinigten Staaten übersiedelt.

Echte Beweise jedoch fehlen. Warum sollte ein Mörder seinen Modus Operandi von „Aufschlitzen und Verstümmeln unbekannter Opfer" zu „Vergiften von Ehefrauen" ändern? Und: Chapman könnte auch wegen seiner zahlreichen Affären nachts unterwegs gewesen sein.

Aaron Kosminski

Auch Aaron Kosminski kommt aus Polen. Er wird 1865 in einer Kleinstadt zwischen Posen und Warschau geboren. Seine Familie übersiedelt nach London, um den antisemitischen Pogromen in ihrem Heimatland zu entgehen. Kosminski arbeitet – genau wie Severin Kłosowski als Friseur und wohnt in Whitechapel. Ein Zeuge will den jüdischen Emigranten 1888 mit einem der Ripper-Opfer gesehen haben und informiert die Polizei. Kosminski wird befragt, muss aber wieder freigelassen werden, da der Zeuge seine Aussage plötzlich zurückzieht. 1889 landet der psychisch Kranke in einer „Irrenanstalt". Er stirbt im März 1919.

Erst 2014 rückt Aaron Kosminski wieder in den Fokus. Der Schriftsteller Russell Edwards hat einige Jahre vorher bei einer Auktion von Scotland Yard ein ungewaschenes Schultertuch, das bei der Leiche von Catherine Eddowes gefunden worden war, ersteigert. Nach einer DNA-Analyse der darauf vorhandenen Blut- und Spermaspuren lässt Russell Edwards diese mit dem Erbgut weiblicher Nachfahren von Aaron Kosminski vergleichen. Am 7. September 2014 veröffentlicht der Autor seine Ergebnisse in der Daily Mail: Die DNA vom Schultertuch stimmt mit der von Kosminskis Nachkommen überein.

Eine Sensation! War der geistesgestörte Pole Aaron Kosminski Jack the Ripper?

Schnell kommen Zweifel auf. Hat das Labor tatsächlich fehlerfrei gearbeitet? Eine Gegenprobe wird verweigert. Auch der britische Genetiker Alec Jeffreys, der den genetischen Fingerabdruck erfand, sieht methodische Fehler und meldet Zweifel an. Er forderte eine unabhängige Überprüfung von Edwards Behauptungen. Bis heute ist fraglich, ob Aaron Kosminski etwas mit den Ripper-Morden zu tun hatte. Vielleicht war er auch nur ein „Kunde" von Catherine Eddowes.

Auch andere Schriftsteller befassen sich mit Jack the Ripper. 2002 veröffentlicht die amerikanische Krimiautorin Patricia Cornwell ein Buch über ihn. „Ihr" Täter ist ein deutschstämmiger Maler.

Der Maler Walter Sickert

Walter Richard Sickert wird 1860 in München als Sohn eines Künstlers geboren. 1868 übersiedelt die Familie nach Großbritannien. Walter studiert an der King's College School und versucht sich als Schauspieler. 1881 nimmt er ein Kunststudium auf, reist 1883 nach Paris und lernt Edgar Degas kennen.

Walter Sickert ist von „urbaner Kunst" fasziniert. Seine Gemälde werden jedoch von der Mehrheit abgelehnt, gelten als hässlich und vulgär. Doch Sickerts Interesse an sexuell provokanten Themen bleibt erhalten. Immer wieder malt er nackte oder dürftig bekleidete Frauen, von denen man annimmt, dass sie Prostituierte waren, die er persönlich kannte. Gewalttätig erscheinen die Bilder dem Betrachter nicht. Die dargestellten Frauen machen eher einen nachdenklichen oder deprimierten Eindruck.

Trotzdem behaupten mehrere Schriftsteller, Walter Sickert sei Jack the Ripper. Stephen Knight veröffentlicht 1976 das Buch „Jack the Ripper: The Final Solution". Bei ihm stammen die Informationen von einem Mann namens Joseph Gorman, der behauptet, Sickerts unehelicher Sohn zu sein, was sich später als Lüge herausstellt.

1990 erscheint „Sickert and the Ripper Crimes" von Jean Overton Fuller. Auch hier soll Walter Sickert der Ripper gewesen sein.

Ein zweites Gemälde erscheint noch belastender: „The Camden Town Murder, or What Shall We Do For the Rent". Hier sitzt ein Mann auf dem Bett, hinter sich eine nackte Frau. Seine Hände sind rötlich – Blut?

2002 schließlich veröffentlicht auch die renommierte Kriminalschriftstellerin Patricia Cornwell ein Buch über den Serienmörder. In „Wer war Jack the Ripper?" kommt nur einer infrage: Walter Sickert. Sie hat 31 Bilder des Malers gekauft und versucht, seine Briefe und die Handschrift zu analysieren. Mithilfe der mitchondrialen DNA, die von den Müttern an die Nachkommen weitergegeben wird, will Patricia Cornwell nachweisen, dass das Erbgut auf einem der Ripper-Briefe mit Spuren auf den Bildern übereinstimmt. 2017 erscheint ihr zweites Buch zum Thema: „Ripper: Das geheime Leben von Walter Sickert", in dem sie weitere „Beweise" präsentiert.

Warum aber gerade dieser Mann? Was macht ihn zum Verdächtigen?

Walter Sickert hat sich sehr für die Verbrechen des Rippers interessiert. Er glaubte sogar, in einem der Räume gewesen sein, in dem sich der Serienmörder aufgehalten haben soll. In Folge malt er das Zimmer als dunklen Raum, in dem nicht viele Details zu erkennen sind.

Beide Bilder wurden viele Jahre nach der Mordserie gemalt. Könnten nicht die Schreckenstaten die Phantasie des Künstlers angeregt haben, ohne dass er gleich selbst der Täter ist?

Patricia Cornwell bringt noch einen anderen „Beweis". Nach ihrer Theorie war Walter Sickert durch eine Operation am Penis impotent. Dies müsse zu einem pathologischen Hass auf Frauen geführt haben. Dagegen spricht, dass sich Sickerts erste Frau von ihm scheiden lässt, weil er mehrere Geliebte hat. Sogar ein uneheliches Kind soll er gezeugt haben.

Auch die Untersuchung der DNA von Briefmarken und Umschlägen der vermeintlichen Ripper-Briefe ist strittig. Mitochondriale DNA ist lange nicht so eindeutig wie die aus dem Zellkern. Hinzu kommt, dass bis heute nicht bewiesen ist, ob die Briefe tatsächlich vom echten Ripper stammen.

War er der Ripper?
Charles Allen Lechmere
alias Charles Allen Cross

Der schwedische Journalist Christer Holmgren hat über 30 Jahre im Fall Jack the Ripper recherchiert. Bei ihm deuten alle Fakten auf einen Mann hin: Charles Allen Cross (s. S. 194), der erst sehr viel später als Charles Allen Lechmere identifiziert wird.

Holmgrens Belege sind beachtlich und nicht von der Hand zu weisen ...

1. Charles Allen Lechmere wohnt in Whitechapel, nahe den Tatorten und kennt die Gegend sehr gut.
2. Lechmere arbeitet in einem Schlachthof.
3. Die Tätigkeit dort liefert eine plausible Erklärung für eventuelle Blutflecken an der Kleidung.
4. Sein Weg zur Arbeit führt durch die Buck's Row.
5. Lechmere ist als Erster am Fundort der Leiche von Mary Ann Nichols in der Buck's Row.
6. Als Robert Paul um 3:45 Uhr in der Buck's Row eintrifft, sieht er Lechmere bewegungslos neben der Leiche stehen. (s. S. 194). Lechmere macht keine Anstalten, Paul um Hilfe zu rufen, sondern wartet, bis dieser sich genähert hat. Er scheint sich dabei nicht zu fürchten.
7. Während Robert Paul annimmt, dass die Frau bewusstlos oder betrunken ist, äußert Lechmere gleich, dass sie tot sei.
8. Charles Allen Lechmere fordert Paul auf, die Kleidung der Frau zu richten, sodass ihr Unterleib bedeckt ist.
9. Beim Eintreffen der Polizei gibt Lechmere einen falschen Namen: Charles Allen Cross und eine falsche Wohnadresse an.

Hinzu kommt: Es gibt Diskrepanzen in den Zeitangaben. Normalerweise verlässt Lechmere seine Wohnung um 3:30 Uhr, um zur Arbeit zu gehen.

Am 31. August 1888 jedoch geht er seinen Angaben nach zehn Minuten früher los – warum eigentlich? – und wird doch erst um 3:45 Uhr in der Buck's Row von Robert Paul gesehen. Von Lechmeres Wohnung aus braucht man etwa 15 Minuten bis zum Fundort von Mary Ann Nichols Leiche. Wenn Charles Lechmere also bereits 3:20 losgegangen ist, müsste er 3:35 Uhr am Tatort eingetroffen sein. Was hat er in den zehn Minuten gemacht, bis Robert Paul kam?

Mary Ann Nichols war gerade erst ermordet worden, als man sie fand, der Arzt hat den Eintritt des Todes auf 3:30 Uhr datiert. Warum hat Charles Lechmere niemand anderen gesehen? Er stand bewegungslos bei Mary Anns Körper. Hat Robert Paul Charles Lechmere bei der Tat überrascht, sodass der an Ort und Stelle nachdenken musste, was zu tun war? Obwohl bis zu Pauls Eintreffen genügend Zeit vergeht, will Lechmere nicht nachgesehen haben, was der Frau fehlt, gibt diesem gegenüber jedoch an, dass sie tot sei. Einen Polizisten ruft er nicht herbei. Erst als Paul eintrifft, begeben sie sich auf die Suche. Jetzt hat es Charles Lechmere plötzlich sehr eilig – er muss zur Arbeit.

Aber das ist noch nicht alles ...

Alle Tatorte liegen auf Lechmeres Arbeitsweg. Drei der fünf Opfer werden vor 4 Uhr morgens getötet, die Ermordung von Catherine Eddowes passt zu seinem Heimweg von der Arbeit. Nur Elizabeth Stride scheint nicht in das Schema zu passen. Allerdings lebt Charles Lechmeres Mutter in der Cable Street südlich der Berner Street.

Lechmere wird 1849 in Soho geboren. Als seine Mutter nach dem Tod ihres ersten Mannes Thomas Cross heiratet, verwendet Charles zwar den Nachnamen „Lechmere" weiter, nennt sich jedoch bei seiner Befragung am Fundort von Mary Ann Nichols „Allen Cross". Zur Zeit der Ripper-Morde wohnt er nur wenige Straßen östlich der Buck's Row in der Doveton Street in Bethnal Green und arbeitete Kutscher für den Fleischlieferanten *Pickford's*.

Mit Charles Allen Lechmere als Verdächtigem ist es noch lange nicht getan. Ungeklärte Fälle ziehen fast immer Verschwörungstheorien nach sich. Anscheinend lieben die Menschen es, zu spekulieren.

? ? ?

Verschwörungstheorien ...

Sir William Withey Gull ist Arzt. Nach einer glänzenden akademischen Karriere und hohen Auszeichnungen rettet er das Leben des Prinzen von Wales, der an Typhus erkrankt ist, woraufhin man zum Ritter schlägt. Die Theorie besagt, dass ein Mitglied des Königshauses – Prinz Albert? – mit einer Prostituierten aus Whitechapel einen unehelichen Thronfolger gezeugt hat, von dem andere Prostituierte Kenntnis hatten. Ein Komplize Gulls soll daraufhin die Frauen ermordet haben, um sie zum Schweigen zu bringen. Dass Sir William Gull 1890 stirbt, scheint diese Theorie zu bestätigen.

Prinz Albert Victor Christian Edward, der älteste Sohn des späteren Königs Eduard VII., ist wohl der berühmteste Verdächtige. „Eddy" gilt als selbstsüchtig, faul und leicht zurückgeblieben. Ungeachtet dessen ist er an diversen Skandalen beteiligt, besucht Bordelle und leidet wahrscheinlich an Syphilis. Dies soll ihn in den Wahnsinn getrieben haben, was ihn dann zur Ermordung der Prostituierten brachte.

Detaillierte Untersuchungen erbringen jedoch, dass Prinz Albert Victor Christian Edward an einigen entscheidenden Tagen gar nicht in London war.

Sogar der berühmte Mathematiker und Dichter **Lewis Carroll,** der eigentlich Charles L. Dodgson hieß, wird der Verbrechen bezichtigt. Die Theorie beruht auf Anagrammen, das sind Wörter, die durch die Umstellung von Buchstaben aus anderen Wörtern gebildet werden. Angeblich enthalten die Bücher „Sylvie und Bruno" und „The Nursery Alice" versteckte, aber detaillierte Beschreibungen der Ripper-Morde.

Wendet man die Anagramm-Methode auf andere Werke an, kann auch hier alles Mögliche hineininterpretiert werden. Von Ende August bis Ende September 1888 ist Lewis Caroll gar nicht in London.

War Jack the Ripper etwa gar kein Mann?

So unglaublich es erscheinen mag, in neuester Zeit ist der Verdacht aufgekommen, dass Jack the Ripper eine Frau gewesen sein könnte. Ganz neu ist die Vermutung nicht. Schon Inspektor Frederick Abberline verdächtigt Mary Pearcey, die kurze Zeit nach den Ripper-Morden die Frau ihres Geliebten tötete und verstümmelte und dafür gehängt wurde.

John Morris, ein passionierter Ripper-Forscher und Schriftsteller nennt in seinem Buch „Jack The Ripper: The Hand Of A Woman" seine Verdächtige: Die Waliserin Mary Elizabeth Williams, genannt „Lizzie". Wie kommt er darauf?

„Lizzie" ist die Frau von Sir John Williams, einem Gynäkologen und Hofarzt, der in seiner Klinik auch Abtreibungen durchführt. Lizzie selbst kann keine Kinder bekommen und ist extrem eifersüchtig.

Als Beweise dafür, dass Mary Elizabeth Williams Jack the Ripper gewesen ist, führt John Morris, auf, dass keines der Opfer sexuell missbraucht wurde, der Täter jedoch Unterleibsorgane wie die Gebärmutter mitnimmt und im Blut eines Opfers drei Knöpfe eines Damenstiefels gefunden wurden. Angeblich sei das letzte Ripper-Opfer Mary Kelly die Geliebte von Lizzies Mann und von ihm schwanger gewesen. Nach ihrer Tötung war die Angelegenheit für Mary Elizabeth Williams dann erledigt.

2006 untersuchen australische Wissenschaftler DNA-Proben von den gummierten Rückseiten der Ripper-Briefe. Sie verkünden, dass der Täter „möglicherweise eine Frau" gewesen ist.

Viele Legenden ranken sich um den **berühmtesten Serienmörder** der Weltgeschichte.

Wer **Jack the Ripper** wirklich gewesen ist, werden wir wohl nie erfahren.

Jack the Ripper

Phantom der Göhrde

Zwei Doppelmorde im Staatsforst

Totenwald

Fünfundsiebzig Quadratkilometer.

Göhrde: Der größte Mischwald Norddeutschlands.

1989 werden hier kurz nacheinander ein Ehepaar und ein Liebespaar ermordet. Hat der Täter von einem Hochsitz aus Paare beobachtet? War er psychisch krank, sexuell gestört oder nur aggressiv? Stark muss er jedenfalls gewesen sein, denn er hat die ersten beiden Opfer in eine Senke geschleppt und dort verscharrt.

Gefasst wurde der *Göhrde*-Mörder nie.[1] Die „Göhrde-Morde" gehören zu den spektakulärsten unaufgeklärten Mordfällen in Deutschland.

Totenwald – so wird der Staatsforst *Göhrde* seit 1989 genannt.

[1]   *Die Geschichte wurde im Herbst 2017 aufgeschrieben. Der Göhrde-Mörder wurde im Frühjahr 2018 entlarvt.* (s. S. 232).

21. Mai 1989
Picknick im Grünen

Morgens gegen 9:00 Uhr starten Ursula und Peter Reinold aus Hamburg-Bergedorf zu einem Ausflug. Bis heute ist ungeklärt, ob sie direkt in den *Göhrde*-Wald fahren oder vorher noch irgendwo anders Halt machen. Das Ehepaar hat eine Kühlbox mit Essen dabei, will picknicken.

Am 23. Mai 1989 erstatten die Töchter der Reinolds Vermisstenanzeige. Zeitgleich drucken sie Handzettel für eine Suchaktion. Vergeblich. Die Eltern bleiben spurlos verschwunden.

Knochenfund

Eine Hitzewelle plagt Niedersachsen seit Wochen. Am Mittwoch, dem 12. Juli 1989, einem dieser heißen Tage, sind drei Blaubeersammler in der *Göhrde* unterwegs. Ihnen ist warm und sie suchen ein schattiges Plätzchen zum Verschnaufen. Mitten im Wald machen sie Station, lassen sich nieder. Plötzlich entdeckt einer von ihnen direkt neben sich, halb verborgen unter Zweigen Knochen, die sich bei näherem Hinsehen als menschliche Überreste entpuppen.

Auf schnellstem Weg begeben sich die drei in Richtung der Bundesstraße 216 zum *Forsthaus Röthen,* um den Revierförster zu alarmieren. Auf dem Weg dorthin treffen sie auf halber Strecke einen etwa 40 Jahre alten, kräftigen Mann mit braunem Haar und glatt rasiertem Gesicht, der einen Beutel bei sich trägt. Sie achten nicht weiter auf ihn.

Spurensicherung und Kriminalpolizei aus dem nahen Lüneburg treffen kurz darauf am Fundort ein. Sie legen die stark verwesten und größtenteils skelettierten Leichen einer

Frau und eines Mannes frei. Tiere haben Teile verschleppt und an den Toten gefressen. Kleidungsreste werden nicht gefunden – die Opfer sind nackt verscharrt worden.

Handelt es sich bei den Toten um das seit Ende Mai als vermisst gemeldete Ehepaar Reinold?

Vor Ort lässt sich dies nicht feststellen, obwohl die Beamten kaum Zweifel daran haben. Erst der Zahnstatus und die Untersuchungen der Forensiker bestätigen die Annahme: Sie sind es.

Die 45-jährige Ursula und ihr 51-jähriger Mann Peter wurden ermordet. Suizid oder Unfall scheiden aus, es handelt sich ohne Zweifel um ein Kapitalverbrechen. Peter Reinolds Kehlkopf ist eingedrückt – ein Anzeichen für eine Strangulation? Oder haben Tiere, zum Beispiel Wildschweine, auf den Leichen herumgetrampelt und so die Verletzung verursacht? Die genaue Todesursache kann wegen des stark verwesten Zustandes der beiden Leichen nie geklärt werden.

Eins ist jedoch gewiss: Der Fundort ist nicht der Tatort. Auf der Suche nach Projektilen trägt die Spurensicherung die Erde bis in eine Tiefe von dreißig Zentimetern ab und siebt sie sorgfältig. Auch die Leichenteile werden auf eine Plane gelegt und gründlich abgesucht.

Gefunden wird nichts. Als Tatort stellt sich eine nahegelegene Lichtung heraus. Hier hat der Täter das Ehepaar umgebracht. Anschließend schleppt er die Leichen in die Senke und versteckt sie hinter einer Baumgruppe unter einer Kiefer.

Mitsamt den Kleidungsstücken – haben sich die beiden selbst entkleidet oder war es der Mörder? – dem auffälligen Fernglas *Steiner Commander II 7X50 S* von Peter Reinold, dem Picknickkorb und den Autoschlüsseln flüchtet der Täter aus dem Waldstück. Als Fluchtauto dient ihm der *Honda Civic* der Reinolds. Später stellt sich heraus, dass er damit bis nach Winsen an der Luhe fährt, wo er das Fahrzeug in der Bahnhofstraße vor der Bäckerei *Rundt* abstellt.

Eine Sonderkommission wird eingerichtet. Man nimmt an, dass das Ehepaar die Lichtung im Jagen 138 aufgesucht hat, um sich dort zu sonnen und zu picknicken. Die Kühlbox mit den Essensresten, die später im Kofferraum ihres Autos gefunden wird, spricht dafür. Ob die beiden die *Göhrde* direkt aufsuchten oder zuerst noch irgendwo Mittag gegessen haben – diesbezügliche Zeugenaussagen widersprechen sich – kann nie geklärt werden.

27. Juli 1989: Verwesungsgeruch ...

Noch immer drückt die unsägliche Hitze auf das Land. Noch einmal durchkämmen Hundertschaften die *Göhrde* auf der Suche nach den verschwundenen Dingen im Mordfall Reinold: Schlüssel, Ausweise, Picknickkorb, das außergewöhnliche Fernglas, Kleidungsstücke der Opfer. Sie kämpfen sich durch das dichte Unterholz, die Blicke zu Boden gerichtet, schwitzen. Bis einigen von ihnen Verwesungsgeruch in die Nase steigt. Nicht weit vom Weg entfernt, im Jagen 147, einem Abschnitt, der sich direkt neben Jagen 138 befindet, liegen zwei weitere Leichen. Exakt 752 Meter vom Fundort der Reinolds entfernt. Die beiden Toten – ein Mann und eine Frau wurden ermordet.

Im Gegensatz zu den Reinolds sind diese zwei bekleidet. Die beiden Opfer liegen mit dem Gesicht nach unten, die Frau ist an Händen und Füßen mit medizinischem Klebeband „zweischichtig und entgegen dem Uhrzeigersinn" gefesselt. Ihre Bluse ist nach oben geschoben worden, der BH in der Mitte durchgeschnitten, der Schädel wurde zerschmettert. Weitere Untersuchungen zeigen, dass der Mann stranguliert und dann per Kopfschuss aus einer Kleinkaliberwaffe hingerichtet wurde.

Da die Leichen noch nicht so stark verwest sind, können sie schnell identifiziert werden. Es handelt sich um Ingrid Warmbier und Bernd-Michael Köpping aus der Nähe von Bad Bevensen. Seit dem 12. Juli werden die beiden vermisst – exakt jenem Tag, an dem die Blaubeersammler die Leichen von Ursula und Peter Reinold finden und dem unbekannten Mann mit dem Beutel begegnen. Der 12. Juli ist auch der Todestag von Ingrid Warmbier

und Bernd-Michael Köpping, der Todeszeitpunkt wird später von den Rechtsmedizinern auf den 12. Juli 1989 festgelegt.

Ingrid Warmbier und Bernd-Michael Köpping waren verheiratet – allerdings nicht miteinander. Die 46-jährige Hausfrau und der 43-jährige Bezirksleiter einer Lotto Gesellschaft haben eine heimliche Liebesaffäre und treffen sich regelmäßig zu Tête-à-têtes. An jenem besagten 12. Juli fahren sie in Bernd-Michael Köppings weißem *Toyota Tercel* in die *Göhrde* ...

Sie parken das Auto in einer Nebenstraße nahe beim *Forsthaus Röthen* und laufen in den Wald hinein, fast einen Kilometer. Bis sie auf ihren Mörder treffen.

Details ihres Todes liefern die Rechtsmediziner: Bernd-Michael Köpping wurde in Bauchlage stranguliert und dann von hinten durch einen Kopfschuss getötet. Ingrid Warmbier hat der Mörder an den Fußgelenken mit einem fünf Zentimeter breiten Klebeband gefesselt. Danach zertrümmert der Täter ihren Schädel und fügt ihr schwere Verletzungen im Gesicht und im Brustbereich zu.

Nach den Morden nimmt er einige persönliche Gegenstände an sich, darunter eine Polaroidkamera und den Autoschlüssel von Bernd-Michael Köpping. Er flüchtet mit dem *Toyota* in Richtung Bad Bevensen. Spätere Ermittlungen ergeben, dass der Mörder noch etwa eine Woche damit herumfährt, bevor er das Auto vor der Diabetes-Klinik in Bad Bevensen, auf einem öffentlichen Parkplatz abstellt, wo es schließlich von einer Polizeistreife entdeckt wird.

Die Ermittler gehen davon aus, dass der Täter im Jagen 147 auf das Liebespaar trifft. Er scheint sich in der *Göhrde* gut auszukennen, sonst hätte er sich wohl kaum die abgelegenen Jagen 138 und 147 für seine Verbrechen ausgesucht.

Womöglich hat er auf einem Hochsitz auf potentielle Opfer gelauert und ist ihnen dann in den Wald gefolgt. Er bedroht die zwei mit der Schusswaffe und drängt sie vom Weg ab ins Unterholz. Dann beginnt er, seine Phantasien an ihnen auszuleben; stranguliert und erschießt Bernd-Michael Köpping und macht sich dann über Ingrid Warmbier her.

Warum aber hat niemand den Schuss gehört – wimmelt es doch gerade an jenem 12. Juli 1989 im Wald von Polizei, und der Tatort des zweiten Doppelmordes liegt nur etwa 800 Meter vom ersten entfernt? Bei der Tatrekonstruktion stellen die Beamten fest, dass es im Jagen 138, wo die Leichen der Reinolds abgelegt wurden, nicht möglich ist, Schüsse wahrzunehmen, da der Fundort in einer Senke liegt.

Dennoch – etwas muss den Mörder bei der Tat gestört haben. Weder sind die Leichen von Bernd-Michael und Ingrid entkleidet, obwohl bei Ingrid Warmbier der BH zerschnitten war, noch wurden sie sorgfältig versteckt.

Wahrscheinlich hat der Täter in seinem Blutrausch mitbekommen, dass in seiner Nähe Spurensicherung und Kriminalpolizei den Wald absuchen und ist verschwunden.

Ein Beamter sieht auf seinem Weg in die *Göhrde* den auffälligen *Toyota Tercel* von Bernd-Michael Köpping beim Forsthaus, beachtet ihn aber nicht weiter. Erst nach seinem Urlaub – der Wagen ist in der Zeitung abgebildet – geht ihm auf, was er beobachtet hat, doch da ist es zu spät, der Täter hat das Auto längst woanders abgestellt.

Besonders schlimm ist die Bluttat auch für die Ehepartner der beiden Toten. Sie hatten keine Ahnung davon, dass sich Ingrid und Bernd-Michael während einer Kur kennenlernten und eine Liebesbeziehung eingingen ...

Einen Hoffnungsfunken, die schreckliche Tat aufzuklären, gibt es jedoch: Den Mann, den die Beerensammler am 12. Juli gesehen haben. Leider sind ihre Erinnerungen zwei Wochen nach der Begegnung verblasst und ungenau. Dennoch wird ein Phantombild erstellt.

Die Ermittlungsbehörden arbeiten mit Hochdruck, zeitweise sind 50 Lüneburger Kriminalbeamte und Beamte der Schutzpolizei aus anderen angrenzenden Dienststellen involviert. Mit dem Bild des Verdächtigen bewaffnet, suchen sie alle Hotels, Pensionen, Kurkliniken und Krankenhäuser der Umgebung ab. Niemand kennt die Person.

Ein Profil des Mörders ...

Unzweifelhaft ist von Anfang an, dass es sich bei den beiden Doppelmorden um ein und denselben Täter handeln muss. Die Parallelen sind unübersehbar: die Tatorte liegen nur 800 Meter voneinander entfernt in einem riesigen Forstgebiet, es wurden jeweils Paare mittleren Alters ermordet, der Täter nahm in beiden Fällen technische Gegenstände mit, ließ jedoch Wertgegenstände zurück, nahm die Autoschlüssel an sich, fuhr mit den Fahrzeugen der Opfer herum und stellte sie später in Kleinstädten nahe der Bahnhöfe ab.

Im Zuge der Ermittlungen beauftragt die Mordkommission einen Psychologen damit, ein Täterprofil zu erstellen. Dieser vermutet eine sexuelle Störung, genauer gesagt: „sexuelle Entwicklungsdefizite", die dazu führen, dass der Mann versucht, seine „sexuellen Impulse durch Aggressivität" auszuleben.

Der *Göhrde*-Mörder ist womöglich ein Frauenhasser, oder wird durch Paare, die er beobachtet, erregt. Im Profil steht auch, dass er Einzelgänger ist und sich wahrscheinlich seine Zeit selbst einteilen kann, da niemand ihn bei seinen Streifzügen an Arbeitstagen vermisst; dass er aggressiv, gefühlskalt und brutal vorgeht. Ob er tatsächlich, wie der Psychologe schreibt, Nichtraucher ist, weil in den Autos der Opfer keine Zigarettenkippen gefunden wurden, könnte auch eine bloße Vorsichtsmaßnahme eines Rauchers gewesen sein.

Wer ist das „Phantom aus der Göhrde"?

Mehrere Verdächtige geraten recht schnell ins Visier der Ermittler, darunter der Ehemann von Ingrid Warmbier. Könnte er aus Eifersucht und verschmähter Liebe einen Auftragskiller auf seine Frau und den Nebenbuhler angesetzt haben und war der Tod der Reinolds womöglich nur ein Versehen, eine Verwechslung? Erhärten lässt sich die Annahme nicht.

Auch mehrere Jäger und Förster aus der *Göhrde* werden überprüft, schoss der Mörder doch sehr präzise, kannte sich also mit Waffen und im Forst sehr genau aus. Besonders der Förster aus dem *Forsthaus Röthen* muss mehrfache Überprüfungen über sich ergehen lassen, sein Haus wird durchsucht, seine Waffen werden beschlagnahmt – stichhaltige Beweise findet man jedoch nie. Der Mann leidet den Rest seines Lebens unter dem Verdacht. 2005 nimmt er sich das Leben.

Gleichzeitig recherchiert die Polizei, ob Patienten benachbarter geschlossener Psychiatrien, die dem Täterprofil entsprechen und in den fraglichen Wochen Ausgang hatten, als Täter infrage kommen. Vergeblich.

Und schließlich forscht man auch in Hotels, Pensionen und Kurheimen der Umgebung nach. Womöglich ist der Mörder ein Mann, der seine Frau durch einen Kurschatten verloren hat und sich nun an anderen Paaren deswegen rächen will? Gefunden wird: Nichts.

Fahrzeughalter, die in der Gegend polizeilich erfasst wurden, werden überprüft. Alle können ein Alibi nachweisen.

Heiße Spur?

29. Juni 1989. Ein Jahr vor den *Göhrde*-Morden.

In Wales wird auf dem *Pembrokeshire Coast Path* bei Littlehaven ein Ehepaar während eines Campingausfluges erschossen. Dem 51-jährigen Peter Dixon fesselt der Mörder die Hände auf dem Rücken, versteckt ihn und die Leiche seiner Frau Gwenda abseits des Weges.

Zeugen haben am Tag vor den Morden zwei Männer bemerkt, die sich auffällig verhielten; einer von ihnen ein kräftiger Typ mit braunen Haaren, etwa 40 Jahre alt, der andere soll mit deutschem oder niederländischen Akzent gesprochen haben.

Die Beamten aus Lüneburg werden hellhörig. Hat man doch im *Göhrde*-Fall in unmittelbarer Nähe zum ersten Tatort eine niederländische Münze gefunden.

Doch die Spur lässt sich nicht erhärten. Der Mörder der Dixons wird im Mai 2009 gefasst. Es ist der 64 Jahre alte John William Cooper, dessen DNA mit der am Tatort bei Littlehaven übereinstimmt.

Am 26. Mai 2011 wird Cooper, dem ein weiterer Doppelmord und eine Vergewaltigung zur Last gelegt werden, zu einer lebenslangen Freiheitsstrafe verurteilt. Für die Tatzeiten der *Göhrde*-Morde besitzt er ein Alibi.

Fahndung in Deutschland

Im Dezember 1989 und im Januar 1990 wird der Fall bei *Aktenzeichen XY ungelöst* dargestellt, die Belohnung ist sehr hoch, 50.000 Mark. Niemand kennt den Mann auf dem Phantombild, relevante Hinweise gehen nicht ein.

Peter Reinolds Fernglas vom Typ *Steiner Commander II 7X50 S* und die Polaroidkamera von Bernd-Michael Köpping werden gezeigt und sind seither zur Fahndung ausgeschrieben. Sie werden nie gefunden.

„Dir wird es wie den Ermordeten in der Göhrde ergehen!"

Erst 1993 kommt wieder Bewegung in den Fall. Ein Mann belauscht ein Paar beim Streit. Anscheinend ist die Frau fremdgegangen und nun droht ihr der Ehemann, dass es ihr genauso wie den Ermordeten in der *Göhrde* ergehen werde, wenn sie ihn weiterhin betrügt.

Der Lauscher ruft bei der örtlichen Polizeidienststelle an und berichtet von dem Ehestreit, fügt hinzu, dass doch wie bei der ersten Tat Mai sei und der Vollmond scheine und der Beamte wird hellhörig.

Man schaut sich das Foto des Verdächtigen im Passamt an. Er gleicht dem Phantombild, ist stark und kräftig. Besitzt eine Waffenbesitzkarte für eine Waffe Kaliber 5,6 Millimeter und, obwohl Projektil und Hülse der Mordwaffe nicht am Tatort gefunden wurden, stimmt der Typus doch mit der vermutlichen Tatwaffe überein. Hinzu kommt: Der Mann – ein Krankenpfleger – stammt aus der Gegend und verfügt über detaillierte Ortskenntnisse.

Eine Hausdurchsuchung wird angeordnet. Sie dauert einen ganzen Tag, man untersucht sogar die Asche im Herd, stemmt die Dielenbretter des alten Bauernhauses auf, öffnet Schränke und Schubladen, prüft das Auto auf Spuren.

Zeitgleich vernimmt man den Verdächtigen und seine Ehefrau, befragt sie nach dem Streit, den Aussagen über die *Göhrde*-Morde.

Falscher Alarm. Die Gespräche ergeben keine neuen Hinweise, im Haus werden keinerlei passende Spuren entdeckt, der Verdächtige hat ein wasserdichtes Alibi.

Die Kriminalpolizei Lüneburg häuft rund 2.300 Spurenakten an, befragt mehr als 10.000 Personen, jedoch ohne Erfolg. Im Lauf der Zeit wird die Sonderkommission verkleinert und später ganz aufgelöst, ihr Leiter wird 1997 pensioniert.

2009 werden zwei Beamte mit der nochmaligen Prüfung aller Akten beauftragt, um auszuschließen, dass damals etwas Wichtiges übersehen wurde, doch drei Monate später haben sie nichts Neues gefunden. Alle Spuren sind „ausermittelt".

Eine letzte Hoffnung gibt es noch. In einem der Opferfahrzeuge fand man zwei Haare unbekannten Ursprungs, leider ohne Wurzel. Eine DNA-Analyse von Haaren ohne Haarwurzel ist schwierig und erbringt nicht immer Ergebnisse. Außerdem wird die Substanz dabei zerstört, sodass man die Haare unwiederbringlich verliert. So entscheidet man 2009, von einer Untersuchung vorerst abzusehen, um auf eine Weiterentwicklung der DNA-Analysemethoden zu warten.

Doch selbst dann ist noch lange nicht gesagt, dass man dadurch den *Göhrde*-Mörder findet. Nur wenn die in den Haaren gefundene DNA in der Datenbank gespeichert ist – zum Beispiel von einem bereits erfassten Täter – kann man sie zuordnen. Wenn nicht, heißt es warten, ob irgendwann die gleiche DNA festgestellt und eingespeichert wird.

2016
Ist ein Friedhofsgärtner der Göhrde-Mörder?

1989 tötet ein Mann, den die Zeitungen später als „blonde Bestie" bezeichnen, seine Nachbarin.

Nach der Trennung von ihrem Mann lebt Birgit Meier allein in einem einsam gelegenen Haus bei Lüneburg. Am 14.

Mai 1989 meldet Birgit sich bei ihrer Mutter. Sie freut sich auf den bevorstehenden Umzug. Am nächsten Tag soll das Haus verkauft werden, Birgit Meier hat einen Notartermin. Doch die hübsche Blondine erscheint nicht und taucht auch später nicht wieder auf.

Die Lüneburger Polizei überprüft das Haus, findet eine offene Balkontür im 1. Stock, die Katzen laufen im Garten herum, obwohl sie sonst nur im Haus gehalten werden.

Birgit Meier, Schwester des damaligen Hamburger Polizeivizepräsidenten und Leiters des Landeskriminalamtes Hamburg, Wolfgang Sielaff, verschwindet spurlos. Ihre Leiche wird nicht gefunden.

Und obwohl in der gleichen Zeit die Morde in der *Göhrde* geschehen und Birgit Meiers Wohnort nicht einmal 50 Kilometer entfernt liegt, geht die Polizei von Selbstmord aus.

Ihr Nachbar Kurt-Werner Wichmann, der als Friedhofsgärtner arbeitet, und Birgit Meier durch Gartenarbeiten kennt, gerät nicht in Verdacht. Mit den *Göhrde*-Morden bringt man ihn nicht in Verbindung. Die Begründung: Er sei Brillenträger, dies stimme nicht mit dem Phantombild überein.

Erst 2016 gerät er wieder in den Fokus der Ermittler, doch da ist er längst gestorben. Die „blonde Bestie" hat sich 1993 in der Haft erhängt.

Nachtrag: Frühjahr 2018

Der
Mörder
ist
immer
der
...

Die Geschichte von den *Göhrde*-Morden wurde im Herbst 2017 aufgeschrieben. Damals galten die Taten als ungeklärt, der Killer wurde nicht gefasst.

Im Dezember 2017 jedoch änderte sich das ...

Ende Dezember gibt die Polizei Niedersachsen bekannt, dass Kurt-Werner Wichmann mit hoher Wahrscheinlichkeit die *Göhrde*-Morde und sicher noch weitere Taten begangen hat. Womöglich ist der Friedhofsgärtner aus Adendorf sogar ein Serienmörder. Moderne DNA-Analysemethoden hätten zu ihm geführt, außerdem könne man einen Mittäter nicht ausschließen.

Der späte Fahndungserfolg ist tatsächlich aber nur der Hartnäckigkeit *eines* Mannes zu verdanken: Wolfgang Sielaff, dem ehemaligen Leiter des Hamburger Landeskriminalamtes. Birgit Meier war seine Schwester und er hat nie aufgegeben, nach ihr zu suchen.

Als seine Nichte ihn im August 1989 anruft, und ihm unter Tränen mitteilt, dass die Mutter weg ist, ahnt Sielaff sofort Böses. Nie wäre seine Schwester Birgit einfach so verschwunden, ohne ihrer Tochter Bescheid zu sagen.

Schlamperei und vorschnelle Urteile

Birgit Meier und ihr Mann Harald haben sich zu Beginn des Jahres 1989 offiziell getrennt. Er hat eine andere. Das Ehepaar einigt sich darauf, dass er in dem gemeinsamen Haus in Lüneburg bleibt und sie dafür insgesamt eine halbe Million bekommt. Birgit ist einverstanden, Mitte August wollen beide die Vereinbarung bei einem Notar besiegeln. Doch dazu kommt es nicht.

Als die gemeinsame Tochter am nächsten Morgen daheim auftaucht, ist ihre Mutter verschwunden. Ihr Auto steht in der Garage, doch es fehlen Kleidungsstücke und Papiere. Die Tochter ruft ihren Onkel Wolfgang Sielaff an.

Schnell steht für die Polizei der Verdächtige fest: Ehemann Harald Meier. Sein Motiv: Die Abfindung für seine Noch-Ehefrau. Wer gibt schon gern eine halbe Million weg? Man vernimmt ihn, kann ihm jedoch nichts nachweisen. Trotzdem bleibt der Verdacht an ihm kleben wie zäher Honig. Gerüchte, Harald Meier habe seine Frau mit dem Motorboot aufs Meer hinausgeschafft und versenkt, machen die Runde.

LKA-Chef Wolfgang Sielaff glaubt nicht daran, dass sein Schwager etwas mit Birgits Verschwinden zu tun hat. Doch das nützt ihm nichts. Man hat sich auf den Verdäch-

Die Polizei kümmert sich nur halbherzig um den Tipp

tigen eingeschossen. Selbst als Harald Meier berichtet, dass sich seine Frau mit Kurt-Werner Wichmann, der sich eine Zeitlang um den Garten der Meiers gekümmert hat, getroffen habe, kümmert sich die Polizei nur halbherzig um den Tipp.

Zwar wird Wichmann 1989 zur Befragung vorgeladen, doch findet es niemand verwunderlich, dass er dabei Handschuhe trägt. Angeblich zwingt ihn eine Allergie dazu. Dass der Mann vielleicht Kratzspuren verbirgt – darauf kommt man nicht, er darf die Handschuhe anbehalten. Am Abend von Birgit Meiers Verschwinden sei er mit dem Hund Gassi gegangen, seine Frau bestätigt dies. Von der Krankschreibung während der fraglichen Zeit erfährt die Kripo nichts. Sie forscht auch nicht weiter nach. Erstens handelt es sich offiziell nur um einen Vermisstenfall, vielleicht ist Birgit Meier irgendwohin gereist und will keinen Kontakt. Zweitens steht der Verdächtige für die Kripo längst fest. Wenn ein Verbrechen vorliegt, kann es nur der Ehemann gewesen sein. Niemand kümmert sich weiter um Kurt-Werner Wichmann, obwohl dieser eine beachtliche kriminelle Vorgeschichte hat.

Der Mann mit den Eisaugen

Kurt-Werner Wichmann wird im Juli 1949 in einem kleinen Ort nördlich von Lüneburg geboren. Seine Kindheit scheint nicht besonders schön gewesen zu sein. Nachbarn berichten von Gewalt und Schlägen, der Vater soll die Mutter sogar mit dem Beil bedroht haben.

Schon mit sieben Jahren benimmt sich Wichmann nicht wie andere Kinder seines Alters, ehemalige Mitschüler berichten von Angeberei, dass er gern mit Waffen wie einer Machete herumfuchtele, Tiere quält und einen Hund im Wald erhängt habe. Schon als Kind installiert er eine Abhöranlage in der Wohnung der Untermieter, um diese zu belauschen.

Die Verhaltensauffälligkeiten nehmen zu und so wird für Kurt-Werner die „vorläufige Fürsorgeerziehung" angeordnet und er kommt in eine sozialtherapeutische Einrichtung, das *Wichernstift.*

Weihnachten 1964 verbringt er zu Hause, doch danach möchte der Vierzehnjährige nicht wieder zurück, sondern will lieber abhauen. Aber dazu braucht er Geld.

Wichmann steigt bewaffnet mit einem Dolch in die Wohnung der Familie ein, die im Haus seiner Eltern wohnt. Als er mit der Taschenlampe das Schlafzimmer absucht, erwacht die junge Frau – ihr Mann ist auf Arbeit – und beginnt zu schreien. Wichmann geht zu ihr und würgt sie, dann wendet er sich dem Baby zu, das daneben im Bettchen schläft. Die junge Frau bangt um das Leben ihres Kindes, doch sie hat Glück. Kurt-Werner Wichmann macht sich unverrichteter Dinge davon. Da er erst vierzehn ist, fällt die Strafe milde aus: drei Wochen Jugendarrest für „versuchten schweren Diebstahl und versuchte Nötigung in Tateinheit mit versuchter schwerer Körperverletzung". Lehren zieht Wichmann daraus nicht. Im Gegenteil.

Mit 16 schnappt er sich eine Radfahrerin, belästigt sie sexuell. Die Strafe: sechs Monate auf Bewährung.

Ein Jahr später begeht er einen Betrug. Als die Polizisten ihn festnehmen wollen, bedroht er sie mit einem Kleinkalibergewehr. Die Beamten schießen, verletzen ihn am Bein. Wichmann kann entkommen, wird aber kurz darauf gefasst. Dafür gibt es insgesamt ein Jahr Jugendstrafe.

1968 – da ist Wichmann gerade mal 18 Jahre alt, wird die 38-jährige Fahrradfahrerin Ilse Gerkens in einem Wald bei Lüneburg mit vier Schüssen in den Rücken getötet. Obwohl Zeugen einen jungen Mann der Wichmann gleicht, vom Tatort wegrennen sehen, wird der Mord nie aufgeklärt.

Mehrere Taten in der näheren Umgebung von Lüneburg lassen unterdessen auf einen Serienmörder schließen, der hier sein Unwesen treibt ...

September 1965

Die sechsjährige Antje S. wird in einem Wald bei Häcklingen, fünf Kilometer südlich von Lüneburg sexuell missbraucht und ermordet.

Juli 1967

In einem Wald bei Maschen, 35 Kilometer von Lüneburg entfernt, wird die Leiche der 37-jährigen Hinnerina F. entdeckt – die Frau wurde mit einem Stein erschlagen.

September 1967

Die 60-jährige Hildegard T. wird in der Parkanlage „Liebesgrund" in Lüneburg tot aufgefunden. Spuren weisen auf einen Sexualmord hin.

Oktober 1968

Hannelore B., achtzehn Jahre alt, wird in Uelzen, 36 Kilometer von Lüneburg entfernt, in ihrer Wohnung gefesselt, vergewaltigt und mit einem Kabel erdrosselt. Danach bemalt der Mörder die Leiche.

Mai 1969

Die 14-jährige Ulrike B. aus Lüneburg wird ermordet. Ihre Leiche findet man Tage später in der Elbe, beschwert mit einer Steinplatte.

Alle Fälle sind derzeit noch ungeklärt. Hat Wichmann auch damit zu tun? Zeitlich würde es passen.

1970 schlägt Kurt-Werner Wichmann nachweislich wieder zu: Er vergewaltigt eine Anhalterin, fährt mit ihr im Kofferraum durch die Gegend, malträtiert sie mit einem Spaten und versucht anschließend, sie zu erwürgen. Die junge Frau kann wie durch ein Wunder entkommen. Dieses Mal gibt es fünf Jahre und sechs Monate Jugendstrafe.

Im Knast antwortet Wichmann auf Kontaktanzeigen. Eine 43-jährige, gut betuchte Frau fällt auf den großen blonden Mann herein, sie schickt ihm schon bald Liebesbriefe und hält ihn für einen guten Menschen. Dass ihr Angebeteter wegen Vergewaltigung und Mordversuchs einsitzt, scheint sie nicht zu interessieren.

Als Wichmann freikommt, zieht er zu ihr nach Karlsruhe, lebt drei Jahre mit ihr zusammen, bevor er aus „Heimweh" wieder in seinen Heimatort zurückkehrt.

Hat Wichmann auch hier gemordet? In der Zeit, in der er sich in Karlsruhe aufhält, geschehen auch in der Umgebung von Karlsruhe mehrere Morde, die nicht aufgeklärt werden können. In den fünf Jahren, die er im Knast saß, hat der unbekannte Frauenmörder jedenfalls pausiert. Doch danach geht es weiter wie vorher ...

August 1984

Irma B., 59, radelt durch ein Naturschutzgebiet bei Seerau, etwa 50 Kilometer östlich von Lüneburg. Drei Wochen später findet man ihre Leiche, der Mörder hat ihre Hände mit dem BH gefesselt, sie geknebelt, mit einem Messer verstümmelt und erdrosselt.

August 1986

Auch die 60-jährige Elsbeth M. ist mit dem Rad unterwegs. In der Nähe von Jarlitz, 40 Kilometer von Lüneburg entfernt, wird sie überfallen, vergewaltigt, am Unterleib verstümmelt und erwürgt.

April 1989

Die 45-jährige Gitta S. geht mit ihrem Hund in einem Wald bei Holm-Seppensen, 55 Kilometer westlich von Lüneburg, spazieren. Gitta S. wird durch mehrere Messerstiche in den Hals getötet.

Mai 1989

Brigitte T. wird in der Heide bei Müden, 56 Kilometer südwestlich von Lüneburg erstochen.

Alle Morde geschehen in einem Umkreis von maximal 80 Kilometern um Lüneburg. Im Mai und Juli 1989 werden auch die *Göhrde*-Morde verübt.

Ende der 80er Jahre erbt Kurt-Werner Wichmann das Elternhaus in Adendorf. Nun gilt es, eine bürgerliche Fassade aufzubauen.

Kommt
denn
niemand
auf
die
Idee,

dass all diese Taten zusammenhängen könnten?

Kommt denn niemand auf die Idee, dass all diese Taten zusammenhängen könnten?

Über eine Kontaktanzeige lernt er eine ehemalige Schönheitskönigin kennen. Alice ist dreizehn Jahre älter und verheiratet, aber das stört beide nicht. Wichmann mag ältere Frauen – gern dürfen sie wohlhabend sein, und sein Charme lässt sie laut verschiedenen Berichten dahinschmelzen. So auch bei Alice, sie lässt sich scheiden, zieht von Hamburg nach Lüneburg und heiratet Kurt-Werner.

Der führt nun ein scheinbar konservatives Leben. Angestellt als Friedhofsgärtner kann er schalten und walten wie es ihm beliebt; auch zu Hause pflanzt er Bäume, baut, und gestaltet das Grundstück nach seinen Vorstellungen.

Ein Raum im Haus ist jedoch für Wichmanns Ehefrau verboten: das „geheime Zimmer" im Obergeschoss. Angeblich hat sie es bis zum Tod ihres Mannes nie betreten.

2006 verstirbt Alice Wichmann. Ahnte sie etwas von seinem geheimen Leben? Welche Ehefrau schafft es, der Versuchung zu widerstehen und ein „verbotenes Zimmer" auch tatsächlich nie zu besichtigen?

Und seine Fahrten? Wichmann besaß fünf Autos und fuhr viele Zehntausend Kilometer im Jahr. Angeblich hat er seine Frau immer auf Reisen geschickt, wenn er länger unterwegs war.

Bis zum „Streitmoor", einem 13 Hektar großen Naturschutzgebiet mit Wald und Sumpfwiesen, sind es nur ein paar Schritte. Mehrfach wird Wichmann dabei gesehen, wie er sich am Streitmoor aufhält und verschwindet, sobald sich jemand nähert. Auch Frauen soll er des Öfteren beobachtet und verfolgt haben.

Einer gibt nicht auf

Birgit Meiers Bruder Wolfgang Sielaff gibt sich mit dem vorschnellen Ende der Ermittlungen im Fall seiner Schwester nicht zufrieden. Doch erst dreieinhalb Jahre nach Birgits spurlosem Verschwinden im Jahr 1989 scheint es wieder voranzugehen. Eine neue Staatsanwältin wird in Lüneburg für den Fall eingesetzt und ordnet das an, was schon lange fällig war: ein Strafverfahren gegen Kurt-Werner Wichmann wegen Mordverdachts an Birgit Meier.

Im Februar 1993 begeben sich Polizisten zum Haus des Verdächtigen. Wichmann ist nicht daheim, seine Frau lässt die Beamten herein. Das Unglaubliche ist wahr: Die Polizei hat den Verdächtigen vorab per Telefon über die Hausdurchsuchung informiert und so hat er sich vom Acker gemacht.

Im ersten Stock stoßen sie auf eine verschlossene Tür. Laut Alice haben nur ihr Mann und dessen jüngerer Bruder einen Schlüssel, und so brechen die Polizisten die Tür auf. Sie ist dick gepolstert und mit grünem Leder überzogen – Schallschutz? In Wichmanns „geheimen Zimmer" finden die Beamten einen Revolver, zwei Kleinkalibergewehre, Schalldämpfer und Munition, ein Elektroschockgerät, Messer, Spritzen, Schlaftabletten und Beruhigungsmittel, Folterwerkzeuge, Ketten, Schnüre und Handschellen an denen etwas Blut haftet. Von etlichen Mordfällen hat Wichmann ausführliche Dossiers angelegt: Zeitungsartikel, dazu auch Fotos von unbekannten Frauen. Alles wird asserviert.

Sogar einen Leichenspürhund haben die Ermittler mitgebracht. Dieser wird im Keller unruhig, bellt vor einer Trockenbauwand, die neu zu sein scheint. Niemand hält es für nötig, dahinter nachzuschauen.

Dann wird der Garten untersucht. Mit einem Metalldetektor hofft man, vergrabene Beweisstücke zu finden. Und tatsächlich: Das Gerät zeigt Metall an. Ein Bagger gräbt etwas Frappierendes aus ... ein nagelneues *Ford Sportcoupé* in rot. Auch hier schlägt der Leichenspürhund an. Die Rückbank scheint blutbeschmiert zu sein.

Ist hier Birgit Meiers Leiche versteckt? Fehlanzeige.

Wie ist es Wichmann gelungen, ein komplettes Auto zu vergraben? Hatte er Hilfe?

Konnte Wichmann das alles überhaupt allein bewältigen?

Wenig später wird in Lüneburg ein weiteres Auto von Wichmann entdeckt, ein *Golf*. In dem geparkten Wagen werden zwanzig verschiedene Landkarten sichergestellt, zudem ein Fernglas, eine Thermoskanne und ein Schlafsack. All das deutet auf jemanden hin, der auf Pirsch geht. Was jagt er?

Leider ist der Verdächtige auf der Flucht ... Doch er hat Pech. Mitte April verursacht Wichmann in der Nähe von Heilbronn einen Verkehrsunfall. Als die Polizei in seinem Auto Waffen und Munition findet, nimmt sie ihn in Gewahrsam. Seinen zehn Jahre jüngeren Bruder, der mit ihm im Wagen sitzt, lässt man laufen. Vielleicht hätte er etwas zu Kurt-Werner und dessen Vorleben zu sagen gehabt. Aber er wird nie befragt.

Endlich kommt Kurt-Werner Wichmann in Untersuchungshaft. Endlich kann sich die Polizei an die Aufklärung von Birgit Meiers Verschwinden machen. Und endlich werden sicher auch Parallelen zu den anderen ungeklärten Morden hergestellt.

Doch weit gefehlt ...

Kurt-Werner Wichmann erhängt sich zehn Tage später in seiner Zelle mit dem Gürtel. Er hat es schon zwei Tage vorher versucht, einen ersten Abschiedsbrief geschrieben, doch sein Kopf ist aus der Gürtelschlinge gerutscht. Die Wärter bemerken nichts. Beim zweiten Mal klappt es.

Wichmanns Abschiedsbriefe sind voller Selbstmitleid, er bittet seine Frau um Vergebung und möchte, dass man sich gut um den Hund und den Garten kümmert. Fünf Seiten Mitleidsgeschwafel. Am Ende schreibt er seltsame Dinge über eine Madonnenfigur am Kamin, die zerschlagen werden soll, dass sein Bruder die Dachrinne reinigen möge – aber „sehr vorsichtig" und über eine Lederjacke, die bei einem Unfall beschädigt wurde.

Kein Mensch kommt auf den Gedanken, dass diese absurden Äußerungen versteckte Botschaften enthalten könnten.

Die Ermittlungen gegen Kurt Werner Wichmann werden eingestellt, weil die Polizei dem Rechtsgrundsatz der deutschen Strafprozessordnung folgt: Gegen Tote darf nicht ermittelt werden. Die in Wichmanns Haus gefundenen Gegenstände werden entsorgt, der rote Ford verschrottet.

Das war's.

Was ist mit „Mord verjährt nicht?" Gab es nicht noch mehr Verdächtige, die man hätte überprüfen müssen? Harald Meier, Birgits Ehemann zum Beispiel? Oder Wichmanns Bruder, der einen Schlüssel zum geheimen Zimmer besaß und ihm bei seiner Flucht half? Selbst wenn man von der Unschuld der beiden ausgegangen wäre – hätten dann die Beweismittel nicht zu ihrer Entlastung dienen können?

Konnte Wichmann das alles überhaupt allein bewältigen oder gab es einen Mittäter? Um so jemanden zu ermitteln, bräuchte doch man Beweise. Und was ist mit den Angehörigen, zum Beispiel Birgit Meiers Tochter? Hat sie nicht ein Recht darauf zu erfahren, was mit ihrer Mutter wirklich passiert ist?

Weder wurden Nachbarn befragt, noch wurde die Trockenbauwand im Keller untersucht, an der der Leichenspürhund angeschlagen hat.

Der Fall Birgit Meier ist für die Polizei erledigt.

Ein Mann jedoch bleibt hartnäckig. Wolfgang Sielaff. Er will herausfinden, was mit seiner Schwester passiert ist, will seiner Nichte Gewissheit verschaffen, will seinen Schwager entlasten.

Wolfgang Sielaff beginnt, auf eigene Faust zu ermitteln, trifft sich mit Rechtsmedizinern und befragt Anwälte, kurz: Er macht den Job, den eigentlich die Lüneburger Kriminalpolizei hätte tun sollen.

2002 – Sielaff hat jahrelang als Leiter des Landeskriminalamtes Hamburg gearbeitet – geht er in Pension. Endlich kann er seine gesamte Zeit dem Fall seiner Schwester widmen. Er nimmt Einsicht in die Ermittlungsakten und ist entsetzt über die Vernichtung aller Beweismittel im Fall Birgit Meier. Mit Freunden und Kollegen bildet er ein Team, sie beraten sich zu möglichen Tätern und Motiven. Schon bald ist klar, dass es Zusammenhänge zwischen all den ungeklärten Morden rund um Lüneburg geben muss. Schnell kommen sie auf Kurt-Werner Wichmann und beschließen, noch einmal zu seinem Haus zu fahren.

Alice hat inzwischen einen neuen Mann. Hannes Rudloff hat sie kurz nach Wichmanns Selbstmord kennengelernt. Die Witwe will das Haus verkaufen und er übernimmt es. Später tun sich die zwei zusammen und heiraten. Über seinen Vorgänger spricht Rudloff angeblich nicht viel mit Alice.

Als Wolfgang Sielaff mit einem Ermittler aus seiner Truppe beim Wichmann-Haus ankommt, durchsuchen sie dessen geheimes Zimmer, das Alice und Hannes Rudloff fast unverändert belassen haben. Sie finden Dinge, die die Polizei 1993 übersehen hat, unter anderem Videokassetten, auf denen Mitschnitte von *Aktenzeichen XY ungelöst* sind. Sendungen über die *Göhrde*-Morde und über den Fall Birgit Meier. Eine davon ist mit dem Kürzel „XY Z2" beschriftet. Hat Wichmann etwas mit den Doppelmorden in der *Göhrde* zu tun? Sielaff informiert die Polizei in Lüneburg. Es geschieht: Nichts.

Sielaff und sein Team ermitteln trotzdem weiter, kümmern sich um die ungeklärten Morde in Lüneburgs Umgebung, beraten sich mit Kriminalpsychologen, einem ehemaligen Staatsanwalt und Rechtsmedizinern. Immer wieder treten sie mit ihren Erkenntnissen an die Lüneburger Polizei heran, doch es dauert weitere Jahre, bis sie endlich Erfolg haben.

Fünf Jahre später tut sich wieder etwas. Ein einziger Beamter wird eingesetzt, um sich noch einmal mit den Akten zu befassen.

Doch erst 2015 – ein neuer Polizeipräsident hat die Leitung des Landeskriminalamtes in Lüneburg übernommen, wird eine Sonderkommission eingerichtet, die den Fall Birgit Meier wieder aufrollen soll. Die SoKo trägt den bezeichnenden Namen „Iterum", was soviel wie „wiederum" oder „zum zweiten Mal" bedeutet, rollt den Fall wieder auf. Ihr Leiter ist ein erfahrener und sehr gründlicher Kriminalist, der zum ersten Mal akribisch allen Spuren nachgeht.

In dem Zeitraum, in dem Birgit Meier verschwand, fanden sieben Beerdigungen auf dem Friedhof statt. Hat

Wichmann die Leiche womöglich dort „entsorgt"? Die Gräber werden untersucht. Doch Birgit Meiers Knochen findet man hier nicht.

Die Ermittler befragen erneut Zeugen, dieses Mal auch Nachbarn von Kurt-Werner Wichmann und Kontaktpersonen.

Die DNA lügt nicht

Ein einziges Beweisstück im Fall Birgit Meier ist wie durch ein Wunder erhalten geblieben: Die Handschellen, die man 1993 in Wichmanns geheimem Zimmer gefunden hat. Sie wurden damals zur Untersuchung an die medizinische Hochschule Hannover verschickt und entgingen so der Vernichtung der übrigen Asservate aus dem Wichmann-Haus. In

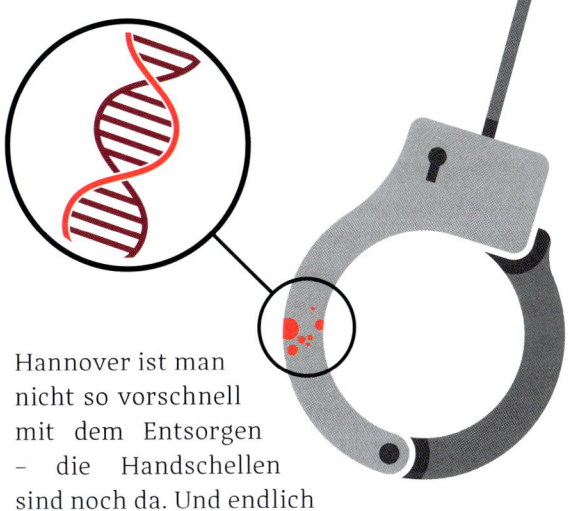

Hannover ist man nicht so vorschnell mit dem Entsorgen – die Handschellen sind noch da. Und endlich werden die Blutspuren daran untersucht. Was man hätte schon Jahre vorher wissen können, kommt nun endlich ans Licht: Das Blut stammt von Birgit Meier.

Das Blut stammt von Birgit Meier.

Jetzt aber … Nun dürfte doch alles klar sein, oder? Wichmann hat Birgit Meier gefesselt und augenscheinlich auch umgebracht. Wo aber ist ihre Leiche? Da der Typ ein Kontrollfreak war, ist anzunehmen, dass er sie nicht fortgebracht, sondern auf seinem Grundstück versteckt hat.

Ende März 2017 wird das Grundstück noch einmal durchsucht. Leider wieder nicht sonderlich gründlich. Birgit Meiers sterbliche Überreste findet man nicht. Der Leiter der Ermittlungsgruppe gibt bekannt, dass seine „kriminalistische Erfahrung" ausschließe, dass die Leiche hier sei. Dabei steht er in der Garage auf einem Betonfußboden mit helleren und dunklen Stellen.

Wolfgang Sielaff kann es nicht glauben … Im September 2017 macht er sich selbst an die Arbeit. Hausbesitzer Hannes Rudloff – Alice ist 2006 verstorben – erlaubt ihm, alles zu durchsuchen. In der Garage kann man schon an der helleren Farbe und unterschiedlichen Dicke eines Stückes Betonboden erkennen, dass hier etwas „ausgebessert" worden sein muss. Ein Hammer reicht aus, um festzustellen, dass unter dem Beton kein fester Boden ist. Sielaff lässt graben. Und wird fündig. Knochen kommen zum Vorschein. Wolfgang Sielaff hat seine verschwundene Schwester gefunden.

Birgit Meier wurde mit dem Kopf nach unten senkrecht in das Loch gesteckt, der Mörder hat sie missbraucht, gefoltert, ihr eine Plastiktüte über den Kopf gezogen und sie mit einem Strick erdrosselt. Dann füllt er Sand in die Grube und erneuert die Betondecke.

Aufklärung nach 28 Jahren

Was die Polizei in 28 Jahren nicht geschafft hat – einem unermüdlichen Mann und seinen Freunden ist es gelungen, einen Mörder zu entlarven.

Doch das ist noch nicht das Ende der Geschichte …

Im Dezember 2017 gibt die Polizei Niedersachsen bekannt, dass sie Kurt-Werner Wichmann für die *Göhrde*-Morde für dringend tatverdächtig hält. Eine Ermittlungsgruppe wird eingerichtet. Birgit Meiers sterbliche Überreste werden in der Rechtsmedizin Hannover untersucht. Die Todesursache ist Erschießen.

1993 hat die Polizei die Sitze im Auto von Ursula und Peter Reinold mit Folien abgeklebt, welche noch vorhanden sind.

Nun werden die Spuren mit der DNA von Wichmann abgeglichen. Sie stimmen überein. Kurt-Werner Wichmann ist der *Göhrde*-Mörder.

Die Lüneburger Polizei teilt mit, dass man bei ihm von einem Serienmörder ausgehe, der weitere Taten begangen hat. Wolfgang Sielaff und sein Team haben den Beamten in Lüneburg schon Jahre zuvor eine Liste zukommen lassen, in der sie verdächtige Punkte in Wichmanns Haus markiert haben: Wände, die sich nicht an der passenden Stelle befinden, zugemauerte Hohlräume, mit Holz verkleidete Verstecke in Schränken und Regalen. Nun endlich will man Haus und Grundstück noch einmal gründlich absuchen und ungeklärte Tötungsdelikte und Vermisstenfälle prüfen.

Im Februar 2018 nimmt sich die Sendung *Aktenzeichen XY ungelöst* noch einmal des Falles an. Man fragt nach Zeugen, sucht nach einem Mitwisser oder Helfer Wichmanns. Ohne Hilfe ist es fast unmöglich, ein ganzes Auto im Garten zu vergraben. Bei den Morden in der *Göhrde* ist Kurt-Werner Wichmann mit den Autos seiner Opfer davongefahren. Wer aber hat seinen eigenen Wagen zurückgebracht? Er selbst? Ist er viele Kilometer zu Fuß bis an den Rand der *Göhrde* gelaufen, um das Auto abzuholen?

Für die erneute Durchsuchung des Hauses fordern die Polizisten extra ausgebildete belgische Schäferhunde aus Kroatien an. Im Gegensatz zu Leichenspürhunden, die vor allem auf Blut reagieren, werden die „Cadaver Dogs" speziell auf Verwesungsgeruch trainiert. Mitte April 2018 kommen sie zum Einsatz. Im Holzschuppen zeigen sie etwas an.

Ein Bagger wird angefordert, der das 1.300 Quadratmeter große Grundstück wird durchwühlt, ein ganzer Hang abgetragen, Büsche und Bäume werden zurückgeschnitten, damit die Hunde an jeder Stelle schnüffeln können.

Obwohl sie mehrfach Leichengeruch anzeigen, werden keine Knochen gefunden.

Nach zwei Wochen hat die Polizei mehr als 400 Gegenstände sichergestellt; Mobiliar, Schränke und Bilder in Container verladen.

Auf einmal, nach all den Jahren, geht es nun Schlag auf Schlag. Im April 2018 verdächtigt man Kurt-Werner Wichmann, 24 Morde begangen zu haben. Doch die Zahl wird sich noch erhöhen. Bundesweit suchen Polizisten in alten Fällen nach Parallelen, vergleichen Wichmanns Aufenthaltsorte mit Taten in der jeweiligen Gegend. Über eine sogenannte Clearing-Stelle teilt die Ermittlungsgruppe in Lüneburg ihre Erkenntnisse mit anderen Dienststellen. Mehr als 40 melden sich daraufhin mit teilweise Jahrzehnte zurückliegenden Vermisstenfällen und ungeklärten Morden. Auch aus Karlsruhe, wo Wichmann drei Jahre lebte.

Im September 2018 sind es schon 100 ungeklärte Fälle, die geprüft werden. Ist Kurt-Werner Wichmann einer der schlimmsten Serienmörder weltweit?

Und hatte er einen Gehilfen?

Laut der Aussage von Alice Wichmann besaßen nur ihr Mann und dessen Bruder einen Schlüssel zu dem geheimen Zimmer. Wenn der Bruder jemals in diesem Raum gewesen ist, muss er Kenntnis von Kurt-Werners perversen Interessen gehabt haben. Angeblich stand er in einem Abhängigkeitsverhältnis zu seinem großen Bruder. Bei Wichmanns Festnahme fuhr er das Fluchtauto. Und was bedeutet Kurt-Werner Wichmanns Nachricht im Abschiedsbrief, der Bruder solle mit aller Vorsicht die Dachrinne reinigen?

Wichmanns Bruder schweigt.

Ist Kurt-Werner Wichmann einer der schlimmsten Serienmörder weltweit?

Mitte Oktober 2018 werden neue Beweise entdeckt. Michael Volkert, ein Gebrauchtwagenhändler, bringt einen Koffer zur *Lüneburger Landeszeitung,* den er mehrere Jahre lang auf seinem Dachboden aufbewahrt hat. Was darin sei – keine Ahnung. Nach einem Artikel der *Lüneburger Landeszeitung* über Kurt-Werner Wichmann hat er sich daran erinnert und ihn hervorgesucht.

Der Inhalt entpuppt sich als brisantes Beweisstück im Fall des *Göhrde*-Mörders: zwei Schusswaffen, Munition und der Führerschein von Kurt-Werner Wichmann, der 1975 in Karlsruhe ausgestellt wurde. Sein vorhergehender Führerschein war nach der Verurteilung 1971 eingezogen worden. Nach seiner Freilassung 1074 muss er einen neuen beantragt haben.

Alles wird der Polizei übergeben.

Doch wie kommt der graue Plastikkoffer auf den Dachboden des Gebrauchtwagenhändlers?

Ganz einfach: Michael Volkert kennt Hannes Rudloff, den zweiten Mann von Alice Wichmann, die beiden Männer tätigen einige Geschäfte zusammen.

Rudloff wohnt mit Alice in Wichmanns Haus, ihm sind anscheinend viele Dinge nicht verborgen geblieben. Nachdem Wolfgang Sielaff und sein Team ihn dort aufgesucht und befragt haben, muss er Angst bekommen haben, dass sie Überbleibsel von Wichmanns kriminellen Aktivitäten finden und beschließt, die Beweise aus dem Haus zu schaffen.

Rudloff, so Volkert, sei vor fünf Jahren bei ihm aufgetaucht und habe ihn gebeten, den Koffer und diverse Autoteile einzulagern. Volkert solle aber nicht hineinsehen, habe Rudloff gesagt. Und daran will sich der Gebrauchtwagenhändler gehalten haben.

Hannes Rudloff kann dazu nicht mehr befragt werden – er stirbt 2017.

Der Inhalt des Koffers wird untersucht. Nicht nur die Schusswaffen sind wichtige Beweismittel... Wichmanns Führerschein wurde 1975 in Karlsruhe ausgestellt. In diesem Zeitraum geschehen auch hier Morde, die in Kurt-Werner Wichmanns Raster passen.

Und noch immer sucht die Polizei nach einem Komplizen. Vielleicht bringen die Spuren aus dem Koffer neue Hinweise.

Der Fall wird die Ermittler wohl noch Jahre beschäftigen...

Danke, Wolfgang Sielaff.

GÖHRDE

800m

Text

„Eine der besten deutschen Psychothriller-Autorinnen!"

WESTFALENBLATT 2010

Kriminelle Schreibtischtäterin aus Sachsen. Herrin von „Ungeheuer" und „Sensenmann", erschuf Bluttänzer und Mädchenflüsterer.

Liest, schreibt, guckt Horrorfilme, gruselt sich. Spezialgebiet: Humanethologie und nonverbale Kommunikation.

Gibt Anthologien heraus, organisiert die Ostdeutschen Krimitage (www.mord-ost.de). Mörderische Schwester, Rudelführerin eines Hundes und zweier Meerschweinchen.

Liebt und betreut das Buchvolk (www.buchvolk.de).

Bisher erschienen: elf Psychothriller, zwei Jugendthriller, zwei Bücher mit authentischen Fällen, ein Kinderbuch, naturwissenschaftliche Fachbücher und Lexika.

www.puhlfuerst.com

Fürst&GRAF

RALF ALEX FICHTNER

Illustrationen

„Ein exemplarischer Vertreter des schwarzen Humors (…) ist Fichtner.“

*LEXIKON DER KARIKATURISTEN, PRESSE-
UND COMIC- ZEICHNER DER DDR*

Freiberuflicher Grafiker, Karikaturist und Pressezeichner, schreibt Gruselgeschichten und Kurzkrimis.

Kann inzwischen auf über 50 Personalausstellungen zurückblicken. RAF gewann mehrere Preise bei Cartoonwettbewerben.

Porträtiert mit schneller Feder Erwachsene, Kinder, Haustiere, Geburtstagsgäste, Jubilare, Musikgruppen und Firmenkunden.

Fürst&G**RAF**

RICHTER PUHLFÜRST

Gestaltung, Layout, Satz

„Wertvolle Gestaltung"

Selbstbeweihräucherung

Die Agentur für wertvolle Gestaltung RICHTER PUHLFÜRST
ist spezialisiert auf die Kreation, Weiterentwicklung und
Pflege starker Marken mittelständischer Unternehmen.

Da unser Herz mit Leidenschaft für schöne Dinge und
außergewöhnliche Ideen schlägt, war es für uns eine
besondere Ehre, dieses Buch für Claudia Puhlfürst und
Ralf Alex Fichtner zu gestalten.

www.richter-puhlfuerst.de